Bilanzpolitisches Verhalten bei der Umstellung d
von HGB auf IFRS

BOCHUMER BEITRÄGE ZUR UNTERNEHMENSFÜHRUNG

Band 77

PETER LANG
Frankfurt am Main · Berlin · Bern · Bruxelles · New York · Oxford · Wien

Karsten Detert

Bilanzpolitisches Verhalten bei der Umstellung der Rechnungslegung von HGB auf IFRS

Eine empirische Untersuchung deutscher Unternehmen

PETER LANG
Internationaler Verlag der Wissenschaften

Bibliografische Information der Deutschen Nationalbibliothek
Die Deutsche Nationalbibliothek verzeichnet diese Publikation in der Deutschen Nationalbibliografie; detaillierte bibliografische Daten sind im Internet über <http://www.d-nb.de> abrufbar.

Zugl.: Bochum, Univ., Diss., 2007

Gedruckt auf alterungsbeständigem,
säurefreiem Papier.

D 294
ISSN 1860-479X
ISBN 978-3-631-57583-3

Printed in Germany 1 2 3 4 6 7

www.peterlang.de

Geleitwort

Mit der Verabschiedung der Verordnung zur Anwendung internationaler Rechnungslegungsstandards (IAS-VO) im Jahr 2002 wurden kapitalmarktorientierte Mutterunternehmen mit Sitz innerhalb der Europäischen Union dazu verpflichtet, ihren Konzernabschluss spätestens zum Ende des Geschäftsjahres 2005 bzw. 2007 nach den internationalen Rechnungslegungsvorschriften der IFRS aufzustellen. Parallel hierzu veröffentlichte das IASB im Jahr 2003 spezielle Umstellungsregeln für erstmalige Anwender der IFRS. Die im Rechnungslegungsstandard IFRS 1 aufgeführten Vorschriften enthalten eine Vielzahl von bilanzpolitischen Spielräumen, die Unternehmen die einmalige Chance bieten, ihre Vermögens-, Finanz- und Ertragslage bei der Rechnungslegungsumstellung neu zu gestalten.

Zielsetzung der Dissertation von Herrn Detert ist vor diesem Hintergrund, mögliche Erklärungsgründe bilanzpolitischen Verhaltens bei der Umstellung der Rechnungslegung deutscher Unternehmen von HGB auf IFRS herzuleiten und empirisch zu untersuchen. Dazu werden im theoretischen Teil der Arbeit einerseits eine systematische Darstellung der bilanzpolitischen Spielräume bei der Rechnungslegungsumstellung gegeben und andererseits verschiedene Erklärungsansätze für Bilanzpolitik aufgearbeitet. Gleichzeitig bietet dieser Teil einen umfassenden Überblick über den Stand der bilanzpolitischen Forschung. Die hieraus abgeleiteten Hypothesen werden anschließend in der empirischen Untersuchung mittels ökonometrischer Verfahren untersucht.

Herr Detert hat sich mit seiner Untersuchung zur Rechnungslegungsumstellung auf IFRS eine überaus wichtige und aktuelle Thematik ausgewählt. Die wissenschaftliche und praktische Aktualität des Themas wird daran deutlich, dass sich in der betriebswirtschaftlichen Literatur derzeit überaus viele Beiträge mit der IFRS-Rechnungslegung und insbesondere mit den Fragen nach bilanzpolitischen Spielräumen in den IFRS beschäftigen. Anders als die überwiegende Anzahl dieser Beiträge geht Herr Detert diese Fragen jedoch nicht ausschließlich aus dem Bilanzierungsblickwinkel an, sondern versucht sie über den steinigen Acker der empirischen Forschung zu bearbeiten. Die Arbeit beeindruckt dabei durch die systematische und sehr akribische empirische Analyse, deren Ergebnisse zu einer interessanten Wissensaufdeckung beitragen und von deren praktischer Relevanz sicher auszugehen ist.

Bochum, im Oktober 2007 Bernhard Pellens

Vorwort

Die vorliegende Arbeit wurde im April 2007 von der Fakultät für Wirtschaftswissenschaft der Ruhr-Universität Bochum als Dissertation angenommen. Sie entstand während meiner Tätigkeit als wissenschaftlicher Mitarbeiter am Lehrstuhl für Internationale Unternehmensrechnung an der Ruhr-Universität Bochum. Nachfolgend möchte ich all denjenigen danken, die zum Gelingen der Arbeit beigetragen haben.

An erster Stelle geht ein besonderer Dank an meinen Doktorvater und akademischen Lehrer, Herrn Prof. Dr. Bernhard Pellens, der mich bereits während meiner Studienzeit für das spannende Thema der internationalen Rechnungslegung begeistert hat. Während der anschließenden Assistentenzeit war er stets diskussionsbereit und offen für meine Forschungsinteressen. Dafür und für die vielfältigen und spannenden Projekte, an denen ich im Laufe meiner Lehrstuhltätigkeit teilnehmen durfte, danke ich ihm herzlichst. Bedanken möchte ich mich zudem bei Herrn Prof. Dr. Hannes Streim für die Übernahme des Zweitgutachtens im Rahmen des Promotionsverfahrens und für die konstruktiven Hinweise bei der Begutachtung. Dem Institut für Unternehmensführung und dem Peter Lang Verlag danke ich für die Aufnahme meiner Arbeit in ihre Schriftenreihe.

Mit einem lachenden und einem weinenden Auge schaue ich auf meine ehemaligen Kolleginnen und Kollegen zurück. Einerseits lachend, weil aus den meisten von ihnen während der Lehrstuhlzeit gute Freunde geworden sind (und ich „fertig habe"). Andererseits weinend, weil die Zusammenarbeit nun zu Ende gegangen ist. Ein herzliches Dankeschön geht daher an Holger Amshoff, Kerstin Basche, Ole Berger, Dr. Andreas Bonse, Eva Brandt, Dr. Nils Crasselt, Prof. Dr. Rolf Uwe Fülbier, Prof. Dr. Joachim Gassen, Stefan Jannett, Dirk Jödicke, Ralf Jödicke, Stefan Neuhaus, Uwe Nölte, Beate Preuß, Dr. Marc Richard, Dr. Franca Ruhwedel, André Schmidt, Dr. Thorsten Sellhorn, Adam Strzyz und Markus Weinreis. Besonders bedanken möchte ich mich bei Dr. Andreas Bonse, Dr. Nils Crasselt und Prof. Dr. Joachim Gassen für ihre zahlreichen und wertvollen Anmerkungen und Tipps sowie für die Geduld, die sie gegenüber einem nervösen und drängelnden Doktoranden in der Endphase seiner Dissertation an den Tag gelegt haben. Darüber hinaus geht ein lieber Dank an den „Formatierungs-Experten" Stefan Neuhaus, der sich trotz eigener Forschungsvorhaben stets die Zeit genommen hat, „lästige" Fragen zum Layout und zur Formatierung der Arbeit zu beantworten. Den studentischen Hilfskräften sei für die Literaturbeschaffung und die Kopierarbeiten gedankt.

Daneben möchte ich mich ganz herzlichst bei den Personen bedanken, denen ich neben der inhaltlichen Korrektheit auch die Bürde der Rechtschreibungskorrektur und Prüfung der formalen Einheitlichkeit aufgelastet habe: Sonja Detert,

Laura Wegener und Jürg Weißgerber. Glücklich kann derjenige sich schätzen, der euch zum Freundeskreis zählen darf.

Die Lehrstuhltätigkeit und Promotionszeit war jedoch nicht nur mit erfreulichen Tagen verbunden. Leider erlebten weder meine Mutter noch mein Vater die Fertigstellung meiner Arbeit. So bleibt mir nur hier, ihnen für die mentale und finanzielle Unterstützung während meiner Ausbildungs- und Studiumszeit zu danken. Ich bin mir sicher, dass sie Stolz gewesen wären. Glücklichere Tage, die bis heute unverändert andauern, bescherrte mir dagegen meine Frau Sonja, die ich während meiner Assistententätigkeit kennen und lieben gelernt habe. Durch ihre bedingungslose Unterstützung war das Gelingen der Arbeit erst möglich. Diese Dissertation widme ich daher meinen verstorbenen Eltern und Sonja.

Bochum, im Oktober 2007 Karsten Detert

Inhaltsverzeichnis

Abkürzungsverzeichnis XV

Symbolverzeichnis XIX

Abbildungsverzeichnis XXI

Tabellenverzeichnis XXIII

Kapitel 1: Einführung 1

1.1 Problemstellung und Ziel der Arbeit 1

1.2 Aufbau der Untersuchung 5

Kapitel 2: Grundlagen der Rechnungslegungsumstellung auf IFRS 8

2.1 Kapitelübersicht 8

2.2 Umstellungsvorschriften von IFRS 1 8

2.2.1 Grundlagen 8

2.2.2 Anwendungsbereich 9

2.2.3 Anwendungszeitpunkt und Eröffnungsbilanz 11

2.2.4 Grundsatz der retrospektiven Anwendung 12

2.2.5 Ausnahmebereiche 14

2.2.5.1 Befreiungen 17

2.2.5.1.1 Unternehmenszusammenschlüsse 17

2.2.5.1.2 Kumulierte Währungsumrechnungsdifferenzen 22

2.2.5.1.3 Beizulegender Zeitwert oder Neubewertung als Ersatz für Anschaffungs- oder Herstellungskosten 23

2.2.5.1.4 In die Anschaffungs- oder Herstellungskosten von Sachanlagen einzubeziehende Entsorgungsverpflichtungen 25

2.2.5.1.5 Leasingverhältnisse 26

2.2.5.1.6 Neueinstufung von bereits angesetzten Finanzinstrumenten 27

2.2.5.1.7 Zeitwertbewertung von finanziellen Vermögenswerten und Schulden beim erstmaligen Ansatz 28

2.2.5.1.8 Hybride Finanzinstrumente 29

2.2.5.1.9 Aktienbasierte Vergütungen 30

2.2.5.1.10 Leistungen an Arbeitnehmer 32

2.2.5.1.11 Erstmalige Anwendung bei Tochterunternehmen, assoziierten Unternehmen und Gemeinschaftsunternehmen 34

2.2.5.1.12 Versicherungsverträge 35

2.2.5.2 Verbote 35

2.2.5.2.1 Schätzungen 35

2.2.5.2.2 Ausbuchung finanzieller Vermögenswerte und Schulden 37

2.2.5.2.3 Bilanzierung von Sicherungsbeziehungen 38

2.2.5.2.4 Zur Veräußerung bestimmte langfristige Vermögenswerte und Aufgabe von Geschäftsbereichen 40

2.2.6 Angabepflichten 41

2.3 Zwischenergebnis 44

Kapitel 3: Bilanzpolitik im Rahmen der Rechnungslegungsumstellung 46

3.1 Kapitelübersicht 46
3.2 Grundlagen der Bilanzpolitik 46
3.2.1 Begriffsdefinition 46
3.2.2 Instrumente der Bilanzpolitik 48
3.2.3 Grenzen der Bilanzpolitik 53
3.3 Anreize bilanzpolitischen Verhaltens 57
3.3.1 Vorbemerkung 57
3.3.2 Anreize aus vertragstheoretischer Sichtweise 57
3.3.2.1 Theoretische Grundlagen 57
3.3.2.2 Bilanzpolitik zur Beeinflussung ergebnisorientierter Vergütungspläne 60
3.3.2.3 Bilanzpolitik zur Beeinflussung von Kreditklauseln 66
3.3.2.4 Bilanzpolitik zur Reduzierung politischer Kosten 70
3.3.2.5 Einfluss eigentümer- und managerkontrollierter Unternehmen 73
3.3.2.6 Problem alternativer Erklärungsansätze 75
3.3.3 Anreize aus kapitalmarkttheoretischer Sichtweise 78
3.3.3.1 Theoretische Grundlagen 78
3.3.3.2 Ergebnismaximierung 85
3.3.3.3 Ergebnisglättung 85
3.3.3.4 Schwellenwertorientierte Bilanzpolitik 90
3.3.3.5 „Big bath"-Verhalten 98
3.3.3.6 Aktienbasierte Vergütungen 100
3.3.3.7 Rating 103
3.4 Zwischenergebnis 108

Kapitel 4: Beobachtbare bilanzpolitische Instrumente 110

4.1 Kapitelübersicht 110

4.2 Herleitung von Abgrenzungskriterien 111

4.3 Untersuchungsgesamtheit 115

4.4 Abgrenzung der bilanzpolitischen Instrumente 121

4.4.1 Inanspruchnahme der Wahlrechte von IFRS 1 121

4.4.2 Auswertung der Überleitungsrechnungen 125

4.5 Einbezogene bilanzpolitische Instrumente 130

4.5.1 Rückwirkende Bilanzierung des Geschäfts- oder Firmenwerts anhand von IFRS 3, IAS 36 und IAS 38 vs. Anwendung der Erleichterungsvorschriften gemäß IFRS 1 130

4.5.1.1 Bilanzpolitischer Gestaltungsspielraum 130

4.5.1.2 Bilanzierung des Geschäfts- oder Firmenwerts nach HGB ... 131

4.5.1.3 Wirkungsrichtung auf Verschuldungsgrad und zukünftige Periodenergebnisse 132

4.5.2 Bilanzansatz vs. Aufwandsverrechnung von Entwicklungsausgaben 134

4.5.2.1 Bilanzpolitischer Gestaltungsspielraum 134

4.5.2.2 Bilanzierung von Entwicklungsausgaben nach HGB 137

4.5.2.3 Wirkungsrichtung auf Verschuldungsgrad und zukünftige Periodenergebnisse 138

4.5.3 Rückwirkende Bewertung von Sachanlagen und Finanzimmobilien zu fortgeführten Anschaffungs- oder Herstellungskosten vs. Bewertung zum beizulegenden Zeitwert 139

4.5.3.1 Bilanzpolitischer Gestaltungsspielraum 139

4.5.3.2 Bewertung von Sachanlagen und Finanzimmobilien nach HGB 142

4.5.3.3 Wirkungsrichtung auf Verschuldungsgrad und zukünftige Periodenergebnisse 143

4.5.4 Bilanzansatz vs. Nichtansatz von aktiven latenten Steuern auf Verlustvorträge 145

4.5.4.1 Bilanzpolitischer Gestaltungsspielraum 145

4.5.4.2 Behandlung von Verlustvorträgen nach HGB 147

4.5.4.3 Wirkungsrichtung auf Verschuldungsgrad und zukünftige Periodenergebnisse 148

4.6 Zwischenergebnis 150

Kapitel 5: Empirische Untersuchung des Bilanzierungsverhaltens bei der Umstellung von HGB auf IFRS 152

5.1 Kapitelübersicht 152

5.2 Hypothesenbildung 152

5.2.1 Vertragsorientierte Anreize 152

5.2.1.1 Ergebnisorientierte Vergütungspläne 152

5.2.1.2 Kreditklauseln 154

5.2.1.3 Politische Kosten 156

5.2.1.4 Führungsstruktur 157

5.2.2 Kapitalmarktorientierte Anreize 158

5.2.2.1 Erreichung von Schwellenwerten 158

5.2.2.2 Aktienbasierte Vergütung 159

5.2.2.3 Rating 159

5.2.3 Kontrollvariablen 160

5.3 Untersuchungsmodell 162

5.4 Ergebnisse der empirischen Untersuchung 168

5.4.1 Deskriptive Analyse 169

5.4.1.1 Analyse der betragsmäßigen Wirkung der Umstellung auf bisheriges Eigenkapital, Verschuldungsgrad und Periodenergebnis 169
5.4.1.2 Analyse der abhängigen Variablen 174
5.4.1.3 Analyse der unabhängigen Variablen 178
5.4.2 Regressionsanalyse 183
5.4.2.1 Untersuchungsmethode 183
5.4.2.2 Ergebnisse der Regressionsanalyse 184
5.4.2.3 Robustheitstests 188
5.4.2.3.1 Bereinigung um Ausreißer 188
5.4.2.3.2 Alternative Wahl unabhängiger Variablen 189
5.4.2.3.3 Annahme ungleicher Wirkungshöhen 189
5.4.3 Darstellung der Kernergebnisse 191
5.4.4 Interpretationsgrenzen 194

Kapitel 6: Zusammenfassung und Ausblick 197

Anhang 205

Literaturverzeichnis 242

Abkürzungsverzeichnis

a.A.	anderer Auffassung
a.F.	alter Fassung
Abb.	Abbildung
ABl.	Amtsblatt
Abs.	Absatz
Abschn.	Abschnitt
ADS	Adler/Düring/Schmaltz
AfA	Absetzung für Abnutzung
AG	Aktiengesellschaft/Application Guidance
AHK	Anschaffungs- oder Herstellungskosten
AktG	Aktiengesetz
AM	arithmetisches Mittel
artverw.	artverwandt
Aufl.	Auflage
BaFin	Bundesanstalt für Finanzdienstleistungsaufsicht
BC	Basis for Conclusions
bearb.	bearbeitet
BFH	Bundesfinanzhof
BK	Bilanzierungskombination
BM	Brown-Mood
bspw.	beispielsweise
BStBl.	Bundessteuerblatt
bzgl.	bezüglich
bzw.	beziehungsweise
CDAX	Composite DAX
d.h.	das heißt
DAX	Deutscher Aktienindex
DCGK	Deutscher Corporate Governance Kodex
DM	Deutsche Mark
DPR	Deutsche Prüfstelle für Rechnungslegung
DRS	Deutsche Rechnungslegungs Standards
DRSC	Deutsches Rechnungslegungs Standards Committee
DSR	Deutscher Standardisierungs Rat
e.V.	eingetragener Verein
EBIT	Earnings before interest and taxes
ed.	edition

ED	Exposure Draft
etc.	et cetera
EG	Europäische Gemeinschaft
EITF	Emerging Issues Task Force
EMH	efficient market hypothesis
EPS	Earnings per share
erw.	erwartet
EStG	Einkommensteuergesetz
EU	Europäische Union
f.	folgende
FASB	Financial Accounting Standards Board
ff.	fortfolgende
Fifo	First-in first-out
FN	Fußnote
FWB	Frankfurter Wertpapierbörse
gem.	gemäß
GewStG	Gewerbesteuergesetz
ggf.	gegebenenfalls
GmbH	Gesellschaft mit beschränkter Haftung
GuV	Gewinn- und Verlustrechnung
GoB	Grundsätze ordnungsmäßiger Buchführung
GoF	Geschäfts- oder Firmenwert
H	Hypothese
HFA	Hauptfachausschuss
HGB	Handelsgesetzbuch
hrsg.	herausgegeben
I/B/E/S	Institutional Brokers Estimate System
i.d.R.	in der Regel
i.S.d.	im Sinne des
i.H.v.	in Höhe von
i.V.m.	in Verbindung mit
IA	Inanspruchnahme
IAS	International Accounting Standard(s)
IAS-VO	IAS-Verordnung
IASB	International Accounting Standards Board
IDW	Institut der Wirtschaftsprüfer
IFRIC	International Financial Interpretations Committee
IFRS	International Financial Reporting Standard(s)

IG	Implementation Guidance
IN	Introduction
IOS	investment opportunity set
IT	Informationstechnologie
Jg.	Jahrgang
k.a.	keine Angaben
KapAEG	Kapitalaufnahmeerleichterungsgesetz
KGaA	Kommanditgesellschaft auf Aktien
KGV	Kurs-Gewinn-Verhältnis
KStG	Körperschaftsteuergesetz
KonTraG	Gesetz zur Kontrolle und Transparenz im Unternehmensbereich
KW	Kruskal-Wallis
KWG	Kreditwesengesetz
Lifo	Last-in first-out
m.w.N.	mit weiteren Nachweisen
Max	Maximum
MDAX	Mid Cap DAX
Min	Minimum
Mio.	Millionen
Mrd.	Milliarden
No.	Number
Nr.	Nummer
o.V.	ohne Verfasser
PoC	percentage of completion
PS	Prüfungsstandard
PwC	PricewaterhouseCoopers
Rdn.	Randnummer
RH	Rechnungslegungshinweis
RK	Rahmenkonzept
ROCE	Return on Capital Employed
S.	Seite

S&P	Standard & Poor's
SEC	Securities and Exchange Commission
SIC	Standing Interpretations Committee
SMAX	Small Caps Exchange
SME	small and medium-sized entities
sog.	so genannte
Sp.	Spalte
StAbw	Standardabweichung
T	Tausend
Tab.	Tabelle
TecDAX	Technologie DAX
TransPuG	Transparenz- und Publizitätsgesetz
u.	und
u.a.	und andere/unter anderem
US-GAAP	United States-Generally Accepted Accounting Principles
Vgl.	Vergleiche
Vol.	Volume
vs.	versus
VW	Vermögenswert
WpHg	Wertpapierhandelsgesetz
z.B.	zum Beispiel
ZGE	zahlungsmittelgenerierende Einheit(en)

Symbolverzeichnis

α	Konstante
β	Koeffizient
ΔGKR	Veränderung der Gesamtkapitalrendite nach HGB zwischen dem IFRS-Übergangszeitpunkt und dem IFRS-Vergleichszeitpunkt
AIP	Durchschnittlicher Wert der Kennzahl assets-in-place, die sich aus dem Buchwert des Sachanlagevermögens nach HGB eines Erstanwenders im Verhältnis zum Gesamtunternehmenswert zwischen dem IFRS-Übergangszeitpunkt und dem IFRS-Vergleichszeitpunkt berechnet
ALST	Aktive latente Steuern auf Verlustvorträge/Punktwert für den Ansatz bzw. Nichtansatz von aktiven latenten Steuern auf Verlustvorträge
ANTVERG	Dichotome Variable, die den Wert 1 annimmt, sofern ein Erstanwender zum IFRS-Berichtszeitpunkt über einen aktienbasierten Vergütungsplan verfügt, und andernfalls den Wert 0
BRANCHE	Dichotome Variable, die den Wert 1 einnimmt, sofern ein Erstanwender einer bestimmten Branche zugehört, und andernfalls den Wert 0
BS	Bilanzsumme
BS_{HGB}	Bilanzsumme nach HGB
E	Entwicklungskosten/Punktwert für den Ansatz bzw. Nichtansatz von Entwicklungsausgaben
EK	Eigenkapital
EK_{MW}	Marktwert des Eigenkapitals
FK	Fremdkapital
$FK_{BW,HGB}$	Buchwert des Fremdkapitals nach HGB
FKQ	Durchschnittlicher Wert der Fremdkapitalquote, die sich aus dem Verhältnis vom Buchwert des Fremdkapitals zur Bilanzsumme nach HGB eines Erstanwenders zwischen dem IFRS-Übergangszeitpunkt und dem IFRS-Vergleichszeitpunkt berechnet
GoF	Geschäfts- oder Firmenwert/Punktwert für die rückwirkenden Ansatz des Geschäfts- oder Firmenwerts bzw. der Anwendung der Erleichterungsvorschriften von IFRS 1
i	Index für das betrachtete Unternehmen

j	Index für die betrachtete Branche
MV	Durchschnittlicher Marktwert des Eigenkapitals eines Erstanwenders zwischen dem IFRS-Übergangszeitpunkt und dem IFRS-Vergleichszeitpunkt
PE	Periodenergebnis
$PEvSt_{HGB}$	Periodenergebnis vor Steuern nach HGB
RET	Veränderung des Return Index eines Erstanwenders zwischen dem IFRS-Übergangszeitpunkt und dem IFRS-Vergleichszeitpunkt
SALES	Durchschnittliche HGB-Umsatzerlöse eines Erstanwenders zwischen dem IFRS-Übergangszeitpunkt und dem IFRS-Vergleichszeitpunkt
$SAV_{BW,HGB}$	Buchwert des Sachanlagevermögens nach HGB
SAV_FI	Sachanlagen und Finanzimmobilien/Punktwert für die rückwirkende Bewertung von Sachanlagen zu fortgeführten Anschaffungs- oder Herstellungskosten bzw. der Bewertung zum beizulegenden Zeitwert
SCORE	Verhältniswert für die Inanspruchnahme bilanzpolitischer Maßnahmen, die den Verschuldungsgrad bzw. zukünftige Periodenergebnisse vermindern oder erhöhen
SIZE	Durchschnittliche logarithmierte HGB-Umsatzerlöse eines Erstanwenders zwischen dem IFRS-Übergangszeitpunkt und dem IFRS-Vergleichszeitpunkt
STRATEGIE	Ordinale Variable, die in Abhängigkeit von der angewandten Bilanzierungskombination die Werte 1 bis 7 annehmen kann
STREU	Verhältnis der sich im Streubesitz befindlichen Anteile eines Erstanwenders zu den insgesamt ausgegebenen Anteilen im IFRS-Berichtszeitpunkt
TA	Durchschnittliche HGB-Bilanzsumme eines Erstanwenders zwischen dem IFRS-Übergangszeitpunkt und dem IFRS-Vergleichszeitpunkt
UE_{HGB}	Umsatzerlöse nach HGB
VG	Verschuldungsgrad
ZA_{HGB}	Zinsaufwand nach HGB

Abbildungsverzeichnis

Abb. 1: Aufbau der Untersuchung 6

Abb. 2: Übergangs-, Vergleichs- und Berichtszeitpunkt 12

Abb. 3: Ausnahmebereiche vom Grundsatz der retrospektiven Anwendung.... 15

Abb. 4: Beispiel möglicher Bilanzierungsalternativen zur Abbildung von Unternehmenszusammenschlüssen 18

Abb. 5: Instrumente der Bilanzpolitik 49

Abb. 6: Bilanzpolitisch beeinflussbare Schwellenwerte 93

Abb. 7: Branchenklassifizierung 120

Tabellenverzeichnis

Tab. 1: Abgrenzung der Untersuchungsgesamtheit 116

Tab. 2: Unternehmensgröße, erstmaliger IFRS-Berichtszeitpunkt und HGB-Abschlussart zum IFRS-Übergangszeitpunkt 119

Tab. 3: Inanspruchnahme der Bilanzierungswahlrechte von IFRS 1 122

Tab. 4: Aufgeführte Positionen in den Eigenkapitalüberleitungsrechnungen zum IFRS-Übergangszeitpunkt 125

Tab. 5: Wirkungsrichtung der Bilanzierungsentscheidung zwischen rückwirkender Anwendung von IFRS 3, IAS 36 und IAS 38 auf den Geschäfts- oder Firmenwert und der Anwendung der Erleichterungsvorschriften von IFRS 1 134

Tab. 6: Wirkungsrichtung der Bilanzierungsentscheidung zwischen Bilanzansatz und Aufwandsverrechnung von Entwicklungsausgaben 139

Tab. 7: Wirkungsrichtung der Bilanzierungsentscheidung zwischen rückwirkender Bewertung von Sachanlagen und Finanzimmobilien zu fortgeführten Anschaffungs- oder Herstellungskosten und Bewertung zum beizulegenden Zeitwert 144

Tab. 8: Wirkungsrichtung der Bilanzierungsentscheidung zwischen Bilanzansatz und Nichtansatz von aktiven latenten Steuern auf Verlustvorträge 149

Tab. 9: Wirkungsrichtung der betrachteten bilanzpolitischen Instrumente auf den Verschuldungsgrad und zukünftige Periodenergebnisse 151

Tab. 10: Ableitung der abhängigen Variablen 164

Tab. 11: Definition und Beschreibung der abhängigen und unabhängigen Variablen 167

Tab. 12: Veränderung des Eigenkapitals im IFRS-Übergangszeitpunkt 170

Tab. 13: Veränderung des Verschuldungsgrads im IFRS-Übergangszeitpunkt 172

Tab. 14: Veränderung des Periodenergebnisses im IFRS-Vergleichszeitpunkt 174

Tab. 15: Inanspruchnahme der bilanzpolitischen Instrumente bei den Erstanwendern 175

Tab. 16: Prozentuale und größenbereinigte Auswirkungen durch die Inanspruchnahme bilanzpolitischer Instrumente im IFRS-Übergangszeitpunkt 176

Tab. 17: Angewandte Bilanzierungskombination 177

Tab. 18: Regressionsergebnisse der multinominalen Probit-Analyse 186

Tab. 19: Angewandte Bilanzierungskombination unter Annahme ungleicher Wirkungshöhen 191

Kapitel 1: Einführung

1.1 Problemstellung und Ziel der Arbeit

Die deutsche Rechnungslegung unterlag in den letzten Jahren einem tiefgreifenden Wandel. Stand in der Vergangenheit allein der nach handelsrechtlichen Vorschriften aufgestellte Abschluss im Vordergrund der Berichterstattung, löste die zunehmende Globalisierung der Weltwirtschaft und die damit verbundene Internationalisierung der Kapitalmärkte eine erhöhte Nachfrage nach international vergleichbaren Rechnungslegungsregeln aus[1]. Der deutsche Gesetzgeber reagierte erstmalig auf diese Veränderung im Jahr 1998 mit der Verabschiedung des Kapitalaufnahmeerleichterungsgesetzes (KapAEG) und der damit einhergehenden Einführung von § 292a in das HGB. Die neue Regelung erlaubte börsennotierten Unternehmen, einen befreienden Konzernabschluss nach international anerkannten Rechnungslegungsgrundsätzen aufzustellen, worunter im Wesentlichen die Vorschriften der IAS bzw. IFRS und US-GAAP subsumiert wurden[2]. Die Befreiungsmöglichkeit des damaligen § 292a HGB sowie die in bestimmten Börsensegmenten bestehende Verpflichtung zur Aufstellung eines Konzernabschlusses nach international anerkannten Regeln[3] führten dazu, dass eine Vielzahl der in einem Index der Frankfurter Wertpapierbörse (FWB) notierten Unternehmen bereits im Jahr 2001 einen alleinigen Konzernabschluss nach IFRS oder US-GAAP erstellten[4].

Weder für die Abschlusserstellung nach IFRS noch nach US-GAAP ließ sich eine eindeutige Präferenz der Unternehmen feststellen, so dass ein Bilanzierungswirrwarr unterschiedlicher Rechnungslegungsnormen existierte[5]. Da auch

---

1 Zu einer Übersicht über den Internationalisierungsprozess der Rechnungslegung in Deutschland siehe etwa Hütten/Lorson (2000), S. 525ff.; Pellens/Fülbier/Gassen (2006), S. 46ff.

2 Gemäß § 292a Abs. 2 HGB a.F. galt die befreiende Wirkung nur bei Erfüllung bestimmter Voraussetzungen, wie bspw. dem Einklang mit der 7. EG-Richtlinie und die gleichwertige Aussagekraft zu einem HGB-Abschluss; vgl. Pellens/Bonse/Gassen (1998), S. 786ff.

3 So forderte etwa das im Jahr 1997 neu erschaffene Börsensegment „Neuer Markt“ und das im Jahr 2001 eingeführte Segment „SMAX“ die Erstellung eines Konzernabschlusses bzw. einer Überleitungsrechnung nach IFRS oder US-GAAP; vgl. Förschle/Helmschrott (1997), S. 192f.; Küting/Dürr/Zwirner (2002), S. 6f. Mit der Neusegmentierung des Aktienmarkts an der Frankfurter Wertpapierbörse im Jahr 2003 wurden beide Segmente in die öffentlich-rechtliche Börsenordnung übernommen und den wiederum neu erschaffenen Segmenten Prime Standard und General Standard zugeschrieben. Während eine Notierung im General Standard nur die Erfüllung gesetzlicher Mindestanforderungen verlangt, gilt die Erstellung eines internationalen Konzernabschlusses bzw. die Angabe einer Überleitungsrechnung als Voraussetzung zur Zulassung zum Prime Standard; vgl. Gebhardt (2003), S. 3ff.

4 Vgl. Kirsch/Dohrn/Wirth (2002), S. 1221ff.

5 Vgl. etwa d'Arcy/Leuz (2000), S. 386ff.; Spanheimer/Koch (2000), S. 307.

andere EU-Mitgliedstaaten, wie z.B. Frankreich, Belgien oder Österreich, eine vergleichbare Befreiung von der nationalen Rechnungslegung einführten, verstärkte sich auf EU-Ebene das Verlangen, eine (zweite[1]) Harmonisierung der EU-Rechnungslegung durchzuführen[2]. Im Jahr 2002 wurde daraufhin die EU-Verordnung zur Anwendung internationaler Rechnungslegungsstandards (IAS-VO) verabschiedet[3], die der deutsche Gesetzgeber mit der Einführung von § 315a HGB weitgehend übernahm. Demgemäß sind sämtliche deutsche Konzernunternehmen, die an einem geregelten Markt innerhalb der EU mit Wertpapieren notiert sind, verpflichtet, ihren Konzernabschluss nach IFRS aufzustellen. Ausnahmen bestehen zum einen für Konzernunternehmen, die allein Schuldtitel emittiert haben, oder aufgrund einer Wertpapiernotierung in einem Land außerhalb der EU bereits nach anderen international anerkannten Rechnungslegungsvorschriften bilanzieren[4]. Hier verlangt der Gesetzgeber eine verpflichtende IFRS-Anwendung ab dem Geschäftsjahr 2007. Zum anderen können nicht-kapitalmarktorientierte Konzernunternehmen ihren Konzernabschluss wahlweise nach HGB oder nach IFRS veröffentlichen. Hingegen ist der insbesondere für die Bemessung der Gewinnausschüttung, für steuerliche Zwecke sowie für weitergehende Rechtsfolgen aufzustellende Einzelabschluss weiterhin nach handelsrechtlichen Vorschriften zu erstellen[5]. Allein zur Erfüllung der Publizitätspflicht im Bundesanzeiger können große Kapitalgesellschaften einen befreienden IFRS-Einzelabschluss einreichen.

Von 691 konsolidierungspflichtigen kapitalmarktorientierten Unternehmen in Deutschland hatten bereits 322 Gesellschaften ihre Rechnungslegung bis Mitte

---

1 Bereits mit der Verabschiedung der 4. EG-Richtlinie (sog. Bilanzrichtlinie) im Jahr 1978 und der 7. EG-Richtlinie (sog. Konzernbilanzierungsrichtlinie) im Jahr 1983 wurde das Ziel einer Rechtsangleichung der damaligen EG-Mitgliedstaaten verfolgt. Zur Ausgestaltung beider Richtlinien siehe Schmitz (1988), S. 6ff.; Albach/Klein (1990), S. 4ff.

2 Zu den Überlegungen der EU siehe ausführlich van Hulle (2003), S. 973ff.

3 Vgl. ABl. EG Nr. L 243/1 vom 11.9.2002.

4 Darunter fallen vor allem die aufgrund der Notierung an einem US-Kapitalmarkt zwingend nach US-GAAP bilanzierenden Unternehmen. Diese müssen nach dem Übergang auf IFRS weiterhin eine Überleitungsrechnung auf US-GAAP erstellen, um die Anforderungen der US-amerikanischen Aufsichtsbehörde SEC zu erfüllen. Indes hat die SEC ausländischen Unternehmen zur Vermeidung dieser Doppelbelastung eine Anerkennung des IFRS-Abschlusses ab dem Jahr 2009 in Aussicht gestellt; vgl. Leibfried/Meixner (2006), S. 213; SEC Release No. 33-8818 (2007).

5 Vgl. § 325 Abs. 2a. Zur Diskussion der IFRS-Anwendung im deutschen Einzelabschluss vgl. statt vieler m.w.N. Haller (2003), S. 414ff.

des Jahres 2005 auf IFRS umgestellt[1]. Neben organisatorischen Herausforderungen[2] kann die Rechnungslegungsumstellung erhebliche formale und materielle Auswirkungen auf den Abschluss haben. So zeigen empirische Untersuchungen der Umstellungswirkungen, dass Veränderungen des bisher ausgewiesenen Eigenkapitals und des Periodenergebnisses von mehr als 50% keine Seltenheit darstellen[3].

Die Höhe der Auswirkungen hängt von den unternehmensindividuellen Geschäftsvorfällen, den bisherigen handelsrechtlichen Bilanzierungspraktiken und von der Inanspruchnahme bilanzpolitischer Gestaltungsspielräume bei der Umstellung ab[4]. Während das Vorhandensein unterschiedlich abzubildender Geschäftsvorfälle von der allgemeinen Geschäftstätigkeit eines Unternehmens abhängig ist, sind hohe Umstellungseffekte insbesondere dort zu erwarten, wo die Bilanzierung nach HGB und IFRS stark voneinander abweicht. Die Stärke des Umstellungseffekts kann dabei vom Abschlussersteller sowohl durch Ausnutzung bilanzpolitischer Gestaltungsspielräume in der bisherigen HGB-Bilanzierung vor der Umstellung als auch durch Ausübung entsprechender Maßnahmen im Zeitpunkt der Umstellung gesteuert werden[5]. Die IFRS bieten zwar weniger explizite Bilanzierungswahlrechte als die handelsrechtlichen Vorschriften[6]. Dafür enthalten sie aber zahlreiche Ermessensspielräume, die zur Erreichung bilanzpolitischer Ziele bei der Umstellung genutzt werden können[7]. Darüber hinaus kommt den bilanziellen Umstellungsvorschriften von IFRS 1 eine besondere Bedeutung zu. IFRS 1 löste die zuvor nur rudimentären Umstellungsvorschriften innerhalb der Interpretation SIC-8 im Jahr 2003 ab und ist verpflichtend von Unternehmen anzuwenden, deren Umstellungszeitraum am oder nach dem 01.01.2004 beginnt. Neben verpflichtend anzuwendende Regelungen enthält der Standard weitgehende Bilanzierungswahlrechte, die zu unterschiedlichen Auswirkungen auf den Abschluss führen können. Die bilanzpoliti-

---

1 Vgl. Burger/Fröhlich/Ulbrich (2006), S. 119. Zu früheren Studien über die Anzahl kapitalmarktorientierter Unternehmen in Deutschland siehe PwC (2004), S. 6ff.; Burger/Ulbrich (2004), S. 242ff.; Burger/Ulbrich (2005), S. 41ff. Zu einem Vergleich der angewandten Rechnungslegungsvorschriften deutscher Unternehmen im Zeitraum von 1993 bis 2004 siehe Gassen/Sellhorn (2006), S. 372.

2 Vgl. Heintges (2003), S. 621ff.; Loitz (2003), S. 517ff.; Riedel/Rau/Tsanaclidis (2004), S. 505ff.

3 Vgl. Küting/Dürr/Zwirner (2002), S. 9; Burger/Fröhlich/Ulbrich (2004), S. 359ff.; Burger/Feldrappe/Ulbrich (2006), S. 137ff.

4 Vgl. Wagenhofer (2005), S. 514ff.

5 So näherten bspw. einige umstellende Unternehmen ihre HGB-Bilanzierungsmethoden in den Geschäftsjahren vor der Umstellung weitgehend den IFRS an, um den Umstellungseffekt möglichst gering zu halten; vgl. Gebhardt (2000), S. 352; Naumann (2005), S. 129.

6 Vgl. etwa Müller/Wulf (2005), S. 1268ff.

7 Vgl. Küting (2006), S. 2757ff.; Tanski (2006), S. 50ff.

schen Gestaltungsspielräume bieten umstellenden Unternehmen mithin die „einmalige Chance, ihre Geschichte neu zu schreiben“[1].

Bilanzpolitische Maßnahmen unterliegen auf Seiten der umstellenden Unternehmen unterschiedlichen Anreizen. Im deutschen Schrifttum wurde dazu eine Vielzahl von bilanzpolitischen Zielen hergeleitet, die teils mehr, teils weniger theoretisch fundiert sind[2]. Demgegenüber finden sich insbesondere im US-amerikanischen Schrifttum bereits empirisch getestete Anreize, deren Relevanz auch bei der Rechnungslegungsumstellung deutscher Unternehmen nicht ausgeschlossen werden kann.

Vor diesem Hintergrund ist es Ziel der Arbeit, mögliche Erklärungsgründe bilanzpolitischen Verhaltens bei der Umstellung der Rechnungslegung herzuleiten und empirisch zu untersuchen. Bisherige Studien mit Bezug zur Rechnungslegungsumstellung befassen sich überwiegend mit der Untersuchung des Umstellungsprozesses[3] und der Auswirkungen der Umstellung[4]. Daneben existiert eine Fülle von deskriptiven Arbeiten, die sich sowohl mit der Bilanzpolitik nach HGB[5] und IFRS[6], als auch mit den Unterschieden zwischen beiden Rechnungslegungssystemen[7] beschäftigen. Ferner wird das bilanzpolitische Verhalten deutscher HGB- und IFRS-Unternehmen miteinander verglichen[8]. Demgegenüber sind empirische Untersuchungen, die das Bilanzierungsverhalten deutscher Unternehmen bei der Umstellung erklären wollen, kaum vorhanden. Eine Ausnahme stellt die Arbeit von Klöpfer (2006) dar, die neben einer ausführlichen Darstellung und Beurteilung bilanzpolitischer Gestaltungsspielräume im Zeitpunkt der Umstellung ihren Einsatz sowie bilanzpolitische Ziele analysiert. Dabei unterscheidet sich die Untersuchung jedoch sowohl hinsichtlich der angewandten

1 o.V. (2007a), S. 11; o.V. (2007b), S. 28.

2 Vgl. hierzu Pfleger (1991), S. 23ff.; Fuchs (1997), S. 47ff.; Peemöller (2003), S. 172ff.; Klöpfer (2006), S. 358ff.

3 Vgl. etwa Stahl (2004).

4 Vgl. Küting/Dürr/Zwirner (2002), S. 9; Burger/Fröhlich/Ulbrich (2004), S. 359ff.; Burger/Feldrappe/Ulbrich (2006), S. 137ff.; Küting/Zwirner (2007a), S. 92ff., versuchen quantitative Unterschiede in den Bilanzpositionen zwischen HGB und IFRS unter Zurückrechnung gebildeter latenter Steuern bei IFRS-Unternehmen zu ermitteln; vgl. hierzu auch Küting/Zwirner (2007b), S. 145ff. Zu den Auswirkungen in anderen EU-Mitgliedsländern siehe Jermakowicz (2004); Aisbitt (2006).

5 Vgl. statt vieler Veit (2002).

6 Vgl. etwa Fuchs (1997); Pellens/Sürken (1998); Nobach (2006); Tanski (2006).

7 Vgl. Ruhnke (2005); Scherrer (2007). Synoptische Darstellungen liefern etwa Hayn/Graf Walderse (2006); Hommel/Wüstemann (2006).

8 Vgl. van Tendeloo/Vanstraelen (2005). Die Autoren finden dabei keine Hinweise für ein unterschiedliches bilanzpolitisches Verhalten. Demgegenüber scheint die Anwendung der US-GAAP das bilanzpolitische Verhalten zu reduzieren; vgl. Goncharov (2005), S. 110.

Methodik als auch hinsichtlich der einbezogenen Unternehmen von der vorliegenden Arbeit[1].

Die Untersuchung des Bilanzierungsverhaltens umstellender Unternehmen fokussiert sich auf die Rechnungslegungsumstellung von HGB auf IFRS. Der Einsatz bilanzpolitischer Instrumente wirkt sich bei einer Umstellung von HGB unterschiedlich als bei einem Übergang von US-GAAP auf IFRS aus. Insofern erfordert deren Analyse eine gesonderte Betrachtung, die den Umfang der Arbeit überschreiten würde[2]. Zudem kann nicht ausgeschlossen werden, dass für US-GAAP-Unternehmen andere bilanzpolitische Anreize bestehen als für HGB-Unternehmen. Ferner bezieht sich die Untersuchung allein auf das Bilanzierungsverhalten unter IFRS zum Umstellungszeitpunkt. Insofern wird das Bilanzierungsverhalten unter HGB vor der Umstellung nicht analysiert. Darüber hinaus erfolgt lediglich eine Untersuchung solcher Gesellschaften, die ihre Rechnungslegungsumstellung anhand der Vorschriften von IFRS 1 vorgenommen haben. Die zuvor gültige Interpretation SIC-8 enthielt weder ausführliche Vorschriften noch explizit aufgeführte Wahlrechte, so dass zur bilanziellen Abbildung der Umstellung unter ihrer Anwendung andere bilanzpolitische Instrumente im Mittelpunkt gestanden haben können.

1.2 Aufbau der Untersuchung

Die vorliegende Untersuchung gliedert sich in sechs Kapitel (vgl. Abb. 1). Nach dem einführenden Kapitel 1 beschäftigt sich die Arbeit im darauf folgenden Kapitel 2 mit den Grundlagen der Rechnungslegungsumstellung auf IFRS. Dazu wird zunächst auf wesentliche Begriffsdefinitionen von IFRS 1 eingegangen, die zum Verständnis des Umstellungsprozesses von Bedeutung sind. Anschließend werden die Vorschriften zur bilanziellen Abbildung der Umstellung vorgestellt. Dabei ist es Ziel, die grundsätzliche Umstellungsmethodik und die davon befreienden Wahlrechte und Verbote zu charakterisieren.

---

1 Klöpfer (2006) untersucht den Einsatz bilanzpolitischer Instrumente und Ziele bei der Umstellung von HGB auf IFRS anhand einer Befragungsstudie von 635 Unternehmen des CDAX im Zeitraum von Juli bis September 2005. Die darauf antwortenden 61 Unternehmen haben die Umstellung zu unterschiedlichen Zeitpunkten und anhand unterschiedlicher Regeln durchgeführt. Dagegen wird die Inanspruchnahme bilanzpolitischer Instrumente in dieser Arbeit anhand der Auswertung von Geschäftsberichten vorgenommen. Zudem werden mögliche Erklärungsgründe bilanzpolitischen Verhaltens abgeleitet und anhand einer Regressionsanalyse untersucht.

2 Zu bilanzpolitischen Aspekten bei der Umstellung von HGB auf US-GAAP siehe etwa Gruber/Kühnberger (2001), S. 1733ff.

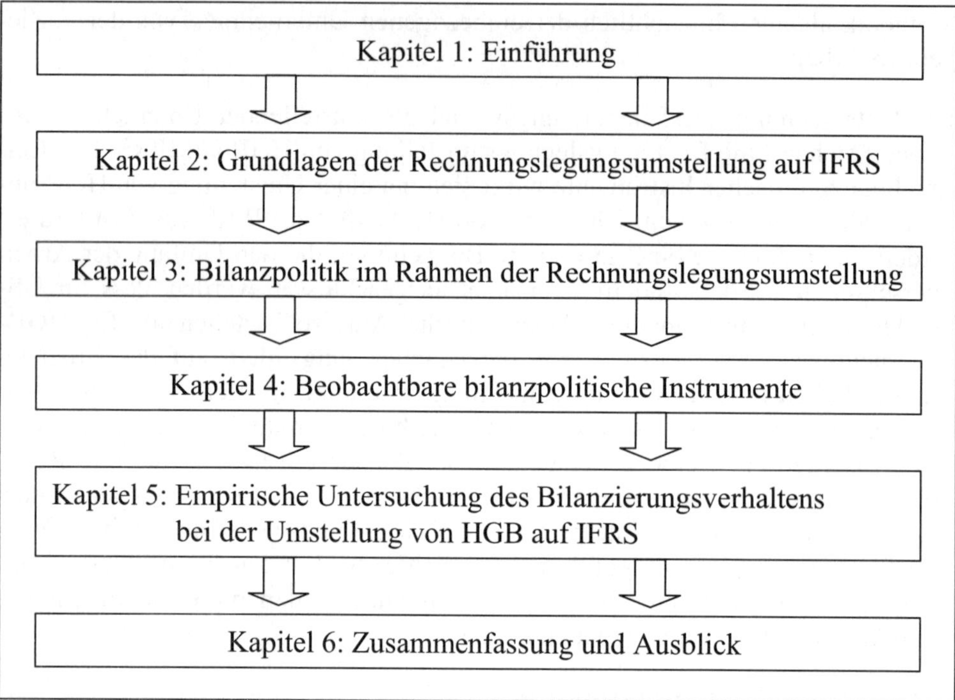

Abb. 1: Aufbau der Untersuchung

Kapitel 3 behandelt anschließend Bilanzpolitik im Rahmen der Rechnungslegungsumstellung. Zunächst werden notwendige Grundlagen erarbeitet, indem Bilanzpolitik definiert, bilanzpolitische Instrumente charakterisiert und mögliche Grenzen bilanzpolitischen Verhaltens analysiert werden. Darauf aufbauend werden mögliche Anreize zu bilanzpolitischem Verhalten im Zeitpunkt der Umstellung hergeleitet. Ziel ist es hierbei, potentielle Erklärungsgründe für Bilanzpolitik bei der Rechnungslegungsumstellung aus theoretischer Sicht zu finden. Unterschieden wird dabei zwischen bilanzpolitischen Anreizen, die aus vertragstheoretischen Überlegungen resultieren, und Anreizen, die aus kapitalmarkttheoretischen Ansätzen entstehen.

Zur Erfüllung der bilanzpolitischen Ziele steht Erstanwendern neben den Umstellungswahlrechten von IFRS 1 das gesamte Instrumentarium der IFRS zur Verfügung. Deren abschließende Darstellung würde den Umfang der Arbeit überschreiten und ist auch nicht Ziel der Untersuchung. Vielmehr sollen jene Instrumente in die Arbeit einbezogen werden, die einen selbst entwickelten Kriterienkatalog erfüllen. Dieser wird zu Beginn des vierten Kapitels aufgestellt. Da die Instrumente zur Untersuchung des Bilanzierungsverhaltens beobachtbar, d.h. aus dem Abschluss erkennbar sein müssen, ist ihre Inanspruchnahme bzw. Nichtinanspruchnahme aus den Geschäftsberichten der Erstanwender zu entnehmen. Daher werden nach der zunächst erforderlichen Darstellung der Untersuchungsgesamtheit die Inanspruchnahme der Wahlrechte von IFRS 1 und die Ausübung bzw. Nichtausübung von Instrumenten, die aus der rückwirkenden Anwendung der IFRS folgen, unter Berücksichtigung des Kriterienkatalogs daraufhin untersucht, inwieweit sie in die Arbeit einzubeziehen sind. Anschließend ist bei den verbleibenden Instrumenten die Wirkungsrichtung bei Ausübung bzw. Nichtausübung auf den Verschuldungsgrad im IFRS-Übergangszeitpunkt und auf zukünftige Periodenergebnisse zu analysieren. Deren Beeinflussung steht aufgrund der hergeleiteten Anreize in Kapitel 3 im Mittelpunkt bilanzpolitischen Verhaltens im Zeitpunkt der Umstellung.

Die empirische Untersuchung des Bilanzierungsverhaltens bei der Umstellung von HGB auf IFRS erfolgt in Kapitel 5. Aufbauend auf den in Kapitel 3 hergeleiteten Erklärungsgründen bilanzpolitischen Verhaltens werden zu Beginn Hypothesen formuliert und das Untersuchungsmodell beschrieben. Die anschließende Auswertung der empirischen Ergebnisse umfasst zunächst eine deskriptive Analyse der 100 einbezogenen Unternehmen hinsichtlich der betragsmäßigen Umstellungswirkung auf das bisherige Eigenkapital, den Verschuldungsgrad und das Periodenergebnis. Zudem werden die im Untersuchungsmodell verwendeten abhängigen und erklärenden Variablen analysiert. Zur Erklärung des beobachtbaren Bilanzierungsverhaltens kommt im Rahmen der Regressionsanalyse die multinominale Probit-Analyse zur Anwendung. Abschließend werden die Untersuchungsergebnisse verschiedenen Robustheitstests unterzogen.

Eine thesenförmige Zusammenfassung der wesentlichen Ergebnisse der Arbeit und ein Ausblick auf zukünftige Entwicklungen schließen die Untersuchung in Kapitel 6 ab.

Kapitel 2: Grundlagen der Rechnungslegungsumstellung auf IFRS

2.1 Kapitelübersicht

Im folgenden Kapitel werden zunächst die Umstellungsvorschriften von IFRS 1 vorgestellt. Zu Beginn wird auf den Anwendungsbereich des Standards eingegangen, um IFRS-Erstanwender von anderen Unternehmen abzugrenzen. Zudem werden der Anwendungszeitpunkt der Vorschrift und der Zeitraum zwischen der Erstellung der IFRS-Eröffnungsbilanz und dem Abschlussstichtag des ersten IFRS-Abschlusses charakterisiert. Letzteres ist zum Verständnis des Umstellungsprozesses und für die spätere Untersuchung des Bilanzierungsverhaltens während der Umstellung notwendig. Anschließend wird die grundsätzlich anzuwendende Umstellungsmethodik analysiert. Davon befreit sind genau spezifizierte Bereiche, bei denen IFRS 1 eine andere Vorgehensweise erlaubt bzw. explizit untersagt. Da hieraus zum einen explizite Wahlrechte und zum anderen grundlegende Verbote resultieren, werden diese Bereiche eingehender behandelt. Daneben fordert IFRS 1 zusätzliche Offenlegungspflichten. Diese sind insbesondere für die an späterer Stelle folgende Untersuchung des beobachtbaren Bilanzierungsverhaltens umstellender Unternehmen relevant, so dass das Kapitel mit ihrer Charakterisierung abschließt.

2.2 Umstellungsvorschriften von IFRS 1

2.2.1 Grundlagen

Die bilanzielle Abbildung der Rechnungslegungsumstellung wurde bis zum Jahr 2003 innerhalb der IFRS nur rudimentär geregelt. Vorschriften hierzu enthielt allein die Interpretation SIC-8[1]. Vor dem Hintergrund der zu erwartenden Verabschiedung der IAS-Verordnung und der damit verbundenen verpflichtenden IFRS-Anwendung für kapitalmarktorientierte Konzernunternehmen in der EU sowie bestehender Anwendungsprobleme der Interpretation[2], sah das IASB

---

1 SIC-8 wurde im Jahr 1998 vom IASB eingeführt. Zu den darin enthaltenen Regeln siehe Löcke (1998), S. 1777ff. Vor dem Jahr 1998 existierten keine diesbezüglichen Vorschriften; vgl. Küting/Hayn (1996), S. 251ff.; Reinhart (1998), S. 70. Mit der Interpretation reagierte das IASB insbesondere auf Forderungen deutscher Unternehmen, die vor dem Hintergrund der bevorstehenden Verabschiedung des KapAEG im Jahr 1998 und der damit verbundenen Einfügung von § 292a HGB eine Konkretisierung verlangten; vgl. Löcke (1998), S. 1777; Knorr/Wendlandt (2002), S. 201.

2 Vgl. hierzu Pellens/Detert (2003), S. 369.

indes eine Notwendigkeit zur Überarbeitung der Umstellungsvorschriften[1]. Die neue Vorgehensweise wurde zunächst im Rahmen der Veröffentlichung des Standardentwurfs ED 1 im Juli 2002 vorgestellt[2]. Nach Sichtung und Auswertung eingegangener Stellungnahmen wurde IFRS 1 „Erstmalige Anwendung der International Financial Reporting Standards“ im Juni 2003 verabschiedet und im April 2004 von der EU-Kommission anerkannt[3].

Unter Anwendung der Vorschriften von IFRS 1 soll sichergestellt werden, dass der erstmalige IFRS-Abschluss hochwertige Informationen enthält, die transparent und über mehrere Perioden vergleichbar sind sowie einen geeigneten Startpunkt für die IFRS-Rechnungslegung darstellen[4]. Dabei sollen die Kosten zur Erstellung des Abschlusses den Nutzen für die Abschlussadressaten nicht übersteigen[5]. Primäre Zielsetzung des Standards ist demnach die Herstellung einer intertemporalen und zwischenbetrieblichen Vergleichbarkeit von Erstanwendern, die zum selben Zeitpunkt umstellen. Demgegenüber wird der Idealfall einer zusätzlichen Vergleichbarkeit mit bereits nach IFRS bilanzierenden Unternehmen aufgrund des eingegangenen Kompromisses zwischen vergleichbaren Abschlüssen und angemessenem Kosten-/Nutzenverhältnis nicht verfolgt. Letzteres stellt ausdrücklich nur ein sekundäres Ziel dar[6].

2.2.2 Anwendungsbereich

IFRS 1 ist verpflichtend von sämtlichen Unternehmen anzuwenden, die ihren ersten IFRS-Abschluss erstellen[7]. Als erster IFRS-Abschluss ist derjenige Abschluss zu bezeichnen, in dem das Unternehmen erstmalig ausdrücklich und uneingeschränkt erklärt, die IFRS zu befolgen[8]. Ferner muss der Abschluss den Eigentümern oder sonstigen externen Abschlussadressaten zugänglich gemacht

---

1 Vgl. Zeimes (2002), S. 1001. Auch verlangte die EU-Kommission vom IASB, ein angemessenes Verfahren zur erstmaligen IFRS-Anwendung zu entwickeln; vgl. van Hulle (2003), S. 981.

2 Vgl. ED 1 (2002). Eine Darstellung von ED 1 liefern Knorr/Wendlandt (2002), S. 201ff.; Theile (2002), S. 1790ff.; Zeimes (2002), S. 1001ff.

3 Vgl. ABl. EU Nr. L 111/3 vom 17.4.2004.

4 Vgl. IFRS 1.1(a)-(b).

5 Vgl. IFRS 1.1(c). Die gleiche Zielsetzung gilt für die erstmalige Erstellung von Zwischenberichten nach IFRS, die sich auf die Berichtsperiode des ersten IFRS-Abschlusses beziehen.

6 Vgl. IFRS 1.BC10. Nach der vor IFRS 1 geltenden Umstellungsregel in SIC-8 stellte die Vergleichbarkeit von Erstanwendern mit bereits nach IFRS bilanzierenden Unternehmen das primäre Ziel dar; vgl. SIC-8.12.

7 Vgl. IFRS 1.2(a). Gemäß IFRS 1.2(b) gilt der Standard auch für Zwischenberichte, die nach IAS 34 innerhalb der erstmaligen IFRS-Berichtsperiode erstellt werden.

8 Vgl. IFRS 1.3.

worden sein[1]. Sind beide Voraussetzungen erfüllt, ist das Unternehmen als Erstanwender zu bezeichnen. Die Erfordernis zur Angabe einer Übereinstimmungserklärung mit den IFRS stellt dabei keine Neuheit dar[2]. Bereits IAS 1.14 sieht einen Abschluss nur dann in Übereinstimmung mit den IFRS, sofern bei seiner Erstellung sämtliche Standards und Interpretationen beachtet wurden.

Um den Anwendungsbereich zu verdeutlichen, führt der Standard eine Reihe von Beispielfällen auf[3]. Ein erstmaliger IFRS-Abschluss liegt demgemäß dann vor, sofern der letzte vorherige Abschluss

- gemäß nationalen, nicht mit den IFRS übereinstimmenden Vorschriften aufgestellt wurde,
- mit den IFRS übereinstimmte, jedoch keine ausdrückliche und uneingeschränkte Übereinstimmungserklärung beinhaltete,
- eine Übereinstimmungserklärung hinsichtlich der Befolgung nur einiger, aber nicht sämtlicher IFRS enthielt,
- nur unter Anwendung einzelner IFRS innerhalb von Bereichen, in denen keine nationalen Vorschriften existierten, erstellt wurde oder
- nur eine Überleitungsrechnung einzelner Werte auf IFRS enthielt.

Ferner fällt ein Unternehmen in den Anwendungsbereich von IFRS 1, sofern es Abschlüsse bislang

- nur für interne Zwecke nach IFRS erstellte,
- nur für Konsolidierungszwecke nach IFRS anfertigte, jedoch bisher kein vollständiger Abschluss nach IAS 1 vorlag, oder
- es bisher nicht verpflichtet war, einen Abschluss zu erstellen.

Die Beispielfälle beziehen sich überwiegend auf den letzten, nach nationalen Vorschriften aufgestellten Abschluss. Sämtliche Unternehmen, die in diesem Abschluss unabhängig vom angewandten Rechnungslegungssystem keine ausdrückliche und uneingeschränkte Übereinstimmungserklärung mit den IFRS getätigt haben, fallen unter den Anwendungsbereich von IFRS 1. Enthielt der letzte Abschluss dagegen schon eine derartige Erklärung und wurde er Dritten verfügbar gemacht, kann das Unternehmen nicht als Erstanwender bezeichnet werden. Hieraus folgt, dass Änderungen der Bilanzierungs- und Bewertungsmethoden in dem Fall nicht nach IFRS 1 sondern gemäß IAS 8 und den Übergangs-

---

1 Die Anforderung der Verfügbarkeit für Dritte folgt aus IFRS 1.3(b); vgl. Baetge/Bischof/Matena (2005), Rdn. 16; siehe hierzu auch Andrejewski/Grube (2005), S. 100.

2 Vgl. Pellens/Detert (2003), S. 370.

3 Vgl. IFRS 1.3(a)-(d).

vorschriften der jeweiligen IFRS zu behandeln sind[1]. Dabei ist es unerheblich, ob der bisherige Abschluss nur einen eingeschränkten IFRS-Bestätigungsvermerk durch den Abschlussprüfer erhalten hat. Entscheidend ist vielmehr, ob ein Unternehmen trotz des Zweifels externer Betrachter[2] den Abschluss selbst in voller Übereinstimmung mit den IFRS sieht.

IFRS 1 enthält keine Angaben darüber, an welcher Stelle innerhalb des Abschlusses auf die Übereinstimmung mit den IFRS hingewiesen werden muss. Gemäß IAS 1.105 ist eine derartige Aussage im Anhang zu tätigen[3]. Da die IFRS nicht zwischen unterschiedlichen Abschlussarten differenzieren, sind die Vorschriften von IFRS 1 unabhängig davon anzuwenden, ob es sich bei dem umzustellenden Abschluss um einen Einzelabschluss oder Konzernabschluss handelt.

2.2.3 Anwendungszeitpunkt und Eröffnungsbilanz

IFRS 1 ist verpflichtend für die bilanzielle Umstellung eines Abschlusses mit einem Geschäftsjahr anzuwenden, das am oder nach dem 01.01.2004 beginnt[4]. Zugleich erlaubte der Standard eine freiwillige frühere Anwendung. Insofern stand es umstellenden Unternehmen mit einem Geschäftsjahr beginnend vor dem 01.01.2004 frei, die Umstellung wahlweise anhand der Vorschriften von IFRS 1 oder SIC-8 vorzunehmen[5].

IFRS 1 verlangt mindestens die Angabe von Vergleichsdaten der Vorperiode im ersten IFRS-Abschluss[6]. Dem steht indes nicht entgegen, weitere Vergleichsperioden offen zu legen. Zu deren Ermittlung ist eine IFRS-Eröffnungsbilanz zu Beginn der frühesten Vergleichsperiode zu erstellen, die im ersten IFRS-Abschluss präsentiert wird. Der Stichtag der Eröffnungsbilanz stellt den Übergangszeitpunkt auf IFRS und damit den Ausgangspunkt für die weitere Rechnungslegung nach IFRS dar[7]. Der Zeitraum zwischen Übergangszeitpunkt und IFRS-Vergleichszeitpunkt, also dem Zeitpunkt, zu dem letztmalig ein HGB-Abschluss zu erstellen ist, kann als Vergleichs- bzw. Umstellungsperiode bezeichnet werden. Der nachfolgende Zeitraum stellt die erste IFRS-Berichtsperiode dar, die zum Berichtszeitpunkt des ersten IFRS-Abschlusses

---

1 Vgl. IFRS 1.5; Lüdenbach/Hoffmann (2003), S. 1499.

2 Insbesondere kamen in der Vergangenheit Zweifel an der Korrektheit von Abschlüssen von Unternehmen des Neuen Marktes auf; vgl. Küting/Zwirner (2001), S. 4ff.

3 Vgl. auch Lehner/Kickinger (2003), S. 277.

4 Vgl. IFRS 1.47.

5 Vgl. Hayn/Bösser/Pilhofer (2003), S. 1608.

6 Vgl. IFRS 1.36. Allerdings sind bestimmte Bereiche von der Angabe von Vergleichsinformationen der Vorperiode befreit; siehe Kapitel 2.2.6.

7 Vgl. IFRS 1.6.

endet. Abb. 2 veranschaulicht die verschiedenen Zeitpunkte und Perioden anhand eines Erstanwenders mit einem erstmaligen IFRS-Berichtszeitpunkt zum 31.12.2005. Zur Ermittlung der Vorjahresvergleichszahlen ist eine IFRS-Eröffnungsbilanz zum 01.01.2004 zu erstellen, die den Übergangszeitpunkt markiert. Zum 31.12.2004 ist letztmalig ein HGB-Abschluss anzufertigen und zu veröffentlichen.

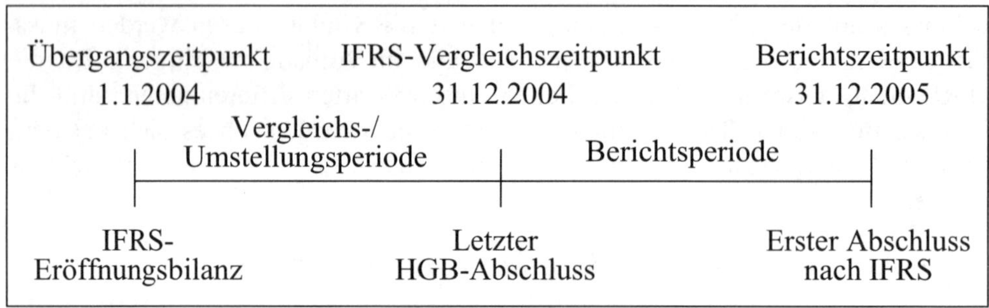

Abb. 2: Übergangs-, Vergleichs- und Berichtszeitpunkt

2.2.4 Grundsatz der retrospektiven Anwendung

IFRS 1 schreibt vor, dass zur Ermittlung der Werte in der Eröffnungsbilanz grundsätzlich sämtliche zum Berichtszeitpunkt gültigen Standards und Interpretationen retrospektiv anzuwenden sind[1]. Der Grundsatz der retrospektiven Anwendung aller IFRS bedeutet, dass in der Eröffnungsbilanz so zu bilanzieren ist, als ob schon immer nach IFRS Rechnung gelegt worden wäre. Dabei sind zwingend diejenigen IFRS rückwirkend anzuwenden, die am erstmaligen IFRS-Berichtszeitpunkt gültig sind. Eine retrospektive Anwendung unterschiedlicher, früher geltender IFRS in der Berichts- und Vergleichsperiode sowie in der Eröffnungsbilanz ist nicht erlaubt. Demzufolge kommen über alle im ersten IFRS-Abschluss dargestellten Perioden einheitliche Bilanzierungs- und Bewertungsmethoden zur Anwendung[2]. Es gilt somit das Stetigkeitsgebot.

Die in der Berichtsperiode gültigen IFRS bezeichnen die vom IASB verabschiedeten Standards und Interpretationen. Deutsche kapitalmarktorientierte Konzernunternehmen mit Sitz in der EU sind jedoch lediglich zur Anwendung der von der EU anerkannten IFRS angehalten[3]. Da zwischen der Verabschiedung eines IFRS und seiner Anerkennung ein längerer Zeitraum vergehen kann bzw. ein verabschiedeter IFRS oder einzelne Bestandteile daraus von der EU abge-

---

1 Vgl. IFRS 1.7.

2 Vgl. IFRS 1.8. Mit der vollständigen rückwirkenden Anwendung der IFRS sollen bisherige und künftige IFRS-Anwender gleichgestellt und deren Abschlüsse vergleichbar gemacht werden; vgl. Baetge/Kirsch/Wollmert (2003), Rdn. 6.

3 So der Wortlaut des § 315a HGB.

lehnt werden können[1], erscheint fraglich, ob mit der alleinigen Anwendung der anerkannten IFRS im Übergangszeitpunkt die Definition eines Erstanwenders noch erfüllt ist. Gemäß dem Wortlaut von IFRS 1.7 und IAS 1.14 liegt in diesem Fall kein vollständiger IFRS-Abschluss vor. Indes wird die Einschränkung im Schrifttum als nicht schädlich eingestuft[2]. Zudem steht es Erstanwendern frei, im Übergangszeitpunkt bereits neue IFRS anzuwenden, die zwar erst nach dem Abschlussstichtag des ersten IFRS-Abschlusses verbindlich werden, aber eine frühzeitige Anwendung zulassen[3].

Der Grundsatz der retrospektiven Anwendung erfordert, dass zur Aufstellung der IFRS-Eröffnungsbilanz sämtliche bisher bilanzierten Sachverhalte bis zu ihrer erstmaligen Erfassung nach dem bislang angewandten Rechnungslegungssystem zurückverfolgt werden müssen. Anschließend sind die Sachverhalte auf Ansatz-, Bewertungs- und Ausweiskonformität mit den IFRS zu prüfen[4]. Darüber hinaus sind auch alle Sachverhalte zu identifizieren, die nach bisher angewandten Rechnungslegungsgrundsätzen zu keiner Bilanzierung führten, aber nach IFRS anzusetzen wären. Sofern ein Ansatz nach IFRS erfolgen muss, ist die Erst- und Folgebewertung rückwirkend bis zum Zeitpunkt der zu erstellenden Eröffnungsbilanz vorzunehmen.

Sämtliche Differenzbeträge zwischen bisherigem Buchwert und IFRS-Wertansatz sind bei der Erstellung der Eröffnungsbilanz ergebnisneutral gegen die Gewinnrücklagen zu verrechnen[5]. Sofern notwendig, kann aber auch eine andere Eigenkapitalposition in Frage kommen. Dies ist jedoch nicht im Sinne eines Wahlrechts zu verstehen[6]. Vielmehr sind entstandene Anpassungsbeträge in eine gesonderte Eigenkapitalkategorie einzustellen, sofern ein IFRS dies explizit verlangt. So sind etwa folgende Sachverhalte in einer separaten Eigenkapitalkategorie auszuweisen:

- Unterschiedsbeträge aus der Währungsumrechnung der Einzelabschlüsse selbständiger ausländischer Geschäftseinheiten (IAS 21.30 i.V.m. IAS 21.52(b)),
- Neubewertung von immateriellen Vermögenswerten und Sachanlagen (IAS 16.39-40; IAS 38.85-86),

---

1 So wurde die Fair Value-Option von IAS 39 erst nach grundlegender Überarbeitung von der EU anerkannt; vgl. Barckow (2004), S. 793f.

2 Vgl. Heuser/Theile (2007), Rdn. 4511. Im Bestätigungsvermerk ist explizit auf die „IFRS, wie sie in der EU anzuwenden sind" hinzuweisen; vgl. IDW (2005), S. 1385.

3 Vgl. IFRS 1.8; Baetge/Bischof/Matena (2005), Rdn. 34.

4 Vgl. IFRS 1.10; Hartung (2005), S. 27.

5 Vgl. IFRS 1.11.

6 Vgl. Baetge/Bischof/Matena (2005), Rdn. 40.

- Bewertung von zur Veräußerung verfügbaren Finanzinstrumenten zum beizulegenden Zeitwert (IAS 39.55(b)) und
- Berücksichtigung eines Gewinns oder Verlusts aus dem effektiven Teil eines Cashflow Hedges (IAS 39.95(a)).

Insofern ist bspw. ein unterschiedlicher Wertansatz von Finanzinstrumenten, die als zur Veräußerung verfügbar kategorisiert wurden, bei der Erstellung der Eröffnungsbilanz in eine separate Eigenkapitalkategorie einzustellen[1]. Zu einem separaten Ausweis führt ferner eine Anpassung von Minderheitenanteilen, die einen Bestandteil des Eigenkapitals darstellen[2]. Gemäß IAS 1.96 sind die Eigenkapitalbestandteile, die auf Minderheitsgesellschafter entfallen, von denen der Gesellschafter des Mutterunternehmens zu trennen.

Bei der Verrechnung der Anpassungsbeträge ist zu prüfen, ob temporäre oder quasi-permanente Differenzen zwischen den in der Eröffnungsbilanz nach IFRS angesetzten und bewerteten Vermögenswerten und Schulden sowie ihrer steuerlichen Wertbasis entstehen[3]. In diesem Fall sind latente Steuern zu berücksichtigen, die ebenfalls ergebnisneutral zu verrechnen sind und die Eigenkapitalveränderung in ihrer Summe verändern können[4]. Die Ermittlung der Anpassungsdifferenzen kann unter Beachtung des Wesentlichkeitsgrundsatzes erfolgen[5]. So können Sachverhalte, bei denen die Umstellung nur zu einer unwesentlichen Bewertungsdifferenz führt, ohne Anpassung in die Eröffnungsbilanz übernommen werden.

2.2.5 Ausnahmebereiche

IFRS 1 sieht zwei verschiedene Arten von Ausnahmen vom Grundsatz der retrospektiven Anwendung vor (vgl. Abb. 3)[6]. Einerseits verbietet der Standard in genau festgelegten Bereichen die rückwirkende Anwendung der damit verbundenen IFRS, um Gestaltungsspielräume des Managements zu vermeiden. Insbesondere soll verhindert werden, dass „zur retrospektiven Anwendung die Beurteilung vergangener Umstände hinsichtlich des Ausgangs einer bestimmten Transaktion durch das Management notwendig wäre, deren Ergebnis bereits be-

1 Vgl. IFRS 1.BC81; IAS 39.55(b).
2 Vgl. IAS 1.68(o).
3 Vgl. IFRS 1.IG5.
4 Vgl. IFRS 1.B2(k).
5 Der im Rahmenkonzept der IFRS und in IAS 1 kodifizierte Grundsatz der Wesentlichkeit gilt auch für Erstanwender; vgl. RK.29-30; IAS 1.29 (2004); Hoffmann/Zeimes (2006), Rdn. 30.
6 Vgl. IFRS 1.12.

kannt ist"[1]. Das IASB sah in diesen Bereichen folglich ein zu großes bilanzpolitisches Potential bei einer retrospektiven Vorgehensweise.

Befreiungen von der retrospektiven Anwendung der IFRS
• Unternehmenszusammenschlüsse
• Kumulierte Währungsumrechnungsdifferenzen
• Beizulegender Zeitwert oder Neubewertung als Ersatz für Anschaffungs- oder Herstellungskosten
• In die Anschaffungs- oder Herstellungskosten von Sachanlagen einzubeziehende Entsorgungsverpflichtungen
• Leasingverhältnisse
• Neueinstufung von bereits angesetzten Finanzinstrumenten
• Zeitwertbewertung von finanziellen Vermögenswerten und Schulden beim erstmaligen Ansatz
• Hybride Finanzinstrumente
• Anteilsbasierte Vergütungen
• Leistungen an Arbeitnehmer
• Erstmalige IFRS-Anwendung bei Tochterunternehmen, assoziierten Unternehmen und Gemeinschaftsunternehmen
• Versicherungsverträge

Verbote der retrospektiven Anwendung der IFRS
• Schätzungen
• Ausbuchung finanzieller Vermögenswerte und Schulden
• Bilanzierung von Sicherungsbeziehungen
• Zur Veräußerung bestimmte langfristige Vermögenswerte und Aufgabe von Geschäftsbereichen

Abb. 3: Ausnahmebereiche vom Grundsatz der retrospektiven Anwendung

Andererseits sind genau spezifizierte Bereiche von der rückwirkenden Anwendung der IFRS befreit, da die retrospektive Ermittlung der Werte in der Eröffnungsbilanz nach Ansicht des IASB zu hohen Kosten führen kann, die den Nutzen für die Abschlussadressaten übersteigen. Letztere Befreiungen stellen explizite Wahlrechte für Erstanwender dar, die einzeln bzw. kombinierbar und ohne

[1] Vgl. IFRS 1.IN4.

Begründung ausgewählt werden dürfen[1]. Durch die wahlweise Ausnutzung von Befreiungsmöglichkeiten kann die primäre Zielsetzung der Vergleichbarkeit zwischen Erstanwendern nur in Ausnahmefällen erreicht werden[2].

Der im April 2004 von der EU-Kommission anerkannte IFRS 1 sah insgesamt drei Bereiche, bei denen die retrospektive Anwendung verboten war, sowie sechs Befreiungsmöglichkeiten vor. Durch die Verabschiedung des Improvement-Projekts des IASB, die Veränderung bestehender und die Herausgabe neuer IFRS wurden die verpflichtenden und befreienden Ausnahmebereiche seitdem zusätzlich erweitert[3].

Insgesamt enthält IFRS 1 derzeit, wie in Abb. 3 dargestellt, zwölf Bereiche mit befreienden Wahlrechten und vier Bereiche, bei denen die retrospektive Anwendung der IFRS verboten ist[4]. Nachfolgend werden zunächst die Befreiungen charakterisiert. Anschließend folgt eine Erläuterung der Verbote.

---

1 Vgl. Zeimes (2003), S. 984; Baetge/Bischof/Matena (2005), Rdn. 46. Im Standardentwurf ED 1 sah das IASB vor, ein Wahlrecht zwischen einer vollständigen retrospektiven Anwendung der in den jeweiligen Perioden gültigen IFRS und einer retrospektiven Anwendung der in der Berichtsperiode gültigen IFRS unter Verwendung von bestimmten Ausnahmebereichen einzuführen. Bei der Auswahl letzterer Vorgehensweise sollten sämtliche Ausnahmebereiche vollständig angewandt werden, um eine vorteilhafte Auswahl lediglich einzelner Befreiungsvorschriften zu vermeiden; vgl. ED 1.13ff.; ED 1.BC60.

2 Vgl. Böcking/Busam/Dietz (2003), S. 467; Pellens/Detert (2003), S. 371; Theile (2003), S. 1752; Zeimes (2003), S. 990.

3 Mit dem Improvement-Projekt überarbeitete das IASB im Jahr 2003 13 Standards und hob IAS 15 auf; vgl. Zülch (2004), S. 153ff. Zusätzlich wurden zwischen den Jahren 2004 und 2005 Veränderungen innerhalb IAS 19, IAS 32, IAS 36, IAS 38 und IAS 39 vorgenommen sowie IFRS 2, IFRS 3, IFRS 4, IFRS 5, IFRS 6, IFRIC 1 und IFRIC 4 verabschiedet, die allesamt zu Anpassungen von IFRS 1 führten. Für jeden künftig neuen bzw. geänderten IFRS behält sich das IASB vor, die retrospektive Anwendung ggf. zu verbieten oder wahlweise zu gestatten, was jeweils eine Anpassung von IFRS 1 zur Folge hätte; vgl. IFRS 1.BC14. So hat das IASB mit der Veröffentlichung von IFRIC 12 im November 2006, der sich mit der Bilanzierung von Vereinbarungen über Dienstleistungskonzessionen befasst, ein Wahlrecht zur Anwendung der Übergangsvorschriften von IFRIC 12 in IFRS 1 eingeführt (IFRS 1.25(m). Das Wahlrecht gilt jedoch erst für Erstanwender, die ihre Rechnungslegung im oder nach dem Geschäftsjahr 2007 auf IFRS umstellen. Darüber hinaus hat das IASB am 25.01.2007 einen Änderungsentwurf zu IFRS 1 veröffentlicht, der die Bestimmung des Wertansatzes von Anteilen an einer Tochtergesellschaft im ersten IFRS-Einzelabschluss des Mutterunternehmens betrifft. Hier schlägt der Standardsetter ein Wahlrecht für Erstanwender zwischen einem Wertansatz in Höhe des anteiligen Nettovermögens des Tochterunternehmens oder in Höhe des Fair Values der Anteile im IFRS-Übergangszeitpunkt vor. Darüber hinaus betreffen die vorgeschlagenen Änderungen Vereinfachungen hinsichtlich der Differenzierung von Ausschüttungen.

4 Vgl. IFRS 1.13 u. 1.26. Siehe hierzu auch Hayn (2006), Rdn. 24 u. 49. In den Befreiungen sind teilweise weitere Wahlrechte enthalten.

2.2.5.1 Befreiungen

2.2.5.1.1 Unternehmenszusammenschlüsse

Unternehmenszusammenschlüsse, deren Vertragsabschlusszeitpunkt am oder nach dem 31.03.2004 erfolgt, sind nach den Vorschriften von IFRS 3 und den dazu im engen Zusammenhang stehenden IAS 36 und IAS 38 zu bilanzieren. Während IFRS 3 allgemeine Regeln zur bilanziellen Abbildung von Unternehmenszusammenschlüssen enthält, ist IAS 36 u.a. für den jährlich vorzunehmenden Wertminderungstest eines vorhandenen Geschäfts- oder Firmenwerts (GoF) und IAS 38 für die bilanzielle Behandlung immaterieller Vermögenswerte aus einem Unternehmenszusammenschluss zuständig. Die retrospektive Anwendung der genannten Standards erfordert in diesem Bereich bspw. die rückwirkende Ermittlung des Erwerbers des Unternehmenszusammenschlusses, der beizulegenden Zeitwerte der erworbenen Vermögenswerte, Schulden und Eventualschulden sowie die retrospektive Verteilung eines ggf. hieraus entstehenden GoF auf die entsprechenden zahlungsmittelgenerierenden Einheiten (ZGE) des Erwerbers[1]. Diese Vorgehensweise kann dazu führen, dass ein unter den bisherigen Bilanzierungsvorschriften bereits abgeschriebener oder vollständig ergebnisneutral verrechneter GoF im Übergangszeitpunkt auf IFRS erneut bzw. erstmalig in der Bilanz auszuweisen ist.

Anstelle der retrospektiven Abbildung vergangener Unternehmenszusammenschlüsse können Erstanwender wahlweise bestimmte, in IFRS 1 enthaltene Erleichterungsvorschriften im IFRS-Übergangszeitpunkt in Anspruch nehmen[2]. Dabei ist es dem umstellenden Unternehmen freigestellt, ab welchem Zeitpunkt die Erleichterungsvorschriften zur Anwendung kommen sollen[3]. Erst anschließend besteht eine Bindungswirkung, sämtliche nachfolgenden Unternehmenszusammenschlüsse nach den Regeln von IFRS 3, IAS 36 und IAS 38 abzubilden[4].

---

1 Zur Vorgehensweise bei der Bilanzierung von Unternehmenszusammenschlüssen nach IFRS 3 vgl. ausführlich Küting/Wirth (2004), S. 167ff.; Pellens/Fülbier/Gassen (2006), S. 656ff.

2 Das Wahlrecht gilt gemäß IFRS 1.B3 analog für den Erwerb von Beteiligungen an assoziierten Unternehmen und Gemeinschaftsunternehmen. Zu den Besonderheiten hierzu siehe IDW (2006), S. 1377f.

3 Vgl. IFRS 1.B.

4 Vgl. IDW (2006), S. 1377. Dieses Wahlrecht gilt auch für die Anwendung von IAS 21 bei der Umrechnung von beizulegenden Zeitwerten und GoF in Fremdwährung. Gemäß IFRS 1.B1A kann IAS 21 erst prospektiv auf nach dem Übergangszeitpunkt stattfindende Unternehmenszusammenschlüsse oder wahlweise erst ab dem Zeitpunkt, den ein Erstanwender eigenständig für die prospektive Anwendung von IFRS 3 vor dem Übergangszeitpunkt gewählt hat, angewandt werden.

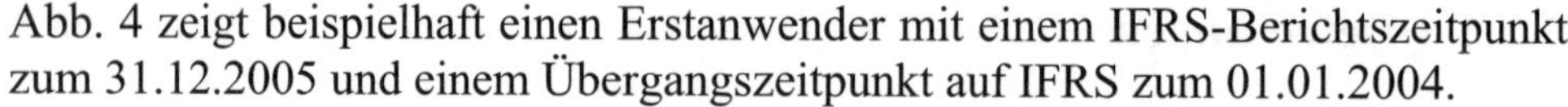
Abb. 4 zeigt beispielhaft einen Erstanwender mit einem IFRS-Berichtszeitpunkt zum 31.12.2005 und einem Übergangszeitpunkt auf IFRS zum 01.01.2004.

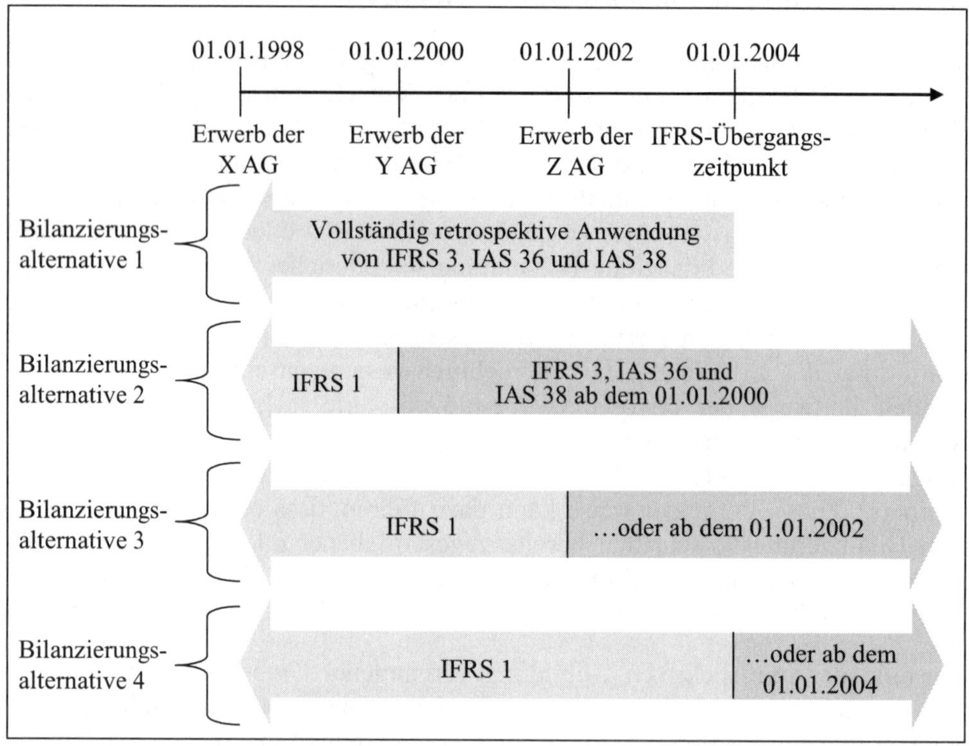

Abb. 4: Beispiel möglicher Bilanzierungsalternativen zur Abbildung von Unternehmenszusammenschlüssen

Der Erstanwender hat in dem Beispiel in der Vergangenheit annahmegemäß drei Unternehmenskäufe getätigt, wobei die jüngsten Erwerbe vom 01.01.2000 (Y AG) und 01.01.2002 (Z AG) datieren[1]. Zur bilanziellen Abbildung der vergangenen Unternehmenszusammenschlüsse im Übergangszeitpunkt auf IFRS bietet ihm das Wahlrecht von IFRS 1 folgende Möglichkeiten: Einerseits können die Vorschriften von IFRS 3, IAS 36 und IAS 38 vollständig rückwirkend auf sämtliche vergangenen Unternehmenszusammenschlüsse angewandt werden (Bilanzierungsalternative 1). Andererseits besteht die Möglichkeit, teilweise oder ganz auf eine rückwirkende Anwendung zu verzichten. Bei einem Verzicht auf die rückwirkende Bilanzierung bei der X AG ist der Unternehmenszusammenschluss nach den Erleichterungsvorschriften von IFRS 1 abzubilden, während der Erwerb der Y AG und Z AG nach IFRS 3, IAS 36 und IAS 38 zu bilanzieren sind (Bilanzierungsalternative 2). Auch besteht die Möglichkeit, auf eine

[1] Vgl. Deloitte (2005), S. 34.

rückwirkende Anwendung der Standards vor dem Erwerb der Y AG zum 01.01.2002 zu verzichten (Bilanzierungsalternative 3). Eine Grenze für den vom Erstanwender selbst auszuwählenden Zeitpunkt, ab dem auf eine rückwirkende Anwendung der Standards verzichtet werden kann, bildet allein der Übergangszeitpunkt auf IFRS. Spätestens ab diesem Zeitpunkt müssen alle nachfolgenden Unternehmenszusammenschlüsse nach den im IFRS-Berichtszeitpunkt gültigen IFRS und somit nach den Regeln von IFRS 3, IAS 36 und IAS 38 abgebildet werden (Bilanzierungsalternative 4).

Entscheidet sich ein Erstanwender gegen die retrospektive Anwendung, sieht IFRS 1 für die Bilanzierung vergangener Unternehmenszusammenschlüsse im IFRS-Übergangszeitpunkt folgende Erleichterungsvorschriften vor:

Zunächst ist die nach bisheriger Bilanzierung vorgenommene Klassifikation eines Unternehmenszusammenschlusses in die Eröffnungsbilanz zu übernehmen[1]. Wurde bislang bspw. die Interessenzusammenführungsmethode (pooling-of-interest) zur Abbildung des Unternehmenszusammenschlusses verwendet, ist unabhängig davon, dass IFRS 3 allein die Erwerbsmethode vorsieht, keine rückwirkende Ermittlung des Erwerbers vorzunehmen. Hieraus folgt, dass ein bisher ergebnisneutral mit den Gewinnrücklagen verrechneter GoF weiterhin im Eigenkapital verrechnet bleiben muss. Er darf weder in der IFRS-Eröffnungsbilanz angesetzt, noch bei einer späteren Veräußerung oder Wertminderung des betroffenen Unternehmens ergebniswirksam in die Ermittlung des Veräußerungsergebnisses oder des Wertminderungsverlustes einbezogen werden[2]. Der GoF gilt demzufolge als vereinnahmt[3].

Anschließend sind sämtliche unter dem Unternehmenszusammenschluss erworbenen Vermögenswerte und übernommenen Schulden in die Eröffnungsbilanz zu übernehmen. Dabei dürfen bereits ausgebuchte Finanzinstrumente sowie Vermögenswerte einschließlich GoF und Schulden, die bislang weder im Konzernabschluss des Erwerbers angesetzt waren, noch im Einzelabschluss des erworbenen Unternehmens die Ansatzkriterien nach IFRS erfüllen, nicht angesetzt werden[4]. Zur letzten Gruppe gehören aus Sicht eines bisher handelsrechtlich bilanzierenden Unternehmens bspw. selbsterstellte immaterielle Vermögensgegenstände, wie bspw. ein selbst geschaffener Markenname oder eine Kundenliste, die sowohl gemäß § 248 Abs. 2 HGB nicht angesetzt werden dürfen, als auch

---

1 Vgl. IFRS 1.B2a).

2 Vgl. IFRS 1.B2i); IDW (2006), S. 1377. A.A. dagegen Lüdenbach (2005), S. 64f., der für den Fall der Veräußerung eines Tochterunternehmens aus einer ZGE unter Rückgriff auf IAS 36 eine Belastung des Entkonsolidierungsergebnisses mit dem anteiligen GoF der ZGE für gerechtfertigt hält.

3 Vgl. hierzu Hahn (2003), S. 246; Theile (2003), S. 1749; IDW (2006), S. 1377.

4 Vgl. IFRS 1.B2b); siehe hierzu auch Kapitel 2.2.5.2.2.

den Ansatzvoraussetzungen von IAS 38 außerhalb eines Erwerbs im Rahmen eines Unternehmenszusammenschlusses nicht genügen.

Ferner sind folgende Anpassungen vorzunehmen: Zunächst sind alle Bilanzposten, die die Ansatzkriterien für einen Vermögenswert oder eine Schuld nach IFRS nicht erfüllen, aus der Eröffnungsbilanz auszubuchen[1]. Gleichwohl sind Vermögenswerte und Schulden, die zwar nach bisher angewandten Vorschriften im Einzelabschluss des erworbenen Unternehmens nicht bilanziert wurden, aber die Ansatzkriterien nach IFRS im Einzelabschluss erfüllen, anzusetzen[2]. Dabei ist für die Bilanzierung die Erfüllung der IFRS-Ansatzkriterien im Einzelabschluss entscheidend und nicht, ob die Vermögenswerte und Schulden nach den Vorschriften von IFRS 3 anzusetzen wären. Die Aus- bzw. Einbuchung hat unter Berücksichtigung von Minderheitenanteilen und latenten Steuern[3] gegen die Gewinnrücklagen oder einen ggf. besser geeigneten Eigenkapitalposten zu erfolgen. Ausnahmen bestehen dabei hinsichtlich der Behandlung immaterieller Vermögenswerte. Hat ein Erstanwender den Unternehmenszusammenschluss bislang als Erwerb klassifiziert und dabei einen oder mehrere immaterielle Vermögenswerte bilanziert, die die Ansatzkriterien von IAS 38 nicht erfüllen[4], muss die Ausbuchung gegen den GoF erfolgen. Wurde jedoch ein bislang mit dem Eigenkapital verrechneter GoF in die Eröffnungsbilanz übernommen, ist die Ausbuchung gegen die Gewinnrücklage vorzunehmen. Gleichfalls sind Vermögenswerte (insbesondere immaterielle Vermögenswerte) und Schulden, die zwar nach bisherigen Vorschriften Bestandteile des GoF darstellten, jedoch nach den Ansatzkriterien von IFRS im Einzelabschluss des erworbenen Unternehmens einzeln anzusetzen wären, aus dem GoF zu entnehmen und separat zu aktivieren.

Verlangen die IFRS eine Folgebewertung zum beizulegenden Zeitwert, wie bspw. bei zu Handelszwecken gehaltenen Finanzinstrumenten gemäß IAS 39.46, ist dieser im IFRS-Übergangszeitpunkt für die betroffenen Vermögenswerte und Schulden anzusetzen. Erneut sind entstehende Anpassungsdifferenzen entweder gegen die Gewinnrücklagen oder gegen einen ggf. besser geeigneten Eigenkapi-

---

1 Vgl. IFRS 1.B2c).

2 Vgl. IFRS 1.B2f).

3 Mit der Verrechnung von Anpassungsdifferenzen bei der Übernahme von vergangenen Unternehmenszusammenschlüssen in der Eröffnungsbilanz geht stets die Korrektur bestehender Minderheitenanteile und latenter Steuern einher. Im weiteren Verlauf der Ausführungen wird hierauf nicht gesondert eingegangen.

4 Die Entfernung eines nach handelsrechtlichen Vorschriften anzusetzenden, aber nach IFRS auszubuchenden immateriellen Vermögenswerts dürfte aufgrund der engeren Aktivierungsvoraussetzung für immaterielle Vermögensgegenstände nach HGB in der Praxis gegenstandslos sein; vgl. Hayn/Bösser/Pilhofer (2003), S. 1611; Theile (2003), 1748; Heuser/ Theile (2007), Rdn. 5049.

talposten zu verrechnen[1]. Der beizulegende Zeitwert ist gemäß den Vorschriften derjenigen IFRS zu ermitteln, die für die Bilanzierung des jeweiligen Sachverhalts zuständig sind[2]. Sofern diese keine spezifischen Anwendungsleitlinien enthalten, ist auf die entsprechenden Erläuterungen in IFRS 3 abzustellen.

Sehen die IFRS demgegenüber eine Folgebewertung zu fortgeführten Anschaffungs- oder Herstellungskosten (AHK) vor, stellen die unmittelbar zum damaligen Zeitpunkt des Unternehmenszusammenschlusses ermittelten Buchwerte der erworbenen Vermögenswerte und Schulden den Ersatz für die AHK zum damaligen Zeitpunkt dar[3]. Demzufolge ist es nicht erlaubt, beizulegende Zeitwerte im Rahmen des damaligen Erstansatzes für diese Vermögenswerte und Schulden rückwirkend zu ermitteln, wie es bei einer retrospektiven Anwendung von IFRS 3 andernfalls vorzunehmen wäre. Die als Ersatz festgelegten Buchwerte zum damaligen Zeitpunkt dienen anschließend als Grundlage für die rückwirkend vorzunehmende Folgebewertung[4].

Schließlich ist der Buchwert des GoF nach seiner Übernahme in die Eröffnungsbilanz bestimmten Korrekturen zu unterziehen, sofern bislang keine vollständig ergebnisneutrale Verrechnung vorgenommen wurde[5]. Wie bereits dargestellt ist der Buchwert zum einen um den Betrag auszubuchender immaterieller Vermögenswerte zu erhöhen, die zwar bisher im Einzelabschluss des erworbenen Unternehmens angesetzt wurden, jedoch die Ansatzkriterien von IAS 38 nicht erfüllen. Entsprechend ist der Buchwert um den Betrag bisher im GoF enthaltener Vermögenswerte und Schulden zu mindern, die nach den IFRS-Ansatzkriterien im Einzelabschluss des erworbenen Unternehmens einzeln zu bilanzieren sind. Zum anderen ist der Buchwert um den Betrag einer ggf. vorzunehmenden Kaufpreisänderung anzupassen, die aus dem Eintreten einer Bedingung vor dem Übergangszeitpunkt resultierte, falls diese verlässlich geschätzt werden kann und die Zahlung wahrscheinlich ist. Eine Anpassung des Kaufpreises kann bspw. aus einer vertraglichen Vereinbarung zwischen den Parteien eines Unternehmenszusammenschlusses erforderlich werden, die den zu zahlenden Kaufpreis vom Eintreffen künftiger Ereignisse, wie z.B. der zukünftigen Ergebnisentwicklung, abhängig macht[6]. Analog ist eine bereits früher erfasste

---

1 Vgl. IFRS 1.B2d).

2 Vgl. IFRS 1.14.

3 Vgl. IFRS 1.B2e).

4 Vgl. IFRS 1.IG51 u. IG57.

5 Vgl. IFRS 1.B2g). Für die Behandlung eines negativen Unterschiedsbetrags enthält IFRS 1 keine explizite Regelung. Da dieser gemäß IFRS 3.56 nach einer erneuten Prüfung unmittelbar ergebniswirksam zu erfassen ist, kommt bei der Umstellung allein seine sofortige Verrechnung mit den Gewinnrücklagen in Betracht; vgl. Ernst&Young (2004), S. 239; IDW (2006), S. 1378.

6 Vgl. IFRS 3.32-34.

Kaufpreisanpassung über den GoF zu korrigieren, sofern die Anpassung nicht mehr verlässlich bewertet werden kann oder die Zahlung nicht mehr wahrscheinlich ist. Abschließend ist der GoF auf eine Wertminderung gemäß IAS 36 zu prüfen und zwar unabhängig davon, ob Hinweise auf eine Wertminderung vorliegen[1]. Ein hieraus ggf. entstehender Wertminderungsbetrag ist wiederum gegen die Gewinnrücklagen zu verrechnen. Weitere Anpassungen des GoF schließt IFRS 1 explizit aus[2]. Wurde der GoF bisher mit dem Eigenkapital verrechnet, sind die beschriebenen Anpassungen nicht gegen den GoF, sondern in den Gewinnrücklagen auszuweisen[3].

Das Erleichterungswahlrecht gilt nicht nur für die bilanzielle Abbildung von Tochterunternehmen, sondern auch für Gemeinschaftsunternehmen und assoziierte Unternehmen[4], wobei der einmalig für Tochterunternehmen gewählte Zeitpunkt zum Verzicht auf die rückwirkende IFRS-Anwendung auch den Zeitpunkt zum Verzicht auf die rückwirkende IFRS-Bilanzierung von Gemeinschaftsunternehmen und assoziierten Unternehmen festlegt[5].

2.2.5.1.2 Kumulierte Währungsumrechnungsdifferenzen

Ausländische Tochterunternehmen mit abweichender funktionaler Währung sind beim Einbezug in den Konzernabschluss in die Darstellungswährung des Mutterunternehmens umzurechnen[6]. Dabei sind auftretende Differenzen aus der Um-

---

1 Vgl. IFRS 1.B2(g)(iii); zum Wertminderungstest siehe ausführlich Wirth (2005), S. 211ff. und zu den in der Praxis verwendeten Determinanten bei der Wertminderung Pellens u.a. (2005), S. 11ff.

2 Vgl. IFRS 1.B2h). Allerdings können u.a. aus dem erstmaligen Einbezug von Tochterunternehmen oder der Nichtkonsolidierung bisher konsolidierter Unternehmen zusätzliche Veränderungen des GoF entstehen; vgl. Ernst&Young (2004), S. 238. Für den erstmaligen Einbezug bisher nicht konsolidierter Unternehmen enthält IFRS 1 explizite Vorschriften. So ist zwingend eine modifizierte Erstkonsolidierung vorzunehmen, bei der die Buchwerte der Vermögenswerte und Schulden so anzupassen sind, als ob das Tochterunternehmen selbst im Einzelabschluss IFRS angewandt hätte. Ein aus der anschließenden Verrechnung des Eigenkapitals mit dem anteiligen Beteiligungsbuchwert des Mutterunternehmens entstehender GoF ist zwingend zu aktivieren und einem Wertminderungstest zu unterziehen. Der GoF kann hierbei daraus resultieren, dass das Tochterunternehmen seit der Konzernzugehörigkeit Verluste erwirtschaftet hat, die unmittelbar das Eigenkapital verminderten; vgl. Lehner/Kickinger (2003), S. 279. Hat das Tochterunternehmen dagegen seit der Konzernzugehörigkeit Gewinne thesauriert, wird es häufig zum Ausweis eines passivischen Unterschiedsbetrags kommen. Dieser kann unmittelbar in der Konzerneröffnungsbilanz gegen die Gewinnrücklagen verrechnet werden; vgl. Theile (2003), S. 1750.

3 Vgl. IFRS 1.B2(i).

4 Vgl. IFRS 1.B3.

5 Vgl. Ernst&Young (2004), S. 229, die auf IFRS 1.B3 Bezug nehmen.

6 Vgl. ausführlich zur Fremdwährungsumrechnung ausländischer Konzernabschlüsse Küting/Wirth (2003), S. 376ff.; Schmidbauer (2004), S. 699ff.

rechnung der Vermögenswerte und Schulden sowie der Erträge und Aufwendungen als separater Bestandteil des Eigenkapitals auszuweisen und erst bei Abgang des ausländischen Unternehmens ergebniswirksam zu erfassen[1]. Eine analoge Vorgehensweise gilt für Umrechnungsdifferenzen bei monetären Posten, die Teil einer Nettoinvestition in einen ausländischen Geschäftsbetrieb sind. Letztere stellen langfristige Forderungen oder Verbindlichkeiten dar, deren Begleichung in absehbarer Zukunft weder geplant noch wahrscheinlich ist[2]. Auch sie sind im Konzernabschluss des Mutterunternehmens ergebnisneutral im Eigenkapital anzusetzen und erst beim Abgang des ausländischen Geschäftsbetriebs ergebniswirksam zu erfassen[3].

Anstelle einer retrospektiven Ermittlung der Höhe der Umrechnungsdifferenzen dürfen Erstanwender bestehende kumulierte Währungsdifferenzen zum IFRS-Übergangszeitpunkt vollständig in die Gewinnrücklagen einstellen[4]. Die bisher bestehenden Umrechnungsdifferenzen werden somit im IFRS-Übergangszeitpunkt vereinnahmt, womit im Fall einer späteren Veräußerung ausländischer Geschäftsbetriebe keine vor dem Übergangszeitpunkt angefallenen Umrechnungsdifferenzen mehr in den Veräußerungsgewinn einfließen dürfen[5]. Das Wahlrecht ist bei Ausübung einheitlich für alle ausländischen Geschäftsbetriebe mit abweichender funktionaler Währung anzuwenden. Eine selektive Ausübung ist nicht erlaubt.

2.2.5.1.3 Beizulegender Zeitwert oder Neubewertung als Ersatz für Anschaffungs- oder Herstellungskosten

IFRS 1 erlaubt Erstanwendern, bestimmte Vermögenswerte im IFRS-Übergangszeitpunkt alternativ zu ihren beizulegenden Zeitwerten zu bewerten[6]. Wird das Wahlrecht genutzt, stellt der beizulegende Zeitwert den Ersatz für die andernfalls retrospektiv zu ermittelnden AHK der Vermögenswerte dar. Das Wahl-

---

1 Vgl. IAS 21.39 i.V.m. IAS 21.48; IFRS 1.21. Diese Vorgehensweise wird auch modifizierte Stichtagskursmethode genannt; vgl. Pellens/Fülbier/Gassen (2006), S. 641.

2 Vgl. IAS 21.15.

3 Vgl. IAS 21.32 i.V.m. IAS 21.48.

4 Vgl. IFRS 1.22. Im Schrifttum wird hier von einem sog. „Fresh Start“ gesprochen; vgl. Hayn/Bösser/Pilhofer (2003), S. 1612. Das Wahlrecht dient der Umstellungserleichterung für Erstanwender, die zwar unter bisherigen Vorschriften Währungsdifferenzen im Eigenkapital angesammelt haben, diese aber nicht den jeweiligen ausländischen Geschäftsbetrieben zuordnen können; siehe IFRS 1.BC54. Zudem ist das Wahlrecht im engen Zusammenhang mit dem Befreiungswahlrecht für Unternehmenszusammenschlüsse zu sehen; vgl. Kirsch (2003a), S. 918.

5 Vgl. IFRS 1.22(b).

6 Vgl. IFRS 1.16-18.

recht ist auf Sachanlagen, als Finanzinvestition gehaltene Immobilien[1] und immaterielle Vermögenswerte begrenzt.

Bei Sachanlagen kann das Wahlrecht unabhängig von der erst anschließend zu treffenden Entscheidung über die Folgebewertung zwischen der Bilanzierung nach dem Anschaffungskostenmodell oder dem Neubewertungsmodell[2] in Anspruch genommen werden. Allerdings hat die Auswahl der Folgebewertungsmethode Auswirkungen auf die jeweilige Eigenkapitalkategorie, in der ggf. entstehende Anpassungsdifferenzen bei der Erstellung der Eröffnungsbilanz auszuweisen sind. Während der Differenzbetrag zwischen bisherigem Buchwert und beizulegendem Zeitwert bei anschließender Folgebewertung zu fortgeführten AHK in die Gewinnrücklagen einzustellen ist, sind die Differenzen bei Auswahl der Neubewertungsmethode in eine separate Eigenkapitalposition einzustellen[3]. Insgesamt darf das Wahlrecht für jede Sachanlage einzeln ausgeübt werden[4]. Eine Bindungswirkung auf sämtliche Sachanlagen oder auf die zugehörige Gruppe, wie unter der Folgebewertung anhand der Neubewertungsmethode von IAS 16.36 verlangt, besteht nicht.

Im Gegensatz zum Anwendungsbereich des Wahlrechts auf Sachanlagen ist das Wahlrecht bei Finanzimmobilien auf die anschließende Folgebewertung anhand des Anschaffungskostenmodells[5] beschränkt. Gleichfalls ist in diesem Bereich eine selektive Nutzung für einzelne Finanzimmobilien möglich.

Im Fall von immateriellen Vermögenswerten besteht ebenfalls eine Beschränkung des Anwendungsbereichs. So gelten als Voraussetzungen, dass die Ansatzkriterien für immaterielle Vermögenswerte erfüllt sind, und dass die Bedingungen zur Durchführung einer Neubewertung nach IAS 38 vorliegen[6]. Standardgemäß muss der beizulegende Zeitwert anhand eines aktiven Marktes ermittelbar sein, auf dem homogene Produkte gehandelt werden, vertragswillige Käufer und Verkäufer jederzeit vorzufinden sind und Preise der Öffentlichkeit zur Verfügung stehen[7]. Dieser Markt existiert im Regelfall für immaterielle Vermö-

---

1 Zur besseren Lesbarkeit wird im Folgenden von Finanzimmobilien gesprochen.

2 Nach dem Anschaffungskostenmodell hat die Folgebewertung zu fortgeführten AHK zu erfolgen während das Neubewertungsmodell die Bewertung zum beizulegenden Zeitwert vorsieht; vgl. IAS 16.30-31. Zu den Unterschieden beider Folgebewertungsmethoden siehe Streim/Leippe (2001), S. 375ff.

3 Vgl. IFRS 1.IG10. In Frage kommt dabei allein der Ausweis innerhalb einer Neubewertungsrücklage im Eigenkapital; vgl. IAS 16.39.

4 Vgl. IFRS 1.BC45.

5 Die Folgebewertung von Finanzimmobilien anhand des Anschaffungskostenmodells ist analog zum Sachanlagevermögen zu fortgeführten AHK vorzunehmen; siehe hierzu IAS 40.56.

6 Vgl. hierzu IAS 38.18ff.

7 Vgl. IAS 38.75 i.V.m. IAS 38.8.

genswerte nicht. Ausnahmen bestehen bspw. bei frei übertragbaren Taxi- oder Fischereilizenzen, Produktionsquoten oder Umweltzertifikaten im Rahmen eines Emissionshandelsprogramms[1]. Daher erscheint das Wahlrecht bei immateriellen Vermögenswerten nur in Ausnahmefällen anwendbar. Sind die Voraussetzungen indes erfüllt, kann es unabhängig von der Auswahl der Folgebewertungsmethode und selektiv für einzelne immaterielle Vermögenswerte ausgeübt werden.

Darüber hinaus enthält IFRS 1 zwei zusätzliche Vorschriften, die ebenfalls eine Befreiung von der rückwirkenden Ermittlung der AHK von Vermögenswerten vorsehen. Einerseits kann eine am oder vor dem IFRS-Übergangszeitpunkt vorgenommene Neubewertung von Vermögenswerten als Ersatz für die AHK zum damaligen Neubewertungszeitpunkt dienen. Dies setzt nach IFRS 1.17 jedoch voraus, dass die Neubewertung zum damaligen Zeitpunkt mit dem beizulegenden Zeitwert oder den fortgeführten AHK gemäß IFRS, die angepasst wurden, um bspw. Änderungen eines allgemeinen oder spezifischen Preisindex zu reflektieren, vergleichbar war. Für bisher nach HGB bilanzierende Erstanwender ist dieses Wahlrecht bedeutungslos, da das Handelsrecht keine Neubewertung zulässt[2].

Andererseits erlaubt IFRS 1.19 Erstanwendern, beizulegende Zeitwerte, die aus einer früheren ereignisgesteuerten Bewertung resultierten, wie z.B. einer Privatisierung oder einem Börsengang, als Ersatz für die AHK nach IFRS zu übernehmen. Dabei ist der Zeitraum, der zwischen dem damaligen Zeitpunkt der ereignisbezogenen Ermittlung und dem Übergangszeitpunkt liegt, nicht begrenzt. Indes ist die Folgebewertung rückwirkend auf IFRS-Konformität zu prüfen, womit ebenfalls eine retrospektive IFRS-Anwendung zu erfolgen hat[3].

2.2.5.1.4 In die Anschaffungs- oder Herstellungskosten von Sachanlagen einzubeziehende Entsorgungsverpflichtungen

Mit der im Mai 2004 veröffentlichten Interpretation IFRIC 1 regelt das IASB die bilanzielle Behandlung von Bewertungsänderungen bestehender Entsorgungs-, Wiederherstellungs- und ähnlicher Verpflichtungen[4]. Bewertungsänderungen

---

[1] Vgl. Esser/Hackenberger (2004), S. 410. Für Markennamen, Drucktitel bei Zeitungen, Musik- und Filmverlagsrechte, Patente oder Warenzeichen verneint das IASB aufgrund ihrer Einzigartigkeit explizit das Bestehen eines aktiven Marktes; vgl. IAS 38.78.

[2] Vgl. Baetge/Bischof/Matena (2005), Rdn. 109; Andrejewski/Böckem (2004), S. 335. Allerdings kann eine Preisindexierung etwa bei ausländischen Tochterunternehmen in Hochinflationsländern durchgeführt worden sein; vgl. IDW (2006), S. 1378.

[3] Vgl. IFRS 1.IG9.

[4] Die Interpretation ist verpflichtend für Geschäftsjahre anzuwenden, die am oder nach dem 01.09.2004 beginnen. Zu den bilanziellen Abbildungsvorschriften der Interpretation siehe ausführlich Marx/Köhlmann (2005), S. 693ff.

können insbesondere aufgrund geänderter Kostenschätzungen für die zukünftige Entsorgung bzw. Wiederherstellung des dazugehörigen Vermögenswerts und aufgrund einer Änderung des Diskontierungszinssatzes erforderlich werden. IFRIC 1 verlangt in diesen Fällen, dass die Änderung des Verpflichtungsbetrags bei der Rückstellung korrespondierend zu dem Wertansatz des Vermögenswerts hinzugerechnet bzw. von ihm abgezogen wird[1]. Anschließend ist der Vermögenswert mit dem angepassten Änderungsbetrag über die verbleibende Nutzungsdauer abzuschreiben[2].

Anstelle einer retrospektiven Anwendung von IFRIC 1, nach der eine rückwirkende Prüfung auf geänderte Kostenschätzungen und Diskontierungszinsen zu jedem vergangenen Abschlussstichtag seit Entstehung der Verpflichtungen bis zum Stichtag der Eröffnungsbilanz vorzunehmen ist, enthält IFRS 1 ein vereinfachendes Wahlrecht[3]. Unter dessen Inanspruchnahme ist zunächst der Barwert der Verpflichtung im IFRS-Übergangszeitpunkt zu ermitteln. Anschließend ist dieser mittels eines durchschnittlichen risikoangepassten Diskontierungszinssatzes auf den Entstehungszeitpunkt der Verpflichtung abzuzinsen[4]. Der hieraus resultierende Barwert zum Entstehungszeitpunkt stellt den annäherungsweise ermittelten ursprünglichen Kostenbestandteil des Vermögenswerts dar. Schließlich ist der so ermittelte Kostenbestandteil rückwirkend bis zum Übergangszeitpunkt anhand der Nutzungsdauer des Vermögenswerts abzuschreiben.

In den Anwendungsbereich des Wahlrechts fallen insbesondere anlagenintensive Industriebetriebe, die wesentliche Entsorgungs- bzw. Wiederherstellungsverpflichtungen eingegangen sind[5]. Eine Bindungswirkung bei Ausübung des Wahlrechts auf sämtliche hiervon betroffenen Geschäftsvorfälle enthält IFRS 1 nicht. Insofern kann es für jede Entsorgungsverpflichtung einzeln in Anspruch genommen werden.

2.2.5.1.5 Leasingverhältnisse

Im Dezember 2004 verabschiedete das IASB die Interpretation IFRIC 4, die verpflichtend für Geschäftsjahre anzuwenden ist, die am oder nach dem

---

1 IFRIC 1 unterteilt die Vorgehensweise bei der bilanziellen Abbildung der Änderung sowohl für den Fall, dass der Vermögenswert nach dem Anschaffungskostenmodell bewertet wird, als auch für die alternative Folgebewertung nach der Neubewertungsmethode; vgl. IFRIC 1.5-6.

2 Vgl. IFRIC 1.7.

3 Vgl. IFRS 1.12(j).

4 Vgl. im Folgenden IFRS 1.25E.

5 Zur Verdeutlichung der mit dem Ansatz von Entsorgungsverpflichtungen und dem Komponentenansatz gemäß IAS 16 verbundenen Komplexität bei der Umstellung von HGB auf IFRS siehe das Praxisbeispiel bei Focken/Schaefer (2004), S. 2347f.

01.01.2006 beginnen[1]. IFRIC 4 regelt, ob eine nicht in der rechtlichen Form eines Leasingverhältnisses ausgestaltete Vereinbarung, in der das Nutzungsrecht an einem Vermögenswert eingeräumt wird, dennoch ein Leasingverhältnis beinhaltet. Dazu enthält die Interpretation konkretisierende Beschreibungen zur Definition und zur Identifizierung von Verträgen oder Vertragsbestandteilen als Leasingverhältnis[2]. Aus wirtschaftlicher Betrachtungsweise können bspw. Lieferverträge und IT-Auslagerungsvereinbarungen Leasingverhältnisse beinhalten[3], womit vermeintlich eindeutige Verträge zu bilanziellen Leasingverhältnissen umqualifiziert werden müssen[4]. Die Regelungen zur bilanziellen Erfassung von Leasingverhältnissen verbleiben dabei weiterhin bei IAS 17.

Da IFRIC 4 eine freiwillige frühzeitige Anwendung erlaubt, besteht für Erstanwender mit einem früheren Übergangszeitpunkt als dem 01.01.2006 ein Anwendungswahlrecht. Wird dieses in Anspruch genommen, erfordert der Grundsatz der retrospektiven Anwendung eine rückwirkende Beantwortung der Frage, ob zum Zeitpunkt des Vertragsabschlusses ein Leasingverhältnis vorlag. Stattdessen ist es Erstanwendern erlaubt, die Übergangsvorschriften von IFRIC 4 anzuwenden[5]. Demzufolge braucht eine Prüfung der Verträge nur anhand der bestehenden Verhältnisse im IFRS-Übergangszeitpunkt vorgenommen zu werden[6]. IFRS 1 enthält keine Bindungswirkung bei Ausübung des Befreiungswahlrechts.

2.2.5.1.6 Neueinstufung von bereits angesetzten Finanzinstrumenten

Ein weiteres Befreiungswahlrecht besteht in der Kategorisierung bereits vor dem IFRS-Übergangszeitpunkt bestehender Finanzinstrumente[7]. Die Befolgung des Grundsatzes der retrospektiven IFRS-Anwendung hat zur Folge, dass Finanzinstrumente rückwirkend zum Zeitpunkt ihrer erstmaligen Erfassung nach IAS 39 kategorisiert und bis zum Übergangszeitpunkt folgebewertet werden müssen[8]. Stattdessen erlaubt das Wahlrecht Erstanwendern, Finanzinstrumente im Übergangszeitpunkt wahlweise in die Kategorie „ergebniswirksam zum beizulegenden Zeitwert zu bewerten“ oder in die Kategorie „zur Veräußerung verfügbar“

1 Vgl. IFRIC 4.16.
2 Zum Inhalt der Interpretation vgl. Götz/Spannheimer (2005), S. 260ff.
3 Vgl. IFRIC 4.1.
4 Vgl. Beine/Nardmann (2006), Rdn. 99.
5 Demnach werden Erstanwender mit bereits nach IFRS bilanzierenden Unternehmen gleichgestellt; vgl. IFRS 1.BC63D.
6 Vgl. IFRS 1.25F i.V.m. IFRIC 4.17.
7 Vgl. IFRS 1.13(g).
8 Vgl. Kuhn/Scharpf (2004a), S. 261.

einzustufen[1]. Die Zuordnung als „ergebniswirksam zum beizulegenden Zeitwert zu bewerten“ ist dabei unwiderruflich. Auch eine spätere Umklassifizierung anderer Finanzinstrumente in diese Kategorie ist nicht zulässig[2]. Erfolgt eine Einstufung zur Kategorie „zur Veräußerung verfügbar“, ist ein ggf. bestehender Differenzbetrag zwischen bisherigem Buchwert und beizulegendem Zeitwert gegen einen separaten Eigenkapitalposten und nicht gegen die Gewinnrücklagen zu verrechnen[3]. Besitzt das als zur Veräußerung verfügbar klassifizierte Finanzinstrument indes eine Zinskomponente, die gemäß IAS 39 nach der Effektivzinsmethode behandelt werden muss, sind zunächst die fortgeführten Anschaffungskosten des Finanzinstruments im Übergangszeitpunkt zu bestimmen und nur die darüber hinausgehende Differenz zum beizulegenden Zeitwert in einen separaten Eigenkapitalposten einzustellen[4]. Der restliche Anpassungsbetrag ist dagegen in den Gewinnrücklagen zu buchen.

Das Wahlrecht kann auf einzelne oder sämtliche Finanzinstrumente angewandt werden. Eine Bindungswirkung besteht nicht.

2.2.5.1.7 Zeitwertbewertung von finanziellen Vermögenswerten und Schulden beim erstmaligen Ansatz

Mit den im Dezember 2004 verabschiedeten Änderungen zu IAS 39, die die Übergangsvorschriften und Regelungen zum erstmaligen Ansatz von Finanzinstrumenten betrafen, wurde ein weiteres Befreiungswahlrecht in IFRS 1 eingefügt[5]. Gemäß IAS 39.AG76 stellt der Transaktionspreis eines Finanzinstruments den besten Nachweis des beizulegenden Zeitwerts beim erstmaligen Ansatz dar. Ausnahmen bestehen, sofern der beizulegende Zeitwert durch einen Vergleich mit anderen beobachtbaren aktuellen Markttransaktionen desselben Finanzinstruments nachgewiesen werden kann oder auf einer Bewertungsmethode basiert, deren Variablen nur Daten von beobachtbaren Märkten umfassen. Wenn unter Berücksichtigung dieser Vorschrift beim erstmaligen Ansatz keine Gewinne oder Verluste entstehen, sind Gewinne und Verluste gemäß IAS 39.AG76A bei der Folgebewertung nur in dem Umfang ergebniswirksam zu erfassen, in dem sie aus der Änderung eines Faktors (einschließlich des Zeitfaktors) resultie-

---

1 Vgl. IFRS 1.25A. Erneut werden hiermit Erstanwender und bereits nach IFRS bilanzierende Unternehmen, die aufgrund des im Dezember 2003 überarbeiteten IAS 39 gleichfalls die Möglichkeit der Neueinstufung bereits bilanzierter Finanzinstrumente besaßen, gleichgestellt.

2 Vgl. IAS 39.50.

3 Vgl. IFRS 1.BC81; siehe auch IAS 39.55.

4 Vgl. Richter (2004), S. 768ff.; Theile (2003), S. 1749.

5 Die Änderungen galten verpflichtend für Geschäftsjahre, die am oder nach dem 01.01.2005 begannen.

ren, den Marktteilnehmer bei der Ermittlung eines Preises berücksichtigen würden[1].

Die retrospektive Anwendung der obigen Vorschriften hat zur Folge, dass für alle bereits bestehenden Finanzinstrumente der Transaktionspreis anhand des historischen Marktpreises objektiviert werden muss. Dagegen erlaubt das in IFRS 1 eingefügte Wahlrecht, die obigen Vorschriften prospektiv auf Transaktionen anzuwenden, die nach dem 25.10.2002 oder nach dem 01.01.2004 entstanden sind. Der erstgenannte Zeitpunkt resultiert dabei aus dem Willen, mit einer vergleichbaren US-GAAP Regelung übereinzustimmen[2]. Erneut besteht bei Inanspruchnahme des Wahlrechts keine Bindungswirkung auf andere Finanzinstrumente.

2.2.5.1.8 Hybride Finanzinstrumente

Gemäß IAS 32 sind hybride Finanzinstrumente, wie z.B. Wandelschuldverschreibungen, von Beginn an in ihre Eigenkapital- und ihre Fremdkapitalkomponente aufzuteilen, damit sie in den Folgeperioden getrennt bilanziert werden können[3]. Zudem sind die über die Laufzeit des Finanzinstruments anfallenden Fremdkapitalzinsen ergebniswirksam zu erfassen. Unter Befolgung des Grundsatzes der retrospektiven Anwendung sind zusammengesetzte Finanzinstrumente demzufolge bis zu ihrer erstmaligen Erfassung zurückzuverfolgen und in ihren Eigenkapital- und Fremdkapitalanteil zu separieren. Anschließend sind die bis zum Übergangszeitpunkt angefallenen Fremdkapitalzinsen bei der Erstellung der Eröffnungsbilanz in den Gewinnrücklagen zu erfassen, während der ermittelte Eigenkapitalanteil in den Kapitalrücklagen einzustellen ist[4].

Sofern die Fremdkapitalkomponente zum Übergangszeitpunkt nicht mehr aussteht, führt die retrospektive Anwendung von IAS 32 allein zu einer Umverteilung innerhalb des Eigenkapitals zwischen Kapital- und Gewinnrücklagen. Aus diesem Grund kann dann auf eine getrennte Ermittlung der bisher angefallenen Fremdkapitalzinsen verzichtet werden[5]. Eine retrospektive Anwendung von IAS 32 muss demgegenüber zwingend erfolgen, sofern die Fremdkapitalkomponente zum Übergangszeitpunkt noch aussteht. Des Weiteren ist eine Aufteilung erforderlich, wenn zum Übergangszeitpunkt die Ausübung einer Wandlungsoption als unwahrscheinlich eingeschätzt wird[6]. Aufgrund fehlender gegensätzli-

---

1 Vgl. letzter Satz in IAS 39.AG76A.

2 Vgl. ED IAS 39.BC11; Kuhn/Scharpf (2004b), S. 381. Zur damit verbundenen US-GAAP Regelung siehe EITF Issue No. 02-3.

3 Vgl. IAS 32.28ff.

4 Vgl. Baetge/Bischof/Matena (2005), Rdn. 132.

5 Vgl. IFRS 1.23. Für ein ausführliches Beispiel siehe Kirsch (2003a), S. 918f.

6 Vgl. IAS 32.30; Baetge/Bischof/Matena (2005), Rdn. 134.

cher Vorschriften ist von der Möglichkeit einer selektiven Anwendung des Wahlrechts auszugehen[1].

2.2.5.1.9 Aktienbasierte Vergütungen

Mit dem im Februar 2004 veröffentlichten IFRS 2 regelt das IASB erstmalig die Bilanzierung von aktienbasierten Vergütungstransaktionen[2]. Zu unterscheiden ist hierbei zwischen sog. echten Eigenkapitalinstrumenten, bei denen tatsächlich gewährte Aktien oder Aktienoptionspläne als Vergütungskomponenten zum Einsatz kommen, und sog. virtuellen Eigenkapitalinstrumenten, bei denen sich das Unternehmen allein zu Zahlungen verpflichtet, deren Höhe an der Wertentwicklung von Aktien oder Optionen bemessen wird[3]. Sofern Aktien bzw. Aktienoptionen als Vergütungskomponente fungieren, schreibt IFRS 2 im Zeitpunkt der Gewährung den Ansatz des erworbenen Vermögenswerts zum beizulegenden Zeitwert des erhaltenen Vermögenswerts unter korrespondierender Erhöhung des Eigenkapitals vor[4]. Ist eine Aktivierung nicht erlaubt, wie bspw. bei der Vergütung von Arbeitsleistung, kommt anstelle der Aktivierung allein eine Aufwandsverrechnung in Frage[5]. Sofern der erhaltene Vermögenswert nicht verlässlich ermittelbar ist, hat die Erhöhung des Eigenkapitals zum beizulegenden Zeitwert der gewährten Eigenkapitalinstrumente zu erfolgen. Hängt die Ausübung der gewährten Eigenkapitalinstrumente von einer zukünftig noch zu leistenden Arbeitszeit ab, sind die Aufwendungen zu gleichen Teilen auf den Leistungszeitraum zu verteilen[6]. Bei Gewährung von virtuellen Eigenkapitalinstrumenten ist die unsichere Zahlungsverpflichtung des Unternehmens zum beizulegenden Zeitwert in Form einer Rückstellung anzusetzen, die an jedem Abschlussstichtag neu zu bemessen ist[7].

Anstelle der rückwirkenden Anwendung von IFRS 2 enthält IFRS 1 Wahlrechte zur prospektiven Anwendung des Standards in Abhängigkeit des Gewährungszeitpunkts der aktienbasierten Vergütungstransaktion und in Abhängigkeit davon, ob die aktienbasierte Vergütung in Form eines echten oder in Form eines

---

1 Vgl. Andrejewski/Grube (2005), S. 102; Baetge/Bischof/Matena (2005), Rdn. 135.

2 IFRS 2 war erstmalig für Geschäftsjahre anzuwenden, die am oder nach dem 01.01.2005 begannen; vgl. IFRS 2.60.

3 Vgl. Pellens/Fülbier/Gassen (2006), S. 479ff.

4 Vgl. IFRS 2.7-8. Zur Bilanzierung von Aktienoptionsplänen nach IFRS 2 siehe etwa Schmidt (2006), S. 89ff.; Gallowsky/Hasbargen/Schmitt (2007), S. 203ff.

5 Zu einem Vergleich zur handelsrechtlichen Bilanzierung von Aktienoptionsplänen siehe Pellens/Crasselt (2006), Rdn. 806ff.

6 Vgl. IFRS 2.15.

7 Vgl. IFRS 2.30.

virtuellen Eigenkapitalinstruments gewährt wurde[1]. So wird die rückwirkende Anwendung von IFRS 2 auf echte Eigenkapitalinstrumente, die am oder vor dem 07.11.2002[2] gewährt wurden, lediglich empfohlen. Wahlweise kann die bisher vorgenommene Bilanzierung der Eigenkapitalinstrumente beibehalten werden. Das Wahlrecht kann unabhängig davon angewandt werden, ob die Eigenkapitalinstrumente vor oder nach dem Übergangszeitpunkt ausübbar waren bzw. sind. Sofern Eigenkapitalinstrumente nach dem 07.11.2002 gewährt wurden und diese Eigenkapitalinstrumente vor dem Übergangszeitpunkt oder vor dem 01.01.2005[3] ausübbar sind, kann die rückwirkende Anwendung von IFRS 2 ebenfalls unterlassen werden. Dabei ist der spätere Ausübungszeitpunkt dafür maßgebend, ob das Wahlrecht angewandt werden kann. Sind die Eigenkapitalinstrumente nach diesem Zeitpunkt ausübbar, ist IFRS 2 zwingend retrospektiv anzuwenden. Für Erstanwender mit einem Übergangszeitpunkt zum 01.01.2004 bestand demzufolge ein Wahlrecht zur Unterlassung der rückwirkenden Anwendung von IFRS 2 auf Eigenkapitalinstrumente, die nach dem 07.11.2002 gewährt wurden und die spätestens zum 01.01.2005 ausübbar waren. Eine Bindungswirkung bei Inanspruchnahme des Wahlrechts auf sämtliche in diesen Zeiträumen fallenden Eigenkapitalinstrumente enthält IFRS 1 nicht[4].

Ein weiteres Wahlrecht besteht hinsichtlich der Beachtung der entsprechenden Textziffern von IFRS 2, die die Behandlung von Änderungen der Vertragsbedingungen für gewährte Eigenkapitalinstrumente betreffen. Sofern ein Erstanwender die Vertragsbedingungen für Eigenkapitalinstrumente ändert, auf die IFRS 2 nicht angewandt worden ist, besteht ein Wahlrecht zur Anwendung von IFRS 2.26-29, wenn die Änderung vor dem Übergangszeitpunkt oder vor dem 01.01.2005 erfolgte[5]. Der frühere Zeitpunkt ist dabei für die Anwendung des Wahlrechts maßgebend.

Für die Gewährung von virtuellen Eigenkapitalinstrumenten sieht IFRS 1 ebenfalls ein vom jeweiligen IFRS-Übergangszeitpunkt abhängiges Wahlrecht zur

---

1 Vgl. IFRS 1.25B-C. Mit der Einfügung der Befreiungswahlrechte in IFRS 1 wurden im Wesentlichen die Übergangsvorschriften für bereits nach IFRS bilanzierende Unternehmen in IFRS 2 übernommen, um Erstanwender mit IFRS-Bilanzierern gleichzustellen; vgl. IFRS 1.BC63B.

2 Der 07.11.2002 markiert den Zeitpunkt der Veröffentlichung des Standardentwurfs zu IFRS 2, in dem erstmalig eine weitreichende Aufwandsverrechnung für aktienbasierte Vergütungsformen in einem IFRS-Abschluss vorgeschlagen wurde; vgl. Andrejewski/ Böckem (2004), S. 339.

3 Der 01.01.2005 markiert den Zeitpunkt des Inkrafttretens von IFRS 2.

4 Vgl. IDW (2006), S. 1380.

5 Zur Vorgehensweise bei Änderungen des Vergütungsvertrags vgl. Schmidt (2006), S. 137ff.

rückwirkenden Anwendung von IFRS 2 vor[1]. So darf auf eine retrospektive Anwendung von IFRS 1 verzichtet werden, sofern virtuelle Eigenkapitalinstrumente zu dem späteren der beiden folgenden Zeitpunkte beglichen werden: dem 01.01.2005 oder dem Übergangszeitpunkt auf IFRS. Erstanwender mit einem Übergangszeitpunkt zum 01.01.2004 können demzufolge virtuelle Eigenkapitalinstrumente, die spätestens bis zum 01.01.2005 beglichen werden sollen, wahlweise rückwirkend nach IFRS 2 oder weiterhin nach den bisher angewandten Vorschriften bilanzieren. Auch hier enthält IFRS 1 keine Bindungswirkung bei Ausübung des Wahlrechts.

2.2.5.1.10 Leistungen an Arbeitnehmer

Bei der Ermittlung des Barwerts einer Verpflichtung aus leistungsorientierten Pensionszusagen sowie, falls vorhanden, des beizulegenden Zeitwerts des Planvermögens können versicherungsmathematische Gewinne und Verluste auftreten, deren bilanzielle Erfassung in IAS 19 geregelt ist[2]. Versicherungsmathematische Gewinne und Verluste resultieren überwiegend aus Änderungen der bisher vorgenommenen versicherungsmathematischen Annahmen bei der Berechnung des Barwerts der leistungsorientierten Verpflichtung sowie aus Abweichungen des tatsächlichen Ertrags vom erwarteten Ertrag des Fondsvermögens. Sie führen zu einer Erhöhung bzw. Verminderung des Barwerts der leistungsorientierten Verpflichtung oder eines etwaigen Planvermögens[3]. Die bilanzielle Erfassung der versicherungsmathematischen Gewinne und Verluste kann entweder anhand eines Korridorverfahrens oder anhand abweichender, systematischer Verteilungsmethoden erfolgen. Nach dem Korridorverfahren werden versicherungsmathematische Gewinne und Verluste so lange in einer Nebenrechung geführt, bis ihr kumulierter Gesamtbetrag am Ende der Vorperiode 10 % des Barwerts der leistungsorientierten Verpflichtung oder, sofern höher, 10% des beizulegenden Zeitwerts des Planvermögens zum aktuellen Bewertungszeitpunkt übersteigt[4]. Nur der den Korridor übersteigende Differenzbetrag ist ergebniswirksam über die durchschnittliche Restdienstzeit der von der Pensionszusage erfassten Arbeitnehmer zu verteilen. Andere Verteilungsmethoden führen dagegen zu einer schnelleren ergebniswirksamen Erfassung[5]. So ist es bspw. möglich, versicherungsmathematische Gewinne und Verluste im Zeitpunkt ihres Entstehens unmittelbar ergebniswirksam zu erfassen[6]. Mit den im Dezem-

---

[1] Vgl. IFRS 1.25C.

[2] Zur bilanziellen Abbildung von Pensionsverpflichtungen nach IAS 19 siehe etwa Bieg/Hossfeld/Kußmaul/Waschbusch (2006), S. 291ff.

[3] Zu weiteren Entstehungsgründen vgl. IAS 19.94.

[4] Vgl. IAS 19.92.

[5] Vgl. IAS 19.93.

[6] Vgl. IAS 19.95.

ber 2004 verabschiedeten Änderungen zu IAS 19 besteht darüber hinaus die Möglichkeit, sämtliche versicherungsmathematischen Gewinne und Verluste im Zeitpunkt ihres Entstehens ergebnisneutral im Eigenkapital auszuweisen[1]. Obwohl die Änderungen zu IAS 19 erst für Geschäftsjahre wirksam werden, die am oder nach dem 01.01.2006 beginnen, besteht die Möglichkeit einer freiwilligen früheren Anwendung.

Unter Befolgung des retrospektiven Grundsatzes sind sämtliche versicherungsmathematischen Gewinne und Verluste seit Zusage der Pensionsleistung rückwirkend auf Grundlage der Verhältnisse vergangenener Perioden zu ermitteln und unter Anwendung eines der dargestellten Verfahren zu erfassen. Alternativ besteht für Erstanwender das Wahlrecht, auf eine rückwirkende Ermittlung zu verzichten. Stattdessen können sämtliche versicherungsmathematischen Gewinne und Verluste, die seit der Zusage der Pensionsleistung bis zum Übergangszeitpunkt angefallen sind, in der Eröffnungsbilanz ergebnisneutral mit den Gewinnrücklagen verrechnet werden[2]. Daraus folgt, dass die Pensionsverpflichtung und ein etwaig vorliegendes Planvermögen zum IFRS-Übergangszeitpunkt ermittelt werden können. Der Ansatz einer Pensionsverpflichtung erfolgt, sofern der errechnete Barwert der leistungsorientierten Verpflichtung das Planvermögen übersteigt[3]. Zum Zeitpunkt der Eröffnungsbilanz kommt es somit zum Ausweis des tatsächlichen Barwerts der leistungsorientierten Verpflichtung abzüglich eines etwaigen Planvermögens. Sofern jedoch zum Übergangszeitpunkt ein nachzuverrechnender Dienstzeitaufwand rückwirkend gemäß IAS 19 ermittelt wurde, ist dieser linear über den durchschnittlichen Zeitraum bis zum Eintritt der Unverfallbarkeit der Anwartschaften zu verteilen[4]. Sofern die Verteilung über den Übergangszeitpunkt hinaus vorzunehmen ist, weicht der in der Eröffnungsbilanz anzusetzende Betrag der Pensionsverpflichtung vom Barwert der leistungsorientierten Verpflichtung ab[5]. Das Wahlrecht ist bei Inanspruchnahme einheitlich für alle leistungsorientierten Pensionspläne anzuwenden. Ein Einfluss

---

1 Vgl. IAS 19.93A. Zu den Bilanzierungsmöglichkeiten versicherungsmathematischer Gewinne und Verluste nach IAS 19 und deren Auswirkung auf die Ergebnisvolatilität vgl. Küting/Keßler (2006), S. 203ff.; Pellens/Crasselt/Sellhorn (2006), S. 115ff. Zu einem kritischen Vergleich der Regeln von IAS 19 und der Bilanzierung von Pensionsverpflichtungen nach US-GAAP siehe Baetge/Haenelt (2006), S. 2413ff.

2 Vgl. IFRS 1.20 i.V.m. IFRS 1.BC48. Auch hier liegt somit ein „Fresh Start" vor; vgl. Hayn/Bösser/Pilhofer (2003), S. 1612; Lüdenbach/Hoffmann (2003), S. 1503f. Für ein ausführliches Umstellungsbeispiel bei vorheriger Bilanzierung nach HGB bzw. US-GAAP siehe Schwinger/Mühlberger (2004), S. 34f.

3 Zu den Ausweisvorschriften siehe IAS 19.54. Kritisch hierzu Lachnit/Müller (2004), S. 499ff.; Pellens/Fülbier/Sellhorn (2004), S. 144ff.

4 Vgl. IAS 19.96 i.V.m. IFRS 1.BC52.

5 Vgl. Baetge/Bischof/Matena (2005), Rdn. 119.

auf die anschließende Auswahl des künftigen Verrechnungsverfahrens für versicherungsmathematische Gewinne und Verluste besteht nicht.

2.2.5.1.11 Erstmalige Anwendung bei Tochterunternehmen, assoziierten Unternehmen und Gemeinschaftsunternehmen

In einem Konzernverbund kann es vorkommen, dass Tochterunternehmen, assoziierte Unternehmen und Gemeinschaftsunternehmen einen vom Mutterunternehmen abweichenden Übergangszeitpunkt auf IFRS vorweisen. Dies ist insbesondere dann der Fall, wenn das Mutterunternehmen bereits nach IFRS bilanziert und das Tochterunternehmen[1] bspw. erst aufgrund einer Börsennotierung in den Anwendungskreis von § 315a HGB fällt.

Tochterunternehmen mit zeitlich nach dem Mutterunternehmen liegendem IFRS-Übergangszeitpunkt können ihre Vermögenswerte und Schulden in der Eröffnungsbilanz gemäß IFRS 1 entweder

- zu den Buchwerten bewerten, die basierend auf dem IFRS-Übergangszeitpunkt des Mutterunternehmens im IFRS-Konzernabschluss ohne Konsolidierungsmaßnahmen und ohne Anpassungen der Auswirkungen des Unternehmenszusammenschlusses angesetzt wurden, oder
- zu den Buchwerten bewerten, die sich basierend auf dem IFRS-Übergangszeitpunkt des Tochterunternehmens unter Beachtung der Vorschriften von IFRS 1 ergeben[2].

Mit Wahl der ersten Alternative entsprechen die ausgewiesenen Vermögenswerte und Schulden in der Eröffnungsbilanz regelmäßig den IFRS-Konzernbuchwerten des Mutterunternehmens[3]. Differenzen zwischen den Wertansätzen entstehen durch die auf Seiten des Mutterunternehmens vorzunehmenden Konsolidierungsmaßnahmen, wie bspw. die Schulden- und Zwischenergebniseliminierung, und aufgrund der Auswirkungen der Bilanzierung des Unternehmenszusammenschlusses, wie z.B. durch die Aufdeckung stiller Reserven im Rahmen der Kaufpreisallokation[4].

Mit Wahl der zweiten Ermittlungsmethode ist die Erstellung der Eröffnungsbilanz vollumfänglich nach den Vorschriften von IFRS 1 neu zum Übergangszeitpunkt des Tochterunternehmens vorzunehmen. Demzufolge sind Tochterunter-

---

1 Zur Vereinfachung wird nachfolgend nur noch von Tochterunternehmen gesprochen. Die Ausführungen gelten analog für Gemeinschaftsunternehmen und assoziierte Unternehmen.

2 Vgl. IFRS 1.24.

3 Vgl. Zeimes (2003), S. 986.

4 Vgl. Baetge/Bischof/Matena (2005), Rdn. 142.

nehmen in diesem Fall frei in ihrer Wahl der Befreiungswahlrechte und der Ansatz- und Bewertungswahlrechte anderer IFRS.

Ein entsprechendes Wahlrecht für ein Mutterunternehmen, das seine Rechnungslegung erst zu einem späteren Zeitpunkt als ein Tochterunternehmen umstellt, existiert dagegen nicht. Hier sind die Vermögenswerte und Schulden des Tochterunternehmens zwingend nach Vornahme von Konsolidierungsmaßnahmen und Anpassungen der Auswirkungen des Unternehmenszusammenschlusses in die IFRS-Eröffnungsbilanz des Mutterunternehmens zu übernehmen[1].

2.2.5.1.12 Versicherungsverträge

Schließlich besteht ein Wahlrecht hinsichtlich des Anwendungszeitpunkts des für die Behandlung von Versicherungsverträgen relevanten IFRS 4[2]. Statt einer vollständig rückwirkenden Anwendung des Standards ist es Erstanwendern erlaubt, die Übergangsvorschriften von IFRS 4 anzuwenden[3]. Demzufolge kann IFRS 4 prospektiv für Berichtsperioden zur Anwendung kommen, die am oder nach dem 01.01.2005 beginnen[4].

Gemäß den Übergangsvorschriften von IFRS 4.42 kann auf Anhangsangaben für die Vergleichsperiode verzichtet werden. Ausnahmen hiervon stellen die Angaben von IFRS 4.37(a) und (b) über Bilanzierungs- und Bewertungsmethoden und angesetzte Vermögenswerte, Verbindlichkeiten, Erträge und Aufwendungen sowie Cashflows bei Verwendung der direkten Methode dar. Wirkungen auf das Eigenkapital folgen aus der Inanspruchnahme des Wahlrechts nicht[5].

2.2.5.2 Verbote

2.2.5.2.1 Schätzungen

Gemäß IAS 10, der Vorschriften zur Behandlung von Ereignissen nach dem Abschlussstichtag beinhaltet, sind bei der Aufstellung eines IFRS-Abschlusses grundsätzlich alle Informationen zu berücksichtigen, die zwischen dem Abschlussstichtag und dem Zeitpunkt der Veröffentlichung eingetreten sind[6].

---

1 Vgl. IFRS 1.25. Siehe hierzu auch ausführlich Andrejewski/Böckem (2004), S. 338f.; Baetge/Bischof/Matena (2005), Rdn. 145ff.; IDW (2006), S. 1378f.

2 IFRS 4 wurde im März 2004 veröffentlicht und ist für Geschäftsjahre verpflichtend anzuwenden, die am oder nach dem 01.01.2005 beginnen; vgl. IFRS 4.41. Zu den Vorschriften von IFRS 4 siehe ausführlich Ebbers (2004), S. 1377ff.

3 Vgl. IFRS 1.25D i.V.m. IFRS 4.40-4.45.

4 Vgl. IFRS 4.41.

5 Zu den Befreiungen gemäß den Übergangsvorschriften von IFRS 4 siehe ausführlich Baetge/Bischof/Matena (2005), Rdn. 173ff.

6 Vgl. IAS 10.3.

IFRS 1 schränkt diesen Wertaufhellungszeitraum für den ersten IFRS-Abschluss insoweit ein, dass grundsätzlich die nach vorherigen Rechnungslegungsregeln zu Grunde gelegten Schätzungen für die Erstellung der Eröffnungsbilanz sowie für die ausgewiesenen Vergleichsperioden maßgebend sind[1]. Sowohl für die Eröffnungsbilanz als auch für die Erstellung der Vergleichsperioden gilt somit der gleiche Wertaufhellungszeitraum wie für die zu den jeweiligen Stichtagen erstellten Abschlüsse nach bisherigen Rechnungslegungsgrundsätzen. Der Wertaufhellungszeitraum einer zum 01.01.2004 erstellten Eröffnungsbilanz entspricht somit dem Wertaufhellungszeitraum des zum 31.12.2003 aufgestellten Abschlusses nach bisherigen Vorschriften. Damit wird der Wertaufhellungszeitraum für die Erstellung der Eröffnungsbilanz und der Vergleichsperioden nicht bis zur Veröffentlichung des ersten IFRS-Abschlusses verlängert. Neue Erkenntnisse, die nach dem jeweiligen Wertaufhellungszeitraum aufgetreten sind, sind stattdessen erst am Ende der Vergleichs- bzw. Berichtsperiode zu berücksichtigen[2]. Eine nachträgliche Änderung von Schätzungen und die damit verbundene erfolgsneutrale Anpassung des Eigenkapitals ist nicht erlaubt. Informationen, die einem Erstanwender bspw. nach Ende des Wertaufhellungszeitraums der Eröffnungsbilanz (z.B. im Juli 2004) vorliegen und bei einer rückwärtigen Betrachtung den Ansatz eines Vermögenswertes oder einer Schuld in der Eröffnungsbilanz zum 01.01.2004 nicht rechtfertigen würden, dürfen keine rückwirkende Anpassung auslösen. Vielmehr ist eine Anpassung am Ende des aktuellen Geschäftsjahres, hier im Geschäftsjahr 2004, vorzunehmen. Damit soll verhindert werden, dass über die rückwirkende Verwendung abweichender Schätzungen in der Eröffnungsbilanz eine ergebnisneutrale Anpassung des Eigenkapitals erfolgt, obwohl an sich eine ergebniswirksame Berücksichtigung in der Folgeperiode vorzunehmen wäre[3]. Diesbezügliche bilanzpolitisch motivierte Beweggründe werden mithin eingeschränkt[4].

Die zum Übergangszeitpunkt und bei der Erstellung der jeweiligen Vergleichsperioden vorgenommenen Schätzungen nach IFRS müssen mit den Schätzungen nach bisher angewandten Vorschriften zu denselben Zeitpunkten übereinstimmen[5]. Bisher durchgeführte Schätzungen unter den vorherigen Vorschriften sind demnach stets den IFRS-Schätzungen zu Grunde zu legen. Eine Anpassung der Schätzungen muss jedoch dann erfolgen, wenn die hierauf bezogenen Bilanzie-

---

1 Vgl. IFRS 1.31.

2 Vgl. IFRS 1.32. Das IDW befürwortete unter der vor IFRS 1 geltenden Umstellungsregel in SIC-8 noch eine Ausdehnung des Wertaufhellungszeitraums bis zur Beendigung der Aufstellung bzw. bis zur Erteilung des Bestätigungsvermerks für den erstmaligen IFRS-Abschluss; vgl. IDW (2000). Der Rechnungslegungshinweis wurde inzwischen aufgehoben.

3 Vgl. Baetge/Bischof/Matena (2005), Rdn. 210.

4 Vgl. Hayn/Stürz (2003), S. U5.

5 Vgl. IFRS 1.31.

rungs- und Bewertungsmethoden nach IFRS von den bisher angewandten abweichen. So kann bspw. bisher ein IFRS-konformer Ansatz von Rückstellungen mit der Ausnahme einer Abzinsung im Fall langfristiger Rückstellungen vorgenommen worden sein. Demzufolge sind bei der zwingenden Ermittlung des Abzinsungssatzes nach IFRS die nach bisherigen Vorschriften ermittelten Informationen als Grundlage zu nehmen[1]. Stellt sich indes heraus, dass die bisher vorgenommenen Schätzungen objektiv fehlerhaft waren, sind die fehlerhaften Schätzungen durch IFRS-konforme Schätzungen zu korrigieren.

Bei Bilanzierungssachverhalten, für die nach IFRS Schätzungen vorzunehmen sind, aber zum Übergangszeitpunkt keine Schätzungen nach bisherigen Vorschriften vorgeschrieben waren, ist übereinstimmend mit den Vorschriften von IAS 10 vorzugehen[2]. Danach dürfen zum Übergangszeitpunkt nur Ereignisse berücksichtigt werden, die substantielle Hinweise zu Gegebenheiten liefern, die bereits am Bilanzstichtag bestanden[3]. Die neuen Schätzungen nach IFRS müssen demzufolge die Gegebenheiten zum Übergangszeitpunkt widerspiegeln. Dies betrifft insbesondere die Schätzung von Marktpreisen, Zinssätzen oder Wechselkursen. Die Regeln gelten analog für die Ermittlung der Daten der angegebenen Vergleichsperioden[4]. Sofern notwendig, sind die Schätzungen rückwirkend für Vermögenswerte und Schulden seit Beginn der Einbuchung unter Zugrundelegung der Gegebenheiten des jeweiligen Stichtages durchzuführen[5].

2.2.5.2.2 Ausbuchung finanzieller Vermögenswerte und Schulden

Die Ausbuchungsvorschriften für nicht-derivative finanzielle Vermögenswerte und Schulden in IAS 39 sind für Geschäftsvorfälle, die am oder nach dem 01.01.2004 anfallen, grundsätzlich prospektiv anzuwenden[6]. Sofern ein Erstanwender nicht-derivative Finanzinstrumente, die aus vor dem 01.01.2004 eingetretenen Geschäftsvorfällen resultieren, unter bisher angewandten Vorschriften schon ausgebucht hat, ist ein rückwirkender Ansatz nicht erlaubt und zwar un-

---

1 Vgl. IFRS 1.IG3(b).

2 Vgl. IFRS 1.33.

3 Hierbei handelt es sich um sog. berücksichtigungspflichtige Ereignisse nach dem Bilanzstichtag; vgl. IAS 10.3; Zeimes (2003), S. 989f.

4 Vgl. IFRS 1.34.

5 Vgl. Baetge/Bischof/Matena (2005), Rdn. 215.

6 Vgl. IFRS 1.27. Zu den Ausbuchungsvorschriften siehe ausführlich Pellens/Fülbier/Gassen (2006), S. 540ff. IFRS 1.27 ist aufgrund des im Dezember 2003 überarbeiteten IAS 39 nachträglich geändert worden. Ursprünglich waren die Ausbuchungsvorschriften ab dem 01.01.2001 prospektiv anzuwenden. Zusätzlich wurde IFRS 1.27A neu eingefügt. Zu den Gründen und den Umfang der Änderung vgl. IFRS 1.BC20ff.

abhängig davon, ob sie nach IAS 39 nicht auszubuchen gewesen wären[1]. So sind bspw. Forderungen, die im Rahmen eines Asset-backed securities-Geschäfts unter handelsrechtlichen Grundsätzen ausgebucht wurden, nicht in der IFRS-Eröffnungsbilanz zu berücksichtigen[2].

Indes ist es Erstanwendern erlaubt, die Ausbuchungsvorschriften in IAS 39 rückwirkend ab einem vom Unternehmen selbst gewählten Zeitpunkt anzuwenden[3]. Demzufolge besteht ein Wahlrecht zur früheren Anwendung der Ausbuchungsvorschriften. IFRS 1 lässt hierbei offen, ob mit der Ausübung des Wahlrechts eine Bindungswirkung auf alle nicht-derivativen Finanzinstrumente ab dem vom Unternehmen gewählten Zeitpunkt resultiert. Im Schrifttum wird jedoch aus Gründen der Informationsnützlichkeit eine einheitliche Vorgehensweise ab dem gewählten Zeitpunkt gefordert[4]. Das Wahlrecht wird mit dem Hinweis eingeschränkt, dass hierfür die benötigten Informationen zum Zeitpunkt der erstmaligen Bilanzierung des Geschäftsvorfalls vorliegen müssen. Hierbei handelt es sich insbesondere um Informationen über Auslauf oder Übertragung der Rechte auf Cashflows aus einem finanziellen Vermögenswert und den nach einer Übertragung noch bestehenden Chancen und Risiken[5]. Ausdrücklich weist das IASB darauf hin, dass durch die Einschränkung Individualspielräume vermieden werden sollen[6]. Aufgrund dessen erscheint das Wahlrecht nur von Erstanwendern anwendbar, deren bisheriges Rechnungslegungssystem einen ähnlichen Informationsbedarf für Finanzinstrumente verlangte oder die allein für interne Zwecke schon IFRS-Daten generierten[7].

2.2.5.2.3 Bilanzierung von Sicherungsbeziehungen

In der IFRS-Eröffnungsbilanz dürfen gemäß IFRS 1 grundsätzlich keine Sicherungsbeziehungen enthalten sein, die die Bilanzierungskriterien von IAS 39 nicht erfüllen[8]. Darunter fallen bspw. Sicherungsbeziehungen, bei denen das Grundgeschäft eine Nettoposition darstellt, wie bei Makro-Hedges. Grund- und Sicherungsgeschäft sind insofern in der Eröffnungsbilanz aufzulösen, wobei die

---

1 Ein Ansatz hat allerdings dann zu erfolgen, wenn dieser aufgrund späterer Geschäftsvorfälle oder Ereignisse nach den Vorschriften von IAS 39 vorzunehmen ist; vgl. IFRS 1.27.

2 Vgl. Hayn/Bösser/Pilhofer (2003), S. 1610, FN 46.

3 Vgl. IFRS 1.27A.

4 Vgl. Baetge/Bischof/Matena (2005), Rdn. 197.

5 Vgl. IAS 39.15-42; IAS 39.AG36-63.

6 Vgl. IFRS 1.BC22B.

7 Aufgrund der Einschränkung scheint das Wahlrecht für Erstanwender mit Übergangszeitpunkt zum 01.01.2004 faktisch nicht anwendbar, da entsprechende Informationen nicht vorliegen dürften; vgl. Baetge/Bischof/Matena (2005), Rdn. 196.

8 Vgl. IFRS 1.29. Zu den Voraussetzungen für eine Sicherungsbilanzierung siehe IAS 39.88; Brötzmann (2004), S. 104ff.

dem Sicherungsgeschäft unterliegenden derivativen Finanzinstrumente mit ihrem beizulegenden Zeitwert anzusetzen sind[1]. Demgegenüber ist das Grundgeschäft nach den jeweiligen Vorschriften der IFRS zu bilanzieren. Allerdings gewährt IFRS 1 im Fall von Nettopositionen, die unter bisherigen Vorschriften als Grundgeschäfte eingestuft worden sind, eine Erleichterung. Hier darf ein Einzelposten innerhalb dieser Nettoposition als ein Grundgeschäft nach IFRS eingestuft werden, sofern diese Kategorisierung spätestens zum Übergangszeitpunkt erfolgt und alle sonstigen Voraussetzungen für eine Sicherungsbeziehung gemäß IAS 39 erfüllt sind[2]. Wahlweise ist also unter bestimmten Voraussetzungen eine Sicherungsbilanzierung nach IFRS für einen Einzelposten innerhalb einer Nettoposition möglich.

Ferner dürfen Geschäftsvorfälle, die vor dem Übergangszeitpunkt angefallen sind, nicht rückwirkend als Sicherungsgeschäft designiert werden[3]. Ein hieraus andernfalls entstehender Individualspielraum existiert nicht[4]. Wenn jedoch alle Voraussetzungen für eine Sicherungsbilanzierung erfüllt sind, dürfen ab diesem Zeitpunkt die Bilanzierungsvorschriften von IAS 39 für Sicherungsbeziehungen angewandt werden[5]. Demnach besteht auch in diesem Bereich ein Wahlrecht zur rückwirkenden Anwendung von IAS 39 auf Sicherungsbeziehungen zu einem vom Erstanwender selbst gewählten Zeitpunkt, sofern die dazu benötigten Informationen vorliegen. Gleichfalls erscheint das Wahlrecht jedoch nur von Erstanwendern anwendbar, deren bisherige Bilanzierungsvorschriften einen vergleichbaren Informationsbedarf erforderten oder die für interne Zwecke schon IFRS-Daten aufbereiteten[6].

---

1 IFRS 1.28 weist explizit darauf hin, dass sämtliche derivativen Finanzinstrumente im Übergangszeitpunkt zum beizulegenden Zeitwert zu bewerten sind. Zudem sind alle aus derivativen Finanzinstrumenten resultierenden Gewinne und Verluste, die nach bisherigen Vorschriften abgegrenzt und wie Vermögenswerte und Schulden behandelt wurden, auszubuchen; vgl. IFRS 1.28. Diese Vorgehensweise stellt eine rückwirkende Anwendung von IAS 39 dar, womit der Hinweis vor dem Hintergrund des zu erfüllenden Grundsatzes der retrospektiven Anwendung der IFRS letztlich überflüssig ist.

2 Vgl. IFRS 1.29; Hoffmann/Zeimes (2006), Rdn. 38.

3 Vgl. IFRS 1.30. IFRS 1.30 ist aufgrund des im Dezember 2003 überarbeiteten IAS 39 nachträglich geändert worden. Ursprünglich enthielt die Textziffer nur den Hinweis, dass auf alle nicht von IFRS 1.29 betroffenen Sicherungsbeziehungen, die zum Übergangszeitpunkt existieren, die Übergangsvorschriften von IAS 39 anzuwenden sind.

4 Dieses Verbot wurde ausdrücklich aufgrund des darin enthaltenen rechnungslegungspolitischen Spielraums eingeführt; vgl. IFRS 1.BC75; Kirsch (2003a), S. 914.

5 Vgl. IFRS 1.IG60.

6 Das IASB selbst hält es für unwahrscheinlich, dass die Kriterien für das Vorliegen einer Sicherungsbeziehung nach IAS 39 seit deren Beginn dokumentiert und seine Effektivität systematisch überprüft wurden; vgl. IFRS 1.BC75.

Hat ein Erstanwender vor dem Übergangszeitpunkt unter bisherigen Vorschriften Geschäftsvorfälle als Sicherungsbeziehung deklariert, wobei das Sicherungsgeschäft die Kriterien in IAS 39 nicht erfüllt, sind die Vorschriften zur Einstellung von Sicherungsgeschäften anzuwenden[1].

2.2.5.2.4 Zur Veräußerung bestimmte langfristige Vermögenswerte und Aufgabe von Geschäftsbereichen

Spezielle Vorschriften für zur Veräußerung bestimmte langfristige Vermögenswerte und für aufgegebene Geschäftsbereiche enthält der am 31.03.2004 vom IASB veröffentlichte IFRS 5, der verpflichtend für Geschäftsjahre anzuwenden ist, die ab dem 01.01.2005 beginnen[2]. IFRS 5 schreibt vor, dass zur Veräußerung klassifizierte langfristige Vermögenswerte in der Bilanz gesondert auszuweisen und mit dem niedrigeren Wert aus Buchwert und beizulegendem Zeitwert abzüglich Veräußerungskosten zu bewerten sind[3]. Bisher vorgenommene planmäßige Abschreibungen sind demzufolge einzustellen. Zudem sind die Ergebnisse aufgegebener Geschäftsbereiche gesondert in der GuV darzustellen[4].

IFRS 1 unterscheidet in diesem Bereich zwischen Unternehmen, die vor dem 01.01.2005 auf IFRS umstellen, und solchen, deren Übergangszeitpunkt nach dem 01.01.2005 beginnt[5]. Unternehmen mit einem Übergangszeitpunkt vor dem 01.01.2005 haben die Übergangsbestimmungen von IFRS 5 zu beachten. Diese sehen die prospektive Anwendung von IFRS 5 auf langfristige Vermögenswerte und aufgegebene Geschäftsbereiche vor[6]. Die prospektive Anwendung kann unter der Voraussetzung, dass alle notwendigen Informationen zur früheren Anwendung des Standards vorliegen, ab einem vom Unternehmen selbst bestimmten Zeitpunkt erfolgen[7]. IFRS 1 lässt offen, ob aus der Ausübung des Wahlrechts eine Bindungswirkung auf sämtliche davon betroffenen Geschäftsvorfälle resultiert. Im Schrifttum wird aus Gründen der Informationsnützlichkeit eine einheitliche Vorgehensweise ab dem gewählten Zeitpunkt für alle Geschäftsvorfälle gefordert, für die die notwendigen Informationen und Bewertungen vorliegen[8].

---

1 Vgl. hierzu IAS 39.91-101.

2 Vgl. IFRS 5.44. Zur Kritik an der Vorgehensweise von IFRS 5 siehe Schildbach (2005), S. 554ff.; Küting/Wirth (2006), S. 719ff.

3 Vgl. IFRS 5.15.

4 Vgl. IFRS 5.33.

5 Vgl. IFRS 1.34A-B.

6 Vgl. IFRS 5.43.

7 Vgl. IFRS 1.34A.

8 Vgl. Baetge/Bischof/Matena (2005), Rdn. 224.

Erstanwender mit einem Übergangszeitpunkt nach dem 01.01.2005 haben dagegen den Grundsatz der retrospektiven Anwendung der IFRS zu befolgen. Hieraus folgt, dass zur Veräußerung bestimmte langfristige Vermögenswerte und aufgegebene Geschäftsbereiche bereits in der Eröffnungsbilanz nach IFRS 5 zu bilanzieren sind.

2.2.6 Angabepflichten

IFRS 1 enthält umfangreiche Angabepflichten für den ersten IFRS-Abschluss[1]. Grundsätzlich hat ein Erstanwender neben der Präsentation von Vergleichsdaten der Vorperiode sämtliche nach den IFRS geforderten Angabe- und Darstellungspflichten zu erfüllen[2]. Sofern ein Erstanwender freiwillig oder aufgrund nationaler Vorschriften[3] mehr als eine Vergleichsperiode in seinem ersten IFRS-Abschluss darstellt, ist es nicht zwingend erforderlich, dass diese Vergleichsdaten den IFRS entsprechen[4]. Das gleiche gilt für die zusätzliche Angabe ausgewählter historischer Bilanzdaten. Jedoch hat ein Erstanwender die nach vorherigen Grundsätzen ermittelten Informationen deutlich als nicht mit den IFRS übereinstimmend zu kennzeichnen und eine verbale Erläuterung der wesentlichen Anpassungsmaßnahmen anzugeben, die für eine Übereinstimmung mit den IFRS notwendig wären. Eine Quantifizierung dieser Angaben ist nicht notwendig. Des Weiteren sind Erstanwender, deren Berichtsperiode vor dem 01.01.2006 beginnt, von der verpflichtenden Angabe von IFRS-Vergleichsdaten des Vorjahres für bestimmte Vermögenswerte und Schulden befreit. So können gemäß einem Wahlrecht Vergleichszahlen von finanziellen Vermögenswerten und Schulden im Anwendungsbereich von IAS 32 und IAS 39, von Versicherungsverträgen unter IFRS 4 sowie von der Exploration und Evaluierung mineralischer Ressourcen unter IFRS 6 nach den bisher angewandten Rechnungslegungsvorschriften ausgewiesen werden[5]. Insofern ist das von IFRS 1 angestrebte Ziel der intertemporalen Vergleichbarkeit nur eingeschränkt erreichbar[6]. Aller-

---

[1] Zu den Darstellungs- und Angabepflichten für Zwischenberichte, die erstmals nach IAS 34 in der Berichtsperiode erstellt werden vgl. IFRS 1.45f.; Baetge/Bischof/Matena (2005), Rdn. 250ff.

[2] Vgl. IFRS 1.35f.

[3] An einer US-amerikanischen Börse notierte Unternehmen sind bspw. aufgrund Bestimmungen der SEC angehalten, Vergleichszahlen über die letzten beiden Geschäftsjahre anzugeben. Indes besteht für IFRS-Erstanwender eine Erleichterung zur alleinigen Angabe von IFRS-Vergleichszahlen des letzten Geschäftsjahres; vgl. SEC Release No. 33-8397 (2004).

[4] Vgl. IFRS 1.37.

[5] Vgl. IFRS 1.36A-B.

[6] Vgl. Burger/Fröhlich/Ulbrich (2004), S. 356. Kuhn/Scharpf (2004), S. 264, weisen hier zu Recht auf den fraglichen Informationswert hin, den Vergleichsangaben nach nationalen Regeln für Abschlussadressaten haben können.

dings fallen bei Ausübung dieses Wahlrechts erweiterte Offenlegungspflichten an. So ist die Tatsache, dass das Wahlrecht ausgeübt wurde, zusammen mit den in der Vergleichsperiode angewandten Bilanzierungs- und Bewertungsmethoden anzugeben. Zusätzlich ist die Art der wesentlichen Anpassungen, die zu einer Übereinstimmung mit IAS 32 und IAS 39 bzw. IFRS 4 führen würden, zu veröffentlichen[1]. Dabei braucht die erforderliche Anpassung nicht quantifiziert zu werden. Indes ist der Übergang zu IFRS am Ende der Vergleichsperiode wie eine Änderung von Bilanzierungs- und Bewertungsmethoden zu behandeln. Dies hat zur Folge, dass weitere, in IAS 8 kodifizierte Angabepflichten zu erfüllen sind[2]. Demnach sind der entsprechende Standard, die Übereinstimmung der Vorgehensweise mit den Vorschriften von IFRS 1 und die Art der Änderung zu kennzeichnen sowie für jeden betroffenen Einzelposten der Anpassungsbetrag für die Berichtsperiode anzugeben.

Neben der Angabe von Vergleichsinformationen hat ein Erstanwender im ersten IFRS-Abschluss zu erläutern, wie sich die Rechnungslegungsumstellung auf die Darstellung der Vermögens-, Finanz- und Ertragslage sowie der Cashflows ausgewirkt hat[3]. Zu diesem Zweck sind im ersten IFRS-Abschluss Überleitungsrechnungen des bisherigen Eigenkapitals auf IFRS zum Zeitpunkt der Eröffnungsbilanz und zum Zeitpunkt des letzten nach bisherigen Vorschriften aufgestellten Abschlusses zu veröffentlichen[4]. Zudem ist das letzte nach bisherigen Vorschriften ermittelte Periodenergebnis auf IFRS überzuleiten[5]. IFRS 1 verlangt keine bestimmte Abbildungsform für die Überleitungsrechnungen. Sie müssen lediglich ausreichend detailliert dargestellt werden, damit die Abschlussadressaten die wesentlichen Anpassungen nachvollziehen können[6]. Sofern ein Erstanwender bei der Rechnungslegungsumstellung einen Fehler in der Bilanzierung nach nationalen Vorschriften identifiziert und korrigiert, ist der hieraus resultierende Anpassungseffekt in den Überleitungsrechnungen getrennt

---

1 Für IFRS 6 besteht diese Verpflichtung nicht.

2 IFRS 1.36A(c) weist hier auf die entsprechenden Textstellen in IAS 8.28(a)-(f)(i) hin.

3 Vgl. IFRS 1.38.

4 Vgl. IFRS 1.39(a).

5 Vgl. IFRS 1.39(b).

6 Vgl. IFRS 1.40. Die Implementation Guidance zu IFRS 1 enthält hierzu beispielhafte Darstellungsformen für eine Eigenkapital- und eine Periodenergebnisüberleitung; vgl. IFRS 1.IG63. Danach wären die Anpassungsdifferenzen für jede Gruppe von Vermögenswerten und Schulden sowie für jede Aufwands- und Ertragsposition einzeln aufzuzeigen. Da die Implementation Guidance jedoch kein integraler Bestandteil von IFRS 1 ist, sind Erstanwender zu einer derartigen Darstellungsform nicht verpflichtet; a.A. Lehner/ Kickinger (2003), S. 280.

von den Anpassungsdifferenzen durch die Übernahme neuer Bilanzierungsvorschriften auszuweisen[1].

Weitere Angabepflichten resultieren aus der Ausübung bestimmter Befreiungswahlrechte. So sind bei Nutzung des Wahlrechts zur Neuklassifikation von bereits nach bisherigen Rechnungslegungsvorschriften erfassten Finanzinstrumenten für jedes Finanzinstrument der beizulegende Zeitwert und die jeweilige Klassifizierung sowie der bisherige Buchwert aus dem vorherigen Abschluss gesondert anzugeben[2]. Sofern der beizulegenden Zeitwert als Ersatz für die fortgeführten AHK von immateriellen Vermögenswerten, Sachanlagen oder Finanzimmobilien in der Eröffnungsbilanz angesetzt wird, sind für jeden einzelnen Bilanzposten die Summe der beizulegenden Zeitwerte und der Gesamtbetrag der Anpassungsdifferenzen zu den bisherigen Buchwerten zu veröffentlichen[3]. Nimmt ein Erstanwender im Übergangszeitpunkt Wertminderungen oder Wertaufholungen gemäß IAS 36 vor, sind entsprechende Anhangangaben zu tätigen[4]. So sind u.a. die Höhe sowie das Ereignis und der Umstand anzugeben, die zur Wertminderung bzw. -aufholung führten[5].

Eine Erläuterung der insgesamt ausgeübten Befreiungswahlrechte verlangt IFRS 1 nicht. Dennoch muss ein IFRS-Abschluss grundsätzlich die angewandten Bilanzierungs- und Bewertungsmethoden enthalten, so dass unter Rückgriff auf IAS 1 auch die ausgeübten Befreiungswahlrechte anzugeben sind[6]. Die Eröffnungsbilanz braucht nicht veröffentlicht zu werden, obwohl mit ihrer Offenlegung im Gegensatz zu einer reinen Eigenkapitalüberleitungsrechnung insbesondere die veränderte Bilanzstruktur im IFRS-Übergangszeitpunkt erkennbar wäre[7]. Sofern durch die Rechnungslegungsumstellung Positionen innerhalb der Kapitalflussrechnung betroffen sind, sind die wesentlichen Anpassungen zu erläutern. Erstanwender, die bisher noch keinen Abschluss veröffentlichten, müssen diese Tatsache ebenfalls im ersten IFRS-Abschluss angeben[8].

---

1 Vgl. IFRS 1.41.
2 Vgl. IFRS 1.43A.
3 Vgl. IFRS 1.44.
4 Vgl. IFRS 1.39(c).
5 Vgl. IAS 36.126-136.
6 Vgl. IAS 1.108. Böcking/Busam/Dietz (2003), S. 468, sehen andernfalls eine Verpflichtung zur Angabe der ausgeübten Befreiungswahlrechte im Lagebericht.
7 Vgl. IFRS 1.6. Kümpel (2004a), S. 150, sieht darin aufgrund der übrigen Angabepflichten keinen Nutzen.
8 Vgl. IFRS 1.43.

2.3 Zwischenergebnis

Die bilanzielle Umstellung der Rechnungslegung auf IFRS ist grundsätzlich rückwirkend anhand der aktuell zum Berichtszeitpunkt des ersten IFRS-Abschlusses von der EU anerkannten IFRS vorzunehmen. Dabei existieren in dem für die bilanzielle Umstellung relevanten IFRS 1 Ausnahmebereiche von der retrospektiven Anwendung, die sowohl Wahlrechte als auch Verbote beinhalten. Die Wahlrechte können einzeln bzw. kombinierbar und ohne Begründung ausgewählt werden. Zudem zeigt sich, dass bei der Inanspruchnahme bestimmter Wahlrechte keine Bindungswirkung auf ähnliche Sachverhalte besteht. Insofern ist es in diesen Bereichen, wie z.B. der alternativen Bewertung von Sachanlagen zum beizulegenden Zeitwert, nicht erforderlich, die Wahlrechte einheitlich auszuüben (sog. „cherry picking"). Auch beinhalten die Verbote teilweise ein Wahlrecht zur früheren Anwendung des damit verbundenen Standards. Jedoch müssen dazu Informationen vorliegen, über die ein von HGB auf IFRS umstellendes Unternehmen regelmäßig nicht verfügt, so dass diese Wahlrechte i.d.R. nicht in Anspruch genommen werden können.

Entstehen durch die retrospektive Anwendung oder durch die Inanspruchnahme der Wahlrechte von IFRS 1 Differenzen zwischen den bisher ausgewiesenen Buchwerten und den IFRS-Wertansätzen, sind diese im IFRS-Übergangszeitpunkt in der Eröffnungsbilanz ergebnisneutral in die Gewinnrücklagen oder in eine ggf. besser geeignete Eigenkapitalposition einzustellen. Darüber hinaus sieht IFRS 1 im ersten IFRS-Abschluss erweiterte Offenlegungspflichten vor, wie bspw. die Erstellung von Eigenkapital- und Ergebnisüberleitungsrechnungen, anhand derer die wesentlichen Auswirkungen der Umstellung auf die Vermögens-, Finanz- und Ertragslage sowie auf die Cashflows erkannt werden sollen.

Obwohl die Umstellung sämtliche Positionen in der Eröffnungsbilanz betreffen kann[1], kommt der Veränderung des Eigenkapitals durch die Verrechnung mit den Umstellungsdifferenzen eine besondere Bedeutung zu. Da die Summe aus der Veränderung des Eigenkapitals und der Periodenergebnisse aus der Bilanzierung eines Sachverhalts über die Perioden seiner Nutzung, spätestens bis zur Liquidation des Unternehmens, im Vergleich zweier Rechnungslegungssysteme stets gleich ist, resultieren aus der Veränderung des Eigenkapitals zudem regel-

[1] Vgl. Wagenhofer (2005), S. 510ff.

mäßig entgegen gerichtete Wirkungen auf zukünftige Periodenergebnisse[1]. Daher kann die Veränderung des Eigenkapitals in der Eröffnungsbilanz auch als Reflex einer unterschiedlichen Periodisierung von Aufwendungen und Erträgen innerhalb zweier Rechnungslegungssysteme angesehen werden[2].

Das Ausmaß der zu erwartenden Auswirkungen auf das Eigenkapital und zukünftige Periodenergebnisse hängt dabei, wie bereits in Kapitel 1.1 dargestellt, von folgenden Faktoren ab[3]:

- den unternehmenstypischen Geschäftsvorfällen,
- den bisherigen Bilanzierungspraktiken unter handelsrechtlichen Vorschriften und
- der Nutzung bilanzpolitischer Maßnahmen bei der Umstellung auf IFRS.

Letztere stehen im Mittelpunkt der Arbeit, so dass sich das nachfolgende Kapitel mit der Betrachtung von Bilanzpolitik im Rahmen der Rechnungslegungsumstellung beschäftigt.

---

1 Indes beinhalten die IFRS auch Vorschriften, die unter bestimmten Voraussetzungen nicht zu einer Veränderung des künftigen Periodenergebnisses führen. Bspw. kann eine gebildete Neubewertungsrücklage bei Sachanlagen und immateriellen Vermögenswerten vollständig bei Stilllegung bzw. Veräußerung des Vermögenswerts oder ratierlich über die Perioden seiner Nutzung in die Gewinnrücklage vereinnahmt werden; vgl. IAS 16.41; IAS 38.87. Hier kommt es insofern zu einem permanenten Verstoß gegen das Kongruenzprinzip. Gemäß diesem soll die Summe aller Gewinne über die Totalperiode eines Unternehmens betrachtet dem Totalerfolg entsprechen. Insofern fordert das Kongruenzprinzip, dass alle Reinvermögensänderungen einer Periode ergebniswirksam zu erfassen sind; vgl. Schildbach (1999), S. 1813; Zimmermann/Prokop (2003), S. 137; Gaber (2005), S. 288.

2 Vgl. Küting/Dürr/Zwirner (2002), S. 10.

3 Vgl. Wagenhofer (2005), S. 514.

Kapitel 3: Bilanzpolitik im Rahmen der Rechnungslegungsumstellung

3.1 Kapitelübersicht

Im folgenden Kapitel wird zunächst in einem Grundlagenteil der Begriff Bilanzpolitik definiert, um eine Abgrenzung von anderen Begriffsbestimmungen vorzunehmen. Zudem wird eine Einteilung bilanzpolitischer Instrumente in die vom Schrifttum entwickelten Begriffsbestimmungen vorgenommen. Da Bilanzpolitik nicht unbeschränkt durchgeführt werden kann, schließt der Grundlagenteil mit einer Charakterisierung bestehender rechtlicher und faktischer Grenzen der Bilanzpolitik ab.

Darauf aufbauend widmet sich das Kapitel in einem zweiten Teil möglichen bilanzpolitischen Anreizen bei der Rechnungslegungsumstellung. Ziel ist es hierbei, theoretisch fundierte Erklärungsgründe für bilanzpolitisches Verhalten von Erstanwendern herzuleiten.

3.2 Grundlagen der Bilanzpolitik

3.2.1 Begriffsdefinition

In der deutschen Literatur finden sich für den Begriff Bilanzpolitik verschiedene Synonyme, deren inhaltliche Definitionen sich im Wesentlichen nicht unterscheiden[1]. Im Allgemeinen kann Bilanzpolitik als die zielgerichtete Gestaltung des Jahresabschlusses mit Hilfe des rechtlich zulässigen Instrumentariums bezeichnet werden[2]. Obwohl der Begriff Bilanzpolitik allein eine Einflussnahme auf die Bilanz vermuten lässt, hat sich die Bezeichnung allgemein durchgesetzt. Teilweise wird im Schrifttum eine Erweiterung der Begriffsdefinition um bilanzpolitische Ziele, wie z.B. die zielgerichtete Beeinflussung der Abschlussadressaten[3], oder um die Erfüllung von vorgegebenen Zielen der Unternehmenspolitik vorgenommen[4]. Damit können jedoch andere Zielsetzungen, insbesondere

---

[1] So finden sich u.a. die Begriffe Rechnungslegungspolitik, vgl. z.B. Krog (1998), Bilanztaktik, vgl. z.B. Vogt (1963), Bilanzstrategie, vgl. Lücke (1969), Bilanzmanagement, vgl. Packmohr (1984), Bilanzlifting, vgl. Pfleger (2001), Jahresabschlusspolitik, vgl. z.B. Fuchs (1997), sowie Rechnungspolitik, vgl. Bauer (1981). Zu den Besonderheiten der Gestaltung des Konzernabschlusses bestehen bspw. die Begriffe Konzernabschlusspolitik, vgl. z.B. Scheren (1993), Konzernbilanzpolitik, vgl. z.B. Scheld (1994) und Konzernrechnungslegungspolitik, vgl. Schäfer (1999). Zu den unterschiedlichen Begriffen siehe auch Ziesemer (2002), S. 12 m.w.N.

[2] Vgl. Pfleger (1991), S. 21; Clemm (1998), S. 117; Hilke (2002), S. 11; Ziesemer (2002), S. 11.

[3] Vgl. Küting/Weber (1994), S. 1; Ossadnik (1998), S. 159.

[4] Vgl. Fuchs (1997), S. 22; Sieben (1998), S. 5; Bitz/Schneeloch/Wittstock (2003), S. 642.

von der allgemeinen Unternehmenspolitik abweichende eigene Ziele des Managements[1], aus dem Anwendungsbereich der Definition fallen. Um alle denkbaren Ziele innerhalb der Begriffsdefinition einzuschließen, wird in dieser Arbeit stattdessen von einer weiten Begriffsdefinition ausgegangen. Im weiteren Verlauf der Arbeit wird Bilanzpolitik bei der Umstellung insofern als zielgerichtete Beeinflussung des erstmaligen IFRS-Abschlusses mittels des rechtlich zulässigen Instrumentariums verstanden.

Von Bilanzpolitik abzugrenzen ist der Tatbestand der Bilanzfälschung. Letzterer liegt vor, sobald der Abschlussersteller den Bereich des rechtlich zulässigen Instrumentariums verlässt und unzulässige Werte ansetzt[2]. Prominente Beispiele dafür, wie etwa die Bilanzskandale von Enron und Worldcom in den USA sowie Comroad in Deutschland, waren in den letzten Jahren häufiger anzutreffen[3].

Im internationalen Schrifttum, insbesondere in der US-amerikanischen Literatur, entspricht der Ausdruck „earnings management" am ehesten dem deutschen Begriff der Bilanzpolitik[4]. Eine einheitliche Begriffsdefinition von „earnings management" ist indes auch dort nicht vorzufinden[5]. Da die Bezeichnung insbesondere auf die Gestaltung des ausgewiesenen Periodenergebnisses hinweist[6], wird international auch der weiter gefasste Begriff „accounting choice" verwendet[7].

Bilanzpolitik hat im Rahmen der Rechnungslegungsumstellung stets eine strategische Dimension in zeitlicher Hinsicht[8]. Dies resultiert aus der Tatsache, dass entsprechende bilanzpolitische Maßnahmen bereits bei der Erstellung der Eröffnungsbilanz im IFRS-Übergangszeitpunkt durchgeführt werden müssen. Anschließend gilt das Stetigkeitsprinzip. Insofern determinieren die jeweils durchgeführten Maßnahmen im IFRS-Übergangszeitpunkt sowohl den Ausweis der Vermögens-, Finanz- und Ertragslage im erstmaligen IFRS-Abschluss als auch

---

1 Als Träger der Bilanzpolitik kann dabei nicht nur das Management fungieren, sondern bereits Mitarbeiter untergeordneter Hierarchie-Ebenen; vgl. Baetge/Ballwieser (1977), S. 203.

2 Vgl. Schildbach (2000), S. 90. Im früheren Schrifttum war strittig, ob nicht auch die Durchführung unrechtmäßiger Maßnahmen Rechnungslegungspolitik darstellt; vgl. Packmohr (1984), S. 1f.

3 Siehe zur Darstellung ausgewählter Fälle Peemöller/Hofmann (2005).

4 Vgl. Lindemann (2004), S. 171; Heintges (2005), S. 29.

5 Vgl. etwa die Definitionen bei Schipper (1989), S. 92; Healy/Wahlen (1999), S. 368; Fields/Lys/Vincent (2001), S. 260.

6 Vgl. Brecht (2002), S. 152f. m.w.N.

7 Vgl. Fields/Lys/Vincent (2001), S. 256.

8 Zur strategischen Bilanzpolitik vgl. etwa Hamel (1984), S. 903ff.; Scheffler (1992), S. 633; Pfleger (2000), Rdn. 124.

in zukünftigen Abschlüssen[1]. Die Bilanzpolitik im Rahmen der Rechnungslegungsumstellung muss demzufolge langfristig orientiert sein.

Abschließend sei erwähnt, dass Bilanzpolitik, obwohl von Praktikern und Regulierungsbehörden häufig negativ beurteilt[2], nicht eindeutig mit positiven bzw. negativen Eigenschaften verbunden werden kann. So ist aus wissenschaftlicher Sicht die Frage, ob bilanzpolitische Möglichkeiten eine negative oder positive Wirkung auf den Informationsgehalt von Rechnungslegungsinformationen ausüben, nicht geklärt[3]. Aus dem Blickwinkel eines opportunistischen und eigeninteressengetriebenen Managers können bilanzpolitische Maßnahmen einerseits dazu genutzt werden, eine schlechte Unternehmenslage zu verbergen[4]. Andererseits können bilanzpolitische Freiräume auch als Signalinstrument für Manager dienen, um ihre im Gegensatz zu den Abschlussadressaten überlegenen Informationen über die wirtschaftliche Lage und Zukunftsaussichten des Unternehmens an Außenstehende weiterzugeben[5].

3.2.2 Instrumente der Bilanzpolitik

Zur zielgerichteten Gestaltung des Abschlusses verfügen Abschlussersteller über eine Fülle von Maßnahmen, die einer von Seiten des bilanzpolitischen Schrifttums entwickelten Begriffsbestimmungen folgend in Instrumente zur Darstellung von Sachverhalten und Instrumente zur Sachverhaltsgestaltung unterschieden werden können (vgl. Abb. 5)[6].

Sachverhaltsdarstellende Maßnahmen dienen der Gestaltung der Abbildung von gegebenen Sachverhalten bei der Aufstellung des Abschlusses. Hierunter fallen sämtliche Instrumente, die nach dem Abschlussstichtag einsetzbar sind. Die Darstellungsmöglichkeiten sind durch den bereits realisierten Sachverhalt und die vorhandenen Rechnungslegungsvorschriften begrenzt[7]. Daher wird Sachverhaltsdarstellung auch als Bilanzpolitik im engeren Sinn bezeichnet[8].

---

1 Vgl. Hahn (2003), S. 246; Dräger (2004), S. 406; Schwinger/Mühlberger (2004), S. 31.
2 Vgl. Levitt (1998); Dechow/Skinner (2000), S. 235ff.
3 Vgl. hierzu die aufgelisteten US-amerikanischen Studien bei Lindemann (2004), S. 169f.
4 Vgl. Christie/Zimmerman (1994), S. 540ff.; Guay/Kothari/Watts (1996), S. 86f.
5 Vgl. Holthausen/Leftwich (1983), S. 112; Beneish (2001), S. 3.
6 Vgl. etwa Pfleger (1991), S. 33ff.; Detert/Sellhorn (2007), S. 246ff. Zu weiteren Systematisierungsmöglichkeiten siehe Kußmaul/Lutz (1993), S. 399f.; Freidank/Velte (2007), S. 669ff.
7 Vgl. Schulze zur Wiesch (1981), S. 61.
8 Vgl. Kußmaul/Lutz (1993), S. 400; Veit (2002), S. 5f.; Bitz/Schneeloch/Wittstock (2003), S. 674.

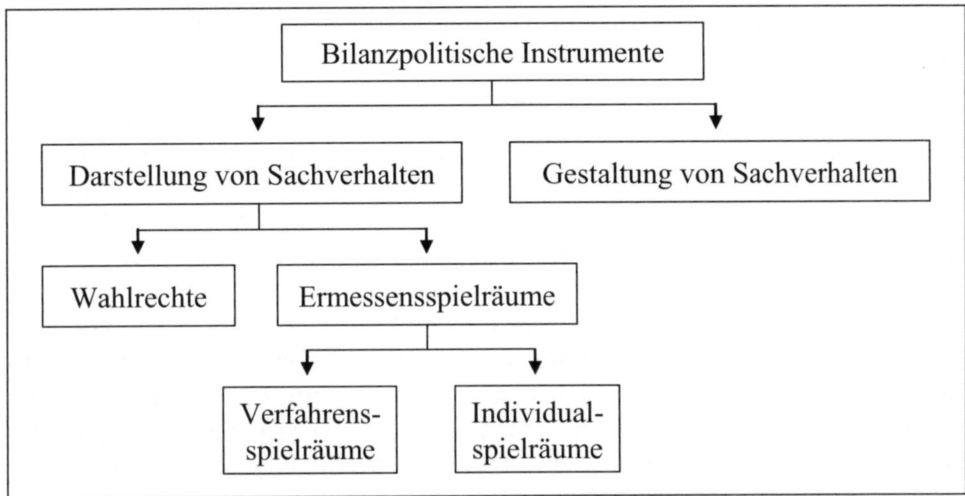

Abb. 5: Instrumente der Bilanzpolitik[1]

Zur Darstellung von Sachverhalten können Rechnungslegungsvorschriften Wahlrechte und Ermessensspielräume enthalten[2]. Ein explizites Wahlrecht liegt vor, sofern zur Abbildung eines ökonomischen Sachverhalts mindestens zwei eindeutig abgrenzbare und sich gegenseitig ausschließende Alternativen vorliegen und die Entscheidung zur Auswahl einer Handlungsalternative beim Abschlussersteller liegt[3]. Wahlrechte werden im Regelfall aus Gründen der Vereinfachung, zur Vermeidung unnötiger Kosten, zur Kompromisslösung und aus steuerlichen Gesichtspunkten vom jeweiligen Norm- bzw. Gesetzgeber eingeräumt[4]. Angesichts der fehlenden Maßgeblichkeit eines IFRS-Abschlusses für die Steuerbilanz stellen steuerliche Aspekte entgegen dem Handelsrecht keinen Grund für die Existenz von Wahlrechten innerhalb der IFRS dar.

Im Gegensatz zu den expliziten Wahlrechten sind Ermessensspielräume nicht ausdrücklich vom Norm- bzw. Gesetzgeber gewollt, sondern entstehen bei der Aufstellung des Abschlusses aus der praktischen Unmöglichkeit einer umfassenden und eindeutigen Normierung der wirtschaftlichen Realität[5]. Sie sind zwangsläufig in jedem Rechnungslegungssystem enthalten und unterliegen dem

---

1 In Anlehnung an Hinz (1994), S. 66; Fuchs (1997), S. 29.
2 Vgl. Kirsch (2006), S. 1266.
3 Vgl. Bauer (1981), S. 66; Pfleger (1991), S. 33.
4 Vgl. Streim (1993), Sp. 2156f.
5 Vgl. Pfleger (1991), S. 34.

Ermessen des Abschlusserstellers[1]. Zu unterscheiden sind hierbei Verfahrens- und Individualspielräume[2].

Verfahrensspielräume sind dort vorhanden, wo Detailregelungen innerhalb der Rechnungslegungsvorschriften fehlen und der Abschlussersteller selbst gezwungen ist, ein zweckentsprechendes Verfahren zu bestimmen. Das Ermessen ist hierbei auf die erstmalige Anwendung oder auf eine spätere Verfahrensänderung beschränkt. Als Beispiel für einen Verfahrensspielraum kann die Abschreibung von Sachanlagen dienen. Die IFRS sehen kein bestimmtes Abschreibungsverfahren für Sachanlagen vor. Vielmehr hat der Abschlussersteller eine Abschreibungsmethode zu wählen und stetig anzuwenden, die den erwarteten wirtschaftlichen Nutzenverbrauch bestmöglich widerspiegelt[3]. Aufgrund ihrer Wirkungsnähe zu den explizit vom Norm- oder Gesetzgeber vorgegebenen Wahlrechten werden Verfahrensspielräume auch als faktische Wahlrechte bezeichnet[4].

Individualspielräume resultieren aus der Tatsache, dass viele Sachverhalte im Abschluss unter Ungewissheit über zukünftige Ereignisse abgebildet werden müssen und der Abschlussersteller nicht über vollständige Information verfügt. So besteht bspw. Ungewissheit über die wahrscheinliche Höhe einer Rückstellung oder die erwartete Nutzungsdauer von Vermögenswerten. Hieraus entstehen dem Abschlussersteller subjektive Ermessensspielräume. Zudem muss sich der Norm- bzw. Gesetzgeber unbestimmter Rechtsbegriffe bedienen, die vom Abschlussersteller zu interpretieren sind[5]. Aus der Schwierigkeit, das tatsächlich Geschehene sprachlich verallgemeinernd zu beschreiben, resultieren für den Abschlussersteller gleichfalls Ermessensspielräume[6]. Individualspielräume entstehen in jedem Abschlussjahr von neuem, da jeweils eine neue individuelle Einschätzung von Sachverhalten vorzunehmen ist. Daher eignen sie sich insbe-

---

1 Zu einem Überblick der Gestaltungsmöglichkeiten innerhalb des Einzel- und Konzernabschlusses in den Rechnungslegungssystemen der USA, Großbritanniens, der Niederlande, Frankreichs, Spaniens und Japans vgl. Küting/Weber (1994), S. 63ff. Zu einem umfassenderen Vergleich materieller bilanzpolitischer Möglichkeiten großer Kapitalgesellschaften in Deutschland, Großbritannien, Frankreich und in den USA sowie von nach IAS bilanzierenden Unternehmen vgl. Hofmann (1997), S. 44ff.

2 Vgl. Pfleger (1991), S. 34ff.

3 Vgl. IAS 16.60-62.

4 Vgl. Kußmaul/Lutz (1993), S. 401. Veit (2002), S. 7, fasst faktische und explizite Wahlrechte zur wahlrechtsorientierten Bilanzpolitik zusammen.

5 Vgl. Kußmaul/Lutz (1993), S. 401.

6 Im Schrifttum wird hier auch von Subsumtionsspielräumen gesprochen. Gleichzeitig werden Verfahrens- und Individualspielräume unter dem Begriff Konklusionsspielräume zusammengefasst; vgl. Bauer (1981), S. 76; Ziesemer (2002), S. 19f.

sondere als flexibel einzusetzendes Instrument, deren Wirkungsrichtung von externen Abschlussadressaten regelmäßig nicht erkennbar ist[1].

Insgesamt lassen sich Verfahrens- und Individualspielräume nicht immer eindeutig voneinander abgrenzen, sondern hängen teilweise unmittelbar zusammen. So können bspw. unterschiedliche Abschreibungsmethoden zur Abbildung des erwarteten Nutzenverbrauchs von Sachanlagen angewandt werden. Die Auswahl einer Methode beruht allerdings auf einer subjektiven Entscheidung des Abschlusserstellers. Auch können subjektive Einschätzungen als Parameter in Verfahrensspielräume eingehen, was die Abgrenzung zusätzlich erschwert[2].

Wahlrechte und Ermessensspielräume können sowohl innerhalb von Bilanzansatz- und Bewertungsvorschriften als auch innerhalb von Ausweisvorschriften eines Rechnungslegungssystems vorhanden sein. Werden nur die bilanzpolitischen Instrumente beim Ansatz und der Bewertung eines Sachverhalts betrachtet, wird im Schrifttum auch von materieller Bilanzpolitik gesprochen[3]. Ausgehend von der Wirkung der Instrumente ist das Kennzeichen materieller bilanzpolitischer Maßnahmen die betragsmäßige Auswirkung auf die Vermögens-, Finanz- und Ertragslage, insbesondere auf das Periodenergebnis[4]. Sofern bilanzpolitische Maßnahmen in Bezug auf die Gliederung und den Ausweis eines Sachverhalts betrachtet werden, die allein die Struktur der Bilanz und GuV verändern, liegt formelle Bilanzpolitik vor. Hierzu ist auch die Gestaltung des Anhangs und des Lageberichts zu zählen. Aufgrund ihrer betragsmäßigen Beeinflussungsmöglichkeit besitzen die materiellen bilanzpolitischen Instrumente die uneingeschränkt größte Bedeutung[5]. Eine eindeutige Zuordnung bilanzpolitischer Maßnahmen zu den materiellen und formellen Instrumenten ist jedoch aufgrund bestehender Interdependenzen zwischen beiden Formen nicht immer eindeutig möglich[6]. So hat bspw. die Klassifikation eines langfristigen Vermögenswerts als zur Veräußerung verfügbar gemäß IFRS 5 und der damit verbundene separate Ausweis in der Bilanz auch unmittelbare materielle Konsequenzen auf das Periodenergebnis[7]. Bei der Aufstellung eines Konzernabschlusses ergeben sich zusätzlich weitere Wahlrechte und Ermessensspielräume[8].

Eine Betrachtung der Bilanzpolitik im weiteren Sinn umfasst neben sachverhaltsdarstellenden Maßnahmen auch Instrumente zur Gestaltung von Sachver-

1 Vgl. Pfleger (2000), Rdn. 29.
2 Vgl. Fuchs (1997), S. 28.
3 Vgl. Pfleger (1991), S. 22; Veit (2002), S. 6f.
4 Vgl. Heinhold (1993), Rdn. 533ff.; Kußmaul/Lutz (1993), S. 400.
5 Vgl. Wöhe (1997), S. 62.
6 Vgl. Pfleger (2000), Rdn. 4.
7 Vgl. Kapitel 2.2.5.2.4.
8 Vgl. Greth (1996), S. 123ff.

halten. Diese verändern im Gegensatz zu Sachverhaltsdarstellungen die abzubildende Realität[1]. Vornehmlich fallen hierunter sämtliche Gestaltungsmöglichkeiten, die vor dem Abschlussstichtag mit dem Ziel der bewussten Beeinflussung des Abschlusses eingesetzt werden können[2]. Sachverhaltsgestaltungen verändern nicht nur das Wertgerüst der Bilanz, sondern auch das Mengengerüst der Aktiva und Passiva[3]. Häufig steht dabei die Absicht des Abschlusserstellers im Vordergrund, die Voraussetzung für die Inanspruchnahme von Wahlrechten und Ermessensspielräumen überhaupt erst zu schaffen[4]. Zudem sind sie für den externen Abschlussadressaten aufgrund der geringen Transparenz überwiegend nicht erkennbar[5]. Grundlegend lassen sich dabei drei typische Formen von Sachverhaltsgestaltungen unterscheiden[6]:

- Die zeitliche Vor- oder Nachverlagerung von Sachverhalten hinsichtlich des Abschlussstichtags. Ein Beispiel hierfür stellt der verzögerte Absatz von Erzeugnissen dar.
- Die Einleitung von Maßnahmen, die nach dem Abschlussstichtag wieder rückgängig gemacht werden. Ein Beispiel für diese Form der Sachverhaltsgestaltung ist die Rückzahlung eines Kredits vor dem Abschlussstichtag und seine spätere Wiederaufnahme.
- Die Durchführung bilanzpolitisch motivierter Aktionen, die nach dem Abschlussstichtag nicht oder nur schwer umkehrbar sind. Beispiele hierfür sind das Leasing oder das Factoring.

Zusätzlich können in einem Konzernverbund sachverhaltsgestaltende Maßnahmen eingesetzt werden, die einem einzelnen unverbundenen Unternehmen nicht zur Verfügung stehen. So kann bspw. der Ergebnisausweis bei verbundenen Unternehmen durch eine entsprechende Festlegung von Konzernverrechnungspreisen beeinflusst werden[7]. Zudem kann Einfluss auf die Konzernabschlusspflicht und den Konsolidierungskreis genommen werden[8]. Eine abschließende Aufzäh-

---

1 Vgl. Ossadnik (1998), S. 168.
2 Im Schrifttum wird hierbei auch von „window dressing“ gesprochen; vgl. Küting/Weber (1994), S. 21.
3 Vgl. Schulze zur Wiesch (1981), S. 61.
4 Vgl. Hinz (1994), S. 69.
5 Vgl. Küting/Kaiser (1994), S. 10.
6 Vgl. Küting/Weber (1994), S. 22; Fuchs (1997), S. 24.
7 Vgl. Günkel (1996), S. 839ff.
8 Vgl. Hinz (1994), S. 375ff. u. 382ff.

lung sämtlicher Sachverhaltsgestaltungen ist dabei aufgrund der großen Anzahl denkbarer Gestaltungen nahezu unmöglich[1].

3.2.3 Grenzen der Bilanzpolitik

Die zielgerichtete Gestaltung des erstmaligen IFRS-Abschlusses durch den Einsatz bilanzpolitischer Instrumente kann nicht uneingeschränkt vorgenommen werden, sondern unterliegt rechtlichen und faktischen Grenzen. Wie bereits bei der Begriffsdefinition beschrieben, muss sich Bilanzpolitik im Rahmen der Legalität bewegen. Andernfalls liegt Bilanzfälschung vor. Sofern aus Sicht eines Managers jedoch die Kosten, die mit der Aufdeckung von Bilanzfälschung bspw. in Form von zivilrechtlichen Klagen und dem Verlust des eigenen Ansehens entstehen, den vermeintlichen Nutzen aus der Erreichung eines gewünschten Ergebnisses unterschreiten, besteht ein Anreiz, die Grenze zur Illegalität zu überschreiten. Dazu müsste insbesondere die Wahrscheinlichkeit einer Entdeckung der Bilanzfälschung durch Kontrollinstitutionen gering sein. Die Prüfung des Jahresabschlusses und die Überwachung der Einhaltung von Bilanzierungsvorschriften obliegt gemäß § 171 Abs. 1 AktG dem Aufsichtsrat und nach § 316 Abs. 2 HGB dem Abschlussprüfer. Speziell letzterer steht allerdings aufgrund der Bezahlung der Prüfungsleistung durch das Unternehmen in einem Abhängigkeitsverhältnis zum Management[2]. Ein weiteres Kontrollorgan besteht seit dem Jahr 2004 mit der weisungsunabhängigen Deutschen Prüfstelle für Rechnungslegung (DPR). Die DPR hat gemäß § 342b Abs. 2 HGB die Aufgabe, den zuletzt festgestellten Konzern- und Einzelabschluss nebst Lagebericht von kapitalmarktorientierten Unternehmen stichprobenartig, bei Vorliegen von Anhaltspunkten für einen Rechnungslegungsverstoß oder auf Verlangen der Bundesanstalt für Finanzdienstleistungsaufsicht (BaFin) zu prüfen. Ferner verlangt die Einhaltung des Deutschen Corporate Governance Kodex (DCGK) die Einrichtung eines Prüfungsausschusses (Audit Committee) innerhalb eines Unternehmens, der sich u.a. mit Fragen der Rechnungslegung und der Unabhängigkeit des Abschlussprüfers befassen soll[3]. Die beschriebenen Kontrollorgane erhöhen

---

1 Vgl. Bitz/Schneeloch/Wittstock (2003), S. 695. Zu einer ausführlichen Analyse möglicher Sachverhaltsgestaltungen im Einzel- und Konzernabschluss nach HGB siehe Hinz (1994), S. 157ff., und nach IFRS siehe Nobach (2006), S. 327ff.

2 Vgl. Ewert/Stefani (2001), S. 166ff. Zu den Pflichten der Wirtschaftsprüfer bei der Abschlussprüfung vgl. Ruhnke/Schwind (2006), S. 733ff.

3 Vgl. Regierungskommission Deutscher Corporate Governance Kodex (2005).

zwar die Aufdeckungswahrscheinlichkeit von Bilanzfälschungen, können ein illegales Verhalten von Managern indes nicht vollständig verhindern[1].

Sofern sich Manager im Rahmen der Legalität bewegen, folgen rechtliche Grenzen aus den Bilanzierungsvorschriften der IFRS. So kodifiziert IFRS 1.8 für die bei der Erstellung der Eröffnungsbilanz im Übergangszeitpunkt angewandten Bilanzierungs- und Bewertungsmethoden eine stetige Anwendung über die Vergleichs- und erstmalige IFRS-Berichtsperiode. Insofern besteht eine Bindungswirkung für die im Übergangszeitpunkt durchgeführten bilanzpolitischen Maßnahmen, die die Möglichkeit der Inanspruchnahme von weiteren bilanzpolitischen Instrumenten in der Vergleichs- und Übergangsperiode einschränkt. Das Stetigkeitsprinzip gilt nicht nur für die Vergleichs- und Berichtsperiode innerhalb des erstmaligen IFRS-Abschlusses, sondern auch für künftige Abschlüsse. Bereits aus dem Rahmenkonzept, in dem das Stetigkeitsprinzip dem als qualitative Anforderung an einen IFRS-Abschluss geltenden Grundsatz der Vergleichbarkeit zugeordnet ist, folgt eine stetige Bewertung und Darstellung von Sachverhalten im Zeitablauf sowie für verschiedene Gesellschaften[2]. Gleichfalls verlangt IAS 1.27, dass die Darstellung und der Ausweis von Abschlussposten in den Folgeperioden beizubehalten sind. Schließlich sind die Bilanzierungs- und Bewertungsmethoden für ähnliche Geschäftsvorfälle, sonstige Ereignisse und Bedingungen nach IAS 8.13 stetig auszuwählen und anzuwenden. Insofern gilt innerhalb eines IFRS-Abschlusses stets eine Bilanzierungs-, Bewertungs- und Ausweisstetigkeit sowie eine Konsolidierungsstetigkeit sowohl in zeitlicher als auch in sachlicher Hinsicht[3]. Das Stetigkeitsprinzip berührt allerdings nicht die Inanspruchnahme bilanzpolitischer Instrumente bei der Erstellung der IFRS-Eröffnungsbilanz. Hier können Erstanwender bilanzpolitische Maßnahmen frei wählen. Da aus dem Stetigkeitsgebot jedoch Folgewirkungen auf die zukünftigen Perioden entstehen können, sind die bilanzpolitischen Instrumente im Übergangszeitpunkt strategisch auszuwählen.

Weitere rechtliche Restriktionen des bilanzpolitischen Gestaltungsspielraums entstehen durch die in IFRS 1 festgelegten Verbote einer rückwirkenden Anwendung bestimmter IFRS[4]. Hierbei kommt insbesondere dem Verbot zur rückwirkenden Vornahme von Schätzungen eine besondere Bedeutung hinsicht-

---

1 Zusätzliche Kontrollsysteme haben zudem seit dem Jahr 2002 Unternehmen einzurichten, die an einem US-amerikanischen Kapitalmarkt notiert sind und damit die Anforderungen des Sarbanes-Oxley Acts erfüllen müssen; siehe hierzu Arbeitskreis „Externe und Interne Überwachung der Unternehmung“ der Schmalenbach-Gesellschaft für Betriebswirtschaft e.V. (2004), S. 2399ff.

2 Vgl. RK.39.

3 Vgl. ADS (2002), Abschn. 1, Rdn. 85; Kleekämper u.a. (2003), Rdn. 38.

4 Vgl. hierzu ausführlich Kapitel 2.2.5.2.

lich der Reduzierung von Ermessensspielräumen zu[1]. Mit dem Verbot soll insbesondere verhindert werden, dass über die rückwirkende Verwendung abweichender Schätzungen in der Eröffnungsbilanz eine ergebnisneutrale Anpassung des Eigenkapitals erfolgt, obwohl an sich eine ergebniswirksame Berücksichtigung in der Folgeperiode vorzunehmen wäre[2]. Davon unberührt verbleiben Erstanwendern Individualspielräume bei der rückwirkenden Bestimmung von Schätzparametern in den Fällen, in denen sich die IFRS von den bisherigen Vorschriften unterscheiden.

Fraglich erscheint, ob bilanzpolitische Maßnahmen gegen den Grundsatz der sog. Fair Presentation aus IAS 1.13 verstoßen, nach dem der Abschluss eines Unternehmens die Vermögens-, Finanz- und Ertragslage sowie die Cashflows den tatsächlichen Verhältnissen entsprechend darstellen muss. So verlangt IAS 1.17 zwingend, von einzelnen Regelungen der IFRS abzusehen, wenn diese aus Sichtweise des Managements zu einem irreführenden Ergebnis kommen würden, das mit dem Zweck eines IFRS-Abschlusses nicht mehr vereinbar ist. Insofern stellt der Grundsatz der Fair Presentation ein sog. Overriding Principle dar[3]. Führt die Durchführung bilanzpolitischer Maßnahmen demzufolge zu keinem den tatsächlichen Verhältnissen entsprechenden Bild der wirtschaftlichen Lage, liegt ein Verstoß gegen die Generalnorm vor. Allerdings kommt es laut IAS 1.15 bereits durch die alleinige Anwendung der IFRS annahmegemäß in nahezu allen Fällen zu einer Fair Presentation. Lediglich in äußerst seltenen Fällen kann ein Verstoß gegen den Grundsatz vorliegen. Insofern kommt der Generalnorm eher für bisher nicht oder nicht eindeutig geregelte Bilanzierungsfragen eine Anwendungsrelevanz zu[4]. Es ist somit davon auszugehen, dass regelmäßig kein Verstoß gegen die Generalnorm vorliegt, wenn im Ergebnis nach den bestehenden IFRS bilanziert wird.

Eine weitere rechtliche Grenze ist schließlich der Grad der Erkennbarkeit von bilanzpolitischen Maßnahmen. Bilanzpolitik wird erkennbar, sofern im Abschluss über die Ausübung von Wahlrechten und Ermessensspielräumen sowie über deren betragsmäßige Auswirkung zu berichten ist. Die einzelnen Standards und Interpretationen der IFRS sehen hier neben der Angabe der allgemeinen Bilanzierungs- und Bewertungsgrundsätze eine Fülle von Anhangangaben vor, die sowohl bereits nach IFRS bilanzierende Unternehmen als auch Erstanwender uneingeschränkt zu beachten haben. Zudem fordert IFRS 1 weitere Angaben zu veröffentlichen, die teilweise abhängig von der Ausübung bestimmter Wahlrechte oder aber verpflichtend vorzunehmen sind, wie bspw. die Offenlegung

---

1 Vgl. Hayn/Stürz (2003), S. U5.
2 Vgl. Baetge/Bischof/Matena (2005), Rdn. 53.
3 Vgl. Förschle/Kroner (2006b), Rdn. 146.
4 Vgl. Förschle/Kroner (2006b), Rdn. 147; Lüdenbach/Hoffmann (2006), Rdn 75.

von Eigenkapital- und Ergebnisüberleitungsrechnungen von HGB auf IFRS. Ob hierdurch sämtliche bilanzpolitische Maßnahmen deutlich werden, bleibt indes offen. Zwar kann mit Hilfe von Instrumenten der Konzernbilanzanalyse, die ebenfalls den Konzernanhang mit in die Analyse einbeziehen[1], versucht werden, betragsmäßig erkennbare Gestaltungsmaßnahmen rückgängig zu machen[2]. Aber gerade bei der Rechnungslegungsumstellung ist es schwierig, die betragsmäßigen Auswirkungen durch Bilanzpolitik von Auswirkungen in Folge der zwingenden Anwendung unterschiedlicher Rechnungslegungsvorschriften zu trennen. Zudem zeigt die Erfahrung, dass bilanzpolitische Maßnahmen in der Praxis zumeist nicht durchschaut werden[3].

Faktische Grenzen können aus der Berücksichtigung von Kosten-Nutzen-Aspekten bei der Vornahme bilanzpolitischer Maßnahmen resultieren. Bilanzpolitik erscheint aus Wirtschaftlichkeitsgründen nur dann sinnvoll, wenn der hiermit verbundene Nutzen für den Abschlussersteller die Kosten ihrer Durchführung übersteigt[4]. Gerade bei der Umstellung kann die Kosten-Nutzen-Betrachtung zu einer Einschränkung des bilanzpolitischen Spielraums führen. So liefert die retrospektive Vorgehensweise zur Ermittlung der Werte in der Eröffnungsbilanz zwar eine Vielzahl bilanzpolitischer Möglichkeiten. Jedoch entstehen dadurch in bestimmten Bereichen erhebliche Informationsermittlungskosten auf Seiten des Erstanwenders. Die ggf. hohen Kosten der rückwirkenden Informationsgewinnung veranlassten das IASB mithin, die retrospektive IFRS-Anwendung bei der Umstellung nicht verpflichtend vorzuschreiben, sondern alternativ anzuwendende Vorgehensweisen innerhalb bestimmter Bereiche zu erlauben[5]. Die Berücksichtigung des Wirtschaftlichkeitspostulats kann dazu führen, dass bestimmte bilanzpolitische Instrumente nicht angewandt werden. Dabei können bilanzpolitische Instrumente, die bei einem Erstanwender in Folge von Wirtschaftlichkeitsbetrachtungen nicht in Anspruch genommen wurden, durchaus bei anderen Erstanwendern in Folge geringerer Kosten zur Anwendung kommen.

Darüber hinaus kann Bilanzpolitik einer faktischen Begrenzung unterliegen, wenn Manager ethische Gebote, wie bspw. Fairness, Loyalität, Offenheit und Ehrlichkeit, bei der Abschlusserstellung in den Vordergrund stellen[6]. Sehen Manager in der Beachtung ethischer Grundsätze eine Maximierung ihres eigenen

---

1 Vgl. hierzu etwa Küting/Weber (2006), S. 394ff.

2 Zu den Erfordernissen, die mit einer Anpassung von IFRS-Abschlüssen auf HGB entstehen, um beide Rechnungslegungssysteme für die Bilanzanalyse vergleichbar zu machen, siehe Beermann (2001).

3 Vgl. Pfleger (1991), S. 77; Scheld (1994), S. 152; Greth (1996), S. 45.

4 Vgl. Pfleger (2000), Rdn. 111.

5 Vgl. Kapitel 2.2.5.1.

6 Vgl. hierzu Clemm (1998b), S. 1233ff.

Nutzens, ist anzunehmen, dass sie bilanzpolitische Instrumente so ausüben, dass die wirtschaftliche Lage des Unternehmens im Abschluss wahrheitsgemäß abgebildet wird. Hieraus ergibt sich eine ethische Begrenzung der ansonsten rechtlich unbeschränkt anzuwendenden IFRS-Vorschriften.

3.3 Anreize bilanzpolitischen Verhaltens

3.3.1 Vorbemerkung

Erstanwender können bei der Rechnungslegungsumstellung unterschiedlichen Anreizen zur Durchführung von Bilanzpolitik unterworfen sein. Allgemein wird im Schrifttum zwischen vertragstheoretischen und kapitalmarktorientierten Anreizen unterschieden[1]. Bilanzpolitische Anreize aus vertragstheoretischer Sicht entstehen aus Vertragsbeziehungen zwischen Managern und anderen Unternehmensbeteiligten. Demgegenüber folgen kapitalmarktorientierte Anreize aus dem Bestreben des Managements, den Kapitalmarkt und damit das Verhalten der Kapitalmarktteilnehmer zu beeinflussen.

Vertragstheoretische und kapitalmarktbezogene Anreize wurden bisher überwiegend im US-amerikanischen Schrifttum analysiert. Insofern standen in erster Linie US-amerikanische Unternehmen, die auf dem nationalen Kapitalmarkt agieren, im Mittelpunkt. Für deutsche Unternehmen, wie die in dieser Untersuchung betrachteten deutschen IFRS-Erstanwender, existieren dagegen hinsichtlich ihrer bilanzpolitischen Anreize nur wenige Untersuchungen. Bei der Entwicklung möglicher bilanzpolitischer Anreize deutscher Unternehmen bei der Rechnungslegungsumstellung ist es daher geboten, die Ergebnisse US-amerikanischer Untersuchungen vor dem Hintergrund möglicher erforderlicher Anpassungen bzw. deutscher Besonderheiten zu berücksichtigen.

3.3.2 Anreize aus vertragstheoretischer Sichtweise

3.3.2.1 Theoretische Grundlagen

Eine theoretische Erklärung des bilanzpolitischen Verhaltens von Managern kann anhand vertragstheoretischer Überlegungen erfolgen, die einen Grundbestandteil der aus dem US-amerikanischen Forschungsbereich stammenden „positive accounting theory“ darstellen. Der Begriff „positive accounting theory“ bezeichnet eine Forschungsrichtung, die das Entscheidungsverhalten von Abschlusserstellern hinsichtlich der Nutzung von Wahlrechten und Spielräumen

---

1 Vgl. etwa Healy/Wahlen (1999), S. 370ff.; Fields/Lys/Vincent (2001), S. 265ff.; Sellhorn (2004), S. 99ff.; Goncharov (2005), S. 75ff.; Detert/Sellhorn (2007), S. 244. Das deutsche Schrifttum differenziert dagegen nach finanzpolitischen und publizitäts- bzw. informationspolitischen Zielen; vgl. etwa Veit (2002), S. 9; Coenenberg/Meyer (2003), S. 353.

innerhalb der Rechnungslegung auf Unternehmensebene zu begründen versucht[1]. In Abgrenzung zu einer normativen Theorie, die angewandte Rechnungslegungsmethoden anhand eines abgeleiteten Referenzrahmens beurteilt, liegt die Zielsetzung der „positive accounting theory" mithin in der Erforschung der Gründe für die praktische Anwendung von Rechnungslegungsregeln. Es wird somit versucht, das in der Realität beobachtbare Bilanzierungsverhalten anhand der Umstände und Faktoren zu erklären, die diese Verhaltensweise beeinflussen[2].

Die „positive accounting theory" greift auf zentrale Annahmen der Agency-Theorie und der Property-Rights-Theorie zurück[3]. Basierend auf letzterer kann ein Unternehmen als Bündel von Vertragsbeziehungen angesehen werden, die im Wesentlichen das Verhältnis zwischen Eigenkapitalgebern, Fremdkapitalgebern und Managern regeln[4]. Dabei besteht unter den Vertragsbeziehungen ein Prinzipal-Agenten-Verhältnis, in dem die Prinzipale als Anbieter von Kapital auftreten und die Manager in ihrer Rolle als Agenten als Gegenleistung ihre Arbeitskraft zur Verfügung stellen. Das Vertragsergebnis hängt dabei zum einen von einem bestimmten Umweltzustand ab, der sowohl für den Prinzipal als auch für den Agenten eine nicht beeinflussbare exogene Größe darstellt, und zum anderen vom Arbeitseinsatz des Agenten. Der Arbeitseinsatz kann vom Prinzipal weder beobachtet werden, noch kann er Rückschlüsse darauf aus dem Vertragsergebnis ziehen[5].

Sowohl Prinzipale als auch Agenten sind innerhalb des Vertragsverhältnisses an einer Maximierung ihres eigenen Nutzens interessiert[6]. Das Interesse der Prinzipale liegt einerseits in einem möglichst hohen Arbeitseinsatz der Agenten bei der Durchführung der vertraglich spezifizierten Aufgabe. Andererseits wird er versuchen, die als Gegenleistung für den Arbeitseinsatz entrichtete Entlohnung des Agenten möglichst gering zu halten. Demgegenüber sind Agenten daran interessiert, eine Maximierung ihres aus Entlohnung abzüglich der Arbeitskosten bestehenden Nutzens zu erreichen. Agenten sind also an einem möglichst geringen Arbeitseinsatz bei einem möglichst großen Nutzenanteil interessiert. Insofern besteht ein Interessenkonflikt zwischen Prinzipalen und Agenten. Liegt zudem eine asymmetrische Informationsverteilung vor, bei der der Agent besser

---

1 Vgl. im Folgenden grundlegend Watts/Zimmerman (1978), S. 112ff.; Watts/Zimmerman (1979), S. 273ff. Siehe hierzu auch Haller (1994), S. 599ff.

2 Vgl. Christenson (1983), S. 2; Holthausen/Leftwich (1983), S. 77ff.; Watts/Zimmerman (1986), S. 157.

3 Zu beiden Theorien siehe Fülbier (1998), S. 122ff. m.w.N.

4 Vgl. Jensen/Meckling (1976); Fama/Jensen (1983).

5 Vgl. Schmidt (2006), S. 24.

6 Vgl. Jost (2001), S. 15ff.

informiert ist als der Prinzipal, kann ersterer seinen Informationsvorteil zur Maximierung seines persönlichen Wohlstands nutzen (sog. moral hazard)[1].

Können die Prinzipale ein opportunistisches Verhalten von Agenten direkt oder indirekt beobachten, lassen sich die hierdurch entstehenden Kosten direkt in die Vertragsgestaltung integrieren. So kann bspw. ein Entlohnungsvertrag formuliert werden, der die Vergütung direkt in Abhängigkeit vom tatsächlich realisierten Arbeitseinsatz determiniert. Der Agent hat in diesem Fall keine Ausweichmöglichkeit, so dass keine weiteren Anreizinstrumente implementiert werden müssten. Indes kann der Prinzipal den Arbeitseinsatz des Agenten weder beobachten noch aus dem endgültigen Vertragsergebnis darauf schließen. Um den Erwartungswert seines eigenen Nutzens zu maximieren, muss der Prinzipal daher innerhalb der Vertragsbeziehungen Anreize setzen, um zu einer Interessenkonvergenz zu gelangen[2].

Vor diesem Hintergrund betrachtet die „positive accounting theory" insbesondere zwei häufig in Vertragskonstellationen anzutreffende Anreizinstrumente, die beide regelmäßig an die Veränderung bestimmter Rechnungslegungsdaten, wie bspw. Umsatzerlöse, Periodenergebnis oder Abschlusskennzahlen. gekoppelt sind. Darunter fallen einerseits die ergebnisorientierte Vergütung des Managements und andererseits die Vereinbarung von Kreditklauseln in Darlehensverträgen[3]. Beide Anreizinstrumente basieren auf Rechnungslegungsdaten. Daher hängt das Vertragsergebnis von deren Entwicklung ab. Rechnungslegungsdaten üben insofern einen direkten Einfluss auf den Ressourcenabfluss und damit auf die Cashflows des Unternehmens aus. Unter den Annahmen der „positive accounting theory" besteht daher eine unmittelbare Beziehung zwischen Rechnungslegungsinformationen und der Höhe des Unternehmenswerts.

Ergebnisorientierte Vergütungspläne dienen dazu, die Interessen von Managern und Eigenkapitalgebern in Übereinstimmung zu bringen. Demgegenüber wird mit der Vereinbarung von Kreditklauseln in Kreditverträgen versucht, eine Interessenkonvergenz von Managern und Fremdkapitalgebern zu erreichen. Mit der Orientierung an Rechnungslegungsdaten besteht allerdings für Manager ein Anreiz zur opportunistischen Inanspruchnahme von bilanzpolitischen Instrumenten, um durch die Beeinflussung der Anreizinstrumente eine Maximierung des eigenen Wohlstands zu erreichen.

---

1 Vgl. Jost (2001), S. 30ff.

2 Vgl. Jensen/Meckling (1976); Smith/Warner (1979). Neben der Schaffung von Anreizinstrumenten kann das Management zusätzlich zur Veröffentlichung verlässlicher Informationen gezwungen werden, wenn die Prüfung durch einen unabhängigen Dritten erfolgt; vgl. Haller (1994), S. 599.

3 Vgl. im Folgenden Watts/Zimmerman (1986), S. 200ff.

Nachfolgend werden die aus den theoretischen Überlegungen resultierenden Anreize zur Durchführung von Bilanzpolitik bei Bestehen von ergebnisorientierten Vergütungsplänen und Kreditklauseln erläutert. Darüber hinaus betrachtet die „positive accounting theory" bilanzpolitische Anreize, die aus einer Reduzierung politischer Kosten für Unternehmen entstehen. Zudem lässt die Eigentümerstruktur eines Unternehmens unterschiedliches bilanzpolitisches Verhalten erwarten. Da die zuletzt genannten Anreize ebenfalls auf den obigen vertragstheoretischen Überlegungen basieren, werden sie im Anschluss behandelt.

3.3.2.2 Bilanzpolitik zur Beeinflussung ergebnisorientierter Vergütungspläne

Ergebnisorientierte Vergütungspläne stellen aus Agency-theoretischer Sicht ein Anreizinstrument dar, um eine Übereinstimmung der Interessen von Eigenkapitalgebern und dem Management zu erreichen. Dazu werden dem Management neben einem Grundgehalt vertraglich festgelegte variable Vergütungsbestandteile gewährt, die bspw. an die Veränderung von Ergebnisgrößen oder daraus abgeleiteten Kennzahlen ausgerichtet sind. Ergebnisorientierte Vergütungspläne sind als kurzfristiges Anreizinstrument anzusehen. Demgegenüber kann der variable Vergütungsbestandteil auch ein langfristig ausgerichtetes Anreizinstrument beinhalten, sofern die Höhe des variablen Teils zusätzlich oder allein von der Aktienkursperformance in einem vertraglich festgelegten Zeitraum abhängt[1]. So können etwa Aktienoptionspläne gewährt werden, bei denen der Manager nach Ablauf einer Sperrfrist[2] einen Anspruch auf den Erwerb von Aktien des Unternehmens zu einem festgelegten Kaufpreis erhält. Dabei ist die Ausübung regelmäßig an der Erfüllung bestimmter Erfolgsziele gebunden[3].

Vergütungspläne mit kurzfristiger Anreizwirkung sind in der Unternehmenspraxis indes am häufigsten anzutreffen[4]. Die Gründe dafür können verschiedenartig sein. Einerseits können Ergebnisgrößen, wie etwa das EBIT, als Indikator zur Beurteilung der Gesamtperformance eines Unternehmens dienen. Eine Berücksichtigung des Aktienkurses würde dagegen nur die Performance des Eigenkapitals widerspiegeln, während der Gesamtunternehmenswert aufgrund des i.d.R. nicht öffentlich gehandelten Fremdkapitals kaum zu beobachten ist[5]. Andererseits ist ein aktienbasierter Vergütungsplan nur für eine kleine Gruppe von Managern zieladäquat, die hierauf einen direkten Einfluss ausüben können. Mana-

---

1 Vgl. Goncharov (2005), S. 84; siehe hierzu auch Kapitel 3.3.3.6.

2 Die Sperrfrist liegt gewöhnlich zwischen zwei und vier Jahren; vgl. Vheng/Warfield (2005), S. 444; FIRICON (2006), S. 13.

3 Zur Gestaltung von Erfolgszielen in den Aktienoptionsplänen deutscher Unternehmen vgl. Winter (2003), S. 129ff.; Leuner/Lehmeier/Rattler (2004), S. 264f.

4 Vgl. Hardes/Wickert (2000), S. 54ff.; Strotmann (2005), S. 1205.

5 Vgl. Watts/Zimmerman (1986), S. 202.

ger, die für einen bestimmten Bereich oder ein bestimmtes Segment verantwortlich sind, haben dagegen nur einen indirekten Einfluss auf den Aktienkurs des Mutterunternehmens. Daher erscheint es sinnvoll, den variablen Vergütungsanteil bei ihnen an der Performance des einzelnen Segments oder Bereichs auszurichten. Da dieser Wert jedoch nur selten öffentlich gehandelt wird und daher nur bedingt zu ermitteln ist, dienen regelmäßig Ergebnisgrößen auf Bereichs- oder Segmentebene als Indikatoren zur Performancebeurteilung[1]. Schließlich können aktienbasierte Vergütungspläne dazu führen, dass Manager auch für Schwankungen des Unternehmenswerts belohnt oder bestraft werden, bei denen keine Beeinflussungsmöglichkeit besteht.

Auf die weite Verbreitung ergebnisorientierter Vergütungspläne weisen bereits frühere US-amerikanische Studien hin. Bereits im Jahr 1980 verfügten ca. 90% der amerikanischen Industrieunternehmen über einen ergebnisorientierten Vergütungsplan[2]. Dabei wird überwiegend auf das Periodenergebnis, die Eigen- oder die Gesamtkapitalrendite als variablen Bestandteil abgestellt[3]. Auch bei deutschen börsennotierten Unternehmen sind Vergütungspläne mit variablen Bestandteilen weit verbreitet. Bis zur Verabschiedung des Transparenz- und Publizitätsgesetzes (TransPuG) im Jahr 2002 sah § 86 AktG a.F. vor, dass eine vom Aufsichtsrat beschlossene Gewinnbeteiligung der Vorstandsmitglieder i.d.R. in einem Anteil am Jahresgewinn der Gesellschaft bestehen soll[4]. Seit der anschließenden Einführung des DCGK wird Unternehmen empfohlen, dass die Gesamtvergütung der Vorstandsmitglieder neben fixen auch variable Bestandteile umfassen sollte[5]. Letztere sollen einmalige sowie jährlich wiederkehrende, am Unternehmenserfolg orientierte Komponenten sowie Komponenten mit langfristiger Anreizwirkung enthalten, worunter insbesondere Anteile der Gesellschaft, Aktienoptionen oder ähnliche Gestaltungsformen fallen. Eine Unterteilung der Vorstandsbezüge in fixe und variable Bestandteile stellte indes bereits vor der Einführung des DCGK die Regel dar[6]. So kommt eine Auswertung der Geschäftsberichte deutscher börsennotierter Unternehmen innerhalb des DAX-100 im Jahr 2002 zum Ergebnis, dass alle untersuchten Unternehmen ihren Vorständen fixe und variable Gehaltskomponenten gewähren[7]. Auch zeigen neuere Studien eine Trendabkehr von reinen Aktienoptionsmodellen hin zu Program-

---

1 Vgl. Guidry/Leone/Rock (1999); Healy (1999).

2 Vgl. Healy (1985), S. 85 u. 87.

3 Vgl. Fields/Lys/Vincent (2001), S. 266.

4 Vgl. Hüffer (2002), Rdn. 1ff.

5 Vgl. Regierungskommission Deutscher Corporate Governance Kodex (2005). Zur Akzeptanz der darin enthaltenen Empfehlungen und Anregungen vgl. von Werder/Talaulicar (2006), S. 849ff.

6 Vgl. Müller/Stelzer (2005), S. 124.

7 Vgl. PwC (2003), S. 5ff. Zur Verbreitung gewinnabhängiger Vergütung in Deutschland vgl. Hardes/Wickert (2000), S. 54ff.; Strotmann (2005), S. 1205.

men, bei denen die Ausgabe von Aktien an das Erreichen bestimmter Performanceziele gebunden ist[1]. Neben der Entwicklung des Aktienkurses kann es sich hierbei um erfolgsorientierte Kennzahlen der Performancebeurteilung handeln, wie bspw. der Veränderung des ebenfalls auf Rechnungslegungsdaten basierenden Return on Capital Employed (ROCE).

Die empirischen Ergebnisse lassen insgesamt auf einen hohen Stellenwert ergebnisorientierter Vergütungspläne auf Seiten der Unternehmen schließen. Auch zeigen sie, dass überwiegend eine Veränderung von Ergebnisgrößen wie dem Periodenergebnis als Anreizinstrument vereinbart wird. Sofern das bestehende Rechnungslegungssystem Gestaltungsspielräume enthält, besteht unter der Annahme opportunistischen Verhaltens insofern ein Anreiz auf Seiten des Managements, bilanzpolitische Instrumente zur Erhöhung der relevanten Ergebnisgröße in Anspruch zu nehmen. Damit würde ihr eigenes Gehalt und somit der eigene Wohlstand erhöht. Dieses zu erwartende Bilanzierungsverhalten ergebnisorientiert vergüteter Manager wird allgemein auch als „bonus plan hypothesis“ bezeichnet[2].

Allerdings erscheint es diskussionswürdig, warum Prinzipale eine mögliche Inanspruchnahme von Gestaltungsspielräumen zur Beeinflussung der in den Verträgen enthaltenen Ergebnisgrößen nicht vertraglich beschränken[3]. So kann bspw. die Ausübung bzw. Nichtausübung bestimmter Wahlrechte oder Ermessensspielräume vertraglich ausgeschlossen werden, um zumindest sachverhaltsdarstellende Bilanzpolitik einzuschränken[4]. Allerdings scheint eine derartige Beschränkung wenig wahrscheinlich. So spricht etwa dagegen, dass Bilanzpolitik nicht allein aus opportunistischem Verhalten hervorgerufen wird, sondern auch im Sinne einer Signalwirkung zur informativeren Darstellung der Unternehmenslage dienen kann[5]. Daher erlaubt ein gewisser Grad an Spielräumen innerhalb der Rechnungslegungsvorschriften dem Management, relevante Informationen an die Kapitalgeber weiterzugeben. Auch kann aus Kostengesichtspunkten die Eliminierung sämtlicher Gestaltungsspielräume für den Prinzipal nicht vorteilhaft sein[6]. Schließlich kann eine weitere Erklärung darin liegen, dass die Erhöhung des Periodenergebnisses mittels bilanzpolitischer Maßnahmen nicht ausschließt, dass es zu einer Übereinstimmung mit den Interessen der Prinzipale kommt. Eine Erhöhung des Periodenergebnisses kann bspw. neben einer Steige-

1 Vgl. PwC (2005), S. 12.
2 Vgl. etwa Watts/Zimmerman (1986), S. 208.
3 Vgl. Watts/Zimmerman (1986), S. 204.
4 Die Einschränkung sachverhaltsgestaltender Bilanzpolitik erscheint dagegen kaum möglich, da die hierunter fallenden Maßnahmen regelmäßig nicht erkannt werden können; vgl. Fields/Lys/Vincent (2001), S. 266.
5 Vgl. Dye/Verrecchia (1995), S. 389ff.
6 Vgl. Watts/Zimmerman (1990), S. 135f.; Evans/Sridhar (1996), S. 45ff.

rung der Vergütung auch zu einer Steigerung des Aktienkurses oder zu einer Reduzierung der Wahrscheinlichkeit einer Verletzung von Kreditklauseln beitragen[1].

Ein weiteres Mittel zur Eindämmung bilanzpolitischen Verhaltens liegt in der Möglichkeit des Prinzipals, die Ausübung bzw. Nichtausübung von Gestaltungsspielräumen bei der Berechnung des ergebnisorientierten Vergütungsanteils nachträglich zu revidieren[2]. Insofern würden die im Zeitpunkt des Vertragsabschlusses geltenden Bilanzierungsvorschriften als Grundlage für die Berechnung dienen. Anschließende Bilanzierungsänderungen würden nicht berücksichtigt werden. Empirische Untersuchungen im US-amerikanischen Raum kommen vermehrt zu dem Ergebnis, dass der für die Verwaltung von Vergütungsplänen zuständige Vergütungsausschuss bilanzpolitische Maßnahmen bei der Berechnung der Vergütung zumindest teilweise revidiert[3]. Allerdings untersuchen die Studien nur einzelne Maßnahmen, wie die Behandlung von Entwicklungskosten[4] oder von Restrukturierungsrückstellungen[5]. Empirische Ergebnisse über deutsche Unternehmen liegen bislang nicht vor.

Ob nach der Rechnungslegungsumstellung eine rückwirkende Anpassung von Vergütungsplänen erfolgt, kann nicht vollständig ausgeschlossen werden. Indes eröffnet die Umstellung eine Fülle von Gestaltungsspielräumen, deren rückwirkende Revidierung mit erheblichen Informationskosten für die Prinzipale verbunden wäre. Da mit der Umstellung auch das bisherige Buchungssystem auf die neuen Bilanzierungsvorschriften anzupassen ist[6], ist zudem anzunehmen, dass auf Konzernabschlussebene Rechnungslegungsdaten auf Basis des bisherigen Systems in den Unternehmen nur in Ausnahmefällen noch vorhanden sind[7]. Darüber hinaus erfordert die Revidierung von den für die Ausgestaltung deutscher Vergütungspläne zuständigen Mitgliedern des Aufsichtsrats eine ausreichende Kenntnis sowohl der bisherigen HGB-Bilanzierung als auch der neuen IFRS-Rechnungslegung. Insgesamt erscheint daher eine rückwirkende Anpas-

---

[1] Vgl. Fields/Lys/Vincent (2001), S. 266.

[2] Vgl. Abdel-khalik (1985); Healy/Kang/Palepu (1987); Dechow/Huson/Sloan (1994).

[3] Vgl. Abdel-khalik (1985), S. 427ff.; Dechow/Huson/Sloan (1994); Cheng (2004); Comprix/Muller (2006); a.A. Healy/Kang/Palepu (1987), S. 32.

[4] Vgl. Cheng (2004).

[5] Vgl. Dechow/Huson/Sloan (1994); Adut/Cready/Lopez (2003).

[6] Vgl. Heintges (2003), S. 624ff.; Dräger (2004), S. 428f.

[7] Dies setzt voraus, dass der ergebnisabhängige Vergütungsanteil auf Basis des Konzernergebnisses berechnet wird. Da weiterhin HGB-Einzelabschlüsse für die Gewinnverwendung anzufertigen sind, liegen HGB-Daten auf Einzelabschlussebene weiterhin vor. Eine ergebnisabhängige Vergütung auf Basis des Einzelabschlusses des Mutterunternehmens erscheint jedoch im Sinne der Anreizstruktur nicht sinnvoll, da das Management für die gesamte Konzernentwicklung verantwortlich ist.

sung der Vergütungspläne wenig wahrscheinlich, so dass zu erwarten ist, dass für ergebnisorientiert vergütete Manager bei der Umstellung ein Anreiz zur Durchführung von Bilanzpolitik besteht.

In US-amerikanischen Forschungsbeiträgen wurde die „bonus plan hypothesis" mehrmals untersucht, wobei die Ergebnisse jedoch einen eindeutigen Zusammenhang zwischen ergebnisorientierten Entlohnungsverträgen und ergebnissteigernden Maßnahmen nicht immer signifikant bestätigen können[1]. Healy (1985) führt die mangelnde Bestätigung auf die Einfachheit der Hypothese zurück, die allein auf die Existenz von ergebnisorientierten Vergütungsplänen abstellt. Tatsächlich werden Entlohnungsverträge in der Praxis unterschiedlich ausgestaltet[2]. So enthalten sie i.d.R. nicht allein eine ergebnisorientierte Komponente, sondern zusätzlich Ergebnisober- und -untergrenzen. Nur beim Überschreiten der Ergebnisuntergrenze wird eine zusätzliche Entlohnung wirksam. Insofern hat das Management allein dann Anreize zur ergebnissteigernden Bilanzpolitik, wenn das Ergebnis vor Durchführung bilanzpolitischer Maßnahmen erwartungsgemäß innerhalb der Grenzen oder knapp unterhalb der Untergrenze liegt. Kann dagegen selbst unter Ausschöpfung sämtlicher bilanzpolitischer Mittel der untere Grenzwert für eine zusätzliche Vergütung nicht erreicht werden, besteht ein Anreiz zu extremer ergebnismindernder Bilanzpolitik, um zukünftige Aufwendungen vorweg zu nehmen und somit die Wahrscheinlichkeit zu erhöhen, dass die Ergebnisgrenze in zukünftigen Perioden überschritten wird (sog. „big bath"-Hypothese[3]). Übersteigt das Ergebnis vor Bilanzpolitik bereits den oberen Grenzwert, wird das Management gleichfalls ergebnismindernde Maßnahmen durchführen, um das Periodenergebnis gerade noch bis zur gehaltswirksamen Höhe abzusenken[4]. Damit erhöht es die bilanzpolitische Manövriermasse für zukünftige Perioden.

Die jeweilige Ausgestaltung des Vergütungsplans kann also dazu führen, dass der ursprünglichen „bonus plan hypothesis" entgegen gerichtete Anreize für das Management entstehen. Auch wird aus dem Anreiz, den oberen Grenzwert

---

1 Bestätigende Ergebnisse liefern etwa Zmijewski/Hagerman (1981); Healy (1985); Francis/Reiter (1987). Zu gegenläufigen Erkenntnissen kommen Bowen/Noreen/Lacey (1981); Hunt (1985). Zu weiteren Studien vgl. überblicksartig Healy/Wahlen (1999), S. 376f.; Beneish (2001), S. 8; Fields/Lys/Vincent (2001), S. 265ff.

2 Vgl. Healy (1985), S. 85ff.

3 Vgl. White/Sondhi/Fried (2003), S. 60; siehe hierzu auch Kapitel 3.3.3.3.

4 Während Healy (1985) die genannten Hypothesen in seiner Untersuchung bestätigt, werden seine Ergebnisse insbesondere aufgrund von Unstimmigkeiten in den angewandten methodischen Grundlagen kritisiert; vgl. Fields/Lys/Vincent (2001), S. 267ff. Nachfolgende Studien können die aufgestellten Hypothesen mit differenzierter Methodik nur teilweise bestätigen; vgl. hierzu etwa Gaver/Gaver/Austin (1995), Holthausen/Larcker/Sloan (1995), Guidry/Leone/Rock (1999).

durch bilanzpolitische Maßnahmen stetig beizubehalten, allgemein ein möglicher Grund für ein ergebnisglättendes Bilanzierungsverhalten von Managern abgeleitet[1].

Kritisch ist ebenfalls anzumerken, dass die „bonus plan hypothesis" nicht den Bilanzzusammenhang berücksichtigt. Die Durchführung ergebnissteigernder Maßnahmen innerhalb einer Periode hat über die Totalperiode betrachtet stets umkehrende ergebnismindernde Effekte in zukünftigen Perioden zur Folge[2]. Insofern kann eine ergebnissteigernde Bilanzpolitik zwar in der aktuellen Periode zu einer Erhöhung der Vergütung führen, jedoch den Einsatz ergebnissteigernde Maßnahmen in den Folgeperioden erschweren. Ergebnissteigernde Maßnahmen zur Maximierung des eigenen Einkommens erscheinen daher eher bei einem bevorstehenden Ausscheiden des Managements lohnenswert[3]. Gehen Manager indes von einer langfristigen Weiterbeschäftigung im Unternehmen aus, kann der Anreiz zur ergebnissteigernden Bilanzpolitik schwächer ausgeprägt sein und eher Ergebnisglättung im Vordergrund stehen. Allerdings ermöglicht gerade die Rechnungslegungsumstellung, zukünftige Aufwendungen bei der Erstellung der Eröffnungsbilanz vorweg zu nehmen und gegen das Eigenkapital zu verrechnen. Als Folgewirkung hieraus erhöht sich das zukünftige Periodenergebnis.

Vergleichbare Untersuchungen zum Test der „bonus plan hypothesis" für deutsche Unternehmen liegen bislang nicht vor. Teilweise wurde dies im Schrifttum mit dem im Vergleich zu US-amerikanischen Unternehmen geringen Stellenwert von ergebnisabhängigen Vergütungen begründet[4]. Wie bereits dargestellt belegen aktuelle Zahlen indes, dass eine ergebnisorientierte Vergütung auch bei deutschen Unternehmen in der Zwischenzeit die Regel darstellt. Ein schwerwiegender Grund kann jedoch darin liegen, dass die Determinanten von ergebnisorientierten Entlohnungsverträgen in Deutschland nicht veröffentlichungspflichtig sind[5]. So verlangt § 314 Abs. 1 Nr. 6 HGB lediglich die Angabe der im Geschäftsjahr gewährten Gesamtbezüge der Mitglieder des Geschäftsführungsorgans im Konzernanhang. Selbst unter Einhaltung des DCGK wird eine Aufteilung der Bezüge des Vorstands nach den einzelnen Komponenten nur empfohlen, nicht vorgeschrieben[6]. So kommt eine Untersuchung von 150 deutschen Un-

---

1 Vgl. Guidry/Leone/Rock (1999), S. 116.

2 Voraussetzung ist, dass die zur Ergebnissteigerung benutzten Bilanzierungsmaßnahmen zu keinem Kongruenzverstoß führen; siehe hierzu etwa Ordelheide (1998), S. 522ff.; Schildbach (1999), S. 1813ff.

3 Vgl. Dechow/Sloan (1991).

4 Vgl. Haller (1994), S. 605.

5 Vgl. Leuz/Wüstemann (2003), S. 36.

6 Vgl. Regierungskommission Deutscher Corporate Governance Kodex (2005); Müller/Stelzer (2005), S. 133.

ternehmen zu dem Ergebnis, dass lediglich 20 Gesellschaften eine individuelle Offenlegung der Vorstandsvergütung im Geschäftsjahr 2003 vornehmen[1].

3.3.2.3 Bilanzpolitik zur Beeinflussung von Kreditklauseln

Kreditgeber sind im Allgemeinen an der Sicherheit ihrer ausgegebenen Darlehen und der termingerechten sowie vollständigen Zahlung von Zins- und Tilgungsleistungen interessiert[2]. Um eine Schädigung ihrer Interessen, etwa durch den Ausfall von Zinszahlungen oder des gesamten Kredits, zu vermeiden, vereinbaren Gläubiger innerhalb von Darlehensverträgen sog. Kreditklauseln (Covenants), deren Nichteinhaltung mit Sanktionen für den Darlehensnehmer verbunden ist[3]. Mit der Vereinbarung von Kreditklauseln wird somit versucht, eine mögliche Erhöhung des finanziellen und operativen Unternehmensrisikos durch das Management zu verhindern. Als Sanktionen dienen bspw. Beschränkungen der ausschüttbaren Dividende[4] oder bestimmter risikoerhöhender Investitionen[5]. Auch kann die zusätzliche Aufnahme von Fremdkapital Restriktionen unterliegen[6].

Das Eintreten von Sanktionen wird häufig auf bestimmte Rechnungslegungsdaten bezogen, deren Wert nicht über- bzw. unterschritten werden darf[7]. Neben der Einhaltung von bestimmten Bestandsgrößen, wie bspw. einer bestimmten Höhe des Nettoumlaufvermögens, finden sich regelmäßig rechnungslegungsdatenbasierte Kennzahlen als Klauseln innerhalb der Darlehensverträge. Eine einheitliche Anwendung ist dabei in der Praxis nicht zu erkennen. Vielmehr existieren eine Vielzahl unterschiedlicher Kennzahlen, die in Kreditverträgen vereinbart

---

1 Vgl. Andres/Theissen (2007), S. 170. Untersucht wurden Unternehmen des DAX, MDAX und an der New York Stock Exchange notierte Unternehmen. Insgesamt zeigt sich, dass eine individualisierte Veröffentlichung tendenziell immer dann unterlassen wird, wenn die gesamte Vorstandsvergütung hoch ist.

2 Vgl. Klein (1989), S. 69.

3 Vgl. Haller/Park (1995), S. 91; Schackmann/Behling (2004), S. 789.

4 Zur Beurteilung dieser Schutzwirkung siehe Alberth (1997), S. 747ff.; im Gegensatz zu US-amerikanischen Unternehmen müssen deutsche Aktiengesellschaften gemäß § 58 Abs. 2 AktG der Hauptversammlung mindestens 50 % des auf Basis des Einzelabschlusses berechneten Jahresüberschusses zur Ausschüttung anbieten. Eine vertraglich mit den Gläubigern vereinbarte Ausschüttungsbegrenzung wird daher bei deutschen Unternehmen i.d.R. nicht bestehen.

5 Vgl. Hahn/Ortner (2006), S. 360. Siehe auch Smith/Warner (1979), S. 117; Leftwich (1980), S. 193ff.

6 Vgl. Degenhart/Szkola (2002), S. 17. Zu weiteren typischen Rechtsfolgen siehe Thießen (1996), S. 21.

7 Vgl. Watts (1992), S. 12.

werden[1]. Dazu zählen insbesondere der Verschuldungsgrad, der das Verhältnis der gesamten bzw. bestimmter Schulden zum Eigenkapital misst, Zinsdeckungsquoten, wie bspw. das Verhältnis von EBIT oder operativem Cashflow zum Zinsaufwand, die die Fähigkeit zur Bezahlung der Zinsaufwendungen aus dem erwirtschafteten operativen Ergebnis bzw. Cashflow analysieren, und die Eigenkapitalquote[2].

Der Einsatz von Kreditklauseln in Darlehensverträgen ist in Deutschland inzwischen ein in der Praxis etabliertes Mittel[3]. Während Leuz/Deller/Stubenrath (1998) im Rahmen einer Befragung deutscher Kreditinstitute noch feststellen, dass auf Rechnungslegungsdaten basierende Kreditklauseln überwiegend in bestimmten Situationen, wie bspw. einem Management Buy-Out, und weniger in Standardkreditverträgen benutzt werden[4], kommt die Befragungsstudie von Degenhart/Szkola (2002) zu dem Ergebnis, dass ein zunehmender Einsatz in mittel- bis langfristigen Darlehensverträgen erfolgt[5].

Die Grundlage zur Prüfung rechnungslegungsdatenbasierter Kreditklauseln bildet regelmäßig der Jahresabschluss[6]. Dabei kann der Einzelabschluss, der Konzernabschluss oder beide Abschlussarten die Prüfungsbasis bilden. Erfolgt die Prüfung allein anhand des Einzelabschlusses, ist ein Einfluss der Rechnungslegungsumstellung auf die Höhe der vereinbarten Covenants nur dann anzunehmen, wenn der Einzelabschluss auch das Objekt der Umstellung ist. Demgegenüber hätte die Umstellung keinen Einfluss, sofern der Konzernabschluss umgestellt und im Einzelabschluss weiterhin nach HGB Rechnung gelegt wird. Untersuchungen über die jeweilige Abschlussgrundlage für die Prüfung von Kreditklauseln liegen bislang nicht vor. So kann nicht ausgeschlossen werden, dass Kreditklauseln allein auf Basis des Einzelabschlusses vereinbart werden. Für eine Berücksichtigung des Konzernabschlusses durch den Gläubiger spricht jedoch der höhere Informationswert gegenüber dem Einzelabschluss. So gibt nur der Konzernabschluss Auskunft über die wirtschaftliche Lage des Konzerns[7]. Zudem können die unterschiedlichen Zwecksetzungen des Einzelabschlusses der tatsächlichen Darstellung der wirtschaftlichen Lage nur eine untergeordnete Be-

---

[1] Vgl. Kellner/Ortner (2002), S. 73. Für den US-amerikanischen Bereich siehe etwa Dichev/Skinner (2002), S. 1101ff.

[2] Vgl. Wittig (1996), S. 1382f.; Schildbach (2002), S. 14ff.; Hahn/Ortner (2006), S. 357.

[3] Vgl. Kellner/Ortner (2002), S. 75; Schackmann/Behling (2004), S. 789.

[4] Vgl. Leuz/Deller/Stubenrath (1998), S. 122. Zu früheren Studien vgl. Obermüller (1987), S. 134f.; Thießen (1996), S. 19ff.; Wittig (1996), S. 1381ff.

[5] Vgl. Degenhart/Szkola (2002), S. 15f.

[6] Vgl. Kellner/Ortner (2002), S. 74.

[7] Vgl. Busse von Colbe/Ordelheide/Gebhardt/Pellens (2006), S. 26. Siehe hierzu auch die empirischen Untersuchungen des Informationswerts von Konzernabschlüssen bei Pellens (1989) und Schulte (1996).

deutung zukommen lassen. Darüber hinaus sind Konzernabschlüsse verpflichtend ab einer bestimmten Darlehenshöhe bei der Kreditvergabe mit einzubeziehen. Gemäß § 18 KWG dürfen Kredite, die einen Wert von 750.000 € oder 10% des haftenden Eigenkapitals überschreiten, nur vom Kreditgeber gewährt werden, wenn die wirtschaftlichen Verhältnisse des Kreditnehmers u.a. durch Jahresabschlüsse, zu denen im Falle des Einbezugs des Kreditnehmers in einem Konzernverbund auch der Konzernabschluss gehört, offen gelegt werden[1].

Rechnungslegungsdatenbasierte Kreditklauseln können auf Grundlage der jeweils aktuellen Bilanzierungsvorschriften, anhand der zum Zeitpunkt der vertraglichen Vereinbarung bestehenden Rechnungslegungsnormen oder unter zwingender Vornahme von Anpassungen bestehender Vorschriften verfasst werden[2]. Allein im ersten Fall hätten freiwillige oder verpflichtende Bilanzierungsänderungen, worunter auch die Rechnungslegungsumstellung zu zählen ist, einen direkten Einfluss auf die vereinbarten Kreditklauseln. Demgegenüber würden im zweiten Fall nachfolgende verpflichtende oder freiwillige Änderungen von Bilanzierungsmethoden keinen Einfluss ausüben[3]. Vielmehr würde eine Verletzung der Kreditklauseln weiterhin auf Basis der zum Vertragsabschluss bestehenden Regeln geprüft. Die zum Zeitpunkt des Vertragsabschlusses geltenden Normen würden insofern „eingefroren", so dass ein bilanzpolitischer Einfluss durch neue Regeln ausgeschlossen ist[4]. Im Fall der Rechnungslegungsumstellung würde eine derartige vertragliche Vereinbarung eine rückwirkende Eliminierung von IFRS-Bilanzierungsmethoden durch die Gläubiger erfordern, sofern die neu anzuwendenden Vorschriften von den bisherigen HGB-Regeln abweichen. Wie bereits im vorherigen Kapitel erläutert, kann eine rückwirkende Anpassung zwar nicht vollständig ausgeschlossen werden, indes erscheint sie insbesondere aus Kostengesichtspunkten wenig wahrscheinlich. Die zwingende Vornahme von Anpassungen im dritten Fall würde schließlich eine bestimmte Bilanzierungsmethode vertraglich vorschreiben, obwohl die eigentlichen Normen eine andere Vorgehensweise erlauben bzw. vorsehen. Auch hier müssten die neu angewandten Bilanzierungsregeln nach IFRS ggf. rückwirkend revidiert werden. Darüber hinaus kann die Spezifizierung eines von den eigentlichen Normen abweichenden Regelwerks höhere Kosten entstehen lassen, als die durch Wahlrechte und Spielräume gekennzeichneten eigentlichen Rechnungslegungsnormen produzieren[5].

---

1 Vgl. Boos/Fischer/Schulte-Mattler (2004), Rdn. 17.
2 Vgl. Watts/Zimmerman (1986), S. 213.
3 Vgl. Kellner/Ortner (2002), S. 74.
4 Vgl. Mohrman (1996), S. 79; Fields/Lys/Vincent (2001), S. 272.
5 Vgl. Ormrod/Taylor (2004), S. 76f.

Insgesamt sprechen die dargelegten Argumente dafür, dass Kreditklauseln überwiegend auf Basis des Konzernabschlusses vereinbart werden und eine mögliche Verletzung der Covenants von den Gläubigern anhand der jeweils aktuell gültigen Rechnungslegungsvorschriften geprüft wird. Insofern ist anzunehmen, dass Manager einen Anreiz zur Auswahl von Bilanzierungsmethoden haben, die die Wahrscheinlichkeit einer Verletzung von Kreditklauseln minimieren. Ein entsprechender Test dieser Hypothese verlangt notwendigerweise eine Erhebung der in den Darlehensvereinbarungen genutzten Kreditklausen. Da eine derartige Ermittlung mit hohen Kosten verbunden sein kann bzw. aufgrund fehlender Daten teilweise nicht möglich ist, werden in empirischen Studien regelmäßig Kennzahlen benutzt, die einen bestmöglichen Indikator für die tatsächlich verwendeten Kreditklauseln darstellen. Den am häufigsten genutzten Indikator stellt dabei der Verschuldungsgrad (debt-to-equity ratio) dar[1]. Dieser erscheint als Stellvertretervariable geeignet, da mit einer Erhöhung des Verschuldungsgrads auch die Wahrscheinlichkeit einer Verletzung anderer rechnungslegungsdatenbasierter Kreditklauseln ansteigt[2]. Zudem haben vergangene Studien gezeigt, dass die Anwendung unterschiedlicher Varianten des Verschuldungsgrades zum gleichen Ergebnis kommt wie unter Verwendung der gebräuchlichsten in Verträgen enthaltenen Kreditklauseln[3].

Aus der Anwendung des Verschuldungsgrads als Stellvertretervariable für die Verletzung von Kreditklauseln leitet sich ein hypothetisches Bilanzierungsverhalten des Managements ab, das allgemein als sog. „debt-to-equity hypothesis" bezeichnet wird[4]. Demnach wird vermutet, dass Manager mit steigendem Verschuldungsgrad eher bilanzpolitische Instrumente anwenden werden, die das Periodenergebnis und damit das Eigenkapital erhöhen[5].

Die „debt-to-equity hypothesis" wurde in zahlreichen empirischen Studien für US-amerikanische Unternehmen untersucht und teilweise bestätigt[6]. Problematisch erscheint hierbei, dass der Verschuldungsgrad auch als Stellvertretervariable für andere Effekte, wie bspw. das Kreditausfallrisiko, dienen kann[7]. Insofern

---

1 Vgl. Duke/Hunt (1990), S. 48; Press/Weintrop (1990), S. 65f.; Smith (1993), S. 290.

2 Vgl. Watts/Zimmerman (1986), S. 216.

3 Vgl. Duke/Hunt (1990), S. 61.

4 Vgl. Watts/Zimmerman (1986), S. 216.

5 Vgl. Haller (1994), S. 600.

6 Für einen Überblick siehe Haller/Park (1995), S. 93ff.; Healy/Wahlen (1999), S. 376. Selbst wenn empirische Untersuchungen nur zu einer schwach bzw. nicht signifikanten Bestätigung der Hypothese kommen, erscheint es nicht ausgeschlossen, dass bilanzpolitische Maßnahmen zur Reduzierung der Wahrscheinlichkeit einer späteren Verletzung von Kreditklauseln durchgeführt werden; vgl. Sweeney (1994); Healy/Wahlen (1999), S. 376.

7 Vgl. Press/Weintrop (1990), S. 93; Fields/Lys/Vincent (2001), S. 296.

sind empirische Ergebnisse unter Verwendung des Verschuldungsgrads nur beschränkt interpretierbar[1].

Empirische Untersuchungen der Frage, ob die Einhaltung von Covenants eine Erklärungsvariable für das bilanzpolitische Verhalten deutscher Unternehmen darstellt, liegen bislang nicht vor. Ein möglicher Grund hierfür kann in der fehlenden Veröffentlichungspflicht von Kreditverträgen liegen. Es ist daher selten bekannt, ob Darlehensverträge mit oder ohne Kreditklauseln abgeschlossen wurden[2].

3.3.2.4 Bilanzpolitik zur Reduzierung politischer Kosten

Ein weiterer Anreiz zur Durchführung von Bilanzpolitik lässt sich aus regulierungstheoretischen Überlegungen ableiten. Im Sinne der normativen Regulierungstheorie greifen Regulierungssubjekte, wie bspw. der Staat oder supranationale Organisationen, aus unterschiedlichen Gründen[3] regulierend in bestimmte Märkte oder Branchen ein, wodurch eine Umverteilung des Wohlstands der Regulierungsobjekte durch den Eingriff in ihre individuelle Handlungs- und Vertragsfreiheit entsteht[4]. Ein derartiger Eingriff ist für Unternehmen als Regulierungsobjekte mit Kosten verbunden, die auch politische Kosten genannt werden[5].

Im Regulierungsprozess dienen Rechnungslegungsgrößen häufig als Indikatoren, die einen regulierenden Eingriff veranlassen. Zu unterscheiden ist dabei zwischen Branchen, in denen Unternehmen stets (ex ante) einem Regulierungssubjekt unterworfen sind, und Branchen bzw. Unternehmen, die erst aufgrund des Ausweises von Rechnungslegungsdaten in einer bestimmten Höhe einer Regulierung unterzogen werden (ex post)[6]. Ex ante regulierte Märkte stellen in Deutschland bspw. der Strom-, Gas-, Telekommunikations- und Postmarkt dar, die von der Bundesnetzagentur als Regulierungsbehörde kontrolliert werden. So verlangt die Bundesnetzagentur etwa von Unternehmen, die in der Strom- bzw. Gasbranche tätig sind, zur Überwachung der Netzzugangsvorschriften, der Vergütungsregelungen für erneuerbare Energien und der Genehmigung von Entgel-

---

1 In jüngster Zeit steigt daher die Anzahl US-amerikanischer Studien, in denen auf die tatsächlich zu beobachtenden Kreditklauseln abgestellt wird; vgl. etwa Beneish/Press (1993); El-Gazzar (1993); Sweeney (1994). Die eindeutige Verwendung von Stellvertretervariablen für eine Verletzung von Kreditklauseln wird dadurch möglich, dass US-amerikanische Unternehmen ihre vertraglich vereinbarten Covenants teilweise veröffentlichen.

2 Vgl. Leuz/Wüstemann (2003), S. 36.

3 Vgl. hierzu Fülbier (1999), S. 469ff.

4 Vgl. von Weizsäcker (1982), S. 326.

5 Vgl. Watts/Zimmerman (1986), S. 235.

6 Vgl. Watts/Zimmerman (1978), S. 115.

ten für den Netzzugang die Bereitstellung von Informationen über die Kosten- und Erlössituation der Unternehmen[1]. Auch im Telekommunikationsbereich haben sich marktbeherrschende Unternehmen einer Entgeltregulierung zu unterwerfen. Dazu sind insbesondere Kostennachweise, aufgeschlüsselt in Einzel- und Gemeinkosten, zu erbringen[2].

Eine Ex-post-Regulierung kann dagegen entstehen, sofern ein Unternehmen bzw. eine Branche extrem hohe Rechnungslegungsgrößen, wie bspw. übermäßig hohe Gewinne, ausweist. So können Regulierungssubjekte in Folge hoher Gewinnausweise vermehrt auf ein Unternehmen bzw. eine Branche aufmerksam werden, wodurch die Wahrscheinlichkeit eines Eingriffs und damit die Entstehung politischer Kosten steigt. Hohe Gewinnausweise sind regelmäßig in Krisensituationen in bestimmten Unternehmensbranchen zu erwarten[3]. Um der voraussichtlichen Regulierung zu entgehen, wird ein ergebnisreduzierendes Verhalten von Managern vermutet. Han/Wang (1998) stellen bspw. fest, dass US-amerikanische Ölunternehmen auf den beschleunigten Ölpreisanstieg während der Golf-Krise im Jahr 1990 mit ergebnismindernden Maßnahmen reagierten. Eine mögliche Erklärung hierfür sehen die Autoren in der erhöhten Wahrscheinlichkeit, dass die aus dem Ölpreisanstieg andernfalls resultierenden hohen Gewinne ein Kartellverfahren oder eine Spezialsteuer für die Ölindustrie ausgelöst hätten[4]. Jones (1991) stellt fest, dass Unternehmen ergebnisreduzierende Maßnahmen während einer Untersuchung von Importvergünstigungen durch die US-amerikanische International Trade Commission durchführten[5].

Unabhängig von der jeweiligen Branche können hohe Gewinnausweise eines Unternehmens auch ein Indiz für eine Monopolstellung darstellen und damit gleichwohl die Wahrscheinlichkeit eines regulierenden Eingriffs erhöhen[6]. Beispielsweise ist anzunehmen, dass Pharma-Unternehmen unter ständiger Beobachtung von Regulierungssubjekten hinsichtlich der Erzielung von Monopolgewinnen aus patentrechtlich geschützten Medikamenten stehen. Auch hier entsteht für Manager ein Anreiz zur Vornahme ergebnisreduzierender Maßnahmen,

---

1 Vgl. http://www.bundesnetzagentur.de/enid/105736d6c295e33095227f4c97b93af5,0/Erhebung_von_Unternehmensdaten/Informationen_zur_Datenerhebung_1rt.htm.

2 Vgl. http://www.bundesnetzagentur.de/enid/035e08aa1f90f11f54e93d8b74a91aad,0/Regulierung_Telekommunikation/Analytische_Kostenmodelle_9c.html.

3 Vgl. Watts/Zimmerman (1986), S. 230.

4 Vgl. Han/Wan (1998), S. 104.

5 Vgl. Jones (1991), S. 193ff.

6 Vgl. Moses (1987), S. 361. Da hohe Gewinnausweise auch durch andere Faktoren wie bspw. Wechselkursschwankungen oder Inflationsgewinne entstehen können, ist hierbei anzunehmen, dass die Kosten der Aufdeckung der tatsächlichen Gründe für den hohen Gewinn den hiermit verbundenen Nutzen für Regulierungssubjekte übersteigt; vgl. Watts/Zimmerman (1986), S. 223.

um so einem möglichen Eingriff durch Regulierungssubjekte zu entgehen[1]. Hinweise für ein derartiges Verhalten liefert bspw. die Untersuchung von Cahan (1992), nach der Unternehmen in Perioden, in denen sie aufgrund ihrer monopolistischen Stellung unter kartellrechtlicher Beobachtung standen, mehr ergebnisreduzierende Maßnahmen durchführten als in anderen Perioden[2].

Als Stellvertretervariable für die Vermeidung politischer Kosten wird im Schrifttum überwiegend die Unternehmensgröße verwendet[3]. Dabei wird angenommen, dass die Wahrscheinlichkeit eines regulierenden Eingriffs mit der absoluten Größe eines Unternehmens ansteigt[4]. Große Unternehmen erhalten aufgrund ihrer Bedeutung größere Aufmerksamkeit von Regulierungssubjekten als kleine Unternehmen. Insofern ist zu vermuten, dass große Unternehmen eher bilanzpolitische Instrumente durchführen, die das Periodenergebnis verringern. Diese allgemein als „size hypothesis" benannte Hypothese[5] wurde in zahlreichen US-amerikanischen Studien untersucht und weitgehend bestätigt[6]. Problematisch erscheint dabei, dass kein expliziter Zusammenhang zwischen der Unternehmensgröße und der Entstehung politischer Kosten bestehen muss. Vielmehr kann die Unternehmensgröße für eine Vielzahl von anderen Faktoren, wie bspw. Leverage, Wettbewerbsvorteile oder Unternehmensrisiko, stehen[7]. Zudem ist eine geeignete Stellvertretervariable für die Unternehmensgröße zu finden[8]. Zumeist wird auf die Bilanzsumme oder die Umsatzerlöse jeweils in logarithmierter Form zurückgegriffen[9]. Ungeachtet der Kritik wird im Schrifttum darauf hingewiesen, dass keine alternative Theorie besteht, die das empirisch beobachtbare ergebnisreduzierende Verhalten großer Unternehmen besser erklärt[10].

Vergleichbare Studien für deutsche Unternehmen liegen bislang nicht vor. Indes ist nicht auszuschließen, dass sich auch große deutsche Unternehmen entsprechend der „size hypothesis" verhalten[11]. So kommt Moxter (1962) bereits zu dem Ergebnis, dass außergewöhnlich hohe Gewinne zu einem gewinnvermeidenden oder gewinnverlagernden unternehmerischen Handeln führen können[12].

---

1 Vgl. Watts/Zimmerman (1978), S. 115.
2 Vgl. Cahan (1992), S. 84ff.
3 Vgl. Watts/Zimmerman (1990), S. 139; White/Sondhi/Fried (2003), S. 175.
4 Vgl. Watts/Zimmerman (1986), S. 235.
5 Vgl. Watts/Zimmerman (1986), S. 235.
6 Vgl. bspw. Daley/Vigeland (1983); Kelly (1985); Feroz (1987).
7 Vgl. Ball/Foster (1982), S. 190ff.; Moses (1987), FN 6; Bujadi/Richardson (1997).
8 Vgl. Holthausen/Leftwich (1983), S. 108; Watts/Zimmerman (1990), S. 139f.
9 Vgl. Bujadi/Richardson (1997).
10 Vgl. Watts/Zimmerman (1990), S. 140.
11 Vgl. Heintges (2005), S. 214.
12 Vgl. Moxter (1962), S. 64ff.

Auch ist es denkbar, dass Unternehmen in ihrer Außendarstellung das Bild eines Gewinnmaximierers vermeiden wollen[1]. Insofern ist ein aus der „size hypothesis“ folgendes Bilanzierungsverhalten auch im Rahmen der Rechnungslegungsumstellung nicht auszuschließen.

3.3.2.5 Einfluss eigentümer- und managerkontrollierter Unternehmen

Die bisher betrachteten Anreize bilanzpolitischen Verhaltens nehmen keine Differenzierung hinsichtlich der Art der Führungsstruktur eines Unternehmens vor. Dies ist insofern zu bemängeln, da unterschiedliche Interessen innerhalb der jeweiligen Führungsstruktur vorherrschen können, die wiederum ein differenziertes Bilanzierungsverhalten des Managements erwarten lassen[2].

Allgemein können zwei unterschiedliche Führungsstrukturen von Unternehmen unterschieden werden[3]: eigentümerkontrollierte und managerkontrollierte Unternehmen. Eigentümerkontrollierte Unternehmen zeichnen sich dadurch aus, dass Eigentum und Geschäftsführung in einer Hand liegen. Sind demgegenüber beide Funktionen getrennt, liegt ein managerkontrolliertes Unternehmen vor.

Beide Führungsstrukturen unterscheiden sich hinsichtlich der Interessen der Unternehmensleitung. Unter der Annahme eigennutzmaximierenden Verhaltens werden Manager von managerkontrollierten Unternehmen versuchen, ihren eigenen Wohlstand zu maximieren. Eine Eigennutzmaximierung kann dabei sowohl auf monetärer als auch auf nicht-monetärer Art entstehen. Erstere bildet sich in einer Maximierung des Einkommens ab, letztere in Form einer Maximierung der Arbeitsplatzsicherheit und der eigenen Reputation[4]. Berechnet sich zumindest ein Teil der Managervergütung auf Grundlage von Rechnungslegungsgrößen, wie bspw. dem erzielten Periodenergebnis[5], ist auf Seiten managerkontrollierter Unternehmen ein Anreiz zur Durchführung ergebniserhöhender Maßnahmen zu erwarten. Ebenso steigt die Arbeitsplatzsicherheit und Reputation, wodurch gleichfalls ein ergebniserhöhender Anreiz entsteht[6].

Demgegenüber besteht im Fall von eigentümerkontrollierten Unternehmen keine Notwendigkeit zur Implementierung eines rechnungslegungsbasierten Vergütungsbestandteils als Anreizinstrument. Daher besteht nur ein geringer Anreiz zur Durchführung ergebniserhöhender Maßnahmen seitens der Geschäftsfüh-

---

1 Vgl. Müller (1982), S. 249.
2 Vgl. Dhaliwal/Salamon/Smith (1982); Carlson/Bathala (1997); Yeo/Tan/Ho/Chen (2002).
3 Vgl. Monsen/Downs (1965), S. 223; Coenenberg/Schmidt/Werhand (1983), S. 323.
4 Vgl. Williamson (1964), S. 32; Gagnon (1967), S. 191f.
5 Vgl. Kapitel 3.3.2.2.
6 Vgl. Baetge/Ballwieser (1978), S. 522; Packmohr (1984), S. 337.

rung eigentümerkontrollierter Gesellschaften. Vielmehr scheinen andere Ziele in den Vordergrund zu treten. So ist bei eigentümerkontrollierten Unternehmen eher zu erwarten, dass sie eine Steuerminimierungspolitik verfolgen[1]. Auch kann die Beeinflussung der Lohnforderungen von Arbeitnehmervertretern ein vorrangiges Ziel sein[2]. Insgesamt erscheint somit bei eigentümerkontrollierten Gesellschaften eher ein ergebnisreduzierendes Bilanzierungsverhalten wahrscheinlich.

Für ein unterschiedliches Bilanzierungsverhalten beider Führungsstrukturen sprechen bisherige US-amerikanische Untersuchungen[3]. Für deutsche Unternehmen stellen Coenenberg/Schmidt/Werhand (1983) fest, dass managerkontrollierte Unternehmen in stärkerem Maße vom bilanzpolitischen Instrumentarium Gebrauch machen als eigentümerkontrollierte Gesellschaften[4].

Der Einfluss unterschiedlicher Eigentümerstrukturen ist insbesondere für die in dieser Untersuchung betrachteten deutschen IFRS-Erstanwender relevant. Deutsche Aktiengesellschaften sind weitgehend durch einen geringen Anteil von in Streubesitz gehaltenen Anteilen gekennzeichnet[5]. Dafür verfügen die meisten Gesellschaften über mindestens einen Großaktionär. Becht/Röell (1999) kommen zu dem Ergebnis, dass bei 43,8% der deutschen Aktiengesellschaften der größte Aktionär über 25% bis 75% der Stimmen verfügt, während in den USA lediglich 5% der Unternehmen hierunter fallen[6]. Ferner hält der größte Aktionär in Deutschland nur bei einem Prozent aller Unternehmen weniger als 5% der Stimmrechte. In den USA trifft dies bei über 50% der Unternehmen zu[7]. Neuere Studien zeigen jedoch, dass insbesondere durch das vermehrte Auftreten von Private Equity-Gesellschaften und Hedgefonds in den letzten Jahren eine zunehmende Entflechtung der Aktionärsstruktur in Deutschland stattfand[8]. So ist der Anteil an qualifizierten Minderheitsgesellschaftern zwischen 2001 und 2004 um ca. 10% zurückgegangen und der Anteil der Unternehmen mit Mehrheitsgesellschaftern um ca. 19%[9]. Trotzdem kann bislang noch nicht von einer Angleichung an US-amerikanische Gegebenheiten gesprochen werden. Somit ist zu erwarten, dass managerkontrollierte Unternehmen im Rahmen der Umstellung

[1] Vgl. Coenenberg/Schmidt/Werhand (1983), S. 324. Hierbei ist zu beachten, dass die IFRS über keine Maßgeblichkeit für die Steuerberechnung verfügen.
[2] Vgl. Smith (1976), S. 708; Dhaliwal/Salamon/Smith (1982), S. 44.
[3] Vgl. etwa Dhaliwal/Salamon/Smith (1982); Niehaus (1989); Carlson/Bathala (1997).
[4] Vgl. Coenenberg/Schmidt/Werhand (1983), S. 342.
[5] Vgl. Ruhwedel (2003), S. 43.
[6] Vgl. Becht/Röell (1999), S. 1053; ähnlich Faccio/Lang (2002).
[7] Vgl. Becht/Röell (1999), S. 1051.
[8] Vgl. Wojcik (2001); Höpner/Krempel (2003); Kengelbach/Roos (2006).
[9] Vgl. Kengelbach/Roos (2006), S. 16ff.

ein anderes Bilanzierungsverhalten aufweisen als eigentümerkontrollierte Gesellschaften.

3.3.2.6 Problem alternativer Erklärungsansätze

Die Durchführung von Bilanzpolitik begründet sich anhand der erläuterten theoretischen Grundlagen durch opportunistischem Verhalten des Managements gegenüber anderen Unternehmensbeteiligten. Eine derartige Begründung übersieht jedoch, dass auch aus vertragstheoretischer Sicht andere Erklärungsgründe für das beobachtbare Bilanzierungsverhalten bestehen können[1]. So werden im Schrifttum die effiziente Vertragsgestaltung (efficient contracting perspective) und die Signalfunktion (information perspective) als weitere mögliche Erklärungsgründe für das beobachtbare bilanzpolitische Verhalten angeführt[2].

Aus dem Blickwinkel effizienter Vertragsgestaltung dienen rechnungslegungsdatenbasierte Verträge der Lösung von Agency-Problemen. Dabei wird angenommen, dass sich die in den Verträgen vereinbarten Rechnungslegungsmethoden im Zeitablauf weiterentwickeln und sich ein Bündel von angewandten Vorschriften ergibt, das die Ageny-Kosten bestmöglich reduziert[3]. Aus der Minimierung der Agency-Kosten folgt eine Maximierung des Unternehmenswerts[4]. Insofern leitet sich das beobachtbare Bilanzierungsverhalten nicht aus Gründen ab, die nach der Einführung von Verträgen (ex post) existieren. Vielmehr werden die angewandten Bilanzierungsmethoden bereits vorher (ex ante) im Sinne einer unternehmensindividuell effizienten Weise festgelegt.

Demgegenüber ist das opportunistische Ausnutzen von Gestaltungsspielräumen ein dem Vertragsabschluss nachgelagertes ex post Bilanzierungsverhalten. Voraussetzung hierfür ist, dass die angewandten Bilanzierungsvorschriften bilanzpolitische Spielräume enthalten. Diese resultierten aus der Tatsache, dass ein gewisser Grad an Gestaltungsspielräumen aus Sicht des Prinzipals einen Nutzen generieren kann, der die Kosten, die durch das opportunistische Verhalten des Managements anfallen, übersteigt. Andernfalls besteht für den Prinzipal ein Anreiz, sämtliche Gestaltungsspielräume in den Bilanzierungsvorschriften vertraglich auszuschließen. Bilanzpolitik ist in diesem Fall nicht durchführbar. Der Nutzen des Prinzipals besteht in der Vermeidung von Kosten, die durch eine vertragliche Restriktion der anzuwendenden Bilanzierungsvorschriften entstehen würden[5]. Diese Kosten können unterschiedliche Ursachen haben. Zum einen können sie dadurch entstehen, dass es dem Management nicht möglich ist, effi-

---

1 Vgl. Skinner (1993), S. 411; Fields/Lys/Vincent (2001), S. 291.
2 Vgl. Holthausen (1990), S. 207ff.
3 Vgl. Skinner (1993), S. 410.
4 Vgl. Holthausen (1990), S. 207.
5 Vgl. Skinner (1993), S. 411.

ziente Bilanzierungsnormen einzusetzen, die zu einer Unternehmenswertsteigerung beitragen. Das Management kann bspw. seinen Wissensvorsprung dahingehend nutzen, um Bilanzierungsvorschriften zur Minimierung politischer Kosten oder zur Motivation von Untergebenen anzuwenden. Zum anderen können Kosten in Folge der durch die Beschränkung notwendig gewordenen Einführung geeigneter Überwachungs- und Durchsetzungsinstrumente entstehen. Schließlich fallen Kosten aufgrund der entfallenden Möglichkeit an, Bilanzierungsvorschriften im Sinne einer Signalfunktion einzusetzen[1]. Ohne Beschränkungen können Manager dagegen ihren Informationsvorsprung einsetzen, um mittels geeigneter Bilanzierungsvorschriften Informationen über die zukünftige wirtschaftliche Lage an die Unternehmensbeteiligten weiterzugeben.

Ein beobachtetes Bilanzierungsverhalten kann daher nicht in jedem Fall durch opportunistisches Verhalten auf Seiten des Managements erklärt werden. Um zwischen Bilanzierungsverhalten aus opportunistischen und effizienten Gründen zu abstrahieren, wird in empirischen Studien auf den Umfang der Investitionsmöglichkeiten eines Unternehmens (investment opportunity set (IOS)) abgestellt[2]. Angenommen wird hier, dass Kosten und Nutzen einer vertraglichen Beschränkung der ex post Bilanzierungsmöglichkeiten innerhalb eines Unternehmens mit dem Grad seiner Investitionsmöglichkeiten differieren. Dabei wird vermutet, dass stark wachsende Unternehmen über einen größeren Umfang an Investitionsmöglichkeiten verfügen als Gesellschaften mit geringem oder gar keinem Wachstum[3]. Da Wachstumsunternehmen Investitionen überwiegend zukunftsorientiert tätigen, sind die daraus entstehenden Vermögenswerte kaum beobachtbar. Sofern Verträge auf diesen nur schwer ablesbaren Werten basieren, besteht ein erhöhter Anreiz zu opportunistischem Verhalten auf Seiten des Managements von Wachstumsunternehmen. Das hinsichtlich der Kosten und Nutzen effiziente Bündel von erlaubten Rechnungslegungsnormen für Wachstumsunternehmen sollte demgemäß ex ante die Fähigkeit des Managements beschränken, ergebniserhöhende Maßnahmen durchzuführen[4]. Indes ist es schwierig, eine genaue Voraussage zu treffen, wie das IOS die anzuwendenden Bilanzierungsnormen und damit das Bilanzierungsverhalten beeinflusst[5].

Das Bestehen alternativer Erklärungsansätze kann dazu führen, dass fälschliche Schlussfolgerungen auf Basis der selbstgewählten Theorie getätigt werden[6]. Die Existenz rechnungslegungsdatenbasierter Verträge wird bspw. regelmäßig in

---

1 Vgl. Sellhorn (2004), S. 121.
2 Vgl. Smith/Watts (1992); Skinner (1993).
3 Vgl. Watts/Zimmerman (1986), S. 360.
4 Vgl. Skinner (1993), S. 411.
5 Vgl. Watts/Zimmerman (1986), S. 359; Skinner (1993), S. 412.
6 Vgl. Watts/Zimmerman (1990), S. 143ff.; Christie/Zimmerman (1994), S. 539; Sellhorn (2004), S. 122.

empirischen Untersuchungen als gegeben angenommen. Ohne das entsprechende Wissen über das tatsächliche Bestehen eines derartigen Vertrages sind Stellvertretervariablen, wie z.B. das Verhältnis von Schulden zum Eigenkapital als Surrogat für ergebniserhöhende Bilanzpolitik, indes nur eingeschränkt interpretierbar. Dieses Problem gilt insbesondere für die hier betrachteten deutschen Erstanwender von IFRS, da Informationen über das tatsächliche Bestehen von rechnungslegungsdatenbasierten Verträgen regelmäßig nicht aus den Geschäftsberichten oder anderen öffentlich zugänglichen Informationsquellen ersichtlich sind. Doch selbst wenn rechnungslegungsdatenbasierte Verträge tatsächlich bestehen, kann ein geändertes oder ein bestimmtes Bilanzierungsverhalten innerhalb der Verträge ausgeschlossen sein, so dass ihr Bestehen nicht der Grund für das beobachtete Bilanzierungsverhalten darstellt. Ob Prinzipale die Auswirkungen eines Großereignisses wie der Rechnungslegungsumstellung auf vertragsbasierte Rechnungslegungsgrößen aufgrund der Vielfalt geänderter Regelungen überhaupt im Vorfeld antizipieren können, kann, wie bereits dargestellt, zumindest bezweifelt werden.

Eine weitere Fehlinterpretation kann ferner aus der Möglichkeit resultieren, dass bei der Entwicklung des Erklärungsmodells für das Bilanzierungsverhalten von Erstanwendern Variablen ausgelassen werden, die das beobachtbare Verhalten besser erklären (sog. Fehler 2. Art)[1]. Es kann bspw. eine vertragstheoretisch abgeleitete Hypothese bestätigt werden, obwohl der vermutete Zusammenhang tatsächlich nicht in den untersuchten Unternehmen existiert. So kann ein postulierter Zusammenhang zwischen dem Verhältnis von Schulden zum Eigenkapital und ergebniserhöhenden Maßnahmen tatsächlich nicht durch das Bestehen von rechnungslegungsdatenbasierten Kreditklauseln sondern durch das unternehmensindividuelle IOS getrieben sein. Eine alternative Erklärung wäre demnach, dass Unternehmen mit geringem Wachstum ein höheres Leverage-Verhältnis besitzen und eher zu ergebniserhöhenden Maßnahmen tendieren[2]. Um einen Fehler 2. Art auszuschließen, müssten daher innerhalb des Erklärungsmodells sämtliche alternativen Erklärungsmöglichkeiten getestet werden. Dies ist aber aufgrund fehlender Informationen bzw. Stellvertretervariablen in der Gesamtheit nicht möglich.

---

1 Vgl. Leftwich (1990), S. 43; Fields/Lys/Vincent (2001), S. 291.

2 Vgl. dazu Skinner (1993), S. 415, und die empirischen Ergebnisse bei Smith/Watts (1991); Gaver/Gaver (1993).

3.3.3 Anreize aus kapitalmarkttheoretischer Sichtweise

3.3.3.1 Theoretische Grundlagen

Neben bilanzpolitischen Verhaltensweisen, die aus dem Bestehen von Vertragsbeziehungen zwischen Managern und anderen Unternehmensbeteiligten resultieren können, werden im Schrifttum auch Anreize diskutiert, die mit dem Ziel einer möglichen Beeinflussung des Kapitalmarkts, respektive des Aktienkurses, einhergehen[1]. Bilanzpolitik wird demnach eingesetzt, um die Erwartungen der Kapitalmarktteilnehmer und deren Investitionsentscheidungen zu beeinflussen.

Die Ableitung von bilanzpolitischen Anreizen zur Beeinflussung der Erwartungen von Kapitalmarktteilnehmern setzt voraus, dass eine Verbindung zwischen Rechnungslegungsdaten und dem Kapitalmarkt besteht. Eine derartige Verbindung wird im Schrifttum teilweise bestritten[2]. Grundlegend wird dagegen angeführt, dass die Durchführung bilanzpolitischer Maßnahmen keine Veränderung der aktuellen und zukünftigen Cashflows eines Unternehmens auslöst[3]. Ermittelt sich der Unternehmenswert aus der Diskontierung erwarteter zukünftiger Zahlungsüberschüsse, können mittels Bilanzpolitik lediglich „kosmetische“ Effekte hervorgerufen werden, jedoch keine Reaktion des Kapitalmarkts[4]. Ferner ist eine Kapitalmarktbeeinflussung durch geänderte Bilanzierungsmethoden nicht mit der Informationseffizienzhypothese (efficient market hypothesis (EMH)) von Fama in mittelstrenger Form vereinbar[5]. Danach reflektieren Aktienkurse bereits sämtliche öffentlich verfügbaren Informationen. Neue Informationen werden unmittelbar im Kurs berücksichtigt und zwar unabhängig davon, aus welcher Quelle sie stammen. Bilanzpolitik würde demnach von den Kapitalmarktteilnehmern unter Rückgriff auf öffentlich zugängliche Quellen im Abschluss erkannt und revidiert werden. Eine Kapitalmarktreaktion bliebe bei Bestehen mittelstrenger Informationseffizienz aus.

---

1 Healy/Wahlen (1999), S. 373ff.; Fields/Lys/Vincent (2001), S. 275ff. Zu Konzept und Methodik der Kapitalmarktuntersuchung siehe Lindemann (2006), S. 969ff. Einen Überblick über empirische Forschungsergebnisse geben Nichols/Wahlen (2004).

2 Vgl. hierzu Kothari (2001), S. 105ff.

3 Ein direkter Einfluss auf die Cashflows würde sich aber dann ergeben, wenn die geänderte Bilanzierung auch das steuerliche Ergebnis tangiert; vgl. Hand (1993). So untersuchen bspw. zahlreiche US-amerikanische Studien die Bilanzierungsentscheidung zwischen der Vorratsbewertung nach der Lifo-Methode und der Fifo-Methode, da die Entscheidung auch steuerliche Konsequenzen nach sich zieht; vgl. Morse/Richardson (1983); Johnson/Dhaliwal (1988).

4 Vgl. Lev/Ohlson (1982), S. 250.

5 Vgl. hierzu Fama (1970).

Zahlreiche empirische Forschungsbeiträge versuchen seit der Aufstellung der EMH den Grad der Informationseffizienz eines Kapitalmarkts zu messen. Die überwiegende Anzahl der Studien untersucht den US-amerikanischen Kapitalmarkt, der in Folge seiner hohen Liquidität und Transparenz über eine Vorrangstellung gegenüber anderen Kapitalmärkten verfügt. Im Ergebnis können die Untersuchungen bislang weder eindeutige Hinweise für noch gegen das Bestehen der mittelstrengen Effizienzhypothese finden[1]. Auch für den deutschen Kapitalmarkt kann eine mittelstrenge Informationseffizienz bislang nicht aufgezeigt werden[2]. Zusätzlich wird ihr Bestehen für den US-amerikanischen Kapitalmarkt durch Studien in Frage gestellt, die durchaus Hinweise für eine Kapitalmarktreaktion im Fall einer Änderung von Bilanzierungsmethoden finden[3].

Die empirischen Untersuchungen befassen sich überwiegend mit der Frage, ob der Kapitalmarkt durch Bilanzpolitik beeinflusst werden kann. Betrachtet wird das Verhalten der Kapitalmarktteilnehmer, nicht aber die Erwartungshaltung des Managements[4]. Die vom Management erwartete Reaktion des Kapitalmarkts spielt jedoch eine bedeutende Rolle bei dem Versuch, das zu beobachtende Bilanzierungsverhalten zu erklären[5]. Gehen Manager nicht von einem informationseffizienten Kapitalmarkt aus, kann ihr Bilanzierungsverhalten von dem Glauben geprägt sein, mit der Durchführung bilanzpolitischer Maßnahmen eine Kapitalmarktreaktion hervorzurufen. Mayer-Sommer (1979) und Wyatt (1983) kommen übereinstimmend zu der Ansicht, dass US-amerikanische Manager nur wenig Verständnis und Akzeptanz bzgl. der Implikationen der EMH aufweisen[6]. Dies ist auch für deutsche Manager zu vermuten. Der geringe Umfang an Wissen über die EMH kann insofern eine Erklärungsmöglichkeit dafür sein, dass Manager ein bestimmtes Bilanzierungsverhalten erkennen lassen, obwohl ein solches in einem effizienten Markt keine Auswirkungen haben dürfte[7].

Ferner könnten Manager davon ausgehen, dass die im Geschäftsbericht veröffentlichten Rechnungslegungsdaten die Hauptinformationsquelle für Investitionsentscheidungen der Investoren oder Finanzanalysten darstellen und sie zur Ermittlung des Unternehmenswerts überwiegend auf rechnungslegungsdatenbezogene Kennzahlen bzw. Multiplikatoren, wie bspw. EPS und KGV-Multiplikatoren, zurückgreifen[8]. Watts/Zimmerman (1986) bezeichnen diese Vermu-

---

1 Vgl. etwa Kothari (2001), S. 186ff.; Steiner/Bruns (2002), S. 45ff.
2 Vgl. Möller (1985), S. 500ff.
3 Für einen Überblick siehe Heintges (2005), S. 64ff.
4 Vgl. Healy/Palepu (1993), S. 1.
5 Vgl. Heintges (2005), S. 62.
6 Vgl. Mayer-Sommer (1979), S. 97ff.; Wyatt (1983), S. 56.
7 Vgl. Moses (1987), S. 366 FN 11.
8 Vgl. Ball (1972); Watts (1982).

tung als „functional fixation hypothesis“[1]. Hiernach wird angenommen, dass einzelne Investoren Ergebnisgrößen stets in der gleichen Art und Weise interpretieren und zwar unabhängig davon, mit welchen Bilanzierungsvorschriften sie ermittelt wurden. Sie verhalten sich aus dieser Perspektive somit irrational[2]. Agieren sämtliche Investoren in dieser Form, ließe sich ein mechanistischer Zusammenhang zwischen Periodenergebnis und Aktienkurs begründen (sog. „mechanistic hypothesis“)[3]. In diesem Fall bestünde für das Management die Möglichkeit, Investoren durch entsprechendes Bilanzierungsverhalten zu täuschen. Die „functional fixation hypothesis“ ist indes nicht mit den Annahmen der EMH in mittelstrenger Form vereinbar, da nach dieser alle öffentlich zugänglichen Informationen unmittelbar im Aktienkurs enthalten wären.

Eine mit der mittelstrengen Informationseffizienzhypothese übereinstimmende Erklärungsmöglichkeit für ein bestimmtes Bilanzierungsverhalten kann jedoch einerseits in der Existenz von Verträgen liegen, deren Vertragsergebnis von der Entwicklung bestimmter Rechnungslegungsdaten abhängt. Aus der Veränderung des Vertragsergebnisses resultiert ein direkter Einfluss auf den Ressourcenabfluss eines Unternehmens[4]. Andererseits kann eine mögliche Erklärung die gewünschte Signalisierung von Zukunftserwartungen darstellen[5]. Manager können Gestaltungsspielräume zur Weitergabe von Insiderinformationen an den Kapitalmarkt nutzen. Da private Informationen bei Bestehen der mittelstrengen Informationseffizienz noch nicht im Aktienkurs enthalten sind, hätten Änderungen von Bilanzierungsmethoden aus dieser Sichtweise eine Wirkung auf den Kapitalmarkt. Allerdings ist es schwierig, zwischen bilanzpolitischen Maßnahmen, die zur Weitergabe von Insiderinformationen dienen, und Bilanzpolitik zur Täuschung von Kapitalmarktteilnehmern zu unterscheiden[6].

Eine Beeinflussung des Kapitalmarkts durch geänderte Bilanzierungsmethoden erscheint insofern möglich, obwohl ihre theoretische Fundierung im Gegensatz zur vertragstheoretischen Sichtweise weniger stark ausgeprägt ist. Die Durchführung von Bilanzpolitik setzt einerseits eine asymmetrische Informationsverteilung zwischen dem Management und den Kapitalmarktteilnehmern voraus. Andererseits muss das Management mit der Vornahme bilanzpolitischer Maßnahmen eine Steigerung des eigenen Nutzens verbinden[7]. Da Bilanzpolitik in Folge der Cashflow-Unwirksamkeit keinen direkten Einfluss auf den Unterneh-

---

1 Vgl. Watts/Zimmerman (1986), S. 160. Zur empirischen Bestätigung der Hypothese siehe Hand (1990); Kothari (2001), S. 197ff. m.w.N.

2 Vgl. Fields/Lys/Vincent (2001), S. 275.

3 Vgl. Watts/Zimmerman (1986), S. 74ff.

4 Vgl. Kapitel 3.3.2.1.

5 Vgl. Chaney/Lewis (1995); Zarowin (2002).

6 Vgl. Fields/Lys/Vincent (2001), S. 259.

7 Vgl. Fields/Lys/Vincent (2001), S. 262.

menswert ausübt, kann der Kapitalmarkt mittels bilanzpolitischer Maßnahmen nur indirekt über die Veränderung der Erwartungen der Kapitalmarktteilnehmer hinsichtlich der Unternehmensperformance beeinflusst werden[1]. Eine mögliche Nutzensteigerung fließt dem Management indirekt aus der gewünschten Kapitalmarktreaktion zu, sofern vorausgesetzt wird, dass eine Verbindung zwischen der Marktreaktion und dem Nutzen für das Management besteht. Allgemein kann von einer derartigen Verbindung ausgegangen werden, wenn das Management Anteile am Unternehmen hält. Der eigene Wohlstand ändert sich in diesem Fall mit der Veränderung des Aktienkurses. Eine Erhöhung des Aktienkurses führt zu einer Nutzensteigerung, während eine Senkung oder eine höhere Volatilität eine Nutzenminderung zur Folge hat[2].

Während eine aktienbasierte Beteiligung des Managements am Unternehmen in der Vergangenheit eher die Ausnahme darstellte, besitzt sie zum heutigen Zeitpunkt einen größeren Stellenwert. Die höhere Bedeutung ist insbesondere der Einführung aktienbasierter Vergütungspläne zuzuschreiben, die in den vergangenen Jahren stetig zugenommen hat[3]. Danach orientiert sich zumindest ein Teil der Vergütung des Managements an der Entwicklung des Aktienkurses. Darüber hinaus kann sich mit einer stetigen Steigerung des Unternehmenswerts auch das Ansehen und die Reputation des Managements erhöhen[4]. Mit einer Steigerung der Reputation im Unternehmen erhöht sich gleichzeitig die Wahrscheinlichkeit einer zukünftigen Gehaltssteigerung durch die Unternehmenseigentümer. Zudem verringert ein stetiges Wachstum des Unternehmenswerts die Wahrscheinlichkeit einer feindlichen Übernahme, wodurch sich die Arbeitsplatzsicherheit für das Management erhöht.

Das aus den kapitalmarkttheoretischen Überlegungen abgeleitete bilanzpolitische Ziel der Beeinflussung der Erwartungshaltung von Kapitalmarktteilnehmern kann unterschiedliches Bilanzierungsverhalten hervorrufen[5]. Wie im nachfolgenden Verlauf der Arbeit näher betrachtet, können Manager u.a. zu ergebnismaximierenden Maßnahmen, ergebnisglättendem Verhalten oder zur Erreichung vorgegebener Schwellenwerte tendieren. Im Gegensatz zur Herleitung von Anreizen aus vertragstheoretischer Sicht muss dieses Verhalten nicht aus opportunistischen Gründen vom Management gewählt werden[6]. So führt eine vorgenommene Bilanzpolitik, die eine gewünschte Aktienkurssteigerung zum Ziel hat, auch zur Nutzensteigerung für die Kapitalmarktteilnehmer.

---

1 Vgl. Healy/Wahlen (1999), S. 369.

2 Vgl. Gordon (1964), S. 261.

3 Zur Verbreitung von Stock Option Programmen bei deutschen börsennotierten Unternehmen vgl. Leuner/Lehmeier/Rattler (2004), S. 259.

4 Vgl. Fudenberg/Tirole (1995); DeFond/Park (1997).

5 Vgl. etwa Fields/Lys/Vincent (2001), S. 275.

6 Vgl. Sellhorn (2004), S. 124.

Problematisch für die Ableitung von Erklärungsgründen bilanzpolitischen Verhaltens erscheint, dass Anreize aus kapitalmarkttheoretischer und vertragstheoretischer Sichtweise, obwohl unterschiedlich theoretisch fundiert, teilweise ein analoges Bilanzierungsverhalten erwarten lassen. So kann die Motivation für ein ergebniserhöhendes Bilanzierungsverhalten sowohl aus dem Bestehen ergebnisorientierter Vergütungspläne, als auch aus einer gewünschten Beeinflussung des Kapitalmarkts resultieren. Gaver/Gaver/Austin (1995) stellen z.B. fest, dass Ergebnisglättung das Bilanzierungsverhalten von Managern, deren ergebnisorientierter Vergütungsplan Ergebnisober- und -untergrenzen enthält, besser erklärt als das von Healy (1985) abgeleitete „big bath"-Verhalten bei Nichterreichen der Ergebnisuntergrenze[1]. Die genaue Zuordnung eines beobachteten Bilanzierungsverhaltens zu einer der Hypothesen ist daher nicht in jedem Fall möglich. Darüber hinaus können sich widersprechende Anreize aus unterschiedlichen Theorieansätzen, die in einer bestimmten Situation erwartet werden, dazu führen, dass empirische Untersuchungen zu nicht schlüssigen Ergebnissen kommen. Das liegt insbesondere daran, dass sich die unterschiedlichen Ansätze kompensieren können[2].

Lassen die bisher betrachteten Argumente durchaus auf eine Beeinflussung der Erwartungen von Kapitalmarktteilnehmern durch bilanzpolitisches Verhalten schließen, bleibt fraglich, ob ein derartiges Bilanzierungsverhalten auch bei der Rechnungslegungsumstellung von HGB auf IFRS zu erwarten ist. Empirische Studien hierzu liegen bislang nicht vor. Vielmehr beschäftigt sich ein Großteil der empirischen Arbeiten mit der Frage, ob im Rahmen eines Rechnungslegungswechsels von HGB auf IFRS Kapitalmarktreaktionen entstanden sind. Überwiegend können die Studien dabei keine signifikanten Hinweise auf eine Reaktion des Kapitalmarkts feststellen. Pellens/Tomaszewski (1999) und Bonse (2004) beobachten die Kursreaktion auf einen angekündigten Wechsel von HGB auf IFRS und US-GAAP und finden keinen signifikanten Hinweis für einen Einfluss auf den Aktienkurs[3]. Leuz/Verrecchia (2000) untersuchen die Spanne zwischen Geld- und Briefkurs, das Handelsvolumen und die Aktienkursvolatilität bei einem Übergang von HGB auf IFRS und auf US-GAAP, um eine mögliche Reduktion der angenommenen asymmetrischen Informationsverteilung durch die Umstellung zu überprüfen. Bei IFRS-Umstellern können die Autoren zwar eine signifikant niedrigere Geld-Briefkurs-Spanne und ein höheres Handelsvolumen feststellen, indes finden sie keinen Hinweis auf eine geringere Aktien-

1 Vgl. Gaver/Gaver/Austin (1995), S. 3; vgl. Kapitel 3.3.3.5.

2 Vgl. Sellhorn (2004), S. 124.

3 Die Ergebnisse sind jedoch aufgrund der geringen Samplegröße nur eingeschränkt interpretierbar; vgl. Pellens/Tomaszewski (1999), S. 213f.; Bonse (2004), S. 346ff.

kursvolatilität[1]. Daske (2005) untersucht die Veränderung der Kapitalkosten bei der Umstellung von HGB auf IFRS bzw. US-GAAP und findet gleichfalls keinen signifikanten Hinweis, dass die Umstellung auf die internationalen Rechnungslegungsstandards, obwohl allgemein im Schrifttum mit einer höheren Informationsqualität als die handelsrechtlichen Vorschriften verbunden[2], zu geringeren Kapitalkosten führt[3].

Gegen eine Kapitalmarktreaktion spricht zudem, dass durch die Umstellung lediglich die Abbildungsregeln ansonsten realwirtschaftlich gleicher Sachverhalte geändert werden[4]. Cashflows werden regelmäßig nicht tangiert[5]. Dies widerspricht jedoch nicht, dass das Management von einem irrationalen Verhalten der Investoren und Finanzanalysten überzeugt ist und weiterhin an eine Beeinflussung der Erwartungen der Kapitalmarktteilnehmer durch Bilanzpolitik bei der Umstellung glaubt. Investoren und Finanzanalysten, die bisher an die Interpretation von Rechnungslegungsdaten auf Grundlage der nationalen Vorschriften gewöhnt waren, können Schwierigkeiten haben, die auf Basis der IFRS veröffentlichten Informationen zu beurteilen[6]. Kursprognosen von Finanzanalysten müssen im Umstellungsjahr nicht nur unter Unsicherheit über das wirtschaftliche Umfeld, sondern zusätzlich unter Abschätzung des Umstellungseffekts erfolgen. Dabei basieren die Prognosen aufgrund fehlender Vergleichsdaten der Vorperiode auf den bisher angewandten Rechnungslegungsvorschriften[7]. Fraglich erscheint dabei, ob der durch eine Vielzahl neu anzuwendender Bilanzierungsmethoden getriebene Umstellungseffekt ohne Mithilfe des umstellenden Unternehmens hinreichend sicher abgeschätzt werden kann[8]. In der Wirtschaftspresse wird diese Fähigkeit regelmäßig verneint[9]. Auf eine weniger gute Abschätzung des Umstellungseffekts und eine große Unsicherheit auf Seiten der Finanzanalysten während der Umstellungsperiode lässt darüber hinaus die empirische Untersuchung von Daske (2005) schließen. Danach bestehen signifikante

---

1 Vgl. Leuz/Verrecchia (2000), S. 99ff. Kritisch zu der Vorgehensweise Joos (2000), S. 127ff. Gassen/Sellhorn (2006), S. 380ff., kommen innerhalb eines Vergleichs deutscher HGB- und IFRS-Unternehmen ebenfalls zu dem Ergebnis, dass IFRS-Unternehmen eine signifikant niedrigere Geld-Briefkurs-Spanne besitzen.

2 Vgl. Levitt (1998).

3 Vgl. Daske (2005), S. 311. Im europäischen Kontext finden Armstrong/Barth/Jagolinzer/Riedl (2006) indes Hinweise, dass der Kapitalmarkt positiv auf Ereignisse reagiert hat, die die Wahrscheinlichkeit einer Harmonisierung der Rechnungslegung in Europa erhöhte.

4 Vgl. Küting/Ranker/Wohlgemuth (2004), S. 101; Oehler (2006), S. 114.

5 Davon ausgenommen sind die Kosten der Umstellung.

6 Vgl. Cuijpers/Buijink (2005), S. 487.

7 Vgl. Daske (2005), S. 98ff.

8 Vgl. Sloan (1996); Bradshaw/Richardson/Sloan (2001).

9 Vgl. Daske (2005), S. 99 m.w.N.

Hinweise, dass Ergebnisprognosen von Finanzanalysten im Umstellungsjahr gerade bei Unternehmen, die zu diesem Zeitpunkt große Abweichungen zwischen HGB und IFRS oder US-GAAP aufweisen, weniger genau sind und stark streuen. Die Genauigkeit der Prognosen steigt, wenn Erstanwender die erwarteten Umstellungseffekte vorab signalisieren oder bereits in vorherigen Perioden versuchen, die nationalen Bilanzierungsvorschriften in Übereinstimmung mit den IFRS bzw. US-GAAP auszuüben, um den Umstellungseffekt gering zu halten[1]. Ein bilanzpolitisches Verhalten der Erstanwender zur Beeinflussung der Erwartungen der Kapitalmarktteilnehmer kann daher aufgrund der hohen Unsicherheit bei der Umstellung nicht ausgeschlossen werden.

Allerdings ist zu beachten, dass eine größere Unsicherheit dazu führen kann, dass die Aktienkurse im Umstellungsjahr trotz eines ggf. höheren IFRS-Ergebnisses nicht wie aus bilanzpolitischer Sicht gewünscht reagieren. Denkbar wäre es, dass der Kapitalmarkt eher abwartend auf die Veröffentlichung erstmaliger IFRS-Rechnungslegungsdaten reagiert. Indes ist anzunehmen, dass die Unsicherheit nach der Umstellung abnehmen wird[2]. Für Manager kann daher im Übergangszeitpunkt auf IFRS der Anreiz bestehen, durch entsprechende Anwendung von neuen Bilanzierungsmethoden den Grundstein für zukünftige bilanzpolitische Maßnahmen zu legen. Die Beeinflussung der Kapitalmarktteilnehmer würde demnach kein bilanzpolitisches Ziel im Übergangszeitpunkt darstellen. Allerdings würde mit der Schaffung von künftigen Spielräumen eine Beeinflussung der Erwartungen in den Folgeperioden vereinfacht bzw. erst ermöglicht.

Schließlich können Manager die neu anzuwendenden Bilanzierungsmethoden zur Veröffentlichung von bisher nicht öffentlich zugänglichen Informationen nutzen. Die Ratingagentur Moody's schließt bspw. nicht aus, dass das Credit Rating von Erstanwendern durch die nach der Umstellung zu veröffentlichenden Risiken oder finanziellen Gegebenheiten, die ggf. bislang unter nationalen Rechnungslegungsvorschriften nicht darzustellen waren, beeinflusst werden kann[3]. Demzufolge kann nicht ausgeschlossen werden, dass die Umstellung von Managern zur Signalisierung positiver Zukunftsaussichten genutzt wird, um dadurch eine Kapitalmarktreaktion hervorzurufen.

---

1 Vgl. Daske (2005), S. 89.

2 Ashbaugh/Pincus (2001) zeigen hier für Erstanwender des Jahres 1993, dass sich die Analystenschätzung nach der Umstellung verbessern. Allerdings enthielten die damaligen IFRS noch eine Fülle von Wahlrechten, so dass das bilanzpolitische Verhalten der Unternehmen in den Folgeperioden gleich bleiben konnte; vgl. Daske (2005), S. 96.

3 Vgl. Moody's (2004), S. 11. Ferner führt die Krones AG im Geschäftsbericht 2003 an, dass die Finanzanalysten der UBS Investment Bank die bevorstehende Rechnungslegungsumstellung auf IFRS als Zeichen für eine Aufwertung der Aktie ansehen; vgl. Krones (2003), S. 45.

3.3.3.2 Ergebnismaximierung

Gehen Manager von einer Beeinflussung der Erwartungen der Kapitalmarktteilnehmer durch Rechnungslegungsdaten aus, würde aus naiver Sichtweise ein ergebnismaximierendes Verhalten zu dem höchsten Effekt auf den Aktienkurs führen[1]. Diesem Verhalten spricht jedoch entgegen, dass sich die in der jeweiligen Periode zur Ergebnismaximierung durchgeführten ergebniserhöhenden Maßnahmen, über die Totalperiode betrachtet, aufgrund des Bilanzzusammenhangs entgegengesetzt auf das Ergebnis in den Folgeperioden auswirken können. Ergebnismaximierung stellt dementsprechend allenfalls nur ein kurzfristiges Ziel dar, das aus langfristiger Sicht mit negativen Konsequenzen verbunden sein kann. Unter Kosten-Nutzen-Aspekten erscheint ein ergebnismaximierendes Bilanzierungsverhalten nur dann sinnvoll, wenn die positiven Wirkungen einer kurzfristigen Ergebnismaximierung die negativen Effekte in den Folgeperioden übersteigen.

Ergebnismaximierendes Verhalten wird insbesondere in Ausnahmesituationen, wie bspw. einem Unternehmensverkauf bzw. -erwerb oder einem Börsengang, erwartet[2]. So finden etwa Erickson/Wang (1999) Hinweise, dass Manager das Periodenergebnis im Rahmen eines aktienbasierten Unternehmenskaufs mittels Bilanzpolitik erhöhen, um so den Aktienkurs zu steigern und die Kosten des Unternehmenserwerbs zu senken[3]. Ferner ist ein ergebnismaximierendes Verhalten denkbar, wenn das Management zumindest teilweise anhand aktienbasierter Vergütungspläne entlohnt wird und sich in der letzten Periode der aktiven Dienstzeit bzw. vor einem Unternehmenswechsel befindet. So zeigen Dechow/Sloan (1991), dass Manager im letzten Dienstjahr Forschungs- und Entwicklungsausgaben reduzieren, was mit ergebniserhöhender Bilanzpolitik verbunden wird[4]. Schließlich kann ein maximaler Ergebnisausweis im Zeitpunkt des Dienstzeitendes das persönliche Ansehen des Managers steigern.

3.3.3.3 Ergebnisglättung

Die Durchführung bilanzpolitischer Maßnahmen mit dem Ziel, ein im Zeitablauf geglättetes Ergebnis („income smoothing") auszuweisen, stellt unbestritten die am häufigsten in der bilanzpolitischen Forschung beobachtete Verhaltensweise von Managern dar[5]. Der Grund dafür mag in der Erkenntnis liegen, dass Unternehmen sowohl aus publizitätspolitischen als auch aus finanzpolitischen Überle-

---

1 Vgl. Fields/Lys/Vincent (2001), S. 275.

2 Zur Bilanzpolitik bei Börsengängen siehe etwa Teoh/Welch/Wong (1998); Shivakumar (2000). Zu weiteren Untersuchungsbereichen siehe Robinson/Shane (1990), S. 26ff.

3 Vgl. Erickson/Wang (1999).

4 Vgl. Dechow/Sloan (1991).

5 Vgl. Fischer/Haller (1993), S. 35ff.

gungen generell bestrebt sein müssten, ein konstant bleibendes oder stetig ansteigendes Periodenergebnis auszuweisen[1]. Dahinter steckt die Annahme, dass ein volatiler Ergebnisausweis für das Management mit negativen Wirkungen verbunden ist. Insofern erscheint es für Manager rational, in Zeiten guter Ertragslage mit Hilfe bilanzpolitischer Maßnahmen stille Rücklagen zu bilden, um zukünftige Ergebnisverringerungen in Zeiten schlechter Ertragslage durch entsprechende Auflösung der Rücklagen zu vermeiden[2].

Ein ergebnisglättendes bilanzpolitisches Verhalten kann aus mehreren Gründen als dominierendes Bilanzierungsverhalten angesehen werden. So vermeidet die Ergebnisglättung einen volatilen Ergebnisausweis. Da Investoren volatile Ergebnisausweise regelmäßig mit einem hohen Investitionsrisiko verbinden, kann ein geglättetes Ergebnis zu einer wahrgenommenen Verringerung des Unternehmensrisikos und damit zu einer Senkung der Kapitalkosten führen[3]. Zudem erlauben gleichbleibende Ergebnisausweise eine kontinuierliche Dividendenpolitik, die von Anteilseignern insgesamt positiver bewertet wird als stark schwankende Ausschüttungen[4]. Ein weiteres Argument für eine Ergebnisglättung liegt in der möglichen Steigerung des Ansehens des Unternehmens, was mit einer Erhöhung der Arbeitsplatzsicherheit für das Management einhergeht[5]. Ferner kann Ergebnisglättung ein einkommenmaximierendes Verhalten darstellen, wenn das Gehalt des Managements ergebnisorientierte Vergütungsbestandteile enthält[6]. Darüber hinaus kann auch die Existenz politischer Kosten Ergebnisglättung hervorrufen. So steigt sowohl bei ungewöhnlich hohen Ergebnissteigerungen als auch bei starken Ergebnisminderungen die Wahrscheinlichkeit eines regulatorischen Eingriffs. Hohe Ergebnisverschlechterungen können bspw. mit einer wirtschaftlichen Krise verbunden werden, die aus Sicht der Regulierungssubjekte einen Eingriff erfordert[7]. Gleichbleibende oder stetig ansteigende Ergebnisausweise verringern dagegen die Wahrscheinlichkeit, dass Regulierungssubjekte auf das Unternehmen aufmerksam werden. Schließlich können Manager Ergebnisglättung als Instrument zur Signalisierung der zukünftigen Unter-

---

1 Vgl. Halbinger (1980), S. 73ff.; Pfleger (1991), S. 27ff.

2 Vgl. etwa Fischer/Haller (1993), S. 37.

3 Vgl. Gordon (1964); Ronen/Sadan (1981); Trueman/Titman (1988); Barth/Elliott/Finn (1999).

4 Insbesondere sehen Aktionäre in einer Herabsetzung der Dividendenzahlung eine negative Information über die zukünftigen Unternehmensaussichten; vgl. Lindemann (2004), S. 175. Zur Dividendenpolitik deutscher börsennotierter Unternehmen siehe auch die Befragung von Pellens/Gassen/Richard (2003), S. 317ff. Zu den Kursreaktionen auf eine Änderung der Dividendenzahlungen siehe Amihud/Murgia (1997), S. 397ff.

5 Vgl. Fudenberg/Tirole (1995); Heintges (2005), S. 205f. Zur empirischen Bestätigung dieser Vermutung siehe DeFond/Park (1997).

6 Vgl. Kapitel 3.3.2.2; Gaver/Gaver/Austin (1995), S. 3.

7 Vgl. Ronen/Sadan (1981).

nehmensentwicklung nutzen und damit die Prognosefähigkeit zukünftiger Ergebnisse verbessern[1].

Der Ausweis eines geglätteten Ergebnisses kann im weitesten Sinne seinen Ursprung in der „natürlichen" Geschäftsentwicklung oder im bewussten Einsatz bilanzpolitischer Mittel haben[2]. Unterliegen die betrieblichen und unternehmerischen Prozesse nur geringen Schwankungen, entsteht eine Glättung bereits aus der „natürlichen" Geschäftstätigkeit. Bei einer bewussten Glättung verlagert das Management dagegen gewollt Aufwendungen und Erträge zwischen den Perioden, so dass in guten Zeiten Gewinne und in schlechten Zeiten Verluste verringert werden[3]. Neben der im US-amerikanischen Schrifttum als „intertemporal smoothing" bezeichneten Form von Glättung[4], bei der das Periodenergebnis oder das Ergebnis je Aktie das Glättungsobjekt darstellt, besteht eine weitere Glättungsdimension in der Beeinflussung von Komponenten des Periodenergebnisses. Diese Form von Glättung, auch „classificatory smoothing" genannt[5], geht von der Annahme aus, dass Investoren ihre Investitionsentscheidungen überwiegend nicht am Periodenergebnis, sondern an anderen Ergebniskomponenten wie dem EBIT oder dem Ergebnis aus fortlaufender Geschäftstätigkeit ausrichten. Für Manager besteht daher ein Anreiz, nicht gewünschte Ergebniskomponenten als außergewöhnlich oder nicht aus der betrieblichen Tätigkeit stammend zu klassifizieren und damit aus dem beobachteten Glättungsobjekt herauszunehmen[6]. Problematisch erscheint jedoch, dass das Management bereits vor der Klassifizierung wissen müsste, auf welcher Ergebniskomponente die Entscheidung von Investoren basiert.

Das bilanzpolitische Ziel der Ergebnisglättung wurde sowohl für US-amerikanische[7] als auch für deutsche Unternehmen[8], für letztere mit weitaus geringerer Anzahl von Forschungsbeiträgen, weitgehend empirisch bestätigt. Die Ergebnisse sind jedoch in Abhängigkeit davon zu interpretieren, mit welcher Methodik ein ergebnisglättendes Verhalten gemessen wird[9]. Häufig wurde in

---

1 Vgl. Moses (1987). Lambert (1984) zeigt, dass Ergebnisglättung ein rationales Verhalten darstellt.

2 Vgl. Fischer/Haller (1993), S. 38ff.

3 Vgl. Fudenberg/Tirole (1995), S. 76.

4 Vgl. etwa Ronen/Sadan (1981).

5 Vgl. Ronen/Sadan (1975).

6 Vgl. Barnea/Ronen/Sadan (1976).

7 Vgl. überblicksartig Schmidt (1979), S. 66ff.; White/Sondhi/Fried (2003), S. 60.

8 Vgl. überblicksartig Coenenberg/Haller (1993), S. 581; Fischer/Haller (1993), S. 42ff.

9 So untersuchen bspw. Barnea/Ronen/Sadan (1976), Imhoff (1977) und Eckel (1981) eine identische Stichprobe mit unterschiedlichen Methoden auf Ergebnisglättung und kommen zu unterschiedlichen Aussagen darüber, wie viele Unternehmen Gewinnglättung betreiben. Siehe hierzu ausführlich Fischer/Haller (1993), S. 44f.

früheren Studien mittels Zeitreihenanalyse ein Soll- bzw. Zielergebnis ermittelt, von dem anzunehmen ist, dass es vom Management bewusst angestrebt wird[1]. Das Zielergebnis ergibt sich aus einer Gleichung, die das Ergebnis als eine Funktion der Vorjahresergebnisse oder anhand von unternehmens- oder branchenspezifischen Wachstumsraten beschreibt. Zusätzlich wird ein Ergebnis vor Bilanzpolitik ermittelt, indem die Ergebniswirkung eines beobachteten Instruments rückgängig gemacht wird. Ein Hinweis auf Ergebnisglättung liegt vor, wenn die Differenz zwischen Ergebnis vor Bilanzpolitik und Zielgewinn größer ist als die Differenz zwischen Ergebnis nach Bilanzpolitik und Zielgewinn[2]. Neuere Ansätze vermeiden dagegen die subjektive Schätzung des Ergebnisses vor Bilanzpolitik und des Sollergebnisses. Stattdessen wird Ergebnisglättung gemessen, indem die Korrelation der Änderung der Periodenabgrenzungen (Accruals)[3] mit der Änderung des Cashflows untersucht wird[4]. Eine ungewöhnlich starke negative Korrelation zwischen beiden Größen wird als Hinweis dafür angesehen, dass die Periodenabgrenzungen bilanzpolitisch beeinflusst wurden, um Schwankungen des Cashflows aus laufender Geschäftstätigkeit auszugleichen[5]. Andernfalls würden diese sich direkt im Periodenergebnis auswirken. Leuz/Nanda/Wysocki (2003) verwenden zusätzlich das Verhältnis der Standardabweichung des Betriebsergebnisses zur Standardabweichung des Cashflows, wobei ein geringer Wert als Hinweis für ergebnisglättendes Verhalten interpretiert wird[6]. Weitere Studien benutzen das Verhältnis der Variationskoeffizienten des Ergebnisses und der Umsatzerlöse zur Messung von Ergebnisglättung[7]. Dabei wird ein ergebnisglättendes Verhalten angenommen, wenn das Verhältnis der Variationskoeffizienten zwischen 0 und 1 liegt.

---

1 Vgl. Fischer/Haller (1993), S. 42.

2 Vgl. Coenenberg/Schmidt/Werhand (1983), S. 326ff.

3 Der Begriff Accruals bezeichnet die Differenz zwischen dem ausgewiesenen Ergebnis und dem Cashflow aus laufender Geschäftstätigkeit und umfasst somit die nicht zahlungswirksamen Aufwendungen und Erträge wie bspw. Abschreibungen und Veränderungen der Rückstellungen; vgl. etwa Dechow (1994). Da die nicht zahlungswirksamen Aufwendungen und Erträge in der Rechnungslegung periodengerecht abgegrenzt werden, können Accruals im deutschen Sprachgebrauch auch als Periodenabgrenzungen bezeichnet werden; vgl. Wagenhofer/Ewert (2003), S. 169.

4 Vgl. bspw. Myers/Skinner (1999); Leuz/Nanda/Wysocki (2003).

5 Dabei ist zu beachten, dass Periodenabgrenzungen und Cashflows generell negativ korreliert sind; vgl. Dechow (1994), S. 17ff. Erst eine ungewöhnlich hohe negative Korrelation lässt auf Ergebnisglättung schließen.

6 Vgl. Leuz/Nanda/Wysocki (2003); analog Francis/LaFond/Olsson/Schipper (2004). Siehe ferner Zarowin (2002), der das Verhältnis der Standardabweichung des Periodenergebnisses zur Standardabweichung des operativen Cashflows benutzt.

7 Vgl. etwa Eckel (1981); Albrecht/Richardson (1990); Michelson/Jordan-Wagner/Wootton (1995).

Umfangreiche empirische Studien über ergebnisglättendes Verhalten deutscher Unternehmen führen erstmalig Schmidt (1979) und Halbinger (1980) im Rahmen von Zeitreihenuntersuchungen für Jahresabschlüsse der Jahre 1967 bis 1976 durch. Unter Ermittlung von sechs verschiedenen Zielergebnissen und einem Ergebnis vor Bilanzpolitik, in dem der damals auszuweisende Änderungsbetrag gemäß § 160 Abs. 2 Satz 5 AktG a.F.[1] als Glättungsvariable vom Periodenergebnis abgezogen wurde, findet insbesondere Schmidt (1979) signifikante Hinweise auf Ergebnisglättung. Darüber hinaus stellt die Untersuchung fest, dass deutsche Unternehmen im Gegensatz zu US-amerikanischen Gesellschaften ergebnismindernde Maßnahmen bevorzugen[2]. Unter Anwendung der gleichen Methodik finden Coenenberg/Schmidt/Werhand (1983) Hinweise, dass Ergebnisglättung in managerkontrollierten Unternehmen häufiger auftritt als in eigentümerkontrollierten Gesellschaften[3]. Coenenberg (1985) untersucht deutsche börsennotierte Unternehmen im Zeitraum von 1961 bis 1973 hinsichtlich der Frage, welche bilanzpolitischen Instrumente zur Ergebnisglättung eingesetzt wurden. Danach dominieren insbesondere ermessensabhängige Einstellungen bzw. Auflösungen von Rückstellungen sowie von Sonderposten mit Rücklageanteil. Zudem zeigt sich, dass sachverhaltsgestaltenden Maßnahmen, wie die Beeinflussung der Ausschüttungspolitik von Tochterunternehmen und die Veräußerung nicht mehr betriebsnotwendiger Anlagegüter, eine große Bedeutung als Mittel zur Ergebnisglättung zukommen[4]. Im internationalen Vergleich finden Leuz/Nanda/Wysocki (2003) schließlich Hinweise, dass das Ergebnis in Deutschland und anderen kontinentaleuropäischen Ländern stärker geglättet wird als in den USA und anderen anglo-amerikanischen Ländern.

Die theoretisch abgeleiteten Erklärungen und das empirisch zu beobachtende Bilanzierungsverhalten von Managern lassen darauf schließen, dass Ergebnisglättung auch im Rahmen der Rechnungslegungsumstellung auftreten kann. So ist anzunehmen, dass IFRS-Erstanwender, die einen volatilen Ergebnisausweis vermeiden wollen, bilanzpolitische Instrumente im IFRS-Übergangszeitpunkt derart ausüben, dass möglichst eine ergebniswirksame Folgebewertung zu beizulegenden Zeitwerten vermieden wird. Da die IFRS teilweise bei bestimmten Vermögenswerten und Schulden einen ergebniswirksamen Ausweis des beizu-

[1] Gemäß § 160 Abs. 2 Satz 5 AktG a.F. musste im Jahresabschluss ein sog. Änderungsbetrag angegeben werden, wenn der ausgewiesene Jahresüberschuss in Folge einer bilanziellen Methodenänderung um mehr als 10% verändert und gleichzeitig das Grundkapital um 0,5% überstiegen wurde. Unter dem Änderungsbetrag waren Änderungen der Bewertungs- und Abschreibungsmethoden sowie außerplanmäßige Abschreibungen und Wertberichtigungen auszuweisen.

[2] Vgl. Schmidt (1979), S. 167f.

[3] Vgl. hierzu auch die analogen Ergebnisse für US-amerikanische Unternehmen bei Smith (1976); Kamin/Ronen (1978).

[4] Vgl. Coenenberg (1985), S. 123ff.

legenden Zeitwerts vorschreiben[1] und damit zu einem volatileren Ergebnis als nach HGB führen[2], kann ferner ein Anreiz zur Schaffung stiller Reserven bzw. stiller Lasten in der IFRS-Eröffnungsbilanz bestehen, um durch entsprechende Auflösung in zukünftigen Perioden den andernfalls volatileren Ergebnisausweis zu vermeiden. Die Bildung stiller Reserven bzw. stiller Lasten im Zeitpunkt der Erstellung der Eröffnungsbilanz würde damit zur Schaffung zukünftiger bilanzpolitischer Spielräume dienen und hätte im IFRS-Übergangszeitpunkt, abgesehen von einer Veränderung der bisherigen Buchwerte der Vermögenswerte und Schulden, allein einen Effekt auf das Eigenkapital. Der alleinige Eigenkapitaleffekt wäre aus Sicht des Managements vorteilhaft, wenn anzunehmen ist, dass Investoren ihre Investitionsentscheidung mechanistisch auf die im erstmaligen IFRS-Abschluss ausgewiesenen Ergebnisgrößen wie das Periodenergebnis und weniger auf die Veränderung des Eigenkapitals ausrichten[3].

3.3.3.4 Schwellenwertorientierte Bilanzpolitik

Ein weiteres mögliches Bilanzierungsverhalten von Managern leitet sich aus der Bedeutung von sog. Schwellenwerten ab, die auf Rechnungslegungsdaten basieren und eine besondere Aufmerksamkeit von Seiten der Kapitalmarktteilnehmer erfahren. Derartige Schwellenwerte stellen bspw. ein Ergebnis in Höhe von Null, das Ergebnis der Vorperiode oder die Konsensusschätzungen von Finanzanalysten dar[4]. Von einer Nichterreichung dieser Schwellenwerte, insbesondere der Prognosen von Finanzanalysten, wird regelmäßig eine negative Erwartungsanpassung von Seiten der Kapitalmarktteilnehmer und damit ein sinkender Aktienkurs angenommen[5]. Demgegenüber wird vermutet, dass ein Übertreffen mit einer positiven Ergebnisüberraschung für Investoren und Finanzanalysten einhergeht, die eine Erhöhung des Aktienkurses zur Folge hat. Infolgedessen besteht auf Seiten des Managements ein Anreiz zur Durchführung bilanzpoliti-

---

1 Für einen Überblick siehe Mujkanovic (2002), S. 136ff.; Streim/Bieker/Esser (2003), S. 461f.

2 Vgl. Bieker (2006), S. 199.

3 Anreize zu einer Glättung des Eigenkapitals können indes entstehen, wenn das Eigenkapital nach HGB ein zu erreichender bzw. zu übertreffender Schwellenwert darstellt; siehe hierzu Kapitel 3.3.3.4.

4 Vgl. Dechow/Skinner (2000), S. 242ff.

5 So hat bspw. das US-amerikanische Unternehmen Cisco Systems 14 Jahre lang die EPS-Schätzungen der Analysten erreicht bzw. übertroffen. Als im letzten Quartal 2000 statt eines erwarteten EPS von 19 US-Cents nur 18 US-Cents bekannt gegeben wurde, fiel der Aktienkurs am gleichen Tag um 13%. Ein Aktienhändler kommentierte die negative Gewinnüberraschung dahingehend, dass es Cisco Systems ziemlich schlecht gehen müsse, wenn es dem Unternehmen noch nicht einmal gelänge, 1 Cent mehr in den EPS auszuweisen; vgl. Collingwood (2001), S. 67ff.; siehe auch Levitt (1998).

scher Maßnahmen, um einen Ergebnisausweis unterhalb von Schwellenwerten zu vermeiden[1].

Anreize zur Durchführung schwellenwertorientierter Bilanzpolitik können also aus der Erfüllung der Erwartungen der Kapitalmarktteilnehmer entstehen. Weitere Erklärungsmöglichkeiten liegen in der Transaktionskostentheorie und der Verhaltenswissenschaft[2]. Die Transaktionskostentheorie geht von der Existenz von Transaktionskosten auf Märkten aus[3]. Diese entstehen bspw. durch Such- und Informationskosten für die Anbahnung von Verträgen, aufgrund von Verhandlungskosten bei Vertragsabschluss sowie durch Kosten der Überwachung und Durchsetzung der Leistungsverpflichtung während des Vertragsverlaufs. Zudem wird eine nur begrenzt rationale Verhaltensweise der Wirtschaftssubjekte angenommen. Unter begrenzter Rationalität versuchen Wirtschaftssubjekte zwar, sich rational zu verhalten, sind aber durch ihre begrenzten geistigen Fähigkeiten nicht in der Lage, sämtliche Informationen aus ihrer komplexen Umwelt aufzunehmen und zu verarbeiten[4]. Unter diesen Annahmen lässt sich folgende Erklärung für die Bedeutung von Schwellenwerten ableiten: Um ihre Investitionsentscheidung zu treffen, stehen Kapitalmarktteilnehmern eine Fülle von Informationen zur Verfügung. Darunter nehmen Rechnungslegungsdaten, wie das Periodenergebnis oder das Ergebnis je Aktie, eine bedeutende Stellung ein. Allerdings ist das Periodenergebnis aus Sicht der Kapitalmarktteilnehmer wegen der bilanzpolitischen Einflussmöglichkeiten von Seiten der Unternehmen mit Unsicherheit behaftet. Aufgrund ihrer begrenzten Rationalität ist es Kapitalmarktteilnehmern nur unter hohen Such- und Informationskosten möglich, eine Analyse und Revidierung der bilanzpolitischen Einflüsse vorzunehmen. Um Such- und Informationskosten möglichst gering zu halten, treffen Investoren ihre Investitionsentscheidung daher auf Grundlage einfacher Heuristiken, wie Ergebnisschwellen von Null, des Periodenergebnisses des Vorjahres oder Ergebnisschätzungen von Analysten[5]. Antizipieren Manager die begrenzt rationale Verhaltensweise von Kapitalmarktteilnehmern, besteht für sie der Anreiz, mittels bilanzpolitischer Maßnahmen ein Ergebnis in Höhe der Schwellenwerte oder darüber auszuweisen. Die Orientierung an Schwellenwerten, wie dem Ergebnis des Vorjahres, kann zu einem weniger volatilen Ergebnisausweis führen. Durch die Ergebnisglättung im Zeitablauf wird es Investoren und Analysten somit tendenziell erleichtert, eine Ergebnisprognose vorzunehmen. Gleichzeitig

---

1 Vgl. Bartov/Givoly/Hayn (2002), S. 174.
2 Vgl. Burgstahler/Dichev (1997), S. 121ff.
3 Vgl. Fülbier (1998), S. 126ff. m.w.N.
4 Vgl. Lindemann (2004), S. 198.
5 Vgl. Burgstahler/Dichev (1997), S. 122f.; Degeorge/Patel/Zeckhauser (1999), S. 7.

können die subjektiven Einschätzungen des Unternehmensrisikos durch die Kapitalmarktteilnehmer verringert und damit die Kapitalkosten gesenkt werden[1].

Aus Sicht der verhaltenswissenschaftlichen Theorie lässt sich die Bedeutung von Schwellenwerten anhand der innerhalb von Experimenten gewonnenen Erkenntnis ableiten, dass Menschen Alternativen in Abhängigkeit davon beurteilen, wie eine bestimmte Merkmalsausprägung von einem Referenzwert abweicht[2]. Dabei zeigt sich, dass die sog. Wertfunktion von Individuen einen S-förmigen Verlauf einnimmt[3]. Negative Abweichungen vom Referenzwert werden stärker bewertet als eine in der Höhe gleich große positive Abweichung. Individuen besitzen insofern eine Verlustaversion, wobei es aufgrund des steilen Verlaufs der Wertfunktion in unmittelbarer Nähe des Referenzpunktes zu höchsten Nutzeneinbußen bzw. Nutzensteigerungen kommt. Schwellenwerte, wie ein Ergebnis von Null oder das Ergebnis des Vorjahres, können einen derartigen Referenzpunkt darstellen[4]. Verhalten sich Kapitalmarktteilnehmer wie angenommen verlustavers, müssten negative Abweichungen von Schwellenwerten zu stärkeren Kurssenkungen führen, als positive Abweichungen Kurssteigerungen auslösen[5]. Aufgrund des angenommenen steilen Verlaufs der Wertfunktion in unmittelbarer Nähe des Referenzpunktes ist die Durchführung ergebniserhöhender Bilanzpolitik mit der höchsten Nutzensteigerung verbunden, wenn ein noch nicht ausgewiesenes Ergebnis vor Bilanzpolitik dadurch auf das Niveau des Schwellenwertes oder etwas darüber gebracht werden kann.

Empirische Untersuchungen bestätigen die Vermutung, dass das Erreichen bzw. Übertreffen oder die Nichteinhaltung von Schwellenwerten zu Kapitalmarktreaktionen führt[6]. So wurde für US-amerikanische Unternehmen nachgewiesen, dass Unternehmen mit positiven Ergebnisüberraschungen signifikant höhere jährliche abnormale Renditen als andere Gesellschaften erreichen[7]. Barth/ Elliott/Finn (1999) zeigen, dass Unternehmen mit einem stetig steigenden oder konstant bleibenden Periodenergebnis ein höheres KGV besitzen als andere Unternehmen[8]. Das KGV sinkt deutlich, sobald nach einem Zeitraum stetig stei-

[1] Vgl. Trueman/Titman (1988).
[2] Vgl. Kahnemann/Tversky (1979). Zur verhaltenswissenschaftlichen Theorie siehe etwa Nitzsch (1998); Gierl/Helm/Stumpp (2001).
[3] Vgl. Kahnemann/Tversky (1979), S. 279.
[4] Vgl. Burgstahler/Dichev (1997), S. 123f.
[5] Vgl. Lopez/Rees (2002), S. 155.
[6] Vgl. Skinner/Sloan (2002). Zu weiteren Studien siehe Lindemann (2004), S. 231ff.
[7] Vgl. etwa Bartov/Givoly/Hayn (2002); Kasznik/McNichols (2002).
[8] Vgl. Barth/Elliott/Finn (1999).

gender oder konstant gehaltener Periodenergebnisse ein geringeres Ergebnis folgt[1].

Gleichfalls finden sich signifikante Hinweise, dass Unternehmen ergebniserhöhende Maßnahmen zur Vermeidung einer Unterschreitung von Schwellenwerten anwenden[2]. Die Existenz schwellenwertorientierter Bilanzpolitik wird dabei regelmäßig aufgrund ungewöhnlicher Verteilungsmuster von Ergebnisvariablen vermutet[3], wobei den Untersuchungen unterschiedliche Schwellenwerte zu Grunde liegen (vgl. Abb. 6).

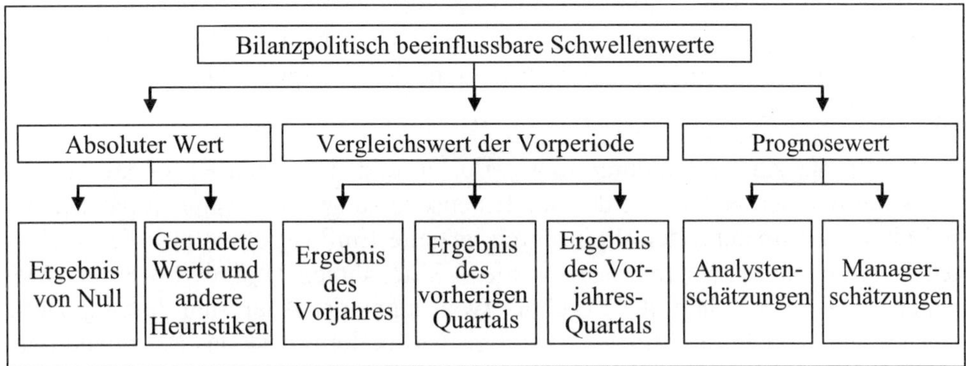

Abb. 6: Bilanzpolitisch beeinflussbare Schwellenwerte[4]

Dass US-amerikanische Unternehmen bestrebt sind, einen negativen Ergebnisausweis zu vermeiden, zeigt erstmalig Hayn (1995). Die Autorin stellt fest, dass Periodenergebnisse US-amerikanischer Unternehmen asymmetrisch um den Schwellenwert von Null verteilt sind, was zu der Vermutung führt, dass die Unternehmen ergebniserhöhende Bilanzpolitik zur Vermeidung eines Verlustausweises einsetzen[5]. Frühere Untersuchungen von Carslaw (1988) und Thomas (1989) finden heraus, dass gerundete Zahlen ungewöhnlich häufig in Jahresabschlüssen auftreten und daher ebenfalls einen bedeutenden Bezugspunkt darstellen[6]. Zum gleichen Ergebnis wie Hayn (1995) kommen Burgstahler/Dichev (1997), die zusätzlich zu der Verteilung des Periodenergebnisses auch die Verteilung der Veränderung des Periodenergebnisses zum Vorjahr untersuchen. Danach ist die Häufigkeit kleiner Verluste und kleiner negativer Veränderungen gegenüber dem Vorjahresergebnis gering, während die Häufigkeit kleiner Perio-

1 Vgl. auch DeAngelo/DeAngelo/Skinner (1996).
2 Zu einer Auflistung der Studien vgl. etwa Dechow/Skinner (2000), S. 242ff.; Lindemann (2004), S. 231ff.
3 Zur Methodik vgl. McNichols (2000), S. 316ff.; Lindemann (2004), S. 221ff.
4 In Anlehnung an Sellhorn (2004), S. 133.
5 Vgl. Hayn (1995), S. 132.
6 Vgl. Carslaw (1988); Thomas (1989).

denergebnisse und kleiner positiver Ergebnisveränderungen im Vergleich zum Vorjahr hoch ist[1]. Degeorge/Patel/Zeckhauser (1999) bestätigen die Ergebnisse für Quartalszahlen US-amerikanischer Unternehmen[2]. Zusätzlich analysieren sie als Schwellenwert die Konsensusschätzungen der Analysten hinsichtlich des Ergebnisses je Aktie. Obwohl auch für letzteren Schwellenwert eine unübliche Verteilung beobachtet werden kann, zeigt sich, dass Analystenschätzungen eine weniger starke Bedeutung als bilanzpolitisch relevanter Schwellenwert haben als ein Ergebnis von Null und als das Ergebnis des Vorjahres. Brown/Caylor (2005) zeigen dagegen auf Basis aktuellerer Daten, dass Unternehmen in jüngster Zeit in erster Linie darum bemüht waren, negative Ergebnisüberraschungen gegenüber den Analysten zu vermeiden[3]. Insofern können die Ergebnisschätzungen von Finanzanalysten als der derzeit bedeutendste bilanzpolitische Schwellenwert bezeichnet werden[4].

Im Gegensatz zur Vermeidung von Verlusten und sinkenden Periodenergebnissen kann der Schwellenwert der Analystenschätzungen nicht nur durch Bilanzpolitik, sondern auch oder allein durch gezielte Einflussnahme auf die Analystenerwartungen mittels Investor-Relations-Maßnahmen verändert werden. Manager können versuchen, die Ergebniserwartungen der Analysten durch gezielte Verbreitung von Informationen soweit zu vermindern, dass das Periodenergebnis im Zeitpunkt der Ergebnisbekanntgabe gerade die Analystenschätzung erreicht oder leicht darüber liegt (sog. „expectation management“[5]). So finden Burgstahler/Eames (2006) Hinweise darauf, dass Manager nicht nur ergebniserhöhende Maßnahmen zur Erreichung von kleinen Ergebnisüberraschungen und zur Vermeidung eines Verlustausweises durchführen, sondern auch durch gezielte Informationsverbreitung eine Herabsetzung der Analystenprognosen herbeizuführen versuchen[6].

Neben Analystenschätzungen kann ein weiterer zu den Prognosedaten zählender Schwellenwert in der Erreichung bzw. Übertreffung der vom Management veröffentlichten Ergebnisschätzungen liegen. Zahlreiche Unternehmen verbreiten bereits im Vorfeld des verpflichtend zu veröffentlichenden Jahresabschlusses freiwillig Informationen über die voraussichtliche Höhe von Schlüsselkennzah-

---

1 Vgl. Burgstahler/Dichev (1997).

2 Vgl. Degeorge/Patel/Zeckhauser (1999).

3 Während die Studie von Degeorge/Patel/Zeckhauser (1999) den Zeitraum 1974-1996 analysiert, untersuchen Brown/Caylor (2005) den Zeitraum von 1985-2002; siehe auch Payne/ Robb (2000). Abarbanell/Lehavy (2003) zeigen zudem, dass Unternehmen, bei denen Analysten eine Kaufempfehlung abgegeben haben, häufiger bilanzpolitische Maßnahmen einsetzen als Unternehmen mit einer Verkaufsempfehlung.

4 Vgl. Dechow/Richardson/Tuna (2003), S. 379f.

5 Vgl. Kasznik/Lev (1995); Bartov/Givoly/Hayn (2002).

6 Vgl. Burgstahler/Eames (2006).

len an die Kapitalmarktteilnehmer[1]. Dazu zählen bspw. Schätzungen über den voraussichtlich zu erwartenden Umsatz, das Periodenergebnis oder das Ergebnis je Aktie[2]. Erkennt ein Manager frühzeitig, dass seine im Vorfeld abgegebene Ergebnisschätzung tatsächlich zum Geschäftsjahresende nicht erreicht werden kann, besteht für ihn ein Anreiz zu ergebniserhöhender Bilanzpolitik. Andernfalls kann die Unterschreitung der eigenen Prognose Kapitalmarktteilnehmern signalisieren, dass das Unternehmen in einem volatilen und risikoreichen Umfeld agiert, in dem noch nicht einmal das eigene Management eine genaue Prognose treffen kann. Dieses Signal kann zu einer negativen Kursreaktion führen. Ferner kann das Management durch die falsche Prognose an Glaubwürdigkeit verlieren, wodurch auch die eigene Reputation beschädigt wird[3].

Abarbanell/Lehavy (2003) zeigen hinsichtlich ergebnisorientierter Vergütungspläne analog zu Healy (1985), dass schwellenwertorientierte Bilanzpolitik nicht nur Anreize zur Durchführung ergebniserhöhender Maßnahmen auf Seiten des Managements produziert. Vielmehr sind unter der Annahme, dass Manager in einem bestimmten Bilanzierungszeitpunkt stets über eine gewisse Höhe an bilanzpolitischer Manövriermasse verfügen und die Inanspruchnahme ergebniserhöhender bzw. ergebnisverringernder Maßnahmen in einer Periode aufgrund des Bilanzzusammenhangs zu entgegengesetzten Wirkungen auf das Periodenergebnis in den Folgeperioden führt, folgende drei bilanzpolitische Verhaltensweisen zu erwarten[4]: (1) Liegt das Periodenergebnis vor Bilanzpolitik am Bilanzstichtag unter dem relevanten Schwellenwert und reicht der Bestand an bilanzpolitischer Manövriermasse nicht aus, um das Ergebnis nach Bilanzpolitik bis oder leicht über den Schwellenwert zu bringen, besteht ein Anreiz zu einem ergebnismindernden „big bath"-Verhalten. Damit erhöht das Management die Wahrscheinlichkeit, dass die relevanten Schwellenwerte zukünftig erreicht werden. (2) Liegt das Periodenergebnis vor Bilanzpolitik unter dem Schwellenwert und kann dieser mittels Bilanzpolitik erreicht werden, besteht ein Anreiz zur Vornahme ergebniserhöhender Maßnahmen in Höhe der Differenz zum Schwellenwert. (3) Wird der Schwellenwert dagegen bereits mit dem Periodenergebnis vor Bilanzpolitik übertroffen, werden Manager ergebnismindernde Maßnahmen in Höhe des Unterschieds zwischen Schwellenwert und Periodenergebnis vor Bilanzpoli-

---

1 Vgl. Healy/Palepu (2001), S. 406, die gleichfalls einen Überblick über empirische Studien geben, die sich mit den Wirkungen freiwillig veröffentlichter Informationen auf den Kapitalmarkt beschäftigen.

2 Vgl. Pellens/Nölte/Berger (2007), S. 25. Die Autoren untersuchen die Ergebnisprognosen der DAX-30-Unternehmen im Zeitraum zwischen 2002 und 2005. Dabei zeigt sich, dass sich die veröffentlichten Prognosen stark unterscheiden und Manager eher zu weniger präzisen und pessimistischen Prognosen tendieren.

3 Kasznik (1999), S. 61f., zeigt vor diesem Hintergrund, dass Manager ergebniserhöhende Maßnahmen einsetzen, um die eigene Ergebnisschätzung zu erreichen.

4 Vgl. Abarbanell/Lehavy (2003), S. 4f.

tik einsetzen, um somit Reserven für zukünftige schwellenwertorientierte Bilanzpolitik zu bilden.

Die vorgestellten Studien untersuchen ausschließlich schwellenwertorientiertes Verhalten US-amerikanischer Unternehmen. Ergebnisse für deutsche Unternehmen liegen dagegen nur in beschränkter Anzahl vor. Leuz/Nanda/Wysocki (2003) untersuchen schwellenwertorientierte Bilanzpolitik bei Unternehmen aus 31 Ländern für den Zeitraum von 1990 bis 1999. Die Studie kommt zu dem Ergebnis, dass die relative Häufigkeit von kleinen Periodenergebnissen im Vergleich zu kleinen Verlusten bei Unternehmen aus Deutschland und anderen kontinentaleuropäischen Ländern größer als bei US-amerikanischen Unternehmen ist[1]. Insofern liegt die Schlussfolgerung nahe, dass schwellenwertorientierter Bilanzpolitik in Deutschland eine höhere Bedeutung als in den USA zukommt. Indes zeigen Brown/Higgins (2001) für Analystenschätzungen, dass die relative Häufigkeit kleiner positiver Ergebnisüberraschungen im Vergleich zu kleinen negativen Ergebnisüberraschungen für US-Unternehmen höher als für deutsche Unternehmen ist[2]. Zu ähnlichen Ergebnissen gelangt Lindemann (2004), der schwellenwertorientierte Bilanzpolitik von deutschen und US-amerikanischen Unternehmen untersucht. Während in beiden Ländern Bilanzpolitik zur Vermeidung von Verlusten und zur Erreichung des Vorjahresergebnisses vorgenommen wird, finden sich im Gegensatz zu US-amerikanischen Unternehmen keine Hinweise dafür, dass deutsche Unternehmen ebenfalls einen Ergebnisausweis unterhalb der Konsensusschätzungen von Analysten mittels bilanzpolitischer Maßnahmen verhindern wollen[3]. Lindemann (2004) sieht als Ursachen für die größere bilanzpolitische Bedeutung des Schwellenwerts der Analystenschätzung für US-Unternehmen den höheren Stellenwert des Kapitalmarkts für US-amerikanische Unternehmen sowie die stärkere Verbreitung aktienbasierter Vergütungspläne. Dagegen sind deutsche Unternehmen eher danach bestrebt, ein negatives Ergebnis zu vermeiden. Da die Untersuchungsgesamtheit in der Studie nur Zeiträume bis zum Jahr 2000 erfasste, kann vermutet werden, dass der Anreiz zur schwellenwertorientierten Bilanzpolitik zur Erreichung von Ana-

---

1 Vgl. Leuz/Nanda/Wysocki (2003). Daske/Gebhardt/McLeay (2006) zeigen, dass EU-Unternehmen im Vergleich zu US-amerikanischen Unternehmen signifikant häufiger Schwellenwerte erreichen.

2 Vgl. Brown/Higgins (2001).

3 Vgl. Lindemann (2004), S. 285. Zu beachten ist hierbei, dass für den Schwellenwert „Vermeidung negativer Gewinnüberraschungen" lediglich Daten über einen Zeitraum zwischen September 1997 bis Dezember 2000 vorlagen, während für die Schwellenwerte „Vermeidung von Verlusten" und „Vermeidung sinkender Gewinne" der Zeitraum von 1991 bis 2000 untersucht werden konnte. Die Ergebnisse müssen daher mit Vorsicht interpretiert werden; vgl. Lindemann (2004), S. 275.

lystenschätzungen auch für deutsche Unternehmen in jüngster Zeit durch die vorangeschrittene Internationalisierung an Bedeutung zugenommen hat[1].

Da sich zeigt, dass deutsche Unternehmen schwellenwertorientierte Bilanzpolitik vornehmen, kann nicht ausgeschlossen werden, dass derartige Ziele auch bei der Rechnungslegungsumstellung das bilanzpolitische Verhalten von Managern prägen. Als Schwellenwerte kommen dabei insbesondere das Eigenkapital und das Periodenergebnis in Frage. So ist etwa denkbar, dass verpflichtend vorzunehmende Umstellungsmaßnahmen zu einem negativen Eigenkapitalausweis im IFRS-Übergangszeitpunkt führen. Da ein negatives Eigenkapital mit negativen Reaktionen der Kapitalmarktteilnehmer verbunden sein kann, ist ein Anreiz zur Durchführung eigenkapitalerhöhender bilanzpolitischer Maßnahmen zu erwarten. Weisen umstellende Unternehmen bereits in ihrem bisherigen HGB-Abschluss aufgrund hoher Verluste in vergangenen Perioden ein negatives Eigenkapital aus, kann gleichfalls von einem Anreiz zur Erreichung eines positiven Eigenkapitals ausgegangen werden. Schließlich kann ein Schwellenwert in der Vermeidung eines Umstellungseffekts auf das Eigenkapital liegen. So ist nicht auszuschließen, dass ein hoher Umstellungseffekt das Vertrauen der Abschlussadressaten an die bisher wahrheitsgemäße Darstellung der Vermögens-, Finanz- und Ertragslage beeinträchtigt. Zudem kann mit einer weitgehenden Anpassung an die bisherigen HGB-Regeln der Umstellungsaufwand reduziert werden[2].

Hinsichtlich des Periodenergebnisses können Manager bestrebt sein, im erstmaligen IFRS-Abschluss einen Gewinn anstatt eines Verlustes auszuweisen. Da der erstmalige IFRS-Abschluss auch Vergleichszahlen des Vorjahres enthalten muss, kann das Ergebnis des Vorjahres nach IFRS oder das Vorjahresergebnis nach HGB ein zu erreichender Schwellenwert darstellen. Allerdings ist davon auszugehen, dass das Vorjahresergebnis aufgrund des erstmaligen Ausweises im ersten IFRS-Abschluss weniger im Fokus der Kapitalmarktteilnehmer steht. Demgegenüber kann das Vorjahresergebnis nach HGB ein Schwellenwert darstellen, sofern Umstellungseffekte vermieden werden sollen.

Schließlich ist anzunehmen, dass die Erreichung der Konsensusschätzungen von Analysten oder die Vermeidung einer Unterschreitung bereits im Vorfeld abgegebener eigener Ergebnisschätzungen Schwellenwerte bei der Umstellung darstellen. Insbesondere die Abschätzung des Umstellungseffekts auf Seiten der Finanzanalysten ist mit großer Unsicherheit verbunden. So kam eine Befragungsstudie von KPMG (2004) zu dem Ergebnis, dass sich nur etwa die Hälfte

---

1 Vgl. Lindemann (2004), S. 286.

2 Vgl. Klöpfer (2006), S. 359f. Zum Umstellungsaufwand siehe etwa Köhler/Marten/Schlereth/Crampton (2003), S. 2620; Deloitte (2004), S. 12ff.

der befragten Finanzanalysten in der Lage sieht, den reinen Umstellungseffekt von einem Effekt in Folge der Veränderungen der wirtschaftlichen Gegebenheiten zu separieren[1]. Nur ausreichend in IFRS geschulte bzw. bereits umstellungserfahrene Analysten sehen dem Übergang auf IFRS mit weniger Unsicherheiten entgegen. Der Großteil der umstellenden Unternehmen antizipiert diesen Effekt und tendiert daher während der Umstellungsperiode dazu, den Umstellungseffekt frühzeitig an die Analysten zu kommunizieren[2]. Die enge Zusammenarbeit mit den Finanzanalysten kann jedoch nicht ausschließen, dass Analystenschätzungen nur mit Hilfe des Einsatzes bilanzpolitischer Maßnahmen vom Unternehmen erreicht werden können.

3.3.3.5 „Big bath"-Verhalten

In den bisherigen Ausführungen zu möglichen Anreizen bilanzpolitischen Verhaltens wurde bereits angedeutet, dass Manager in bestimmten Situationen zu einem extremen ergebnismindernden Bilanzierungsverhalten tendieren[3]. Die Durchführung einer solchen Bilanzpolitik wird im US-amerikanischen Schrifttum allgemein als „big bath"-Verhalten bezeichnet[4]. Ziel ist es dabei, zukünftige Aufwendungen bzw. Belastungen in einem Bilanzierungszeitpunkt vorweg zu nehmen, um nachfolgende Perioden zu entlasten. Im US-amerikanischen Schrifttum wird auch von einem „clear the decks" gesprochen[5].

Ein „big bath"-Verhalten wird regelmäßig mit dem Eintreffen bestimmter Situationen, wie der Nichterreichung von Schwellenwerten oder einem Wechsel im Top-Management, verbunden. Healy (1985) stellt ein extrem ergebnisminderndes Verhalten von ergebnisabhängig vergüteten Managern fest, sofern sie den unteren Grenzwert für einen Bonus durch ergebniserhöhende Maßnahmen nicht treffen können[6]. Analog zeigen Abarbanell/Lehavy (2003), dass Manager zu einem „big bath" tendieren, wenn das Ergebnis nach Bilanzpolitik die Ergebnisschätzungen von Analysten nicht erreicht oder übertrifft[7]. Die Vorwegnahme andernfalls in zukünftigen Perioden auftretender Aufwendungen erhöht die Wahrscheinlichkeit, relevante Schwellenwerte zukünftig leichter zu erfüllen.

---

1 Vgl. KPMG (2004), Title 4. Befragt wurden 100 Finanzanalysten aus England im Oktober 2004.

2 Vgl. die Umfrageergebnisse von 187 Finanzanalysten aus sieben europäischen Ländern bei PwC (2006), S. 3 u. 5. Interessanterweise finden nur 60% der befragten Analysten aus Deutschland, dass die erstmalige Berichterstattung unter IFRS klar und verständlich erfolgte.

3 Vgl. Kapitel 3.3.2.2 und Kapitel 3.3.3.4.

4 Vgl. Levitt (1998); White/Sondhi/Fried (2003), S. 68.

5 Vgl. etwa White/Sondhi/Fried (2003), S. 68; Goncharov (2005), S. 85.

6 Vgl. Healy (1985).

7 Vgl. Abarbanell/Lehavy (2003).

Weitere Studien finden Hinweise, dass im Geschäftsjahr eines Wechsels im Top-Management das neue Management ergebnismindernde Maßnahmen durchführt, um somit die Wahrscheinlichkeit zukünftiger Ergebnissteigerungen zu erhöhen[1]. Dabei schreibt das neue Management die schlechte Performance im Wechseljahr regelmäßig dem alten Management zu, während die wahrscheinlich zu erwartende Ergebnisverbesserung in den Folgeperioden in voller Höhe als eigene Managementleistung ausgewiesen wird. Anreize zum „big bath“ liegen damit in der Erhöhung der eigenen Reputation durch die wahrscheinlich zukünftig bessere Unternehmensperformance[2], aber auch aus vertragstheoretischer Sichtweise bei Bestehen ergebnisorientierter Vergütungspläne in einer Erhöhung der künftigen Entlohnung[3].

Empirische Studien für US-amerikanische Unternehmen untersuchen ein „big bath“-Verhalten regelmäßig bei in der Unternehmenspraxis zu beobachtenden einzelnen Bilanzierungsmaßnahmen, wie etwa der Wertminderung von Vermögenswerten, insbesondere des GoF, oder der aufwandswirksamen Bildung von Restrukturierungsrückstellungen[4]. Insgesamt kommen die Studien zu keinen einheitlichen Ergebnissen[5]. Damit konnte bislang keine eindeutige empirische Bestätigung dafür gefunden werden, dass die Durchführung extremer ergebnismindernder Maßnahmen aus bilanzpolitischem „big bath“-Verhalten resultiert und nicht etwa aus tatsächlichen wirtschaftlichen Gründen. Vergleichbare deutsche Studien liegen bislang nicht vor.

Obwohl keine einheitlichen Ergebnisse existieren, scheint ein bilanzpolitisch motiviertes „big bath“-Verhalten bei der Umstellung aus mehreren Gründen vorteilhaft für das Management zu sein. Einerseits bietet der Übergang auf neue Rechnungslegungsvorschriften Managern die Möglichkeit, eine Vorwegnahme zukünftiger Aufwendungen im IFRS-Übergangszeitpunkt direkt gegen das Eigenkapital und nicht gegen das Periodenergebnis zu verrechnen. Während das Eigenkapital im Übergangszeitpunkt sinken würde, könnten sich die im ersten IFRS-Abschluss auszuweisenden IFRS-Periodenergebnisse des aktuellen Ge-

1 Vgl. etwa Strong/Meyer (1987); Pourciau (1993); Murphy/Zimmerman (1993); Wells (2002); Godfrey/Mather/Ramsay (2003). Die Volkswagen AG wies bspw. im Jahr 1993 mit dem Wechsel des Managements einen Verlust von mehr als einer halben Milliarde DM aus, der überwiegend durch die Bildung von Rückstellungen entstand; vgl. Heintges (2005), FN 84. Ferner veröffentlichte die Deutsche Telekom AG im Zeitpunkt des Managementwechsels im Jahr 2002 einen Verlust in Höhe von 24,5 Mrd. €, der insbesondere aus Wertberichtigungen auf GoF und Mobilfunklizenzen resultierte; vgl. Deutsche Telekom (2002), S. 124 u. 145.

2 Vgl. Wells (2002); Goncharov (2005), S. 85.

3 Vgl. Watts/Zimmerman (1990), S. 139.

4 Vgl. etwa Moehrle (2002), S. 397ff.; Sellhorn (2004), S. 138f.

5 Vgl. überblicksartig White/Sondhi/Fried (2003), S. 60; Sellhorn (2004), S. 140f.

schäftsjahres, des Vorjahres oder der Folgeperioden erhöhen. Ist anzunehmen, dass Investoren und Analysten mechanistisch auf die Steigerung des IFRS-Periodenergebnisses reagieren und nicht auf die Veränderung des Eigenkapitals durch die Umstellung, erscheint ein „big bath"-Verhalten vorteilhaft. Zudem ermöglicht die Umstellung, die Aufwandsvorwegnahme durch die Anwendung vollständig neuer Regeln bzw. bisher noch nicht anzuwendender Bilanzierungsvorschriften zu begründen. Vergleichbar mit dem Anreiz eines neuen Managements, die schlechte Unternehmensperformance im Jahr des Managementwechsels dem alten Management zuzuschreiben, können Erstanwender die Durchführung eigenkapitalverringernder Maßnahmen mit den Erfordernissen der Anwendung neuer Bilanzierungsmethoden rechtfertigen. Schließlich braucht das „big bath"-Verhalten nicht auf ein bilanzpolitisches Instrument, wie bspw. einer Wertminderung des GoF, beschränkt bleiben, sondern kann auf mehrere bilanzpolitische Instrumente verteilt werden. Damit ist das bilanzpolitisch motivierte Verhalten für Außenstehende nur schwer erkennbar. Allerdings setzt ein „big bath"-Verhalten im Übergangszeitpunkt ein ausreichend hohes Eigenkapital nach HGB voraus[1]. Andernfalls besteht die Gefahr, dass ein aus Sichtweise des Managements zu niedriges bzw. negatives Eigenkapital nach IFRS ausgewiesen wird.

3.3.3.6 Aktienbasierte Vergütungen

Die Ausgabe aktienbasierter Vergütungsinstrumente hat in letzter Zeit nicht nur bei US-amerikanischen Unternehmen, sondern auch in Deutschland deutlich zugenommen[2]. Bereits Mitte der neunziger Jahre führten mehrere deutsche Unternehmen Aktienoptionspläne als zusätzliches Vergütungsinstrument ein[3]. Obwohl der rasche Anstieg in der jüngsten Vergangenheit einen Einbruch erlebte[4], zeigen aktuelle Studien eine uneingeschränkt hohe Bedeutung bei börsennotierten Gesellschaften. So ergab eine Erhebung unter den 110 Unternehmen des DAX, MDAX und TecDAX, dass insgesamt 62 Gesellschaften im Geschäftsjahr 2005 über einen aktienbasierten Vergütungsplan verfügen[5].

---

1 Vgl. Schwinger/Mühlberger (2004), S. 31.

2 Vgl. hierzu etwa Bergstresser/Philippon (2006), S. 511f.

3 Vgl. Leuner/Lehmeier/Rattler (2004), S. 258.

4 Dieser erfolgte insbesondere aufgrund zahlreicher Berichte über hohe Managervergütungen aus Aktienoptionsplänen, die ohne wesentliche Performancesteigerung des Unternehmens zu Lasten der restlichen Aktionäre gingen. Siehe hierzu die vergleichende Analyse von Aktienoptionsprogrammen deutscher Unternehmen zwischen den Jahren 1999 und 2000 sowie 2001 und 2002 bei Leuner/Rattler/Schmidt (2002), S. 12ff. und Leuner/Rattler/Schmidt (2004), S. 259ff.

5 Vgl. FIRICON (2006), S. 3. Im Zeitraum 2004 bis 2006 wurden insgesamt 118 neue Stock Option Programme von Unternehmen aufgelegt; vgl. Leuner/Lehmeier (2007).

Die Gewährung echter oder virtueller Eigenkapitalinstrumente[1] als Teil der Gesamtvergütung dient aus Agency-theoretischer Sicht demselben Zweck wie die vertragliche Vereinbarung von ergebnisorientierten Vergütungsplänen[2]: der Minimierung bestehender Interessendivergenzen zwischen Unternehmenseigentümern und Managern[3]. Aktienbasiert vergütete Manager sind eher daran interessiert, Investitionsentscheidungen zur Steigerung des Unternehmenswerts zu fällen. Da hierdurch sowohl der Nutzen des Managements als auch der Wohlstand der Anteilseigner gesteigert wird, kommt es zu einer Interessenangleichung und somit zu einer Senkung von Agency-Kosten[4]. Im Gegensatz zu ergebnisorientierten Vergütungsplänen wird mit einer aktienbasierten (Teil-) Vergütung eine direkte Verbindung zum Aktienkurs geschaffen[5]. Anstelle der Bildung kurzfristiger Anreize dient die variable Vergütung über aktienbasierte Eigenkapitalinstrumente der langfristigen Anreizwirkung.

Die Agency-Kosten senkende Wirkung der Gewährung von Eigenkapitalinstrumenten ist im Schrifttum indes umstritten[6]. Insbesondere wird kritisiert, dass die aktienbasierte Vergütung auch zu einem auf Seiten der Anteilseigner nicht gewünschten opportunistischen Verhalten des Managements führen kann[7]. So besteht für das Management ein Anreiz, eine Maximierung des eigenen Nutzens zu Lasten der Anteilseigner vorzunehmen. Die Durchführung bilanzpolitischer Maßnahmen zur Beeinflussung des Ergebnisses und des daraus annahmegemäß resultierenden Einflusses auf den Aktienkurs stellt dabei eine Möglichkeit des Managements zur Nutzenmaximierung dar. Eine Reihe von US-amerikanischen Studien finden Hinweise, dass aktienbasiert vergütete Manager Bilanzpolitik zur Beeinflussung des Ausübungskurses vornehmen. Deutsche Unternehmen sind bislang nicht untersucht worden. Cheng/Warfield (2005) nehmen an, dass Manager, die über einen hohen Bestand an Eigenkapitalinstrumenten des geleiteten Unternehmens verfügen, aus Gründen der Risikodiversifikation in nachfolgenden Perioden vermehrt Aktienverkäufe tätigen. Die Autoren finden Anhaltspunkte dafür, dass bilanzpolitische Mittel zur Erhöhung des Aktienkurses im

---

1 Zur Unterscheidung von echten und virtuellen Eigenkapitalinstrumenten vgl. Kapitel 2.2.5.1.9.

2 Vgl. Kapitel 3.3.2.1.

3 Vgl. etwa Schmidt (2006), S. 20.

4 Vgl. Jensen/Meckling (1976).

5 Langmann (2007), S. 85ff., untersucht Ankündigungseffekte von Aktienoptionsplänen deutscher Unternehmen im Zeitraum zwischen 1996 und 2002 und findet signifikant positive Kursreaktionen.

6 Während frühere Studien von DeFusco/Johnson/Zorn (1990) und Yermack (1995) keine eindeutigen Hinweise auf eine Agency-Kosten senkende Wirkung finden, kommen aktuellere Studien auf Basis neuerer Daten wie Core/Holthausen/Larcker (1999) und Bryan/Hwang/Lilien (2000) eher zu diesem Ergebnis.

7 Vgl. Murphy (1999); Baker/Collins/Reitenga (2003), S. 560.

Zeitpunkt der Aktienverkäufe eingesetzt werden[1]. Bergstresser/Philippon (2006) finden Hinweise, dass Bilanzpolitik häufiger in Unternehmen vorkommt, bei denen die Gesamtvergütung oder ein großer Teil des Gehalts des Vorstandsvorsitzenden anhand von Aktien oder Aktienoptionen erfolgt[2]. Aboody/Kasznik (2000) zeigen, dass Manager vor dem Gewährungszeitpunkt von Aktienoptionen häufiger dazu tendieren, „schlechte" Neuigkeiten zu veröffentlichen und „gute" auf nachfolgende Perioden zu verzögern[3]. Vor diesem Hintergrund kommen Baker/Collins/Reitenga (2003) zu dem Ergebnis, dass Manager vor dem Gewährungszeitpunkt von Aktienoptionen mittels ergebnisreduzierender Maßnahmen versuchen, den aktuellen Aktienkurs zu senken[4]. Angenommen wird hierbei, dass der Aktienkurs zum Gewährungszeitpunkt in den Aktienoptionsvereinbarungen als Ausgangsgrundlage dient. Kann der Aktienkurs im Gewährungszeitpunkt durch Bilanzpolitik gesenkt und in den nachfolgenden Perioden bis zum Ausübungszeitpunkt erhöht werden, steigt der Vermögenszuwachs für das Management.

Die genannten Studien deuten darauf hin, dass aktienbasiert vergütete Manager Bilanzpolitik zur Steigerung des Aktienkurses und damit der eigenen Vergütung vornehmen. Insbesondere die zuletzt genannten Beiträge zeigen, dass vor der Gewährung von Eigenkapitalinstrumenten zunehmend ergebnisreduzierende Maßnahmen durchgeführt werden, um den Aktienkurs zu senken. Implizit wird dabei vorausgesetzt, dass Manager den Bilanzzusammenhang bei der Wahl ihrer Bilanzpolitik berücksichtigen, wonach aus ergebnisreduzierenden Maßnahmen zu einem bestimmten Zeitpunkt über die Totalperiode betrachtet stets ergebniserhöhende Effekte in nachfolgenden Perioden folgen[5]. Wird eine Verbindung zwischen Rechnungslegungsdaten und dem Kapitalmarkt angenommen, steigt durch den Umkehreffekt die Wahrscheinlichkeit einer künftigen Aktienkurserhöhung und damit die Wahrscheinlichkeit eines hohen Ausübungskurses.

---

1 Bilanzpolitik wird dabei am Erreichen von prognostizierten Ergebnissen der Finanzanalysten, der Häufigkeit von positiven Ergebnisüberraschungen und dem Auftreten abnormaler Periodenabgrenzungen gemessen; vgl. Cheng/Warfield (2005), S. 448.

2 Vgl. Bergstresser/Philippon (2006), S. 511.

3 Vgl. Aboody/Kasznik (2000); siehe hierzu auch Yermack (1997) und Chauvin/Shenoy (2001).

4 Vgl. Baker/Collins/Reitenga (2003), S. 557; Balsam/Chen/Sankaraguruswamy (2003), S. 1. Weitere Studien untersuchen den Zusammenhang zwischen Aktienoptionsplänen und aufgedeckter manipulierter Bilanzierung durch die SEC, wobei die Beiträge zu unterschiedlichen Ergebnissen kommen; vgl. etwa Dennis/Hanouna/Sarin (2006), S. 467; Erickson/Hanlon/Maydew (2006), S. 113.

5 Vgl. Gao/Shrieves (2002), S. 4.

3.3.3.7 Rating

In letzter Zeit sehen sich kapitalmarktorientierte Unternehmen weltweit zunehmend der Forderung des Kapitalmarkts gegenüber gestellt, eine Beurteilung ihrer Bonität durch externe Ratingagenturen vorzunehmen. Externe Ratingunternehmen, worunter insbesondere Standard & Poor's (S&P), Moody's und Fitch als diejenigen mit dem größten Marktanteil zu nennen sind, agieren als unabhängige Informationsintermediäre für Investoren, indem sie eine Bonitätseinschätzung für ein analysiertes Unternehmen in Form eines aggregierten Ratingurteils liefern[1]. Sie sind analog zu den Finanzanalysten nicht als direkte Kapitalmarktteilnehmer anzusehen, sondern als Informationslieferanten. Das Ratingurteil wird den Kapitalmarktteilnehmern regelmäßig aus der Zuordnung der Bonitätsbeurteilung zu einer bestimmten Kategorie ersichtlich, die von Agentur zu Agentur unterschiedlich ausgestaltet sein kann. So verwendet Moody's bspw. eine Kategorisierung von Aaa bis C, die zusätzlich numerisch unterteilt wird, während S&P eine Kategorisierung von AAA bis D mit zusätzlicher Unterteilung durch „+“ und „-“ vornimmt[2].

Wurden Bonitätsprüfungen mittels Ratings in Deutschland bisher ausschließlich auf freiwilliger Basis bzw. aufgrund zunehmenden Verlangens des Kapitalmarkts getätigt, sind sie spätestens ab dem Jahr 2007 in Folge des neuen Basler Eigenkapitalakkords (Basel II) verpflichtend von Kreditinstituten zur Prüfung des individuellen Kreditrisikos eines Debitors vorzunehmen[3]. Nach dem neuen Basler Eigenkapitalakkord wird die Verpflichtung der Eigenkapitalunterlegung von Krediten bei den Kreditinstituten künftig stärker an der Bonität des Schuldners ausgerichtet[4]. Zur Ermittlung der Mindesteigenkapitalanforderungen können Kreditinstitute dabei entweder auf Bonitätsurteile externer Ratingagenturen oder auf bankinterne Ratings zurückgreifen[5].

Eine Herabstufung des Ratings durch eine externe Ratingagentur kann mit erheblichen Kapitalmarktreaktionen verbunden sein. Diese resultieren aus der mit der verschlechterten Bonität einhergehenden Erhöhung der Kapitalkosten des Unternehmens. So führt die durch ein verschlechtertes Rating zum Ausdruck kommende höhere Ausfallwahrscheinlichkeit der Kredite regelmäßig zu höheren Fremdkapitalkosten. Darüber hinaus kann die Bekanntgabe einer Herabstufung Anteilseigner zu vermehrten Aktienverkäufen bewegen, so dass zusätzlich der

---

1 Vgl. Strunz-Happe (2005), S. 231.

2 Vgl. Crouhy/Galai/Mark (2001), S. 54 u. 56; Moody's (2004), S. 1.

3 Vgl. Basler Ausschuss für Bankenaufsicht (2003).

4 Vgl. Paul (2006), S. 311ff.

5 Vgl. Küting/Ranker/Wohlgemuth (2004), S. 93ff.

Aktienkurs sinkt[1]. Analog führt unter Basel II eine schlechte Bonitätseinschätzung zu einer hohen Mindestkapitalunterlegung von Krediten, wodurch die Kreditaufnahme für das betroffene Unternehmen erschwert wird. Insofern ist anzunehmen, dass Manager daran interessiert sind, eine schlechte Bonitätsbeurteilung bzw. eine Herabstufung innerhalb der bisherigen Ratingklasse möglichst zu vermeiden.

Rechnungslegungsdaten spielen bei der Bonitätseinschätzung regelmäßig eine wesentliche Rolle zur Beurteilung der finanziellen Stabilität. Explizit weist S&P in einer veröffentlichten Übersicht ihrer angewandten Ratingmethodik darauf hin, dass zur Abschätzung des finanziellen Risikos neben qualitativen Kriterien auch Schlüsselkennzahlen aus dem Jahresabschluss in die Beurteilung mit einbezogen werden[2]. Zu diesen Schlüsselkennzahlen gehören bspw. das Verhältnis von EBIT zum Zinsaufwand, die Gesamtkapitalrentabilität oder Leverage-Kennzahlen, wie das Verhältnis von Schulden zum Gesamtkapital[3]. Ähnliche Kennzahlen verwendet Moody's[4]. Die Creditreform Rating AG, die insbesondere Ratingurteile für den deutschen Mittelstand vergibt, sieht darüber hinaus eine unzureichende Eigenkapitalausstattung als eine unternehmensinterne Krisenursache an[5]. Auch bankinterne Ratingverfahren benutzen zur finanzwirtschaftlichen Analyse regelmäßig finanzielle Kennzahlen aus dem Jahresabschluss[6]. Allerdings kann die Gewichtung finanzwirtschaftlicher Jahresabschlussdaten je nach angewandtem Ratingverfahren variieren[7].

Im deutschen Schrifttum wird die Rechnungslegungsumstellung von HGB auf IFRS regelmäßig mit einer Erhöhung des Eigenkapitals verbunden. Teilweise wird die mögliche Eigenkapitalsteigerung als ein zusätzlicher Grund für kleine und mittelständische Unternehmen angeführt, ihre Rechnungslegung freiwillig auf IFRS umzustellen[8]. Begründet wird diese Empfehlung damit, dass durch ei-

---

1 So geschehen im Fall der Unternehmensanleihen von ThyssenKrupp, deren Rating am 21.03.2003 von S&P um zwei Stufen abgewertet wurde, womit der Aktienkurs innerhalb kürzester Zeit um bis zu 8% fiel; vgl. Gerke/Mager (2005), S. 204f. Eine Auflistung empirischer Studien, die Kapitalmarktreaktionen bei Ratingveränderungen untersuchen, bieten Užik/Nelles (2007), S. 172ff. Insgesamt zeigen die Studien, dass das Rating einen Einfluss auf die Kapitalmarktperformance hat.

2 Vgl. S&P (2006), S. 23ff.

3 Vgl. S&P (2006), S. 43. Die Kennzahlen werden im Drei-Jahresvergleich unter Bereinigungen berechnet.

4 Vgl. Crouhy/Galai/Mark (2001), S. 51.

5 Vgl. Munsch (2006), S. 241.

6 Zum Ratingverfahren der National-Bank AG vgl. Müller (2006), S. 64.

7 Siehe Winkeljohann (2003), S. 390. Insgesamt wird der Anteil quantitativer Daten im externen Rating bei 60% bis 70% angesehen; vgl. Wambach/Kirchmer (2002), S. 402.

8 Siehe etwa Dücker (2003), S. 450; Jebens (2003), S. 2345; Carstensen/Leibfried (2004), S. 866; Pawelzik (2006), S. 796.

ne Erhöhung des Eigenkapitals und der damit verbundenen Stärkung der Eigenkapitalquote eine Verbesserung der Kreditwürdigkeit erreicht werden kann[1]. Insbesondere Unternehmen mit einer bisher geringen Eigenkapitalquote können die Umstellung zur Verbesserung von eigenkapitalbezogenen Bonitätskennzahlen nutzen, um bspw. die Chancen für eine zukünftige Kreditgewährung zu verbessern[2]. Beispielsweise haben deutsche Konzernunternehmen aus der Industrie und dem Mittelstand, die Versicherungskredite in Form von Schuldscheindarlehen aufnehmen wollen, bestimmte Bonitätskennzahlen zu beachten. Zur Erhaltung der Deckungsstockfähigkeit[3] legt die BaFin bestimmte Kennzahlen und Sollwerte zu Grunde, die den Kreditgebern eine Orientierungshilfe dahingehend geben sollen, ob die Bonität des Kreditnehmers gewährleistet ist[4]. Hierzu gehören die Gesamtkapitalrendite (mit einem mindestens zu erreichenden Sollwert von 6%), die Entschuldungsdauer (nicht länger als 7 Jahre) und der Finanzierungskoeffizient (höchstens Faktor 2)[5]. Zusätzlich soll die Eigenkapitalquote als Nebenbedingung mindestens 20% betragen[6].

Die Berücksichtigung von Rechnungslegungsdaten bei externen und bankinternen Ratingurteilen kann für Manager einen Anreiz darstellen, die Bonitätseinschätzung durch Vornahme bilanzpolitischer Maßnahmen im Umstellungszeitpunkt zu beeinflussen. Ein derartiges Verhalten würde indes nur dann zu dem gewünschten Ergebnis führen, wenn Banken oder externe Ratingagenturen mechanistisch auf eine Kennzahlenänderung, die auf der Rechnungslegungsumstellung basiert, mit einer Anpassung des Ratingurteils reagieren. Durch die Umstellung ändert sich jedoch lediglich die Abbildung realwirtschaftlich identischer Geschäftsvorfälle, während sich das Geschäftsmodell und die Ertragserwartungen nicht verändern[7]. Im Schrifttum wird daher davon ausgegangen, dass ein effizientes Ratingsystem diese Tatsache berücksichtigt und nach unterschiedlichen Rechnungslegungssystemen differenziert. Selbst wenn das angewandte Ratingverfahren keine Unterscheidung vornimmt, müsste ein funktionierendes Verfahren Rechnungslegungsdivergenzen durch geeignete Korrekturfaktoren be-

---

1 Vgl. Bitz/Schneeloch/Wittstock (2003), S. 650.

2 Siehe hierzu auch im Zusammenhang mit der Entscheidung zur ergebnisneutralen Neubewertung von Vermögenswerten Brown/Izan/Loh (1992), S. 41; Ghicas/Hevas/Papadaki (1996), S. 655f.

3 Unter Deckungsstockfähigkeit wird die Zuordnungsfähigkeit von Unternehmenskrediten als Anlage für das gebundene Vermögen verstanden; siehe Bald (2000), S. 11.

4 Daneben sind auch außerbilanzielle Faktoren, wie bspw. die Marktsituation, zu berücksichtigen; vgl. Bald (2000), S. 13.

5 Vgl. Bald (2000), S. 14.

6 Vgl. Bonse/Linnhoff/Pellens (2002), S. 391.

7 Vgl. Küting/Ranker/Wohlgemuth (2004), S. 101; Oehler (2006), S. 114.

rücksichtigen[1]. Darüber hinaus sind Ratingverfahren regelmäßig einer Überprüfung hinsichtlich der Trennschärfe ihres Ratingergebnisses zu unterziehen[2]. Die Überprüfung müsste dazu führen, dass eine Veränderung finanzieller Kennzahlen in Folge der Umstellung nicht in einer Änderung des Ratingurteils mündet[3]. Auch externe Ratingagenturen sind der Ansicht, dass es im Rahmen der Rechnungslegungsumstellung lediglich in Ausnahmefällen zu einer Auswirkung auf die Bonitätsbeurteilung kommt. So verfügt Moody's nach eigenen Angaben über ein Korrekturverfahren, das einen Vergleich von nach unterschiedlichen Rechnungslegungsnormen erstellten Rechnungslegungsdaten ermöglicht[4]. Insbesondere soll es erleichtern, den Einfluss der Umstellung auf Schlüsselgrößen wie EBIT, Zinsaufwand, operativen Cashflow und Schulden abzuschätzen. Insofern ist Moody's davon überzeugt, durch den Umstellungseffekt „hindurchzusehen" und eine Ratingänderung nur auf eine tatsächliche Änderung der wirtschaftlichen Gegebenheiten zu basieren[5]. Einen Einfluss auf das Rating wird lediglich dann nicht ausgeschlossen, wenn die Umstellung bspw. zu einem erhöhten Ausweis bisher nicht berichteter Risiken, zu einer Verletzung von Kreditklauseln oder zu einem regulierenden Eingriff von Regulierungssubjekten führt. Somit wird keine wesentliche Beeinflussung des Ratings durch eine Rechnungslegungsumstellung erwartet, womit bilanzpolitische Maßnahmen zur Beeinflussung des Umstellungseffekts keine Wirkung hätten.

Ob die Ratingverfahren in der Praxis tatsächlich über geeignete Korrekturverfahren verfügen, ist zumindest im Fall bankinterner Ratings fraglich. So ergab eine Umfrage unter deutschen Kreditinstituten, dass überwiegend keine getrennten Auswertungssysteme für HGB- und IFRS-Abschlüsse vorliegen[6]. Zudem verfügt fast die Hälfte der befragten Kreditinstitute über geringe bzw. keine IFRS-Kenntnisse[7]. Insgesamt zeigt sich, dass eher eine große Unsicherheit über die Auswirkungen einer Umstellung besteht[8]. Auch weisen vereinzelte Beispiele in der Praxis darauf hin, dass externe Ratingagenturen teilweise durchaus me-

---

1 Vgl. Küting/Ranker/Wohlgemuth (2004), S. 101; Schackmann/Behling (2004), S. 692; Schorr/Walter (2006), S. 18.

2 Vgl. Schildbach (2003), S. 1078.

3 Vgl. Küting/Ranker/Wohlgemuth (2004), S. 101.

4 Vgl. Moody's (2004), S. 1.

5 Vgl. Moody's (2004), S. 11.

6 Vgl. Oehler (2006), S. 117. Befragt wurden 250 Kreditinstitute, wobei die Rücklaufquote allerdings nur bei 12% lag.

7 Vgl. Oehler (2006), S. 118f.

8 So kam eine Umfrage unter zwölf führenden Londoner Investmentbanken zu dem Ergebnis, dass „Abwarten" die meist angewandte Strategie in Bezug auf die Auswirkung der IFRS auf den Abschluss ist. Die meisten Analysten müssen ohne Inhouse-Schulungen auskommen. Zudem möchte nur die Hälfte der befragten Analysten ihre Modelle an die neuen Gegebenheiten anpassen; vgl. Citigate Dewe Rogerson (2005).

chanistisch auf Kennzahlenveränderung in Folge unterschiedlicher Bilanzierung reagieren. So stufte S&P das Rating der ThyssenKrupp AG im Februar 2003 um zwei Stufen auf Non-Investment Grade herunter. Die Herabstufung resultierte in Folge eines Methodenwechsels bei der Behandlung von Pensionsrückstellungen[1]. Diese wurden zum damaligen Zeitpunkt erstmalig bei der Berechnung von Finanzkennzahlen als Fremdkapital berücksichtigt, wodurch der Verschuldungsgrad von ThyssenKrupp anstieg. Die geänderte Behandlung der Pensionsrückstellungen sieht jedoch vor, nur den Teil der Pensionsverpflichtung dem Fremdkapital zuzurechnen, der nicht durch Fondsvermögen gedeckt ist. Unternehmen mit hohem Pensionsfonds wurden insofern durch die Methodenänderung weniger stark betroffen. Der Hauptkritikpunkt an der Vorgehensweise von S&P bestand von Seiten ThyssenKrupps darin, dass die Herabstufung nicht aufgrund einer Verschlechterung der wirtschaftlichen Gegebenheiten, sondern allein in Folge der Methodenänderung vorgenommen wurde[2].

Aufgrund des nur schwer abschätzbaren Umstellungseffekts und der teilweise zu beobachtenden mechanistischen Reaktion der Ratingagenturen kann zumindest in Einzelfällen eine Veränderung des Ratings durch die Rechnungslegungsumstellung nicht ausgeschlossen werden[3]. Glauben Manager zudem an eine überwiegend mechanistische Ausrichtung von Finanzinstituten und externen Ratingagenturen an finanziellen Jahresabschlussinformationen und gehen sie davon aus, dass die Ratingverfahren den Umstellungseffekt nicht vollständig korrigieren können, besteht für sie ein Anreiz, maßgebende finanzielle Kennzahlen durch Vornahme bilanzpolitischer Maßnahmen im IFRS-Übergangszeitpunkt zu beeinflussen. Da Leverage-Kennzahlen bei der Beurteilung der finanziellen Stabilität eine wesentliche Bedeutung zukommen, ist anzunehmen, dass umstellende Unternehmen mit einem hohen Verschuldungsgrad im IFRS-Übergangszeitpunkt eher zu eigenkapitalerhöhenden Maßnahmen tendieren, um somit ihren Verschuldungsgrad zu senken.

Im Rahmen der obigen Überlegungen ist jedoch zu beachten, dass mit einer Verringerung des Verschuldungsgrads die Kapitalkosten eines Unternehmens steigen können, sofern die Eigenkapitalkosten regelmäßig über den Fremdkapital-

---

1 Vgl. Gerke/Mager (2005), S. 205ff.; Interessanterweise änderten Moody's und Fitch ihr Ratingurteil nicht. Eine Ratingänderung aufgrund veränderter Pensionsverpflichtungen erfuhren ebenso die Deutsche Post World Net AG und die Linde AG; vgl. Pellens/Crasselt (2005), S. 5.

2 Zur Kritik am Methodenwechsel vgl. Gerke/Marger/Röhrs (2005), S. 35ff.; Pellens/ Crasselt (2005), S. 3ff.

3 Voraussetzung hierfür ist, dass der Konzernabschluss die Grundlage für die Bonitätsprüfung darstellt; siehe hierzu die Anmerkungen in Kapitel 3.3.2.3, die hier analog gelten; vgl. auch Pawelzik (2006), S. 896.

kosten liegen[1]. Ebenfalls kann die Eigenkapitalrendite durch einen verringerten Verschuldungsgrad in Folge des Leverage-Effekts sinken, wenn die Gesamtkapitalrendite die Fremdkapitalzinsen übersteigt[2]. Sofern dieser Effekt mit einer höheren Nutzeneinbuße für den Erstanwender verbunden ist, kann er dem Anreiz zur Verringerung des Verschuldungsgrads entgegenstehen.

3.4 Zwischenergebnis

In diesem Kapitel wurden zunächst notwendige Grundlagen zum Verständnis von Bilanzpolitik erarbeitet, indem der Begriff Bilanzpolitik definiert, eine Einordnung bilanzpolitischer Instrumente in die von Seiten des bilanzpolitischen Schrifttums entwickelten Begriffsbestimmungen vorgenommen sowie rechtliche und faktische Grenzen der Bilanzpolitik bei der Umstellung analysiert wurden. Anschließend wurden Anreize zur Durchführung bilanzpolitischer Maßnahmen bei der Rechnungslegungsumstellung hergeleitet, mit denen sich das bilanzpolitische Verhalten von Erstanwendern möglicherweise erklären lässt.

Insgesamt ist festzuhalten, dass Erstanwender über unterschiedliche bilanzpolitische Anreize verfügen können, die aus vertragstheoretischer oder kapitalmarktbezogener Sicht entstehen. Anreize aus vertragstheoretischen Überlegungen begründen sich auf Vertragsbeziehungen zwischen dem Management und den Kapitalgebern und sind Untersuchungsgegenstand der aus dem US-amerikanischen Schrifttum stammenden „positive accounting theory". Im Mittelpunkt stehen dabei vertraglich vereinbarte Anreizinstrumente, die die Interessen der Manager und Kapitalgeber zur Übereinstimmung führen sollen und auf Rechnungslegungsdaten basieren. Darunter fallen ergebnisorientierte Vergütungspläne des Managements und die Vereinbarung von rechnungslegungsdatenbasierten Kreditklauseln in Darlehensverträgen. Mit der Abstellung auf Rechnungslegungsdaten besteht für das Management ein Anreiz zur opportunistischen Inanspruchnahme bilanzpolitischer Gestaltungsspielräume. Ferner resultieren Anreize aus dem Willen, politische Kosten, die durch den Ausweis eines hohen Ergebnisses entstehen können, zu vermeiden. Schließlich lässt die Eigentümerstruktur ein unterschiedliches bilanzpolitisches Verhalten erwarten.

Anreize aus kapitalmarkttheoretischer Sicht entstehen aus dem anzunehmenden Bestreben des Managements, die Erwartungen des Kapitalmarkts und damit das Verhalten der Kapitalmarktteilnehmer zu beeinflussen. Obwohl Bilanzpolitik keine Wirkung ausüben dürfte, sofern der Kapitalmarkt über eine mittelstrenge Informationseffizienz verfügt, zeigen empirische Studien, dass bilanzpolitisches Verhalten durchaus eine Kapitalmarktreaktion bewirkt. Zudem kann das Bilan-

---

[1] Zur Berechnung der Kapitalkosten vgl. Drukarczyk (2003), S. 187ff.

[2] Zum Leverage-Effekt vgl. bspw. Egger (1998), S. 604.

zierungsverhalten des Managements selbst bei Bestehen der EMH von der Überzeugung geprägt sein, das bilanzpolitische Maßnahmen einen Einfluss ausüben. Aus diesen Überlegungen kann sowohl ein ergebnismaximierendes Verhalten als auch Ergebnisglättung oder ein extremes „big bath"-Verhalten im Mittelpunkt stehen. Erstgenanntes Bilanzierungsverhalten erscheint nur in Ausnahmefällen zur Anwendung zu kommen. Ferner resultieren Anreize zur Durchführung von Bilanzpolitik aus dem Bestreben, eine Verletzung bestimmter Schwellenwerte zu vermeiden. Schwellenwerte können bei der Umstellung etwa eine bestimmte Höhe des Eigenkapitals oder des Periodenergebnisses darstellen. Auch zeigt sich, dass die Erreichung von Analystenschätzungen oder von eigenen Managementprognosen als Schwellenwert fungieren kann. Schließlich können aus der Gewährung aktienbasierter Vergütungspläne und aus dem Willen, eine Verbesserung des internen bzw. externen Ratings zu erreichen, Anreize zum bilanzpolitisch motivierten Bilanzierungsverhalten entstehen. Obwohl die Anreize bereits in zahlreichen empirischen Studien für US-amerikanische Unternehmen untersucht wurden, liegen vergleichbare Untersuchungen für deutsche Unternehmen nur vereinzelnd vor. Ein Grund dafür liegt in den nur eingeschränkt vorhandenen Informationen für deutsche Unternehmen.

Problematisch erscheint, dass Anreize aus kapitalmarkttheoretischer und vertragstheoretischer Sicht teilweise ein analoges Bilanzierungsverhalten erwarten lassen. Die genaue Zuordnung eines beobachteten Bilanzierungsverhaltens zu der verwendeten Theorie ist daher nicht in jedem Fall möglich. Zudem kann nicht abschließend beurteilt werden, welcher der Anreize als dominant bei der Rechnungslegungsumstellung zu bezeichnen ist. Vielmehr ist anzunehmen, dass ggf. mehrere oder unterschiedliche Anreize bei den Erstanwendern bestehen. Nicht ausgeschlossen werden kann, dass im Umstellungszeitpunkt weitere bzw. andere Anreize existieren, die in dieser Arbeit nicht betrachtet wurden.

Die theoretisch hergeleiteten Erklärungsgründe für Bilanzpolitik bei der Umstellung sehen in erster Linie die Beeinflussung des Periodenergebnisses als bilanzpolitisches Ziel. Daneben wird die Beeinflussung des Eigenkapitals, respektive des Verschuldungsgrads, in den Mittelpunkt gestellt. Letzterer nimmt eine bedeutende Rolle als Kreditklausel in Kreditverträgen und bei der Ratingbeurteilung ein. Indes können auch eine Vielzahl anderer Abschlussgrößen bzw. -kennzahlen das Ziel bilanzpolitischen Verhaltens sein. Deren Einzelbetrachtung würde jedoch den Umfang der Arbeit überschreiten. Daher wird im Folgenden entsprechend der hergeleiteten Erklärungsgründe die Beeinflussung des Verschuldungsgrads bzw. der zukünftigen Periodenergebnisse in den Mittelpunkt bilanzpolitischen Verhaltens im Zeitpunkt der Umstellung gestellt.

Kapitel 4: Beobachtbare bilanzpolitische Instrumente

4.1 Kapitelübersicht

Ziel der vorliegenden Arbeit ist es, das beobachtbare Bilanzierungsverhalten von Unternehmen bei der Umstellung von HGB auf IFRS zu erklären. Dazu wurden im vorherigen Kapitel theoretisch fundierte Erklärungsgründe hergeleitet. Um die daraus folgenden bilanzpolitischen Ziele zu erreichen, steht Erstanwendern eine Vielzahl bilanzpolitischer Instrumente zur Verfügung. Neben sachverhaltsgestaltenden Maßnahmen, wie etwa die Verschiebung des Realisationszeitpunkts der Umsatzerlöse bei Fertigungsaufträgen[1], bestehen sachverhaltsdarstellende Instrumente in

- Bereichen, bei denen IFRS 1 Wahlrechte zum Verzicht auf die andernfalls rückwirkende Anwendung der entsprechenden IFRS vorsieht, und
- Bereichen, bei denen die retrospektive Vorgehensweise die Inanspruchnahme von Wahlrechten und Ermessensspielräumen des entsprechenden IFRS ermöglicht.

Zu unterscheiden ist demnach zwischen Instrumenten aus den Umstellungsvorschriften von IFRS 1[2] und Maßnahmen, die aus der rückwirkenden Anwendung der in den IFRS enthaltenen Wahlrechten und Ermessensspielräumen entstehen. Die im Rahmen der retrospektiven Anwendung als wesentlich zu charakterisierenden Wahlrechte und Ermessensspielräume fasst Anlage 1 im Anhang zusammen[3]. Ein bedeutendes Wahlrecht stellt etwa die Entscheidung zur rückwirkenden Folgebewertung von Sachanlagen nach dem Neubewertungsmodell anstelle einer rückwirkenden Bewertung anhand des Anschaffungskostenmodells dar. Ferner können austauschbare Vorräte alternativ nach der Fifo-Methode oder anhand der Durchschnittsmethode bewertet werden. Wesentliche Ermessensspielräume bestehen bspw. in der Auswahl der Abschreibungsmethoden und Nutzungsdauern von abnutzbaren Vermögenswerten sowie bei der Ermittlung beizulegender Zeitwerte. Daneben existieren konzernspezifische Wahlrechte, wie bspw. das Wahlrecht zur Konsolidierung von Gemeinschaftsunternehmen nach der Equity-Methode oder der Quotenkonsolidierung, und Ermessensspielräume, wie der unbestimmte Rechtsbegriff des Control im Rahmen der Abgrenzung des Konsolidierungskreises.

Die abschließende Darstellung sämtlicher sachverhaltsgestaltender und -darstellender Instrumente würde den Umfang der Arbeit übersteigen und ist

---

[1] Zu weiteren Sachverhaltsgestaltungen bei der Umstellung vgl. Klöpfer (2006), S. 99ff.

[2] Vgl. Kapitel 2.2.5.1.

[3] Vgl. Fuchs (1997), S. 111ff.; Pellens/Sürken (1998), S. 203ff.; Müller/Wulf (2005), S. 1268ff.; Klöpfer (2006), S. 120ff.; Nobach (2006), S. 231ff.; Tanski (2006), S. 37ff.

auch nicht Ziel der Untersuchung. Daher wird im folgenden Kapitel eine Abgrenzung der bilanzpolitischen Instrumente vorgenommen. Dazu werden zunächst Abgrenzungskriterien entwickelt, die von den Instrumenten vollständig erfüllt sein müssen, um in die Arbeit einbezogen zu werden. Zur Untersuchung des Bilanzierungsverhaltens müssen die Instrumente beobachtbar, d.h. aus dem Abschluss erkennbar sein, damit ihre Inanspruchnahme bzw. Nichtinanspruchnahme aus den Geschäftsberichten der Erstanwender erhoben werden kann. Nach der Herleitung der Abgrenzungskriterien wird zunächst die Untersuchungsgesamtheit dargestellt. Anschließend werden die Inanspruchnahme der Wahlrechte von IFRS 1 und die Ausübung bzw. Nichtausübung von Instrumenten, die aus der rückwirkenden Anwendung der IFRS folgen, anhand der Abgrenzungskriterien daraufhin untersucht, inwieweit sie in diese Arbeit einzubeziehen sind. Abschließend wird bei den abgegrenzten Instrumenten die Wirkungsrichtung bei Ausübung bzw. Nichtausübung auf den Verschuldungsgrad im IFRS-Übergangszeitpunkt und auf zukünftige Periodenergebnisse abgeleitet. Die Beeinflussung des Verschuldungsgrads und des Periodenergebnisses stehen annahmegemäß aufgrund der hergeleiteten Anreize in Kapitel 3.3 im Mittelpunkt der Rechnungslegungsumstellung.

4.2 Herleitung von Abgrenzungskriterien

Vor der Herleitung der Abgrenzungskriterien sind zunächst notwendige Annahmen über die Durchführbarkeit von Bilanzpolitik zu treffen. So zeigte Kapitel 3.2.3, dass Bilanzpolitik einer faktischen Grenze aufgrund Kosten-Nutzen-Betrachtungen unterliegen kann. Insbesondere bei der Umstellung erscheint in bestimmten Bereichen eine rückwirkende Anwendung der IFRS aufgrund fehlender Informationen kaum möglich, so dass Unternehmen auf die Befreiungswahlrechte von IFRS 1, sofern sie vorhanden sind, zurückgreifen müssen. Auch kann etwa die Umstellung auf eine neue Bewertungsmethode, wie bspw. der Wechsel von der Fifo-Methode auf die Durchschnittsmethode bei der Vorratsbewertung, unterlassen werden, damit die Kosten der Umstellung möglichst gering ausfallen[1]. Allerdings können derartige Beweggründe aus den Abschlüssen nicht entnommen werden. Daher wird angenommen, dass Erstanwender die mit der Durchführung bilanzpolitischer Instrumente ggf. verbundenen Kosten geringer einschätzen als den hieraus entstehenden Nutzen. Sie sind somit frei in ihrer Entscheidung zur Inanspruchnahme bzw. Nichtinanspruchnahme eines Instruments.

---

[1] Die Umstellung kann erhebliche Kosten verursachen. So betrug der Umstellungsaufwand bei einigen Unternehmen bis zu 10% des Umsatzes; vgl. Köhler/Marten/Schlereth/Crampton (2003), S. 2620.

Die Abgrenzung der bilanzpolitischen Instrumente wird mit Hilfe folgender Kriterien vorgenommen:

- Sachverhaltsdarstellung mit materieller Wirkungsintensität,
- Erkennbarkeit im Abschluss,
- Verfügbarkeit auf Seiten der untersuchten Unternehmen,
- Herleitbarkeit der Wirkungsrichtung auf Verschuldungsgrad und zukünftige Periodenergebnisse sowie
- Wesentlichkeit der Auswirkungen.

Obwohl Sachverhaltsgestaltung aufgrund ihrer nur eingeschränkten Erkennbarkeit ein geeignetes Mittel zur Bilanzpolitik ist, ist ihre Betrachtung in der vorliegenden Arbeit aufgrund fehlender Informationen nicht möglich. Daher werden im Folgenden allein sachverhaltsdarstellende bilanzpolitische Instrumente mit materieller Wirkungsintensität betrachtet. Materielle Wirkungsintensität bedeutet dabei in Abgrenzung zur formalen Bilanzpolitik, dass durch Ausübung bzw. Nichtausübung des bilanzpolitischen Instruments eine betragsmäßige Wirkung auf das Eigenkapital, respektive den Verschuldungsgrad, und zukünftige Periodenergebnisse resultiert. Formale Instrumente, die allein zu einer Veränderung der Struktur von Abschlussbestandteilen führen, werden dagegen von der weiteren Untersuchung ausgeschlossen.

Um das Bilanzierungsverhalten zu untersuchen, können lediglich bilanzpolitische Instrumente in die Untersuchung einbezogen werden, deren Inanspruchnahme bzw. Nichtinanspruchnahme zumindest tendenziell aus dem Abschluss erkennbar ist. Voraussetzung ist daher, dass die Anwendung von Bilanzierungsmethoden mit einem bilanzpolitischen Gestaltungsspielraum bei der Rechnungslegungsumstellung identifiziert werden kann. Die Identifizierung kann durch Auswertung der im erstmaligen IFRS-Abschluss anzugebenden wesentlichen Auswirkungen der Umstellung, der Überleitungsrechnungen und der Beschreibung der angewandten Bilanzierungs- und Bewertungsmaßnahmen vorgenommen werden.

Mit der Forderung einer tendenziellen Erkennbarkeit wird im Folgenden angenommen, dass Manager trotz der möglichen Revidierung durch Abschlussadressaten von einer Verhaltensbeeinflussung durch erkennbare Instrumente überzeugt sind und keine negativen Reaktionen der Abschlussadressaten befürchten[1]. Ein Grund dafür kann in der besonderen Situation der Rechnungsle-

[1] Im Allgemeinen ist davon auszugehen, dass Bilanzpolitik eine umso größere Wirkung erzielt, je weniger ihr Einsatz von den Abschlussadressaten erkannt wird; vgl. Klein (1989), S. 138; Hinz (1994), S. 144f.; Ziesemer (2002), S. 41.

gungsumstellung liegen. Im Umstellungszeitpunkt kommt regelmäßig ein Bündel von neuen Bilanzierungsmaßnahmen zur Anwendung. Obwohl deren Auswirkungen auf den bisherigen Abschluss durch Überleitungsrechnungen erkennbar werden können, muss der Abschlussadressat zwischen verpflichtend anzuwendenden Vorschriften und Vorschriften mit Wahlrechten bzw. Ermessensspielräumen unterscheiden, um bilanzpolitische Instrumente und ihre Wirkungsrichtung zu identifizieren. Hierzu erscheinen nur Abschlussadressaten mit ausreichender Kenntnis in der IFRS-Rechnungslegung in der Lage. Für den Großteil der Adressaten dürfte die Umstellung dagegen regelmäßig eine „black box" darstellen. Erschwerend kommt hinzu, dass das Management die Möglichkeit besitzt, Maßnahmen, die aus bilanzpolitischer Motivation durchgeführt wurden, mit dem Erfordernis der Anwendung neuer Bilanzierungsvorschriften zu begründen. Schließlich kann eine Bereinigung erkennbarer bilanzpolitischer Maßnahmen mit hohen Kosten für die Abschlussadressaten verbunden sein, die den damit verbundenen Nutzen übersteigen.

Eine weitere Voraussetzung für die Einbeziehung in die Untersuchung ist, dass die betrachteten Erstanwender über Geschäftsvorfälle verfügen, bei denen die einzubeziehenden bilanzpolitischen Instrumente zur Anwendung kommen können. So wäre es bspw. in diesem Untersuchungsrahmen nicht möglich, das Bilanzierungswahlrecht zwischen der Bewertung von Sachanlagen anhand des Anschaffungskostenmodells und mittels des Neubewertungsmodells als bilanzpolitische Maßnahmen zu betrachten, wenn keiner der einbezogenen Erstanwender über Sachanlagen verfügt. Die Prüfung der Verfügbarkeit erfolgt anhand des vergangenen HGB-Abschlusses zum Zeitpunkt der Erstellung der IFRS-Eröffnungsbilanz. Insofern steht dieses Kriterium im engen Zusammenhang mit dem Kriterium der tendenziellen Erkennbarkeit, da die Sachverhalte zur Ermittlung ihrer Verfügbarkeit notwendigerweise im vergangenen HGB-Abschluss ersichtlich sein müssen.

Ein weiteres Kriterium stellt die Herleitbarkeit der Wirkungsrichtung auf den Verschuldungsgrad und auf zukünftige Periodenergebnisse bei Ausübung oder Nichtausübung des bilanzpolitischen Instruments dar. So ist es erforderlich, dass der Inanspruchnahme bzw. Nichtinanspruchnahme des bilanzpolitischen Spielraums eine tendenzielle Wirkungsrichtung zugeordnet werden kann und dass sich beide Wirkungsrichtungen voneinander unterscheiden. Dass die Wirkungsrichtung bilanzpolitischer Maßnahmen im Übergangszeitpunkt nicht in jedem Fall eindeutig hergeleitet werden kann, zeigen etwa folgende Beispiele: Betrachtet sei eine Sachanlage, die nach handelsrechtlichen Regeln bisher unter Rückgriff auf steuerliche AfA-Tabellen über zehn Jahre planmäßig abgeschrieben wurde. Bei der Umstellung auf IFRS verlangt IAS 16.57 die planmäßige Abschreibung über ihre voraussichtliche Nutzungsdauer. Deren Ermittlung ist mit großem Ermessensspielraum verbunden und kann sowohl zu einer höheren als auch zu einer niedrigeren Nutzungsdauer führen. Insofern kann es zu unterschiedlichen Wirkungsrichtungen kommen. Ähnliches gilt für die Umstellung der Berechnungsmethodik von Pensionsverpflichtungen. Diese werden im HGB-Abschluss regelmäßig mit dem steuerlich vorgeschriebenen Diskontierungszinssatz von 6% berechnet. Demgegenüber verlangen IAS 19.78 und IAS 19.83 die Anwendung eines Abzinsungssatzes, der die Rendite erstrangiger, festverzinslicher Industrieanleihen widerspiegelt. Obwohl auch bei der Auswahl der Höhe des Diskontierungszinssatzes ein Gestaltungsspielraum liegen kann, zeigt sich, dass der in der Unternehmenspraxis angewandte Zinssatz nach IFRS regelmäßig unter dem steuerlichen Zinssatz von 6% liegt[1]. Infolgedessen kommt es bei der Umstellung überwiegend zu einer Erhöhung der Pensionsverpflichtung. Wird nun die Variation des Diskontierungszinssatzes als bilanzpolitisches Instrument betrachtet, lässt sich für die Ausübung und Nichtausübung keine unterschiedliche Wirkungsrichtung herleiten. Beides führt zu einer Erhöhung der Pensionsverpflichtung korrespondierend mit einer Senkung des Eigenkapitals, wobei sich lediglich die Wirkungshöhe in Abhängigkeit des verwendeten Diskontierungszinssatzes unterscheidet. Um hieraus entstehende Verzerrungen der Untersuchung zu vermeiden, werden daher nur Instrumente einbezogen, bei denen sowohl die Wirkungsrichtung auf den Verschuldungsgrad als auch die Wirkungsrichtung auf zukünftige Periodenergebnisse zumindest tendenziell hergeleitet werden kann und bei denen sich die Wirkungsrichtungen bei Ausübung und Nichtausübung unterscheiden.

Schließlich soll die Wesentlichkeit der Auswirkungen als letztes Abgrenzungskriterium dienen. In die Untersuchung werden nur Instrumente einbezogen, die eine wesentliche Wirkung auf den Verschuldungsgrad oder auf zukünftige Periodenergebnisse erwarten lassen. Da keine einheitliche Definition für Wesentlichkeit existiert, ist dieses Kriterium mit einem hohen Maß an Subjektivität verbunden. Dennoch ist diese Abgrenzung erforderlich, um eine Separierung aus der Vielzahl bilanzpolitischer Instrumente vorzunehmen. Dabei kann nicht ausgeschlossen werden, dass im Rahmen der Untersuchung nicht betrachtete bilanzpolitische Instrumente bei einzelnen Unternehmen durchaus einen wesentlichen Effekt entfaltet haben.

Zusammenfassend wird in der vorliegenden Arbeit folgende thematische Abgrenzung der einzubeziehenden bilanzpolitischen Instrumente vorgenommen: Es

---

[1] So verwendeten die nach internationalen Regeln bilanzierenden DAX 30-Unternehmen im Geschäftsjahr 2003 im Median einen Diskontierungszinssatz von 5,5%. Für das Jahr 2004 sank dieser auf 5,0%; vgl. Jasper/Delvai (2005), S. 510; Bode/Thurnes (2005), S. 2702; von Keitz (2005), S. 118. Zu einer Auflistung der DAX 30-Unternehmen und deren angewandte Diskontierungszinssätze siehe Rhiel/Stieglitz (2005), S. 2202. Höfer/Früh (2005), S. 1177f., ermittelten für ca. 400 nicht im DAX 30 gelistete Unternehmen zum Stichtag 31.12.2004 einen tendenziellen Schwerpunkt bei einem Zinssatz von 5,25%.

werden nur sachverhaltsdarstellende Maßnahmen mit einer materiellen Wirkungsintensität einbezogen, die zumindest tendenziell im Abschluss erkennbar sind sowie von den untersuchten Unternehmen angewandt werden können und deren Wirkungsrichtung hinsichtlich der Ausübung bzw. Nichtausübung auf den Verschuldungsgrad und auf zukünftige Periodenergebnisse zumindest tendenziell ableitbar, voneinander verschieden sowie wesentlich ist.

Um eine Abgrenzung anhand der hergeleiteten Kriterien vorzunehmen, wird im Folgenden auf die im ersten IFRS-Abschluss veröffentlichten wesentlichen Änderungen der Bilanzierungs- und Bewertungsmethoden durch die Rechnungslegungsumstellung und den in den Überleitungsrechnungen des Eigenkapitals zum IFRS-Übergangszeitpunkt aufgeführten Überleitungspositionen abgestellt. Zudem wird zur Ermittlung der Verfügbarkeit bilanzpolitischer Instrumente der HGB-Geschäftsbericht zum Zeitpunkt der Erstellung der IFRS-Eröffnungsbilanz herangezogen. Unter Bezugnahme auf die ausgewiesenen Positionen der Überleitungsrechnungen wird bereits das Kriterium der Sachverhaltsdarstellung mit materieller Wirkungsintensität und der Wesentlichkeit erfüllt. Insofern ist allein eine Prüfung der Kriterien Erkennbarkeit, Verfügbarkeit und Herleitbarkeit der Wirkungsrichtung erforderlich. Zuvor wird nachfolgend die Untersuchungsgesamtheit beschrieben.

4.3 Untersuchungsgesamtheit

Als Ausgangspunkt für die Ableitung der Untersuchungsgesamtheit dienen die zum 30.12.2005 im CDAX der Frankfurter Wertpapierbörse (FWB) gelisteten inländischen Unternehmen. Hierunter fallen insgesamt 648 Gesellschaften (vgl. Tab. 1)[1]. In der Untersuchung werden somit bewusst Unternehmen ausgelassen, die nicht kapitalmarktorientiert oder an einem anderen inländischen Kapitalmarkt börsennotiert sind, und Gesellschaften, die allein Fremdkapitaltitel emittiert haben. Obwohl die zuletzt genannten Unternehmen ebenfalls unter die kapitalmarktorientierten Unternehmen im Sinne des § 315a HGB fallen und damit gleichfalls, sofern sie zur Konzernrechnungslegung verpflichtet sind, ihre Rechnungslegung spätestens mit Ende des Geschäftjahrs 2007 auf IFRS umstellen müssen, scheitert ihre Berücksichtigung an den für die vorliegende Untersuchung benötigten Informationen über die Unternehmen. Durch den Nichteinbezug derjenigen Unternehmen, die weder kapitalmarktorientiert noch an einer anderen deutschen Börse gelistet sind, werden mögliche Verzerrungen in der Unternehmensgesamtheit vermieden. So ist zu vermuten, dass allein an Regio-

---

1 Abgestellt wurde hierbei auf die CDAX-Gewichtung der FWB vom 30.12.2005, die auf den Internetseiten der Deutsche Börse AG öffentlich verfügbar ist; vgl. http://deutsche-boerse.com. Dabei wurden Doppelzählungen, die aus einem Listing sowohl mit Stamm- als auch mit Vorzugsaktien resultierten, entfernt.

nalbörsen gelistete Unternehmen einerseits weniger an einer weiten Verbreitung ihrer Anteile interessiert sind und andererseits auch weniger Beobachtung durch den Kapitalmarkt erfahren. Einschließlich der nicht-kapitalmarktorientierten Unternehmen haben bilanzpolitische Anreize aus kapitalmarktbezogener Sicht somit für sie nur einen geringen Stellenwert. Dagegen stellt die Verwendung der CDAX-Unternehmen als Ausgangspunkt sicher, dass ein einheitliches Marktsegment betrachtet wird.

	Absolute Anzahl	**Verbleibende Anzahl**	**%-Anteil**
Inländische Unternehmen im CDAX der FWB zum 30.12.2005	**648**	**648**	**100 %**
- Finanzinstitute	- 92	556	85,8%
- Unternehmen, deren Abschlussstichtag vor dem 31.03.2005 liegt und die nicht mehr nach HGB bilanzieren	-335	221	34,1%
▪ (davon IFRS-Bilanzierer)	(258)		
▪ (davon US-GAAP-Bilanzierer)	(77)		
- Unternehmen, bei denen nicht alle benötigten Informationen verfügbar waren	-102	119	18,4%
- Unternehmen, dessen Mutterunternehmen ebenfalls in der Grundgesamtheit enthalten ist	- 1	118	18,2%
- Unternehmen, die im Geschäftsjahr 2005/06 nur einen Einzelabschluss erstellten	-18	100	15,4%
▪ (davon HGB-Bilanzierer)	(16)		
▪ (davon IFRS-Bilanzierer)	(2)		
Untersuchungsgesamtheit		**100**	**100%**
▪ davon Prime Standard		22	22%
(DAX)		(2)	
(MDAX)		(5)	
▪ davon General Standard		78	78%

Tab. 1: Abgrenzung der Untersuchungsgesamtheit

Aufgrund der im Vergleich zu anderen Unternehmen unterschiedlichen Abschlussstruktur werden 92 Finanzinstitute von der Grundgesamtheit ausgeschlossen[1]. Ferner ist die Untersuchungsgesamtheit begrenzt auf Unternehmen, die ihren ersten IFRS-Abschluss zu einem Abschlussstichtag nach dem 31.03.2005 erstellt haben. Damit wird sichergestellt, dass die betrachteten Un-

[1] Als Finanzinstitute sind sämtliche Unternehmen zu charakterisieren, deren Industry Group-Klassifizierung gemäß der Datenbank WORLDSCOPE zwischen 4300 bis 4395 und damit im Bereich der „Financials" liegt. Bei denjenigen Unternehmen, bei denen WORLDSCOPE keine Daten lieferte, wurde zudem auf die jeweilige Klassifikation auf den Internetseiten der Deutsche Börse AG zurückgegriffen und ggf. ein Ausschluss vorgenommen.

ternehmen die gleichen Bilanzierungs- und Bewertungsmethoden bei der Umstellung anwenden können und damit über die gleichen bilanzpolitischen Instrumente verfügen. Die IFRS unterlagen in der Vergangenheit insbesondere durch das Improvement-Projekt erheblichen Veränderungen[1]. Teilweise waren die hieraus folgenden Änderungen erst für Geschäftsjahre, die am oder nach dem 01.01.2004 begannen, verpflichtend anzuwenden. Die letzten umfangreicheren Änderungen resultierten aus der Verabschiedung von IFRS 3 und den zugehörigen Anpassungen von IAS 36 und IAS 38, die u.a. den Wertminderungstest für den GoF einführten. Die neuen IFRS 3, IAS 36 und IAS 38 waren erstmalig verpflichtend für Geschäftsjahre anzuwenden, die am oder nach dem 31.03.2004 begannen. Hieraus folgt, dass ein Erstanwender mit einem IFRS-Berichtszeitpunkt vor dem 31.03.2005 bei einer Befolgung des retrospektiven Grundsatzes eine rückwirkende Bilanzierung von Unternehmenszusammenschlüssen nach dem zuvor gültigen IAS 22 durchzuführen hatte, womit der GoF planmäßig abzuschreiben war. Auch konnten Erstanwender mit einem erstmaligen IFRS-Berichtszeitpunkt vor dem 31.12.2004 die Umstellung nach der Interpretation SIC-8 vornehmen, da IFRS 1 erst verpflichtend für ein Geschäftsjahr anzuwenden war, das am oder nach dem 31.12.2004 endete[2]. Um mögliche Verzerrungen bei der Untersuchung zu vermeiden, markiert der 31.03.2005 den Ausgangspunkt für die Ableitung der Untersuchungsgesamtheit.

Für die nach Abzug der Finanzinstitute verbleibenden 556 Unternehmen ist das angewandte Rechnungslegungssystem für die Geschäftsjahre 2003 bis 2005 zu erheben. Da insgesamt 258 Gesellschaften bereits vor dem 31.03.2005 nach IFRS bilanzieren, werden sie von der Grundgesamtheit ausgeschlossen. 77 Unternehmen legen nach US-GAAP Rechnung, so dass auch sie nicht in die Untersuchung einbezogen werden. Für einen nicht unerheblichen Teil der verbleibenden Unternehmen sind keine bzw. nicht sämtliche für die Untersuchung benötigten Informationen verfügbar. Überwiegend liegt dies an fehlenden Geschäftsberichten aufgrund anstehender Insolvenzverfahren, bevorstehender Liquidierung oder Verschmelzung[3]. Unter den restlichen 119 Unternehmen befindet sich ein Tochterunternehmen eines ebenfalls in die Grundgesamtheit einbezogenen Mutterunternehmens. Da nicht ausgeschlossen werden kann, dass die angewandten bilanzpolitischen Instrumente des Tochterunternehmens maßgeblich vom Mutterunternehmen beeinflusst werden, ist es von der weiteren Untersuchung auszuschließen. 18 Unternehmen veröffentlichen allein einen Einzelabschluss, so dass

---

1 Vgl. Zülch (2004), S. 153ff.; siehe hierzu auch Kapitel 2.2.5.

2 Vgl. Kapitel 2.2.3.

3 50 Unternehmen veröffentlichen keine Informationen, da sie sich in einem laufenden Insolvenzverfahren befinden, kürzlich ein Insolvenzantrag gestellt haben oder sich in der Abwicklung befinden. Bei den restlichen Unternehmen konnten nicht sämtliche notwendigen Informationen für die Untersuchung ermittelt werden.

für sie keine verpflichtende IFRS-Anwendung besteht. Obwohl von diesen Unternehmen zwei Gesellschaften freiwillig einen IFRS-Einzelabschluss aufstellen, kommt ein Einbezug in die Untersuchung für sie aufgrund fehlender konzernspezifischer Instrumente nicht in Frage. Insgesamt ergibt sich somit eine Untersuchungsgesamtheit von 100 Unternehmen[1].

Von den 100 Unternehmen sind 78 Unternehmen im Börsensegment General Standard der FWB gelistet und unterliegen insofern geringeren Transparenzanforderungen. Obwohl für die 22 identifizierten Unternehmen des Prime Standards bereits seit Einführung des Börsensegments eine Verpflichtung zur internationalen Rechnungslegung bestand, erstellen sie noch einen HGB-Abschluss. Der Grund dafür kann einerseits darin liegen, dass es Unternehmen, die bereits bei der Verabschiedung der IAS-VO im Prime Standard notiert waren, erlaubt war, erst mit verpflichtender IFRS-Anwendung ab dem Geschäftsjahr 2005 bzw. 2005/06 einen IFRS-Abschluss zu veröffentlichen. Andererseits konnte zur Erfüllung der Börsenanforderungen neben dem HGB-Abschluss eine Überleitungsrechnung auf internationale Rechnungslegungsnormen erstellt werden.

Die hohe Anzahl von Unternehmen des General Standards lässt vermuten, dass kleine und mittelgroße Unternehmen einen großen Anteil der Unternehmensgesamtheit ausmachen. Daher wurde unter Rückgriff auf die Klassifikationskriterien von § 267 HGB eine Einteilung der Unternehmen in kleine, mittelgroße und große Kapitalgesellschaften vorgenommen[2]. Hierbei zeigt sich, dass in der Untersuchungsgesamtheit über 80% große Kapitalgesellschaften vorzufinden sind. Kleine und mittelgroße Kapitalgesellschaften stellen dagegen mit 7% bzw. 10% einen geringen Anteil dar (vgl. Tab. 2).

---

1 Zu einer Auflistung der Unternehmen siehe Anlage 2 im Anhang.

2 Hierbei ist zu beachten, dass Kapitalgesellschaften gemäß § 267 Abs. 3 HGB grundsätzlich als groß gelten, wenn sie einen organisierten Markt im Sinne des § 2 Abs. 5 WpHg durch ausgegebene Wertpapiere in Anspruch nehmen. Dessen ungeachtet soll die Einteilung zu einem besseren Verständnis der Struktur der Grundgesamtheit beitragen. Gemäß § 267 Abs. 1 HGB sind Kapitalgesellschaften als klein zu bezeichnen, wenn sie zwei der folgenden Merkmale nicht überschreiten: Eine Bilanzsumme i.H.v. 4.015 T€, Umsatzerlöse i.H.v. 8.030 T€ und 50 Arbeitnehmer im Jahresdurchschnitt. Mittelgroße Kapitalgesellschaften müssen gemäß § 267 Abs. 2 HGB mindestens zwei der beschriebenen Merkmale überschreiten, wobei jedoch mindestens zwei der folgenden Merkmale nicht erfüllt sein dürfen: eine Bilanzsumme i.H.v. 16.060 T€, Umsatzerlöse von 32.120 T€ und eine jahresdurchschnittliche Arbeitnehmerzahl von 250. Als große Kapitalgesellschaft gelten gemäß § 267 Abs. 3 HGB sämtliche Unternehmen, die mindestens zwei der zuletzt aufgeführten Merkmale erfüllen. Die Einteilung erfolgt auf Basis des erstmaligen IFRS-Abschlusses.

	Absolute Anzahl	%-Anteil
Unternehmensgröße nach § 267 HGB		
Kleine Kapitalgesellschaften	7	7%
Mittelgroße Kapitalgesellschaften	10	10%
Große Kapitalgesellschaften	83	83%
Erstmaliger IFRS-Berichtszeitpunkt		
30.06.2005	1	1%
31.07.2005	1	1%
31.08.2005	1	1%
31.12.2005	91	91%
31.03.2006	3	3%
30.06.2006	1	1%
30.09.2006	2	2%
HGB-Abschlussart zum IFRS-Übergangszeitpunkt		
Konzernabschluss	92	92%
Einzelabschluss	8	8%

Tab. 2: Unternehmensgröße, erstmaliger IFRS-Berichtszeitpunkt und HGB-Abschlussart zum IFRS-Übergangszeitpunkt

In den überwiegenden Fällen erstellen die einbezogenen Erstanwender ihren erstmaligen IFRS-Abschluss zum 31.12.2005 (91%). Nur in drei bzw. sechs Fällen befindet sich der Abschlussstichtag vor bzw. nach diesem Stichtag. Bei den drei Unternehmen, die zu einem Abschlussstichtag vor dem 31.12.2005 bilanzieren[1], handelt es sich im Vergleich zu den restlichen Unternehmen nicht um eine verpflichtende IFRS-Umstellung. Vielmehr wurde die Umstellung um ein Jahr vorgezogen, womit eine freiwillige IFRS-Frühanwendung vorliegt[2]. Verzerrungen hinsichtlich der Untersuchung sind jedoch nicht zu erwarten, da die Unternehmen über das gleiche bilanzpolitische Instrumentarium wie die anderen Erstanwender verfügen.

Von den einbezogenen Erstanwendern veröffentlichen acht im IFRS-Übergangszeitpunkt, d.h. zwei Jahre vor dem Abschlussstichtag des erstmaligen IFRS-Abschlusses, einen Einzelabschluss nach handelsrechtlichen Vorschriften. Davon stellen sechs Unternehmen nach der Umstellung erstmalig einen Konzernabschluss auf, während die anderen beiden Gesellschaften bereits im Geschäftsjahr zuvor erstmalig einen handelsrechtlichen Konzernabschluss veröffentlichen.

[1] Darunter fallen die KWS Saat AG (30.06.2005), die Porsche AG (31.07.2005) und die Andreae-Noris Zahn AG (31.08.2005).

[2] Zu den Motiven einer freiwilligen IFRS-Anwendung siehe Stahl (2004), S. 111ff.

Auch hier sind keine verzerrenden Wirkungen auf die Untersuchung zu erwarten.

Zur Brancheneinteilung der einbezogenen Unternehmen wird auf die von der Datenbank WORLDSCOPE vorgegebene Branchenzuteilung abgestellt. Sofern WORLDSCOPE hierzu keine Daten enthält, erfolgt eine Einteilung anhand der im Geschäftsbericht dargelegten Tätigkeit des Unternehmens. Anschließend wird eine Verdichtung der Daten zu folgenden fünf Branchen vorgenommen[1]: (1) Herstellende und verarbeitende Industrie, (2) Groß- und Einzelhandel, (3) Elektrotechnik und Elektronik, (4) Chemie, Pharma und artverwandte Produkte sowie (5) Sonstige.

Die Mehrzahl der einbezogenen Erstanwender (27%) ist dem Groß- und Einzelhandel zuzuordnen (vgl. Abb. 7). Unternehmen der herstellenden und verarbeitenden Industrie folgen mit einem Anteil von 25%, während Erstanwender der Branche Elektrotechnik und Elektronik, worunter auch Software-Unternehmen fallen, einen Anteil von 17% besitzen. Chemie, Pharma und artverwandte Unternehmen sind mit 8% in der Grundgesamtheit vertreten. Unter die restlichen 23 sonstigen Unternehmen fallen insbesondere fünf Erstanwender der Automobilbranche und vier Versorgungsunternehmen.

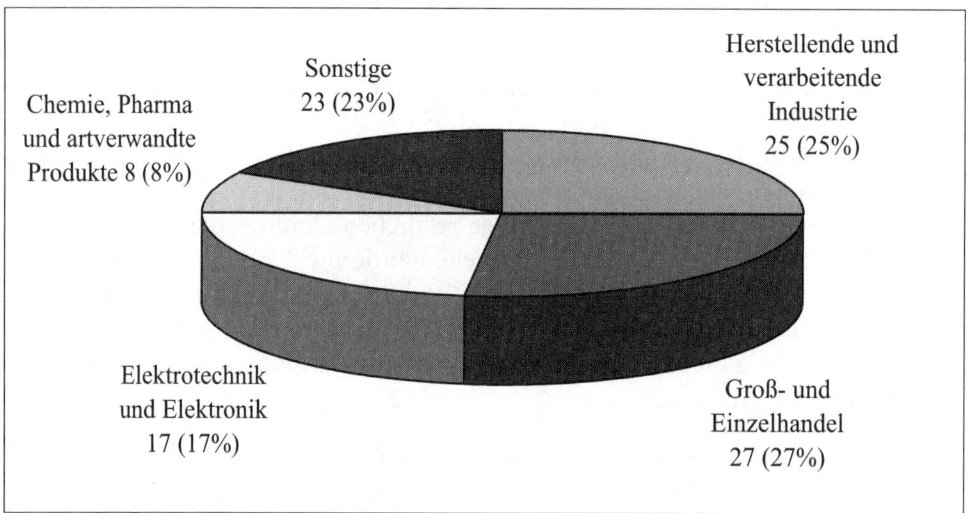

Abb. 7: Branchenklassifizierung

[1] Ohne eine entsprechende Verdichtung weist die Datenbank WORLDSCOPE den einbezogenen Unternehmen insgesamt 18 Branchenklassen zu, wobei einzelne Branchen nur mit einem bzw. zwei Unternehmen vertreten sind. Für die deskriptive Analyse in Kapitel 5.4.1 lässt daher eine Zusammenfassung mehrerer Branchen bessere Ergebnisse erwarten. Zur separaten Auflistung der Branchenuntergliederung siehe Anlage 3 im Anhang.

4.4 Abgrenzung der bilanzpolitischen Instrumente

Zu Beginn des Kapitels wurde aufgezeigt, dass bei der Ausübung sachverhaltsdarstellender bilanzpolitischer Instrumente im Zeitpunkt der Umstellung zwischen der Inanspruchnahme der Wahlrechte von IFRS 1 und der rückwirkenden Anwendung bilanzpolitischer Gestaltungsspielräume innerhalb der IFRS zu unterscheiden ist. Entsprechend dieser Einteilung werden die Abgrenzungskriterien zunächst auf die Inanspruchnahme bzw. Nichtinanspruchnahme der IFRS 1-Wahlrechte und anschließend auf die retrospektive Ausnutzung bzw. Nichtausnutzung von Gestaltungsspielräumen angewandt.

Die Ausübung bzw. Nichtausübung der Instrumente wird aus dem ersten IFRS-Abschluss entnommen. IFRS 1 enthält zwar kein grundsätzliches Erfordernis, die angewandten Befreiungswahlrechte zu veröffentlichen[1]. Indes sind die wesentlichen Bilanzierungs- und Bewertungsmethoden gemäß IAS 1.8(e) im Anhang anzugeben. Erfolgt dennoch keine Angabe, wird versucht, die Anwendung aus den sonstigen Angaben im Abschluss abzuleiten[2]. Können hieraus keine Rückschlüsse auf die Inanspruchnahme bzw. Nichtinanspruchnahme gezogen werden, wird davon ausgegangen, dass der Erstanwender das Wahlrecht nicht genutzt oder als unwesentlich behandelt hat. Da die Wahlrechte nur in bestimmten Bereichen in Anspruch genommen werden können, wird aus dem HGB-Geschäftsbericht zum IFRS-Übergangszeitpunkt erhoben, ob der Sachverhalt beim Erstanwender vorlag.

4.4.1 Inanspruchnahme der Wahlrechte von IFRS 1

Insgesamt weisen von den 100 einbezogenen Erstanwendern 83 Unternehmen im ersten IFRS-Abschluss darauf hin, mindestens eines der Bilanzierungswahlrechte von IFRS 1 in Anspruch genommen zu haben. Das überwiegend genutzte Wahlrecht stellt mit 83% die Anwendung der Erleichterungsvorschriften von IFRS 1 anstelle der rückwirkenden Anwendung von IFRS 3, IAS 36 und IAS 38 bei Unternehmenszusammenschlüssen dar (vgl. Tab. 3). Hieraus darf jedoch

---

1 Zu den Offenlegungspflichten von IFRS 1 vgl. Kapitel 2.2.6.

2 So weisen bspw. einige Unternehmen nicht explizit darauf hin, dass das Wahlrecht zur sofortigen Vereinnahmung bisher im Eigenkapital ausgewiesener Fremdwährungsdifferenzen genutzt wurde. Indes kann die Nutzung des Wahlrechts bei einem Teil dieser Unternehmen aus einem Vergleich des Eigenkapitalspiegels nach HGB zum Übergangszeitpunkt und des Eigenkapitalspiegels nach IFRS abgeleitet werden. Gründe für den fehlenden Hinweis können darin liegen, dass die Vereinnahmung im Umstellungszeitpunkt weder einen Effekt auf das Eigenkapital noch auf das Periodenergebnis ausübt oder die Inanspruchnahme des Wahlrechts aus Sicht des Erstanwenders als nicht wesentlich angesehen wurde.

nicht gefolgert werden, dass die restlichen Unternehmen ihre vergangenen Unternehmenszusammenschlüsse rückwirkend nach IFRS bilanzieren.

	Wahlrechte von IFRS 1	**IA**	**n**	**%-Anteil**
1.	Anwendung der Erleichterungsvorschriften von IFRS 1 bei vergangenen Unternehmenszusammenschlüssen	83	100	83,00%
2.	Sofortige Vereinnahmung bisher im Eigenkapital erfasster Fremdwährungsdifferenzen in den Gewinnrücklagen	36	72	50,00%
3.	Sofortige Erfassung versicherungsmathematischer Gewinne und Verluste bei Leistungen an Arbeitnehmer	34	81	41,98%
4.	Ansatz des beizulegenden Zeitwerts von Sachanlagen als Ersatz für die rückwirkende Ermittlung der AHK	15	100	15,00%
5.	Verzicht auf die rückwirkende Anwendung von IFRS 2 bei aktienbasierten Vergütungsplänen	7	k.a.	k.a.
6.	Verzicht auf die rückwirkende Anwendung von IFRIC 4 bei Leasingverhältnissen	2	98	2,04%
7.	Verzicht auf die rückwirkende Anwendung von IFRIC 1 bei Entsorgungsverpflichtungen	2	k.a.	k.a.
8.	Ansatz des beizulegenden Zeitwerts von Finanzimmobilien als Ersatz für die rückwirkende Ermittlung der AHK	1	24	4,17%
9.	Ansatz des beizulegenden Zeitwerts von immateriellen Vermögenswerten als Ersatz für die rückwirkende Ermittlung der AHK	1	100	1,00%
10.	Verzicht auf die rückwirkende Aufteilung hybrider Finanzinstrumente	1	k.a.	k.a.
11.	Anwendung der Übergangsbestimmungen von IFRS 4 bei Versicherungsverträgen	0	k.a.	0,00%
12.	Neuklassifizierung von Finanzinstrumenten	0	100	0,00%
13.	Verzicht auf die Anwendung bestimmter Vorschriften zur erstmaligen Bewertung und Folgebewertung von Finanzinstrumenten	0	100	0,00%

IA = Inanspruchnahme
n = Anzahl Unternehmen, die über den betrachteten Sachverhalt verfügen
k.a. = keine Angaben

Tab. 3: Inanspruchnahme der Bilanzierungswahlrechte von IFRS 1

Nur fünf Erstanwender geben explizit an, dass eine rückwirkende Anwendung erfolgt. Bei den anderen Unternehmen ist die Inanspruchnahme bzw. Nichtinanspruchnahme aus dem Abschluss nicht ersichtlich. Am zweithäufigsten wird das Wahlrecht zur sofortigen Vereinnahmung von Fremdwährungsdifferenzen im Eigenkapital genutzt. Insgesamt weist hier die Hälfte aller Erstanwender, für die ein entsprechender Posten im HGB-Abschluss identifiziert werden kann, auf eine Inanspruchnahme des Wahlrechts hin. Dabei kann nicht ausgeschlossen werden, dass der tatsächliche Anteil noch höher liegt, da nicht sämtliche Erstanwender explizit auf die Ausübung hindeuten bzw. eine Inanspruchnahme aus den sonstigen Angaben im Geschäftsbericht nicht in jedem Fall ersichtlich ist. Fast 42% der Erstanwender mit vorhandenen Pensionsverpflichtungen geben an, versicherungsmathematische Gewinne und Verluste aus der Berechnung von Pensionsrückstellungen nach IFRS in voller Höhe im Übergangszeitpunkt in den Gewinnrücklagen zu erfassen. Insofern scheint die Mehrheit der Erstanwender eine rückwirkende Anwendung von IAS 19 zu bevorzugen. Allerdings kann aus den bereits erwähnten Gründen die tatsächliche Zahl der Wahlrechtsnutzer wiederum höher liegen.

15% aller Erstanwender bewerten Sachanlagen im IFRS-Übergangszeitpunkt zum beizulegenden Zeitwert anstelle einer rückwirkenden Ermittlung ihrer AHK. Überwiegend werden dabei beizulegende Zeitwerte von Grundstücken und Gebäuden ermittelt[1]. Lediglich ein Unternehmen von 24 Erstanwendern, die über Finanzimmobilien verfügen, bewertet diese zum beizulegenden Zeitwert. Gleichfalls weist nur ein Erstanwender darauf hin, dass immaterielle Vermögenswerte zum beizulegenden Zeitwert bewertet werden. Da die Inanspruchnahme des Wahlrechts u.a. das Vorhandensein eines aktiven Marktes für den Vermögenswert erfordert[2], ist seine Nutzung zumindest für die hier einbezogenen deutschen Erstanwender nur ein Ausnahmefall. Mit Ausnahme des Wahlrechts zum Verzicht auf die rückwirkende Anwendung von IFRS 2, das von sieben Unternehmen genutzt wird, werden die restlichen Wahlrechte nur in Einzelfällen in Anspruch genommen. Ein möglicher Grund dafür kann in ihrem spezifischen Anwendungsbereich liegen. Daher war es auch nicht möglich, die Verfügbarkeit des Sachverhalts im HGB-Abschluss zu ermitteln. Dagegen ist der geringe Anteil von Unternehmen, die Wahlrechte im Bereich Finanzinstrumente nutzen, nicht verwunderlich, da Finanzinstitute von der Untersuchung ausgeschlossen wurden.

Durch die veröffentlichte Inanspruchnahme der Wahlrechte im Abschluss ist das Kriterium der tendenziellen Erkennbarkeit erfüllt. Da die Wahlrechte zur Anwendung der Übergangsbestimmungen von IFRS 4, zur Neuklassifizierung von Finanzinstrumenten und zum Verzicht auf bestimmte Vorschriften zur Erst- und Folgebewertung von Finanzinstrumenten von den betrachteten Erstanwendern nicht genutzt werden, werden sie von der weiteren Untersuchung ausgeschlossen. Die Anwendung der Abgrenzungskriterien auf die verbleibenden Wahlrechte fasst Anlage 4 im Anhang zusammen.

---

1 Darunter fallen neun von insgesamt 15 Unternehmen. Nur ein Unternehmen bewertet Maschinen zum beizulegenden Zeitwert.

2 Vgl. Kapitel 2.2.5.1.3.

Da aus den HGB-Abschlüssen die Verfügbarkeit von Entsorgungsverpflichtungen, von Informationen über die Ausübungszeitpunkte bestehender Aktienoptionspläne und über hybride Finanzinstrumente nicht ersichtlich ist, werden sie ebenfalls nicht in die Untersuchung einbezogen. Obwohl ein Unternehmen das Wahlrecht zum Ansatz des beizulegenden Zeitwerts von immateriellen Vermögenswerten ausgeübt hat, ist auch hier die Verfügbarkeit als nicht gegeben anzusehen. Als Voraussetzung für die Ausübung des Wahlrechts gilt das Bestehen eines aktiven Marktes für den Vermögenswert. Dessen Existenz kann für die immateriellen Vermögenswerte der Unternehmen, die das Wahlrecht nicht ausgeübt haben, nicht ermittelt werden.

Ferner scheitert die Berücksichtigung der Wahlrechte zur sofortigen Erfassung versicherungsmathematischer Gewinne und Verluste, zum Verzicht auf die rückwirkende Anwendung von IFRIC 4 und zur unmittelbaren Vereinnahmung bisher im Eigenkapital ausgewiesener Fremdwährungsdifferenzen an der fehlenden Möglichkeit, damit Wirkungsrichtungen auf den Verschuldungsgrad und zukünftige Periodenergebnisse zu verbinden. Bei letztgenanntem Wahlrecht liegt das insbesondere daran, dass regelmäßig aus dem HGB-Geschäftsabschluss nicht entnommen werden konnte, ob ein positiver oder negativer Unterschiedsbetrag aus der Währungsumrechnung vorlag[1]. Insofern kann mit der Ausübung bzw. Nichtausübung des Wahlrechts kein unmittelbarer Effekt verbunden werden.

Das Wahlrecht zur Anwendung der Erleichterungsvorschriften von IFRS 1 anstelle einer rückwirkenden Anwendung von IFRS 3, IAS 36 und IAS 38 betrifft sämtliche aus vergangenen Unternehmenszusammenschlüssen erworbenen Vermögenswerte einschließlich GoF und Schulden[2]. Aussagen über die tendenzielle Wirkungsrichtung auf den Verschuldungsgrad und zukünftige Periodenergebnisse können hier allein hinsichtlich des GoF getroffen werden. Daher wird im Folgenden eine Beschränkung des Wahlrechts auf den GoF vorgenommen.

Insgesamt erfüllen somit folgende IFRS 1-Wahlrechte die Abgrenzungskriterien:

- Rückwirkende Bilanzierung des Geschäfts- oder Firmenwerts anhand von IFRS 3, IAS 36 und IAS 38 vs. Anwendung der Erleichterungsvorschriften von IFRS 1,

---

[1] Handelsrechtlich ist es nicht vorgeschrieben, den Gesamtbestand des Unterschiedsbetrags aus der Währungsumrechnung separat im Anhang bzw. in der Eigenkapitalveränderungsrechnung zu zeigen. Gemäß § 313 Abs. 1 Nr. 2 HGB sind lediglich die Grundlagen für die Umrechnung im Anhang anzugeben. Allein unter Befolgung von DRS 14 ist eine Angabe zu tätigen; vgl. DRS 14.39; Müller (2006), Rdn. 74.

[2] Vgl. Kapitel 2.2.5.1.1.

- Rückwirkende Bewertung von Sachanlagen zu fortgeführten AHK vs. Bewertung zum beizulegenden Zeitwert sowie
- Rückwirkende Bewertung von Finanzimmobilien zu fortgeführten AHK vs. Bewertung zum beizulegenden Zeitwert.

4.4.2 Auswertung der Überleitungsrechnungen

Zur Ermittlung der in Anspruch genommenen bilanzpolitischen Instrumente unter rückwirkender Anwendung der IFRS werden zunächst die in den Überleitungsrechnungen vorzufindenden Positionen und ihre betragsmäßige Wirkung auf das bisherige Eigenkapital nach HGB ausgewertet.

Überleitungspositionen	**Anzahl Nennungen**
Anpassungen von latenten Steuern	88
Anpassungen von Pensionsrückstellungen	70
Anpassungen von Rückstellungen	62
Anpassungen von Sachanlagen	61
Ansatz von Leasingverhältnissen	48
Anpassungen von immateriellen Vermögenswerten	42
Bewertung von Finanzinstrumenten zum beizulegenden Zeitwert	41
Anpassungen von Vorräten	36
Anpassungen von Forderungen und sonstigen Vermögenswerten	34
Anpassungen aufgrund von Währungseffekten	27
Änderung des Konsolidierungskreises	26
Anpassungen aufgrund der Abgrenzung bisher unmittelbar ergebniswirksam verrechneter Sachverhalte	23
Rücknahme aktivierter eigener Anteile	22
Anpassungen von Finanzschulden und Verbindlichkeiten	21
Anpassung aufgrund der PoC-Methode bei Fertigungsaufträgen	17
Anpassungen des Geschäfts- oder Firmenwerts	15
Umgliederungen von Eigen- in Fremdkapital oder Fremd- in Eigenkapital	8
Anpassungen von Minderheiten	7
Änderung von Konsolidierungsmethoden	5
Bewertungsanpassungen von at-Equity-Gesellschaften	5
Rücknahme der Aktivierung von Aufwendungen für die Ingangsetzung und Erweiterung des Geschäftsbetriebs	5
Anpassungen von Finanzimmobilien	5
Rücknahme passivierter Sonderposten mit Rücklageanteil	5
Rücknahme außerhalb des Eigenkapitals ausgewiesener negativer Unterschiedsbeträge aus der Kapitalkonsolidierung	2
Bewertung von biologischen Vermögenswerten zum beizulegenden Zeitwert	1
Anpassungen aufgrund ausgegebener Aktienoptionen	1

Tab. 4: Aufgeführte Positionen in den Eigenkapitalüberleitungsrechnungen zum IFRS-Übergangszeitpunkt

Tab. 4 führt die Anzahl der Nennungen einer Position in den Überleitungsrechnungen zum IFRS-Übergangszeitpunkt auf[1]. Anpassungen bei latenten Steuern werden als häufigste Ursache von Änderungen des bisherigen Eigenkapitals aufgeführt. Danach folgen Veränderungen von Pensionsrückstellungen, Rückstellungen und Sachanlagen, die bei über 60% der Erstanwender mit Umstellungseffekten auf das Eigenkapital verbunden sind. Interessant erscheint, dass nur 41 Erstanwender darauf hinweisen, dass die Bewertung von Finanzinstrumenten zum beizulegenden Zeitwert zu wesentlichen Umstellungseffekten geführt hat.

Die in Tab. 4 aufgeführten Positionen sind teilweise zu stark aggregiert, um hieraus Rückschlüsse auf die Durchführung bilanzpolitischer Instrumente abzuleiten. Daher wird in einem nächsten Schritt versucht, die Gründe für die Anpassungen, sofern sie in den Geschäftsberichten enthalten sind, zu ermitteln. Da die Erstanwender insgesamt in unterschiedlicher Art und Weise und in unterschiedlich stark aggregierter Form auf die Auswirkungen der Umstellung hinweisen, kann die Ableitung der Gründe indes keinen Vollständigkeitsanspruch erfüllen. Anlage 5 im Anhang zeigt die Oberpositionen und die aufgeführten Gründe, sofern sie im Geschäftsbericht angegeben wurden[2]. Gleichzeitig enthält die Anlage auch die Anzahl der Unternehmen, die die wertmäßige Veränderung des Eigenkapitals durch die Position aufführen[3], sowie die Verteilungsparameter des prozentualen Eigenkapitaleffekts der Sachverhalte.

Im nächsten Schritt sind ausgehend von den aufgeführten Sachverhalten sämtliche Positionen zu entfernen, bei denen kein bilanzpolitischer Gestaltungsspielraum besteht. Dies betrifft Sachverhalte, bei denen die IFRS im Gegensatz zum HGB ein Ansatzverbot vorsehen und die daher verpflichtend aus der IFRS-Eröffnungsbilanz zu entfernen sind. Darunter fallen die Rücknahme der Aktivierung von Aufwendungen für die Ingangsetzung und Erweiterung des Geschäftsbetriebs (IAS 38.69(a)), die Entfernung aktivierter eigener Anteile (IAS 32.33), die Ausbuchung passivierter Sonderposten mit Rücklageanteil und eines außerhalb des Eigenkapitals ausgewiesenen negativen Unterschiedsbetrags aus der Kapitalkonsolidierung sowie die Ausbuchung bisher gebildeter Aufwands- und Instandhaltungsrückstellungen (IAS 37.14).

---

1 Siehe ausführlich Anlage 5 im Anhang.

2 Da es häufiger vorkommt, dass mehrere Gründe für den Anpassungseffekt einer Oberkategorie aufgeführt werden, unterscheiden sich die Anzahl der Nennungen bei den Oberkategorien und die Anzahl der Nennungen bei den Gründen.

3 Die Zuordnung der betragsmäßigen Wirkung auf den einzelnen Grund ist nur möglich, wenn diesem die Auswirkung in der Überleitungsrechnung direkt zugewiesen wird. Teilweise werden Gründe für die Anpassung aufgeführt, die aufgrund ihrer spezifischen Art allein bei einem bzw. einem kleinen Kreis von Erstanwendern auftreten. Auf eine gesonderte Darstellung dieser Gründe wird verzichtet.

Bei den verbleibenden Sachverhalten ist die Erfüllung der Kriterien der Erkennbarkeit, der Verfügbarkeit und der Herleitbarkeit zu untersuchen. Sofern Gründe für die Anpassung einer Oberkategorie angegeben werden, beschränkt sich die Prüfung allein auf die angegebenen Gründe. Keine erneute Prüfung erfolgt, wenn der Grund für die Anpassung in der Anwendung eines Befreiungswahlrechts von IFRS 1 liegt. Anlage 6 im Anhang fasst die Ergebnisse hierzu zusammen.

Der größte Teil der Positionen erfüllt nicht das Kriterium der Erkennbarkeit. So kann etwa aus der Angabe der Änderung des Konsolidierungskreises, der Änderung von Konsolidierungsmethoden und der Bewertungsanpassungen bei at-Equity-Gesellschaften nicht die Ausübung bzw. Nichtausübung eines bilanzpolitischen Instruments erkannt werden. Dasselbe gilt für geänderte Nutzungsdauern bzw. Abschreibungsmethoden, der verpflichtenden Bewertung von Vermögenswerten zum beizulegenden Zeitwert sowie der Durchführung von Anpassungen bei Pensionsrückstellungen und bei Finanzschulden. Ferner scheitert die Berücksichtigung weiterer Positionen aufgrund mangelnder Informationen über die Verfügbarkeit des bilanzpolitischen Instruments. So fehlen bspw. im HGB-Abschluss regelmäßig notwendige Informationen über gebildete Restrukturierungsrückstellungen, das Bestehen langfristiger Rückstellungen, vorhandene Fremdkapitalzinsen und Fertigungsaufträge, über angewandte Bewertungsvereinfachungsverfahren bei Vorräten sowie über die Art der eingesetzten Finanzinstrumente. Schließlich scheitert die Einbeziehung des Ansatzes bzw. Nichtansatzes von Leasingverhältnissen daran, dass eindeutige Aussagen über die Wirkungsrichtung auf zukünftige Periodenergebnisse aus der Inanspruchnahme des bilanzpolitischen Instruments nicht getroffen werden können[1].

Insgesamt verbleiben nach der Prüfung folgende bilanzpolitischen Instrumente:

- Durchführung vs. Unterlassung einer außerplanmäßigen Wertminderung des Geschäfts- oder Firmenwerts,
- Bilanzansatz vs. Aufwandsverrechnung von Entwicklungsausgaben,
- Rückwirkende Bewertung von Sachanlagen anhand des Anschaffungskostenmodells vs. Bewertung anhand des Neubewertungsmodells,
- Durchführung vs. Unterlassung einer außerplanmäßigen Wertminderung von Sachanlagen,

---

1 So führt der Ansatz eines bisher als Operating-Leasing behandeltes Leasingverhältnis durch den Ausweis der Leasingverbindlichkeit zwar zu einer Erhöhung des Verschuldungsgrads, jedoch können keine Aussagen über die Wirkungsrichtung auf künftige Periodenergebnisse getroffen werden. Diese hängt davon ab, wie hoch die bereits vor dem Übergangszeitpunkt zu verrechnenden Finanzierungskosten und die planmäßigen Abschreibungen im Verhältnis zu den Leasingraten waren; vgl. Missonier-Piera (2004), S. 127.

- Rückwirkende Bewertung von Finanzimmobilien anhand des Anschaffungskostenmodells vs. Bewertung anhand des Modells des beizulegenden Zeitwerts sowie
- Bilanzansatz vs. Nichtansatz von aktiven latenten Steuern auf Verlustvorträge.

Zusammen mit den drei abgegrenzten bilanzpolitischen Instrumenten aus den Wahlrechten von IFRS 1 verbleiben neun beobachtbare Sachverhalte mit bilanzpolitischem Gestaltungspotential. Aufgrund der Ähnlichkeit einiger Instrumente zueinander wird abschließend folgende Zusammenfassung durchgeführt: Bei der Entscheidung zur Durchführung bzw. Unterlassung einer Wertminderung des GoF und von Sachanlagen handelt es sich streng genommen um ein Instrument, welches der zuvor zu tätigenden Entscheidung zwischen einer rückwirkenden IFRS-Anwendung und der Inanspruchnahme des IFRS 1-Wahlrechts für den Sachverhalt nachgelagert ist. Insofern wird das Instrument nicht gesondert in die Untersuchung einbezogen, sondern der jeweils vorher zu treffenden Bilanzierungsentscheidung zugeordnet[1]. Ebenso wird die Bewertung zum beizulegenden Zeitwert gemäß IFRS 1 und gemäß dem Neubewertungsmodell bei Sachanlagen bzw. dem Modell des beizulegenden Zeitwerts bei Finanzimmobilien zusammengefasst, da es sich einerseits bei Sachanlagen und Finanzimmobilien um artverwandte Vermögenswerte handelt[2] und sich die Bilanzierungsentscheidung andererseits auf die Bewertung zum beizulegenden Zeitwert oder auf die rückwirkende Ermittlung der fortgeführten AHK der Sachverhalte reduzieren lässt.

Abschließend werden folgende vier bilanzpolitischen Instrumente in die Untersuchung einbezogen:

(1) Rückwirkende Bilanzierung des Geschäfts- oder Firmenwerts anhand von IFRS 3, IAS 36 und IAS 38 vs. Anwendung der Erleichterungsvorschriften von IFRS 1.

(2) Bilanzansatz vs. Aufwandsverrechnung von Entwicklungsausgaben.

---

1 Vgl. Kapitel 4.5.1 und Kapitel 4.5.3.

2 Unter Finanzimmobilien sind gemäß IAS 40.5 Grundstücke oder Gebäude oder Teile von Gebäuden oder beides zu verstehen, die vom Eigentümer oder vom Leasingnehmer im Rahmen eines Finanzierungsleasingverhältnisses zur Erzielung von Mieteinnahmen und/oder zum Zwecke der Wertsteigerung gehalten werden. Im Gegensatz dazu stellen Sachanlagen gemäß IAS 16.6 materielle Vermögenswerte dar, die zur Herstellung oder Lieferung von Gütern und Dienstleistungen, zur Vermietung an Dritte oder für Zwecke der Verwaltung gehalten und erwartungsgemäß länger als eine Periode genutzt werden.

(3) Rückwirkende Bewertung von Sachanlagen und von Finanzimmobilien zu fortgeführten AHK vs. Bewertung zum beizulegenden Zeitwert.

(4) Bilanzansatz vs. Nichtansatz von aktiven latenten Steuern auf Verlustvorträge.

Die erste bilanzpolitische Maßnahme folgt aus dem in IFRS 1 kodifizierten Wahlrecht für Erstanwender. Demgegenüber enthalten das zweite und vierte Instrument Gestaltungsspielräume, die aufgrund der verpflichtend rückwirkenden Anwendung der entsprechenden IFRS in diesen Bereichen in Anspruch genommen werden können. Das dritte Instrument besteht in Folge der Zusammenfassung sowohl aus dem in IFRS 1 kodifizierten Wahlrecht als auch aus der rückwirkenden Anwendung der Folgebewertungsmethode für die relevanten Vermögenswerte.

Nachfolgend werden die ausgewählten bilanzpolitischen Instrumente hinsichtlich ihrer Wirkung auf den Verschuldungsgrad im IFRS-Übergangszeitpunkt und auf zukünftige Periodenergebnisse analysiert. Die Wirkungsrichtung hängt dabei entscheidend von der bisherigen Bilanzierung nach handelsrechtlichen Vorschriften ab. Dementsprechend wird in den folgenden Ausführungen auch auf die handelsrechtliche Vorgehensweise eingegangen. Die aus der Ausübung der jeweiligen Bilanzierungsentscheidung ggf. entstehenden latenten Steuern bleiben hierbei unberücksichtigt, obwohl ihre Bildung die Wirkungshöhe eines bilanzpolitischen Instruments vermindern kann. So kann bspw. mit der Ausübung eines bilanzpolitischen Instruments eine Erhöhung des Eigenkapitals in der Eröffnungsbilanz und somit eine Verringerung des Verschuldungsgrads verbunden sein. Erfordert die Ausübung jedoch korrespondierend die Bildung passiver latenter Steuern, vermindert sich zum einen der Eigenkapitaleffekt, während sich andererseits durch den Ausweis passiver latenter Steuern das Fremdkapital erhöht. Im Extremfall kann dieser Effekt in Summe dazu führen, dass der Verschuldungsgrad steigt[1]. Indes werden passive latente Steuern regelmäßig nicht in die Berechnung des Verschuldungsgrads einbezogen[2]. Dieser Ansicht wird hier gefolgt. Daher wird nachfolgend davon ausgegangen, dass latente Steuern zwar die Wirkungshöhe verändern, nicht jedoch die Wirkungsrichtung des betrachteten Instruments auf den Verschuldungsgrad und zukünftige Periodenergebnisse.

---

1 Hinsichtlich des Effekts von latenten Steuern auf die Eigenkapitalquote bei der Umstellung vgl. Wagenhofer (2005), S. 540.

2 Vgl. S&P (2006), S. 121.

4.5 Einbezogene bilanzpolitische Instrumente

4.5.1 Rückwirkende Bilanzierung des Geschäfts- oder Firmenwerts anhand von IFRS 3, IAS 36 und IAS 38 vs. Anwendung der Erleichterungsvorschriften gemäß IFRS 1

4.5.1.1 Bilanzpolitischer Gestaltungsspielraum

In Kapitel 2.2.5.1.1 wurde bereits dargestellt, dass IFRS 1 ein explizites Wahlrecht für die bilanzielle Behandlung von vergangenen Unternehmenszusammenschlüssen und damit für die bilanzielle Behandlung eines daraus entstandenen GoF enthält. Danach können Erstanwender aus folgenden Bilanzierungsalternativen wählen:

- Rückwirkende Anwendung von IFRS 3, IAS 36 und IAS 38 auf sämtliche vergangene Unternehmenszusammenschlüsse oder
- Verzicht auf die rückwirkende Anwendung der Standards zu einem vom Erstanwender selbst gewählten Zeitpunkt. Stattdessen kann die bilanzielle Abbildung vergangener Unternehmenszusammenschlüsse nach bestimmten in IFRS 1 enthaltenen Erleichterungsvorschriften erfolgen.

Unter Inanspruchnahme der ersten Bilanzierungsalternative sind sämtliche vergangenen Unternehmenszusammenschlüsse bis zu ihrer erstmaligen Entstehung zurückzuverfolgen und nach den Regeln der drei genannten Standards rückwirkend abzubilden. Aus der rückwirkenden Bilanzierung können u.a. Anpassungen des GoF resultieren, sofern dieser bereits abgeschrieben oder vollständig ergebnisneutral vereinnahmt wurde. Werden dagegen die Erleichterungsvorschriften von IFRS 1 in Anspruch genommen, hängt die Behandlung des GoF im IFRS-Übergangszeitpunkt von seiner bisherigen Bilanzierung ab. Wurde der GoF bisher aktiviert und planmäßig abgeschrieben, ist er unverändert in die IFRS-Eröffnungsbilanz zu übernehmen und ggf. bestimmten Anpassungen zu unterwerfen. Abschließend ist unabhängig davon, ob Anhaltspunkte für eine Wertminderung vorliegen, ein Wertminderungstest gemäß IAS 36 durchzuführen. Wurde der GoF dagegen bisher vollständig ergebnisneutral mit dem Eigenkapital verrechnet, darf kein rückwirkender Ansatz in der Eröffnungsbilanz erfolgen. Vielmehr ist seine ergebnisneutrale Verrechnung zu übernehmen, womit er als vereinnahmt gilt.

Zusammenfassend kann somit festgehalten werden, dass mit der Wahl der ersten Bilanzierungsalternative in den überwiegenden Fällen Anpassungen des bisherigen GoF verbunden sein werden. Demgegenüber ermöglicht die zweite Bilanzierungsalternative die Übernahme des bisherigen Buchwerts des GoF in die Eröffnungsbilanz bzw. die Beibehaltung einer bislang ergebnisneutralen Verrechnung, wobei auch hier zumindest bei einer bisherigen Aktivierung und planmäßigen Abschreibung bestimmte Anpassungen erforderlich werden können. Da die Auswirkungen der Bilanzierungsentscheidung von der bisherigen Behandlung des GoF abhängen, wird im Folgenden zunächst auf die handelsrechtlichen Bilanzierungsmöglichkeiten des GoF eingegangen. Anschließend wird die Wirkungsrichtung der Ausübung bzw. Nichtausübung des Bilanzierungswahlrechts auf den Verschuldungsgrad und auf zukünftige Periodenergebnisse bestimmt.

4.5.1.2 Bilanzierung des Geschäfts- oder Firmenwerts nach HGB

Die handelsrechtliche Bilanzierung eines GoF ist abhängig davon, ob der Unternehmenszusammenschluss aus einem „asset deal“ oder einem „share deal“ resultiert. Liegt ein „asset deal“ vor, bei dem das erworbene Unternehmen die eigene Rechtspersönlichkeit verliert und somit allein der Einzelabschluss des Erwerbers betroffen ist, bestehen gemäß § 255 Abs. 4 HGB folgende Bilanzierungswahlrechte:

- Aktivierung des GoF und planmäßige Abschreibung zu mindestens einem Viertel in jedem auf die Aktivierung folgenden Geschäftsjahr[1]. Alternativ kann die planmäßige Abschreibung über seine voraussichtliche Nutzungsdauer erfolgen. Zumeist wird hier in der Bilanzierungspraxis auf die steuerlich festgelegte Nutzungsdauer von 15 Jahren zurückgegriffen[2].
- Sofortige Aufwandsverrechnung.

Im Rahmen eines „share deal“, bei dem der Erwerber lediglich Eigenkapitalanteile eines Unternehmens erwirbt und die eigene Rechtspersönlichkeit des erworbenen Unternehmens bestehen bleibt, ist die bilanzielle Behandlung des GoF abhängig von der angewandten Kapitalkonsolidierungsmethode. Zu unterscheiden ist zwischen der in der Praxis dominierenden Erwerbsmethode[3] und der unter bestimmten Voraussetzungen anwendbaren Interessenzusammenführungsmethode. Unter Anwendung letzterer ist ein sich ergebender GoF gemäß § 302 Abs. 2 HGB unmittelbar mit den Gewinnrücklagen zu verrechnen. Demgegenüber bestehen für den GoF unter Anwendung der Erwerbsmethode gemäß § 301 Abs. 3 u. § 309 Abs. 1 HGB folgende Bilanzierungswahlrechte:

- Aktivierung des GoF und planmäßige Abschreibung zu mindestens einem Viertel in jedem auf die Aktivierung folgenden Geschäftsjahr. Alternativ

---

1 Im Schrifttum wird der Abschreibungsbeginn im Zugangsjahr gleichfalls für zulässig gehalten; vgl. ADS (1995), § 255 HGB, Rdn. 279; Ellrott/Brendt (2006), Rdn. 519.

2 Vgl. Coenenberg (2005), S. 159. Zu den steuerlichen Regeln vgl. § 7 Abs. 1 EStG.

3 Vgl. Küting (2005a), S. 2762.

kann die planmäßige Abschreibung über seine voraussichtliche Nutzungsdauer erfolgen[1].

- Offene Verrechnung des GoF mit den Gewinnrücklagen[2].

Ferner gilt es als zulässig, nur einen Teil des GoF offen mit den Gewinnrücklagen zu verrechnen und den Restbetrag abzuschreiben[3]. Auch kann der GoF zunächst planmäßig abgeschrieben und ein späterer Restwert ergebnisneutral behandelt werden. Teilweise buchen Unternehmen den GoF in der Praxis zudem ratierlich ergebnisneutral in die Gewinnrücklagen[4].

Insgesamt zeigt sich, dass handelsrechtlich eine Aktivierung mit anschließender planmäßiger Abschreibung, die sofortige ergebnisneutrale Verrechnung sowie die vollständige Aufwandsverrechnung des GoF möglich sind. Daneben können Mischformen existieren, die zu einer Fülle von Bilanzierungsalternativen führen, wobei in der Praxis häufig kein einheitliches Vorgehen zu finden ist.

4.5.1.3 Wirkungsrichtung auf Verschuldungsgrad und zukünftige Periodenergebnisse

Zur Bestimmung der Wirkungsrichtung des bilanzpolitischen Instrumentariums auf den Verschuldungsgrad und zukünftige Periodenergebnisse ist zum einen zwischen den beiden Bilanzierungsalternativen nach IFRS und zum anderen zwischen der bisherigen handelsrechtlichen Bilanzierung zu unterscheiden. Letztere wird hier auf die drei Bilanzierungsmöglichkeiten der Aktivierung und planmäßigen Abschreibung[5], der sofortigen ergebnisneutralen Verrechnung und der vollständigen Aufwandsverrechnung beschränkt.

Betrachtet sei zunächst die rückwirkende Anwendung von IFRS 3, IAS 36 und IAS 38 als erste Bilanzierungsalternative und ihre Wirkung auf den Verschuldungsgrad im Übergangszeitpunkt. Wurde der GoF handelsrechtlich bislang aktiviert und planmäßig abgeschrieben, ist rückwirkend zu prüfen, ob die ausgewiesene Höhe des GoF beim damaligen Erstansatz mit den Vorschriften von

---

1 Der vom DRSC im Jahr 2000 verabschiedete DRS 4 sieht hier eine maximale Nutzungsdauer von 20 Jahren vor, die nur in begründeten Ausnahmefällen überschritten werden soll; vgl. DRS 4.31.

2 Die erfolgsneutrale Verrechnung des GoF wird im überwiegenden Teil des Schrifttums und von DRS 4 abgelehnt. Obwohl die DRS allgemeine GoB darstellen, können sie keine gesetzlich erlaubten Regeln aufheben; vgl. etwa Schmidbauer (2001), S. 371f. Zudem zeigt sich in der Bilanzierungspraxis, dass die DRS weitgehend missachtet werden; vgl. Gebhardt/Heilmann (2004), S. 109ff.

3 Vgl. Coenenberg (2005), S. 634.

4 Vgl. Küting (2005a), S. 2763.

5 Da es sich bei den Mischformen teilweise auch um eine Form der Aktivierung mit anschließender Abschreibung handelt, können diese darunter gefasst werden.

IFRS 3, IAS 36 und IAS 38 übereinstimmte. Denkbar wäre, dass handelsrechtlich zum damaligen Erwerbszeitpunkt niedrigere beizulegende Zeitwerte aufgedeckt wurden oder dass immaterielle Vermögenswerte im GoF enthalten sind, die nach den Vorschriften von IFRS 3 und IAS 38 einzeln anzusetzen wären. Hieraus würde eine Verringerung des damals angesetzten GoF resultieren. Schließlich sind die durchgeführten Abschreibungen vom damaligen Entstehungszeitpunkt bis zum IFRS-Übergangszeitpunkt zu revidieren und der GoF stattdessen rückwirkend gemäß IAS 36 auf eine Wertminderung zu testen. In der Regel wird hierbei die Summe der zurückzunehmenden Abschreibungen mögliche Verringerungen des GoF gegenüber dem damaligen Erstansatz und mögliche außerplanmäßigen Abschreibungen durch IAS 36 übersteigen. Insofern ist davon auszugehen, dass aus der rückwirkenden Anwendung der Standards bei bisheriger Aktivierung und planmäßiger Abschreibung ein höherer Ausweis des GoF in der IFRS-Eröffnungsbilanz entsteht. Hiermit verbunden ist eine eigenkapitalerhöhende Wirkung, die den Verschuldungsgrad sinken lässt[1].

Wurde der GoF bislang unmittelbar ergebnisneutral oder –wirksam behandelt und ist er im Übergangszeitpunkt noch werthaltig, erfordert die Anwendung der ersten Bilanzierungsalternative seinen rückwirkenden Ausweis in der Eröffnungsbilanz. Hieraus folgt eine eigenkapitalerhöhende Wirkung verbunden mit einer Senkung des Verschuldungsgrads[2].

Mit der rückwirkenden Bilanzierung des GoF anhand von IFRS 3, IAS 36 und IAS 38 sind unter den hier getroffenen Annahmen insofern stets verschuldungsgradsenkende Wirkungen verbunden. Bei der anschließenden Folgebewertung ist der GoF ggf. außerplanmäßig abzuschreiben bzw. spätestens mit Veräußerung der zugehörigen ZGE aus der Bilanz auszubuchen. Insofern verringern sich über die Totalperiode betrachtet zukünftige Periodenergebnisse.

Werden dagegen die Erleichterungsvorschriften von IFRS 1 als alternative Bilanzierungsmöglichkeit in Anspruch genommen, entstehen keine Wirkungen auf den Verschuldungsgrad und auf die Periodenergebnisse, sofern der GoF bisher unmittelbar ergebnisneutral oder -wirksam behandelt wurde. Mit der Übernahme der bisherigen Bilanzierung in die IFRS-Eröffnungsbilanz ist der GoF in beiden Fällen als amortisiert anzusehen[3].

---

1 Die Aufhebung planmäßiger Abschreibung wird teilweise im Schrifttum als ein ausschlaggebendes Kriterium für die retrospektive Anwendung von IFRS 3 angeführt; vgl. Küting/ Gattung/Wirth (2004), S. 247; Hayn/Bösser/Pilhofer (2003), S. 1611.

2 Vgl. Hahn (2003), S. 249; Hoffmann/Zeimes (2006), Rdn. 99.

3 Vgl. Hahn (2003), S. 246; Theile (2003), S. 1749; Hayn/Hold-Paetsch (2005), S. 61; a.A. Lüdenbach (2005), S. 64f.

Auch bei bisheriger Aktivierung und Abschreibung ist der GoF zunächst unverändert in die Eröffnungsbilanz zu übernehmen. Allerdings kann es zu einer Erhöhung des Verschuldungsgrads kommen, sofern der zwingend vorzunehmende Wertminderungstest gemäß IAS 36 einen Wertminderungsbedarf feststellt. Ferner können analog zur ersten Bilanzierungsalternative über die Totalperiode betrachtet ergebnismindernde Wirkungen durch außerplanmäßige Abschreibungen oder der Veräußerung der ZGE entstehen. Im direkten Vergleich zur ersten Bilanzierungsalternative erscheinen die Wirkungen auf die Periodenergebnisse in diesem Fall jedoch geringer. So ist anzunehmen, dass ein rückwirkend ausgewiesener GoF aufgrund der Revidierung planmäßiger Abschreibungen im Vergleich zu einem unverändert übernommenen GoF, bei dem ggf. noch eine Wertminderung vorzunehmen ist, regelmäßig einen höheren Buchwert in der Eröffnungsbilanz aufweist. Infolgedessen kommt es unter Verwendung der Erleichterungsvorschriften von IFRS 1 zu einem niedrigeren Ergebniseffekt in den Folgeperioden. Tab. 5 fasst die Ergebnisse zusammen.

Bilanzierungsalternativen nach IFRS / **Bisherige Bilanzierung nach HGB**	**Rückwirkende Anwendung von IFRS 3, IAS 36 und IAS 38**		**Erleichterungsvorschriften von IFRS 1**	
	VG	PE	VG	PE
Aktivierung und planmäßige Abschreibung	↓	↓	-/↑	(↓)
Sofortige ergebnisneutrale Verrechnung	↓	↓	-	-
Unmittelbare Aufwandsverrechnung	↓	↓	-	-

Tab. 5: Wirkungsrichtung der Bilanzierungsentscheidung zwischen rückwirkender Anwendung von IFRS 3, IAS 36 und IAS 38 auf den Geschäfts- oder Firmenwert und der Anwendung der Erleichterungsvorschriften von IFRS 1

Insgesamt kann die retrospektive Bilanzierung nach IFRS 3, IAS 36 und IAS 38 im Vergleich zur Anwendung der Erleichterungsvorschriften von IFRS 1 mit einer verschuldungsgradsenkenden Wirkung im Übergangszeitpunkt und einem ergebnismindernden Effekt auf zukünftige Periodenergebnisse verbunden werden. Ferner ist davon auszugehen, dass zukünftige Periodenergebnisse im direkten Vergleich beider Bilanzierungsalternativen unter Anwendung der Erleichterungsvorschriften von IFRS 1 nicht bzw. weniger belastet werden.

4.5.2 Bilanzansatz vs. Aufwandsverrechnung von Entwicklungsausgaben

4.5.2.1 Bilanzpolitischer Gestaltungsspielraum

Für die bilanzielle Behandlung von Entwicklungsausgaben sieht IFRS 1 kein explizites Wahlrecht vor. Deshalb ist der für die Bilanzierung von Forschungs-

und Entwicklungsausgaben relevante IAS 38 verpflichtend retrospektiv im Übergangszeitpunkt anzuwenden.

Nach IAS 38.52-54 sind Ausgaben für Forschung[1] und Entwicklung[2] voneinander zu trennen, in dem sie einer Forschungsphase und einer Entwicklungsphase zugeordnet werden. Ausgaben, die während der Forschungsphase anfallen, stellen grundsätzlich Aufwand der Periode dar. Dasselbe gilt für Ausgaben, die keiner Phase eindeutig zugeordnet werden können. Demgegenüber sind Ausgaben der Entwicklungsphase aktivierungspflichtig, sofern vom Unternehmen nachgewiesen werden kann, dass die aus der Entwicklungstätigkeit bisher hervorgegangenen immateriellen Vermögenswerte bestimmte Ansatzkriterien erfüllen.

Forschungs- und Entwicklungsausgaben müssen daher im Umstellungszeitpunkt zunächst rückwirkend einer Phase zugeordnet werden. Eine eindeutige Zuweisung ist aber aufgrund der in der Praxis zu beobachtenden iterativen Forschungs- und Entwicklungsaktivitäten nicht immer eindeutig möglich[3]. Insbesondere ist es schwierig, angewandte Forschung, die darauf zielt, neue, aber umsetzbare wissenschaftliche oder technische Erkenntnisse mit praktischer Anwendbarkeit zu erlangen und die i.d.R. auf Erkenntnissen der Grundlagenforschung beruht, von der Entwicklung zu trennen[4]. Den Unternehmen verbleibt somit bereits bei der Zuordnung der Ausgaben zu einer bestimmten Phase ein Ermessensspielraum.

Für die einer Entwicklungsphase eindeutig zuordenbaren Ausgaben formuliert IAS 38.57 sechs Kriterien, deren kumulativer Nachweis durch das Unternehmen zwingend eine Aktivierung nach sich zieht, und deren Erfüllung bei der Umstellung ebenfalls rückwirkend zu prüfen ist. Kann das Unternehmen nur eines der nachfolgenden Kriterien im Übergangszeitpunkt nicht erfüllen, sind Entwick-

---

1 IAS 38.8 definiert Forschung als die eigenständige und planmäßige Suche mit der Aussicht, zu neuen wissenschaftlichen und technischen Erkenntnissen zu gelangen. Typische Beispiele für Forschungsaktivitäten sind gemäß IAS 38.56 Aktivitäten, die auf die Erlangung von neuen Erkenntnissen ausgerichtet sind, und die Suche nach alternativen Materialien, Vorrichtungen und Produkten.

2 Entwicklung wird in IAS 38.8 als die Anwendung von Forschungsergebnissen oder anderem Wissen auf einen Plan oder Entwurf für die Produktion von neuen oder beträchtlich verbesserten Materialien, Vorrichtungen, Produkten, Verfahren, Systemen oder Dienstleistungen definiert. In zeitlicher Abfolge wird angenommen, dass die Entwicklung vor Beginn der kommerziellen Produktion oder Nutzung stattfindet. Typische Aktivitäten für Entwicklungstätigkeiten stellen gemäß IAS 38.59 die Konstruktion und das Testen von Prototypen vor Aufnahme der eigentlichen Produktion oder Nutzung dar.

3 Vgl. Pellens/Fülbier (2000), S. 49; Baetge/von Keitz (2006), Rdn 57; Epstein/Mirza (2006), S. 258.

4 Vgl. Brockhoff (1999), S. 51ff.; Ziesemer (2002), S. 63f.

lungsausgaben unmittelbar als Aufwand der Periode zu behandeln. Zu erbringen sind Nachweise hinsichtlich

- der technischen Realisierbarkeit der Fertigstellung des immateriellen Vermögenswerts, damit er zur Nutzung oder zum Verkauf zur Verfügung stehen wird,
- der Absicht, den immateriellen Vermögenswert fertig zu stellen sowie ihn zu nutzen oder zu verkaufen,
- der Fähigkeit, den immateriellen Vermögenswert zu nutzen oder zu verkaufen,
- der Frage, wie mit dem immateriellen Vermögenswert ein voraussichtlicher künftiger wirtschaftlicher Nutzen erzielt wird. Hierbei hat das Unternehmen u.a. zu zeigen, dass ein Markt für die Produkte des immateriellen Vermögenswerts oder für den immateriellen Vermögenswert selbst existiert, oder, falls er intern genutzt werden soll, den Nutzen des immateriellen Vermögenswerts nachzuweisen,
- der Verfügbarkeit adäquater technischer, finanzieller und sonstiger Ressourcen, um die Entwicklung abzuschließen und den immateriellen Vermögenswert zu nutzen oder zu verkaufen, und
- der Fähigkeit, die dem immateriellen Vermögenswert während seiner Entwicklung zurechenbaren Ausgaben zuverlässig zu ermitteln.

Die Ansatzkriterien und ihre Anwendbarkeit werden in IAS 38 kaum weiter erläutert[1]. Insofern gibt es nur wenige Hinweise, wann ein Kriterium als erfüllt anzusehen ist. So kann bspw. die Verfügbarkeit von Ressourcen gemäß IAS 38.61 anhand eines Unternehmensplans nachgewiesen werden, der die benötigten technischen, finanziellen und sonstigen Ressourcen aufzeigt. Nach IAS 38.62 ist davon auszugehen, dass die Kostenrechnungssysteme eines Unternehmens eine verlässliche Bewertung der Ausgaben in der Entwicklungsphase gewährleisten. Hingegen finden sich keine weiteren Erläuterungen, wie die technische Durchführbarkeit nachgewiesen werden soll[2]. Dem Unternehmen wird somit selbst überlassen, ob es eine enge oder weite Auslegung des Kriteriums vornimmt. Bei einer weiten Auslegung kann das Kriterium bereits erfüllt sein, wenn das Unternehmen über die grundsätzliche technische Kompetenz und ausreichend finanzielle Ressourcen zur Herstellung verfügt. Wird dagegen eine enge Auslegung gewählt, kann die Erfüllung erst dann als gegeben angesehen werden, wenn eine Testproduktion bis zu einem bestimmten Grad keine Fehler

---

1 Einzelne Konkretisierungen bestehen mit der Interpretation SIC-32, die die bilanzielle Behandlung selbst geschaffener Internetseiten regelt.

2 Vgl. Burger/Ulbrich/Knoblauch (2006), S. 733.

mehr produziert[1]. Auch enthält der Standard keine Hinweise, ob zur Erfüllung des voraussichtlichen künftigen wirtschaftlichen Nutzens lediglich nachgewiesen werden muss, dass ein Markt für das Produkt existiert, oder ob konkrete Nachweise erbracht werden müssen, dass das Produkt auch von diesem Markt nachgefragt wird[2]. Das Kriterium lässt sich auch so interpretieren, dass die Fähigkeit der Vermarktung eines Produktes erst nach der behördlichen Zulassung besteht[3]. Dem Management verbleibt somit ein Ermessensspielraum hinsichtlich der Erfüllung der Ansatzkriterien. Allgemein kann die Behandlung von Entwicklungsausgaben im Übergangszeitpunkt somit als faktisches Bilanzierungswahlrecht mit folgenden Bilanzierungsalternativen angesehen werden:

- Bilanzansatz oder
- Aufwandsverrechnung von Entwicklungsausgaben[4].

4.5.2.2 Bilanzierung von Entwicklungsausgaben nach HGB

Handelsrechtlich dürfen immaterielle Vermögensgegenstände des Anlagevermögens gemäß § 248 Abs. 2 HGB nicht in der Bilanz angesetzt werden, sofern sie nicht entgeltlich erworben wurden. Insofern besteht ein konkretes Ansatzverbot für selbsterstellte immaterielle Vermögensgegenstände. Stattdessen sind Ausgaben für Forschung und Entwicklung unmittelbar als Aufwand der Periode zu verrechnen. Begründet wird das handelsrechtliche Aktivierungsverbot mit der Unsicherheit, die mit der Bewertung von selbsterstellten immateriellen Vermö-

---

1 Vgl. von Keitz (1997), S. 192f. Zu weiteren Gestaltungsspielräumen bei den Ansatzkriterien siehe Hepers (2005), S. 162ff.; Baetge/von Keitz (2006), Rdn. 63ff.

2 Vgl. Ziesemer (2002), S. 68.

3 Vgl. Baetge/von Keitz (2006), Rdn. 67, nach deren Ansicht diese Auslegung jedoch nicht mit dem Gesamtkonzept der Ansatzvorschriften von IAS 38 vereinbar ist. Andernfalls hätte der IASB auch ein explizites Ansatzverbot für Vermögenswerte erlassen können, die einer behördlichen Zustimmung bedürfen. Siehe auch Fülbier/Honold/Klar (2000), S. 838. Trotzdem wird das Fehlen behördlicher Genehmigungen in der Unternehmenspraxis häufig als Grund für den Nichtansatz von Entwicklungsausgaben angeführt; vgl. Bayer (2005), S. 95.

4 Vgl. etwa Lutz-Ingold (2005), S. 175; Hoffmann (2006), Rdn. 28ff. Eine Untersuchung der Unternehmenspraxis kommt hierbei zu dem Ergebnis, dass im Geschäftsjahr 2003 ca. 40% von 100 untersuchten IFRS-Unternehmen selbsterstellte immaterielle Vermögenswerte nicht aktivieren; vgl. von Keitz (2005), S. 40ff. Auffällig ist dabei, dass Unternehmen der Automobilbranche vergleichsweise häufiger Entwicklungsausgaben ansetzen als andere Unternehmen. Zudem zeigt sich, dass Unternehmen der Chemie-, Pharma- und Gesundheitsbranche weitgehend auf eine Aktivierung verzichten; vgl. Leibfried/Pfanzelt (2004), S. 492ff.; Hager/Hitz (2007), S. 208ff.

gensgegenständen verbunden sein kann[1]. Davon ausgenommen sind selbsterstellte immaterielle Vermögensgegenstände des Umlaufvermögens, wie bspw. als Vorratsvermögen zu behandelnde Software, für die das Aktivierungsverbot nicht gilt.

4.5.2.3 Wirkungsrichtung auf Verschuldungsgrad und zukünftige Periodenergebnisse

Da Entwicklungsausgaben handelsrechtlich grundsätzlich einem Aktivierungsverbot unterliegen, wirkt sich ihr Ansatz im direkten Vergleich beider Bilanzierungsalternativen im IFRS-Übergangszeitpunkt eigenkapitalerhöhend und damit verschuldungsgradsenkend aus[2]. Demgegenüber folgt aus der Beibehaltung einer Aufwandsverrechnung keine Wirkung auf den Verschuldungsgrad.

Über die Totalperiode betrachtet sind aktivierte Entwicklungsausgaben gemäß IAS 38.97 ab dem Zeitpunkt der Nutzung bei einer begrenzten Nutzungsdauer unabhängig vom angewandten Folgebewertungsmodell[3] durch planmäßige Abschreibung zu verteilen bzw. bei einer unbegrenzten Nutzungsdauer gemäß IAS 38.108 ggf. außerplanmäßig abzuschreiben. Demzufolge kommt es spätestens bei Veräußerung des immateriellen Vermögenswerts bzw. des Unternehmens in zukünftigen Perioden zu einer ergebnismindernden Wirkung[4]. Keine Wirkung auf zukünftige Periodenergebnisse folgt demgegenüber aus der Beibehaltung der sofortigen Aufwandsverrechnung. Tab. 6 fasst die Ergebnisse zusammen.

---

1 Vgl. Förschle (2006), Rdn. 7. Dass das Verbot zur Aktivierung von Entwicklungsausgaben auch im handelsrechtlichen Schrifttum umstritten ist, zeigen etwa die Ausführungen im Anhang von DRS 12, in dem vorgeschlagen wird, das Ansatzverbot unter bestimmten Bedingungen aufzuheben.

2 Siehe auch Peemöller/Fischer (2001), S. 145. Hierbei sei angemerkt, dass der erstmalige Ansatz von immateriellen Vermögenswerten, die bisher einen Bestandteil des GoF darstellten, unter Verwendung der Erleichterungsvorschriften von IFRS 1 für die bilanzielle Abbildung vergangener Unternehmenszusammenschlüsse nicht zu einer Eigenkapitalwirkung führen, sondern aus dem bisherigen GoF umzugliedern sind; vgl. Kapitel 2.2.5.1.1.

3 Zur Auswahl stehen hierbei gemäß IAS 38.72 das Anschaffungskostenmodell und das Neubewertungsmodell.

4 Indes kann ein ergebnismindernder Effekt durch weitere Aktivierung von Entwicklungsausgaben in den Folgeperioden kompensiert werden. Da diese bilanzpolitische Maßnahme jedoch kein Instrument bei der Rechnungslegungsumstellung darstellt, wird sie nicht weiter betrachtet; vgl. hierzu Hahn (2003), S. 246.

Bilanzierungsalternativen nach IFRS / Bisherige Bilanzierung nach HGB	Bilanzansatz		Nichtansatz	
	VG	PE	VG	PE
Unmittelbare Aufwandsverrechnung	↓	↓	-	-

Tab. 6: Wirkungsrichtung der Bilanzierungsentscheidung zwischen Bilanzansatz und Aufwandsverrechnung von Entwicklungsausgaben

Insgesamt kann der Bilanzansatz von Entwicklungsausgaben im Übergangszeitpunkt mit einer Verminderung des Verschuldungsgrads und einer ergebnissenkenden Wirkung verbunden werden. Im direkten Vergleich beinhaltet die Aufwandsverrechnung von Entwicklungsausgaben weder eine Wirkung auf den Verschuldungsgrad noch auf zukünftige Periodenergebnisse.

4.5.3 Rückwirkende Bewertung von Sachanlagen und Finanzimmobilien zu fortgeführten Anschaffungs- oder Herstellungskosten vs. Bewertung zum beizulegenden Zeitwert

4.5.3.1 Bilanzpolitischer Gestaltungsspielraum

Wie bereits in Kapitel 2.2.5.1.3 gezeigt, können Erstanwender Sachanlagen und Finanzimmobilien im Umstellungszeitpunkt anstelle einer rückwirkenden Ermittlung ihrer fortgeführten AHK zum beizulegenden Zeitwert bewerten. Dieses Wahlrecht kann für jede Sachanlage und Finanzimmobilie einzeln ausgeübt werden[1]. Allerdings kann es ebenfalls bei einer retrospektiven Vorgehensweise zu einem Ausweis des beizulegenden Zeitwerts für die betrachteten Vermögenswerte im IFRS-Übergangszeitpunkt kommen. Dies resultiert daraus, dass IAS 16 zur Folgebewertung von Sachanlagen neben dem Anschaffungskostenmodell das Neubewertungsmodell erlaubt, nach dem die Folgebewertung zum beizulegenden Zeitwert durchzuführen ist[2]. Analog ist der beizulegende Zeitwert von Finanzimmobilien anzusetzen, wenn ihre rückwirkende Folgebewertung gemäß IAS 40 anhand des Modells des beizulegenden Zeitwerts erfolgt und nicht zum Anschaffungskostenmodell. Der bilanzpolitische Gestaltungsspielraum bei Sachanlagen und Finanzimmobilien lässt sich daher auf folgendes Wahlrecht beschränken:

- Rückwirkende Bewertung zu fortgeführten Anschaffungs- oder Herstellungskosten oder
- Bewertung zum beizulegenden Zeitwert.

---

1 Vgl. IFRS 1.BC45; IDW (2006), S. 1378.

2 Voraussetzung ist, dass der beizulegende Zeitwert verlässlich ermittelt werden kann; vgl. IAS 16.31.

Im Unterschied zum IFRS 1-Wahlrecht folgt aus der rückwirkenden Folgebewertung zum beizulegenden Zeitwert zum einen eine Bindungswirkung auf die gesamte Gruppe der Sachanlagen[1] bzw. auf den gesamten Bestand an Finanzimmobilien[2]. Zum anderen sind die Folgebewertungsmodelle auch in den Perioden nach der Umstellung stetig anzuwenden. Ferner ist der Differenzbetrag zwischen bisherigem Buchwert und beizulegendem Zeitwert bei Sachanlagen im Übergangszeitpunkt nicht in die Gewinnrücklagen, sondern in die Neubewertungsrücklage einzustellen[3].

Aus der retrospektiven Anwendung des Anschaffungskostenmodells folgt, dass Sachanlagen und Finanzimmobilien rückwirkend über ihre voraussichtliche Nutzungsdauer planmäßig abzuschreiben und ggf. auf eine außerplanmäßige Wertminderung gemäß IAS 36 zu untersuchen sind[4]. Die voraussichtliche Nutzungsdauer bestimmt sich dabei u.a. anhand der Kapazität, des erwarteten physischen Verschleißes und der technischen oder gewerblichen Überholung[5]. Als Abschreibungsverfahren kommen sämtliche Methoden in Betracht, die den erwarteten Verlauf des künftigen wirtschaftlichen Nutzens des Vermögenswerts reflektieren. Demzufolge können insbesondere lineare, degressive oder leistungsabhängige Verfahren angewandt werden[6].

Wird dagegen das Wahlrecht zur Bewertung zum beizulegenden Zeitwert in Anspruch genommen, ist dieser zum IFRS-Übergangszeitpunkt zu ermitteln[7]. Die Bewertung zum beizulegenden Zeitwert bietet Erstanwendern zahlreiche Ermes-

---

1 Vgl. IAS 16.29. Eine Gruppe von Sachanlagen stellt eine Zusammenfassung von Vermögenswerten dar, deren Art und Verwendung ähnlich ist, wie bspw. unbebaute Grundstücke, Grundstücke und Gebäude, Maschinen und technische Anlagen, Schiffe, Flugzeuge, Kraftfahrzeuge sowie Betriebs- und Geschäftsausstattung; vgl. IAS 16.37. Mit der Bindungswirkung der Folgebewertungsmethode auf die gesamte Gruppe soll eine selektive Neubewertung einzelner Sachanlagen vermieden werden; vgl. ADS (2002), Abschn. 9, Rdn. 146.

2 Vgl. IAS 40.33.

3 Vgl. IAS 16.39.

4 Vgl. IAS 16.50-63.

5 Vgl. IAS 16.56.

6 Vgl. IAS 16.60-62.

7 Obwohl die rückwirkende Anwendung des Neubewertungsmodells bei Sachanlagen nicht die unmittelbare Ermittlung des beizulegenden Zeitwerts im IFRS-Übergangszeitpunkt erfordert, darf sich der in der Eröffnungsbilanz ausgewiesene Wert nicht wesentlich vom aktuellen beizulegenden Zeitwert unterscheiden; vgl. IAS 16.34. Denkbar wäre es z.B., dass der beizulegende Zeitwert zu einem Zeitpunkt vor dem Übergangszeitpunkt ermittelt und anschließend rückwirkend planmäßig abgeschrieben wird. Indes sind hieraus keine wesentlichen Abweichungen im Vergleich zum Ansatz eines aktuellen beizulegenden Zeitwerts zu erwarten. Da der beizulegende Zeitwert von Finanzimmobilien bei rückwirkender Bewertung zum Modell des beizulegenden Zeitwerts gemäß IAS 40.38 die aktuellen Marktbedingungen widerspiegeln muss, ist er zum IFRS-Übergangszeitpunkt zu ermitteln.

sensspielräume. In der allgemeinen Definition stellt der beizulegende Zeitwert den Betrag dar, zu dem ein Vermögenswert zwischen sachverständigen, vertragswilligen und voneinander unabhängigen Geschäftspartnern getauscht werden könnte[1]. IAS 16 und IAS 40 enthalten hierzu unterschiedliche Hinweise, wie der beizulegende Zeitwert zu ermitteln ist[2]. Gemäß IAS 16.32 liegt eine verlässliche Bestimmung bei Sachanlagen vor, sofern Marktwerte oder marktbasierte Daten vorliegen. Dabei geht der Standard bei Grundstücken und Gebäuden davon aus, dass deren beizulegende Zeitwerte regelmäßig unter Zuhilfenahme hauptamtlicher Gutachter berechnet werden. Da für technische Anlagen sowie für Betriebs- und Geschäftsausstattung regelmäßig keine marktbasierten Daten vorhanden sind, ist ihr Marktwert anhand von Schätzungen zu bestimmen. Liegen keine marktbasierten Nachweise für den beizulegenden Zeitwert vor, ist dieser gemäß IAS 16.33 anhand eines Ertragswertverfahrens oder anhand der fortgeführten Wiederbeschaffungskosten zu ermitteln. Weitere Konkretisierungen enthält IAS 16 nicht. Aufgrund der Individualität von Sachanlagen ist der beizulegenden Zeitwert i.d.R. anhand letzterer Verfahren zu bestimmen[3]. Indes liegen die Entscheidungen, welches Verfahren verwendet wird, und damit auch die Höhe des Wertansatzes im subjektiven Ermessen des Managements[4].

IAS 40 enthält dagegen für die Ermittlung des beizulegenden Zeitwerts von Finanzimmobilien ein mehrstufiges Bewertungskonzept[5]. Danach gilt als bestmöglicher substantieller Hinweis auf den beizulegenden Zeitwert der an einem aktiven Markt beobachtbare aktuelle Marktpreis nahezu identischer Vergleichsimmobilien. Da Immobilien i.d.R. Unikate darstellen und nahezu identische Vergleichsobjekte in der Praxis kaum feststellbar sind[6], liegen derartige Vergleichspreise regelmäßig nicht vor. In diesem Fall sollen auf einer zweiten Stufe zusätzliche Informationsquellen zur Ableitung des beizulegenden Zeitwerts heran-

---

1 Vgl. IAS 16.6; IAS 40.5.

2 Derzeit versuchen das IASB und das FASB im Rahmen ihres Konvergenzprojekts ein einheitliches Konzept für die Fair Value-Bewertung zu schaffen; vgl. Theile (2007), S. 4ff.; Zülch/Gebhardt (2007), S. 147ff.

3 Küting (2005b), S. 509, geht davon aus, dass in mehr als 90% aller Fälle kein individueller Marktpreis bei Sachanlagen vorliegt. Siehe auch Tanski (2005), S. 95ff.

4 Vgl. Tanski (2005), S. 107ff.; Küting (2005), S. 509, spricht hier von der Möglichkeit einer mehrstufigen Bilanzpolitik, die mit der Auswahl der Folgebewertungsmethode beginnt und mit dem faktischen Verfahrenswahlrecht und dem Ermessensspielraum hinsichtlich der Höhe des beizulegenden Zeitwerts endet.

5 Vgl. IAS 40.45-46. Im Schrifttum wird hier von einem dreistufigen Konzept mit bestimmter Reihenfolge gesprochen; vgl. Baetge/Zülch (2001), S. 547 u. 556; Zülch (2003), S. 180; Tanski (2005), S. 101f. Allerdings ist aus dem Wortlaut des Standards keine bestimmte Reihenfolge bei der Berücksichtigung weiterer Informationsquellen gefordert; vgl. Pellens/ Fülbier/Gassen (2006), S. 328.

6 Vgl. Kümpel (2004b), S. 22.

gezogen werden. Hierbei werden in IAS 40.46 erstens Vergleichspreise abweichender Immobilien, bei denen die Unterschiede hinsichtlich Art, Zustand oder Standort der Immobilie anzupassen sind, zweitens Vergleichspreise ähnlicher Immobilien, deren Kauf bzw. Verkauf zeitlich zurückliegt und bei denen der Vergleichspreis demzufolge ebenfalls anzupassen ist, sowie drittens die Ermittlung des beizulegenden Zeitwerts anhand der Diskontierung von Cashflows vorgeschlagen[1]. Insofern verfügt das Management auch hier zum einen über ein faktisches Wahlrecht hinsichtlich der Auswahl des Wertermittlungsverfahrens für den beizulegenden Zeitwert und zum anderen über einen Ermessensspielraum, der es erlaubt, die Höhe des beizulegenden Zeitwerts mittels des angewandten Verfahrens zu beeinflussen[2].

4.5.3.2 Bewertung von Sachanlagen und Finanzimmobilien nach HGB

Handelsrechtlich bestehen keine gesonderten Vorschriften für Sachanlagen und Finanzimmobilien. Letztere sind unter den Sachanlagen zu subsumieren. Ihre Folgebewertung hat gemäß § 253 Abs. 2 HGB zu fortgeführten AHK zu erfolgen. Demzufolge sind Sachanlagen nach ihrem erstmaligem Ansatz und Zugangsbewertung planmäßig über ihre voraussichtliche Nutzungsdauer und bei einer dauerhaften Wertminderung außerplanmäßig auf ihren beizulegenden Wert am Abschlussstichtag abzuschreiben[3]. Da keine gesetzlich festgeschriebene Normierung der zu verwendenden Nutzungsdauer existiert, ist sie anhand von Erfahrungswerten zu schätzen. Dabei ist es erlaubt, auf steuerliche AfA-Tabellen zurückzugreifen, die sich durchaus von der tatsächlichen voraussichtlichen Nutzungsdauer unterscheiden können[4]. Als Abschreibungsmethode kommen aufgrund fehlender gesetzlicher Vorschriften sämtliche Verfahren in Betracht, die den Grundsätzen ordnungsmäßiger Buchführung (GoB) entsprechen. Darunter fallen insbesondere die lineare, die degressive und die leistungsabhängige

---

1 In der Immobilienbewertungspraxis bestehen sowohl auf nationaler als auch auf internationaler Ebene eine Vielzahl von Bewertungsverfahren; vgl. etwa White (2003); Zülch (2003), S. 129ff.

2 Zu den Ermessensspielräumen, die mit der Auswahl eines jeweiligen Wertermittlungsverfahrens verbunden sind, siehe Böckem/Schurbohm (2002), S. 46ff.; Beck (2004), S. 347ff.

3 Der beizulegende Wert ist, sofern keine Börsen- oder Marktpreise vorhanden sind, aus Käufer- oder Verkäufersicht unter Bezugnahme entsprechender Hilfswerte, wie bspw. des Wiederbeschaffungswerts, Veräußerungswerts oder Ertragswerts, zu ermitteln; vgl. Nordmeyer (1997), Rdn. 170-173; Hoyos/Schramm/Ring (2006), Rdn. 288-290.

4 Vgl. Hoyos/Schramm/Ring (2006), Rdn. 231.

Abschreibung[1]. Zudem können in Folge des umgekehrten Maßgeblichkeitsprinzips auch steuerrechtliche Abschreibungen getätigt werden[2].

4.5.3.3 Wirkungsrichtung auf Verschuldungsgrad und zukünftige Periodenergebnisse

Die retrospektive Anwendung des Anschaffungskostenmodells erfordert die rückwirkende Beurteilung der betroffenen Sachanlagen bzw. Finanzimmobilien auf Ansatz-, Erst- und Folgebewertungskonformität mit den IFRS. Dabei kann es bspw. zu erforderlichen Anpassungen von Abschreibungsmethoden, Nutzungsdauern oder der Rücknahme rein steuerlich motivierter Wertminderungen kommen. Auch kann die rückwirkende Anwendung von IAS 36 zu einer Wertminderung der Sachanlagen und Finanzimmobilien im Übergangszeitpunkt führen. Eine hieraus folgende Wirkungsrichtung ist, wie bereits in Kapitel 4.2 beschrieben, regelmäßig nicht eindeutig ableitbar. Allein wenn die rückwirkende Folgebewertung lediglich zu einer Wertminderung der Vermögenswerte führt, kann hiermit eine Verminderung des Eigenkapitals und damit eine verschuldungsgraderhöhende Wirkung verbunden werden.

Dagegen ist anzunehmen, dass die Bewertung zum beizulegenden Zeitwert im Übergangszeitpunkt tendenziell eine Erhöhung des Buchwerts der Sachanlagen bzw. Finanzimmobilien korrespondierend mit einer Eigenkapitalsteigerung zur Folge hat[3]. So führt die Bewertung zu fortgeführten AHK überwiegend zur Bildung stiller Reserven[4]. Diese werden mit der Bewertung zum beizulegenden Zeitwert, wenn auch mit Ermessensspielräumen behaftet, im Übergangszeitpunkt tendenziell aufgedeckt.

Obwohl auch die rückwirkende Anwendung des Anschaffungskostenmodells zu einer eigenkapitalerhöhenden Wirkung führen kann, ist davon auszugehen, dass die Bewertung zum beizulegenden Zeitwert im Vergleich beider Bilanzierungsalternativen regelmäßig eine höhere Wirkung ausübt. Die rückwirkende Anwen-

---

1 Daneben ist auch die progressive Abschreibung vorstellbar. Allerdings ist sie in der Bilanzierungspraxis selten vorzufinden, da mit ihrer Anwendung implizit vorausgesetzt wird, dass der Vermögensgegenstand erst langsam vollständig genutzt wird. Zudem ist sie steuerlich nicht erlaubt; vgl. ADS (1995), § 253 HGB, Rdn. 401; Nordmeyer (1997), Rdn. 158.

2 Vgl. § 279 Abs. 2 i.V.m. § 254 HGB.

3 Eine Ausnahme besteht, wenn der beizulegende Zeitwert der Sachanlage bzw. Finanzimmobilie im Übergangszeitpunkt unter dem handelsrechtlichen Buchwert liegt, weil der Erstanwender bspw. in den Vorperioden aufgrund des für die handelsrechtliche Folgebewertung von Sachanlagen geltenden gemilderten Niederstwertprinzips bei Vorliegen einer nur vorrübergehenden Wertminderung keine außerplanmäßige Abschreibung vorgenommen hat.

4 Vgl. Küting (1999), S. 762; Siegel (2003), Rdn. 15.

dung des Anschaffungskostenmodells bewertet Sachanlagen und Finanzimmobilien trotz Anpassungen weiterhin zu fortgeführten AHK, die die Aufdeckung stiller Reserven vermeiden. Werden stille Reserven dagegen durch den Ausweis des beizulegenden Zeitwerts weitgehend aufgelöst, kommt es zu einer höheren Eigenkapitalwirkung. Im direkten Vergleich beider Bilanzierungsalternativen kann daher die Bewertung zum beizulegenden Zeitwert im IFRS-Übergangszeitpunkt als ein eigenkapitalerhöhendes und damit verschuldungsgradsenkendes bilanzpolitisches Instrument angesehen werden.

Hinsichtlich der Wirkung auf zukünftige Periodenergebnisse gelten die obigen Ausführungen analog. Auch hier kann aus der rückwirkenden Anwendung des Anschaffungskostenmodells kein verallgemeinerter Rückschluss auf die Wirkungsrichtung erfolgen. Führt die Bewertung zum beizulegenden Zeitwert jedoch zu einer höheren Wirkung auf das Eigenkapital, resultiert hieraus eine höhere Abschreibungsbasis. Insofern hat die Anwendung dieser Bilanzierungsalternative im direkten Vergleich eine größere ergebnismindernde Wirkung. Dem kann entgegengehalten werden, dass bei nicht abnutzbaren Sachanlagen oder Finanzimmobilien eine planmäßige Abschreibung in den Folgeperioden entfällt. Jedoch folgt auch hier aus dem Bilanzzusammenhang, dass über die Totalperiode betrachtet spätestens beim Verkauf der Vermögenswerte bzw. bei der Unternehmensveräußerung ein negativer Effekt auf das Periodenergebnis anfällt[1]. Tab. 7 fasst die Ergebnisse zusammen.

Bilanzierungsalternativen nach IFRS / **Bisherige Bilanzierung nach HGB**	**Rückwirkende Bewertung zu fortgeführten AHK**		**Bewertung zum beizulegenden Zeitwert**	
	VG	PE	VG	PE
Fortgeführte Anschaffungs- oder Herstellungskosten	?	?	↓	↓

Tab. 7: Wirkungsrichtung der Bilanzierungsentscheidung zwischen rückwirkender Bewertung von Sachanlagen und Finanzimmobilien zu fortgeführten Anschaffungs- oder Herstellungskosten und Bewertung zum beizulegenden Zeitwert

Insgesamt kann die Bewertung von Sachanlagen und Finanzimmobilien zum beizulegenden Zeitwert im Übergangszeitpunkt mit einer verschuldungsgradsenkenden Wirkung und einem ergebnismindernden Effekt in zukünftigen Perioden verbunden werden. Demgegenüber sind keine tendenziellen Aussagen über die Wirkungsrichtung einer rückwirkenden Folgebewertung zu fortgeführten

[1] Eine Ausnahme stellt die Folgebewertung von nicht abnutzbaren Sachanlagen anhand der Neubewertungsmethode dar. Sofern die Werterhöhung im IFRS-Übergangszeitpunkt bis zur späteren Veräußerung oder Stillegung des Vermögenswerts niemals durch eine außerplanmäßige Abschreibung überkompensiert wird, erfolgt kein zukünftiger Ergebniseffekt.

AHK gemäß dem Anschaffungskostenmodell möglich. Indes ist von einer geringeren Wirkung auf den Verschuldungsgrad und auf zukünftige Periodenergebnisse auszugehen.

4.5.4 Bilanzansatz vs. Nichtansatz von aktiven latenten Steuern auf Verlustvorträge

4.5.4.1 Bilanzpolitischer Gestaltungsspielraum

Für die bilanzielle Behandlung aktiver latenter Steuern auf Verlustvorträge sieht IFRS 1 kein Erleichterungswahlrecht vor. Infolgedessen ist der für die Bilanzierung von latenten Steuern relevante IAS 12 im IFRS-Übergangszeitpunkt rückwirkend auf bestehende Verlustvorträge anzuwenden.

Deutschen Kapitalgesellschaften ist es steuerrechtlich erlaubt, nicht ausgeglichene negative Einkünfte eines Geschäftsjahres, sofern sie nicht in das unmittelbar vorangegangene Geschäftsjahr zurückgetragen werden (sog. Verlustrücktrag[1]), im Rahmen des interperiodischen Verlustausgleiches zur Berechnung ihrer Steuerschuld zeitlich unbeschränkt in nachfolgende Veranlagungszeiträume vorzutragen (sog. Verlustvortrag)[2]. Fallen in den Folgeperioden mithin positive Einkünfte an, mindert der vorgetragene Verlust das künftig zu versteuernde Einkommen, wodurch dem Steuerpflichtigen eine Steuerersparnis entsteht[3].

IAS 12 enthält für die bilanzielle Behandlung von latenten Steuern auf Verlustvorträge explizite Regeln, die den allgemeinen Kriterien für den Ansatz von aktiven latenten Steuern entsprechen. Demzufolge sind aktive latente Steuern auf Verlustvorträge anzusetzen, wenn dem Unternehmen wahrscheinlich zukünftig ein zu versteuerndes Ergebnis zur Verfügung stehen wird, gegen das die Verlustvorträge verrechnet werden können[4]. Um die Wahrscheinlichkeit des Vorlie-

---

1 Verlustrückträge werden in dieser Arbeit nicht weiter betrachtet, da sie allein die Steuerzahlungen der vorangegangenen Perioden betreffen und damit nicht Ursache für die Entstehung latenter Steuern sein können; vgl. Baumann/Spanheimer (2003), Rdn. 52; Schulz-Danso (2006), Rdn. 56.

2 Vgl. § 8 Abs. 1 Satz 1 KStG i.V.m. § 10d Abs. 2 EStG; Schlenker (2006), Rdn 162.

3 Die Möglichkeit des Verlustvortrags gilt für deutsche Einzelunternehmen. War der Umfang des Verlustvortrages in früheren Veranlagungszeiträumen noch unbeschränkt, ist seine Höhe seit dem Jahr 2004 auf einen Sockelbetrag von 1 Mio. € reduziert. Liegt der tatsächliche Gesamtverlust jedoch darüber, kann zusätzlich ein Betrag von 60% der den Sockelbetrag übersteigenden Differenz vom künftigen Einkommen abgezogen werden. Gemäß § 10a Satz 1 GewStG gelten die Vorschriften analog für die Gewerbesteuer mit der Ausnahme, dass kein Verlustrücktrag möglich ist; vgl. von Twickel (2006), Rdn. 24.

4 Vgl. IAS 12.34; zur Bewertung steuerlicher Verlustvorträge bei Kapital- und Personengesellschaften siehe Schäffeler (2006), S. 154ff.

gens eines künftigen steuerpflichtigen Gewinns zu beurteilen, enthält IAS 12.36 folgende Indikatoren, die zwingend zu beachten sind:

- Das Unternehmen verfügt über ausreichend zu versteuernde passive Steuerlatenzen gegenüber der gleichen Steuerbehörde und gegenüber dem gleichen Steuersubjekt, gegen die die steuerlichen Verlustvorträge in zukünftigen Perioden verrechnet werden können,
- es ist wahrscheinlich, dass das Unternehmen in nachfolgenden Geschäftsjahren steuerpflichtige Gewinne in hinreichendem Umfang erwirtschaftet,
- der Verlustvortrag stammt aus einmaligen, nicht wiederkehrenden Gründen und
- das Unternehmen verfügt über Steuergestaltungsmöglichkeiten, deren Ausübung zu einem künftig mit dem Verlustvortrag verrechenbaren steuerpflichtigen Gewinn führen.

Die Indikatoren beinhalten einen subjektiven Ermessensspielraum für den Abschlussersteller[1]. Zur Beurteilung der Wahrscheinlichkeitsanforderung sind hinreichend sichere Prognosen über das Vorliegen künftiger Gewinne vorzunehmen, die auf eine detaillierte steuerliche Unternehmensplanung aufsetzen sollten[2]. Quantitative Grenzen, wann die Wahrscheinlichkeit eines zukünftigen steuerpflichtigen Gewinns als gegeben angesehen werden kann, enthält IAS 12 nicht. Teilweise wurde im Schrifttum die Auffassung vertreten, dass die Wahrscheinlichkeit des Entstehens eines künftigen steuerpflichtigen Gewinns mehr als 75% betragen muss[3]. Aktuellere Beiträge sehen dagegen das Wahrscheinlichkeitskriterium bereits bei einer Eintrittswahrscheinlichkeit von mehr als 50% gegeben[4]. Aufgrund der Unbestimmtheit des Wahrscheinlichkeitskriteriums lässt sich im Extremfall „Willkür kunstvoll hinter scheinbar sachgerechter Auslegung dieser Kriterien verbergen“[5].

---

1 Für einen subjektiven Spielraum spricht auch die Tatsache, dass sich die deutsche Prüfstelle für Rechnungslegung im ersten Jahr ihrer Tätigkeit mit überdurchschnittlich vielen Fällen einer zweifelhaften Bilanzierung von latenten Steuern auf Verlustvorträge konfrontiert sah; vgl. Berger (2006), S. 2473.

2 Vgl. Engel-Ciric (2002), S. 781; von Eitzen/Helms (2002), S. 827; Schulz-Danso (2006), Rdn. 61; Langenbucher (2005), S. 25f.

3 Vgl. Loitz/Rössel (2002), S. 648; Küting/Zwirner (2003), S. 304; Zwirner/Busch/Reuter (2003), S. 1048.

4 Vgl. Weber (2003), S. 128; Küting/Zwirner (2005), S. 1554; Pellens/Fülbier/Gassen (2006), S. 209. Teilweise wird eine Eintrittswahrscheinlichkeit von „deutlich“ bzw. „wesentlich“ mehr als 50% gefordert; siehe Heurung/Kurtz (2000), S. 1778; Baumann/Spanheimer (2003), Rdn. 57; Loitz (2004), S. 1179; Ballwieser (2006), Rdn. 34.

5 Schildbach (1998), S. 947.

Schätzt der Abschlussersteller einen zukünftigen steuerpflichtigen Gewinn eher als unwahrscheinlich ein, dürfen auf den Umfang der hiermit verbundenen Verlustvorträge keine aktiven latenten Steuern gebildet werden. Einen Hinweis darauf, dass ein künftiges zu versteuerndes Ergebnis voraussichtlich nicht zur Verfügung stehen wird, sieht IAS 12.35 in dem Vorliegen bisher noch nicht genutzter Verlustvorträge. Weist daher ein Unternehmen in der jüngeren Vergangenheit eine Historie von Verlusten auf, fordert der Standard einen substanziellen Nachweis für eine zukünftige Änderung der Ergebnissituation[1]. Als Verlusthistorie kann ein Zeitraum von drei Jahren angesehen werden[2]. Substantielle Nachweise für eine Änderung der Ergebnissituation können bspw. durch die Prognose positiver Branchenentwicklung, des erfolgreichen Abschlusses einer Restrukturierungsphase oder der Amortisation von in Vorjahren entstandenen Anlaufverlusten erbracht werden[3].

Der Gestaltungsspielraum bei der Einschätzung der Wahrscheinlichkeit des Vorliegens zukünftiger steuerpflichtiger Gewinne führt dazu, dass die Regeln zur Aktivierung latenter Steuern auf Verlustverträge in IAS 12 als faktisches Bilanzierungswahlrecht mit folgenden Ausprägungen betrachtet werden können[4]:

- Bilanzansatz oder
- Nichtansatz von aktiven latenten Steuern auf Verlustvorträge.

4.5.4.2 Behandlung von Verlustvorträgen nach HGB

In der deutschen Fachliteratur bestehen seit jeher unterschiedliche Meinungen darüber, ob auf steuerliche Verlustvorträge im handelsrechtlichen Jahresabschluss aktive latente Steuern gebildet werden können bzw. müssen oder ob generell ein Ansatzverbot besteht. Gemäß § 274 Abs. 2 HGB, der die Bilanzierungsfähigkeit von aktiven latenten Steuern im Einzelabschluss von Kapitalgesellschaften regelt, besteht unter bestimmten Voraussetzungen[5] grundsätzlich ein Aktivierungswahlrecht für aktive latente Steuern als Bilanzierungshilfe. Hieraus ein generelles Aktivierungswahlrecht für aktive latente Steuern auf Verlustvorträge abzuleiten, verneint jedoch der Großteil der im Schrifttum vorzufindenden Beiträge. So tritt eine Steuerminderung im Fall von Verlustvorträgen nur dann

---

1 Vgl. IAS 12.35 i.V.m. IAS 12.82. In der Bilanzierungspraxis zeigt sich indes, dass latente Steuern auf Verlustvorträge nicht oder nur oberflächlich erläutert werden; vgl. Küting/Zwirner (2005), S. 1557; Baetge/Lienau (2007), S. 19. Zur Bedeutung aktiver latenter Steuern auf Verlustvorträge in der Praxis siehe auch Küting/Zwirner (2007c), S. 559ff.

2 Vgl. Berger (2006), S. 2474.

3 Vgl. Schulz-Danso (2006), Rdn. 62.

4 Vgl. Rabeneck/Reichert (2002), S. 1415; Marten/Weiser/Köhler (2003), S. 2341; Zwirner/Busch/Reuter (2003), S. 1048; a.A. Berger (2006), S. 2475.

5 Siehe Kirsch (2003b), Rdn. 5.

ein, sofern eine Verrechnung mit positiven Ergebnissen in späteren Geschäftsjahren erfolgt. Diese Bedingung führt dazu, dass der Verlustvortrag im Zeitpunkt des Verlustanfalls noch keinen Anspruch auf Steuererstattung begründet, womit zu diesem Zeitpunkt kein bilanzierungsfähiger Vermögensgegenstand vorliegt[1]. Dieser Argumentation folgend wäre die Aktivierung latenter Steuern auf Verlustvorträge im Einzelabschluss verboten[2]. Eine Mindermeinung hält dagegen eine reine Orientierung am Wortsinn von § 274 HGB für unangemessen und stattdessen eine Aktivierung für zulässig[3]. DRS 10 fordert zudem die Aktivierung von latenten Steuern im Konzernabschluss, sofern der Steuervorteil aus dem Verlustvortrag mit hinreichender Wahrscheinlichkeit realisiert werden kann[4]. Indes sind handelsrechtliche Konzernunternehmen nicht an die Vorschriften von DRS 10 gebunden[5].

Handelsrechtlich besteht insofern für die in dieser Untersuchung einbezogenen Unternehmen im IFRS-Übergangszeitpunkt ebenfalls ein Wahlrecht zwischen dem Bilanzansatz und Nichtansatz von aktiven latenten Steuern auf Verlustvorträge.

4.5.4.3 Wirkungsrichtung auf Verschuldungsgrad und zukünftige Periodenergebnisse

Zur Ableitung der Wirkungsrichtung der beiden Bilanzierungsalternativen auf den Verschuldungsgrad und auf zukünftige Periodenergebnisse ist wiederum zwischen der bisherigen handelsrechtlichen Bilanzierung und der Bilanzierung im IFRS-Übergangszeitpunkt zu unterscheiden.

Wurden handelsrechtlich bisher keine aktiven latenten Steuern auf Verlustvorträge in der Bilanz ausgewiesen, folgt aus einer Aktivierung im Übergangszeitpunkt ein eigenkapitalerhöhender Effekt, verbunden mit einer Senkung des Verschuldungsgrads. Keine Wirkungen resultieren dagegen bei Beibehaltung des Nichtansatzes. Wurden handelsrechtlich bislang aktive latente Steuern auf Verlustvorträge aktiviert, ist davon auszugehen, dass auch nach IAS 12 aktive laten-

---

1 Vgl. etwa ADS (1995), § 274, Rdn. 28; Klein (2001), S. 1454; Baumann/Spannheimer (2003), Rdn. 55. Zu weiteren Argumenten gegen die Aktivierbarkeit siehe Marten/Weiser/Köhler (2003), S. 2337f.

2 Vgl. Weber (2003); S. 102 m.w.N.

3 Vgl. Ordelheide (1995), S. 604ff. Zu weiteren Argumenten für die Aktivierungsfähigkeit vgl. Marten/Weiser/Köhler (2003), S. 2338f.

4 Vgl. DRS 10.11.

5 Obwohl der DSR das Aktivierungsgebot als vereinbar mit den geltenden handelsrechtlichen Bilanzierungs- und Bewertungsmethoden ansieht, steht es mithin im direkten Widerspruch zum Wortlaut des § 274 Abs. 2 HGB; vgl. vgl. IDW (2001), S. 1087; App (2003), S. 211.

te Steuern zu bilden sind[1]. In beiden Rechnungslegungssystemen ist für die Aktivierung die Wahrscheinlichkeit des Vorliegens zukünftiger steuerpflichtiger Gewinne zu prüfen. Unterschiede bei der Einschätzung sind hierbei nicht zu vermuten. Insofern ist davon auszugehen, dass die Ausbuchung bisher angesetzter aktiver latenter Steuern keine Bedeutung bei der Umstellung einnimmt.

Über die Totalperiode betrachtet, folgt lediglich aus dem erstmaligen Ansatz von aktiven latenten Steuern auf Verlustvorträge im Übergangszeitpunkt eine Wirkung auf zukünftige Periodenergebnisse. So sind die aktivierten latenten Steuern in den Folgeperioden bei Verrechnung des Verlustvortrags mit steuerpflichtigen Gewinnen aufzulösen, woraus ein ergebnismindernder Effekt resultiert[2]. Eine frühere ergebnissenkende Wirkung entsteht, wenn zu einem nachfolgenden Abschlussstichtag festgestellt wird, dass die aktiven latenten Steuern nicht mehr werthaltig und demgemäß außerplanmäßig abzuschreiben sind[3]. Tab. 8 fasst die Ergebnisse zusammen.

Bewertungsalternativen nach IFRS / **Bisherige Bewertung nach HGB**	**Bilanzansatz von aktiven latenten Steuern auf Verlustvorträge**		**Nichtansatz von aktiven latenten Steuern auf Verlustvorträge**	
	VG	PE	VG	PE
Nichtansatz von aktiven latenten Steuern auf Verlustvorträge	↓	↓	-	-
Bilanzansatz von aktiven latenten Steuern auf Verlustvorträge	-	-		

Tab. 8: Wirkungsrichtung der Bilanzierungsentscheidung zwischen Bilanzansatz und Nichtansatz von aktiven latenten Steuern auf Verlustvorträge

Insgesamt kann der erstmalige Bilanzansatz aktiver latenter Steuern auf Verlustvorträge im IFRS-Übergangszeitpunkt als verschuldungsgradsenkende Maß-

1 In Einzelfällen kann die betragsmäßige Höhe variieren, da latente Steuern gemäß IAS 12.47-48 nach der Liability-Methode zu bemessen sind. Danach ist die Bewertung anhand des Steuersatzes vorzunehmen, der bei künftiger Realisation des Steueranspruchs erwartungsgemäß gelten wird. Demgegenüber ist die handelsrechtliche Bewertungsgrundlage nicht gesetzlich geregelt. Aufgrund der ungewissen Steuersatzentwicklung erfolgt die Bewertung in beiden Rechnungslegungssystem jedoch regelmäßig anhand der aktuell gültigen Steuersätze; vgl. Küting/Zwirner (2005), S. 1554.

2 Für ein Beispiel hierzu siehe Zwirner/Busch/Reuter (2003), S. 1044f.

3 Siehe IAS 12.56. Im Schrifttum wird die Aktivierung latenter Steuern auf Verluste auch dahingehend kritisiert, dass mit ihrer Aktivierung die Belastungen eines Unternehmens aus Verlusten, solange seine Zukunftsaussichten positiv einzuschätzen sind, gemindert werden. Verschlechtert sich jedoch die wirtschaftliche Lage des Unternehmens, kommen neben den neu entstandenen Verlusten zusätzlich außerplanmäßige Abschreibungen auf zuvor aktivierte latente Steuern hinzu, die eine Doppelbelastung für das Unternehmen darstellen; vgl. Schildbach (1998), S. 945; Küting/Zwirner (2003), S. 312.

nahme angesehen werden, die eine ergebnismindernde Wirkung auf zukünftige Periodenergebnisse ausübt. Demgegenüber folgen aus dem Nichtansatz keine Wirkungen auf den Verschuldungsgrad und auf zukünftige Periodenergebnisse.

4.6 Zwischenergebnis

Zur Erreichung ihres bilanzpolitischen Ziels steht Erstanwendern eine Vielzahl von bilanzpolitischen Instrumenten zur Verfügung. Zu unterscheiden sind auf sachverhaltsdarstellender Ebene die Wahlrechte von IFRS 1 und Gestaltungsspielräume, die sich aus einer rückwirkenden Anwendung der IFRS ergeben. Da nicht sämtliche Instrumente in die Untersuchung einbezogen werden können, wurde in diesem Kapitel eine Abgrenzung anhand eines selbst entwickelten Kriterienkatalogs vorgenommen. Dieser stellt sicher, dass nur sachverhaltsdarstellende Maßnahmen mit einer materiellen Wirkungsintensität in die Untersuchung einbezogen werden, die zumindest tendenziell im Abschluss erkennbar sind sowie von den untersuchten Unternehmen angewandt werden können und deren Wirkungsrichtung hinsichtlich der Ausübung bzw. Nichtausübung auf den Verschuldungsgrad und auf zukünftige Periodenergebnisse zumindest tendenziell ableitbar, voneinander verschieden sowie wesentlich ist.

Zur Abgrenzung wurde die Inanspruchnahme der IFRS 1-Wahlrechte und der Gestaltungsspielräume der rückwirkenden IFRS-Anwendung aus dem ersten IFRS-Abschluss und den darin enthaltenen wesentlichen Bilanzierungs- und Bewertungsänderungen durch die Umstellung bzw. aus den Eigenkapitalüberleitungsrechnungen entnommen. Die Untersuchungsgesamtheit umfasst dabei insgesamt 100 Erstanwender des CDAX, die den Übergang von HGB auf IFRS nach dem 01.04.2005 vollzogen haben. Damit wird sichergestellt, dass die in die Untersuchung einbezogenen Erstanwender über die gleichen bilanzpolitischen Instrumente verfügen.

Die Auswertung der Wahlrechtsausübung von IFRS 1 ergab eine hauptsächliche Anwendung der Erleichterungsvorschriften von IFRS 1 bei vergangenen Unternehmenszusammenschlüssen. Bedeutende Wahlrechte stellen ferner die Befreiungen hinsichtlich der Behandlung von Fremdwährungsdifferenzen, von versicherungsmathematischen Gewinnen und Verlusten sowie des alternativen Ansatzes von Sachanlagen zum beizulegenden Zeitwert dar. Die restlichen Wahlrechte kommen dagegen nur in Einzelfällen zur Anwendung.

Als Hauptursache für eine Veränderung des bisherigen Eigenkapitals im IFRS-Übergangszeitpunkt werden in den Überleitungsrechnungen Anpassungen bei latenten Steuern, Pensionsrückstellungen, Rückstellungen und Sachanlagen aufgeführt. Dabei zeigt sich, dass Effekte aus der Bewertung von Finanzinstrumenten zum beizulegenden Zeitwert im Vergleich eher seltener genannt werden.

Bilanzpolitisches Instrument	Wirkung auf den Verschuldungsgrad erhöhend bzw. neutral	Wirkung auf den Verschuldungsgrad vermindernd bzw. neutral	Wirkung auf zukünftige Periodenergebnisse erhöhend bzw. neutral	Wirkung auf zukünftige Periodenergebnisse vermindernd bzw. neutral
Rückwirkende Bilanzierung des GoF nach IFRS 3, IAS 36 und IAS 38 vs. Anwendung der Erleichterungsvorschriften von IFRS 1	Erleichterungsvorschriften von IFRS 1	Rückwirkende Bilanzierung	Erleichterungsvorschriften von IFRS 1	Rückwirkende Bilanzierung
Bilanzansatz vs. Nichtansatz von Entwicklungsausgaben	Nichtansatz	Bilanzansatz	Nichtansatz	Bilanzansatz
Rückwirkende Bewertung von Sachanlagen und Finanzimmobilien zu fortgeführten AHK vs. Bewertung zum beizulegenden Zeitwert	Rückwirkende Bewertung zu fortgeführten AHK	Bewertung zum beizulegenden Zeitwert	Rückwirkende Bewertung zu fortgeführten AHK	Bewertung zum beizulegenden Zeitwert
Bilanzansatz vs. Nichtansatz von aktiven latenten Steuern auf Verlustvorträge	Nichtansatz	Bilanzansatz	Nichtansatz	Bilanzansatz

Tab. 9: Wirkungsrichtung der betrachteten bilanzpolitischen Instrumente auf den Verschuldungsgrad und zukünftige Periodenergebnisse

Die anschließende Anwendung der Abgrenzungskriterien auf die Wahlrechte von IFRS 1 und die Überleitungspositionen identifizierte vier bilanzpolitische Instrumente, die hinsichtlich ihrer Wirkung auf den Verschuldungsgrad im Übergangszeitpunkt und auf zukünftige Periodenergebnisse analysiert wurden. Tab. 9 fasst die einzubeziehenden Bilanzierungsmaßnahmen und ihre abgeleiteten Wirkungsrichtungen zusammen.

Kapitel 5: Empirische Untersuchung des Bilanzierungsverhaltens bei der Umstellung von HGB auf IFRS

5.1 Kapitelübersicht

Im folgenden Kapitel wird das Bilanzierungsverhalten der in die Untersuchung einbezogenen Erstanwender anhand der abgegrenzten bilanzpolitischen Instrumente untersucht. Dazu werden zunächst Hypothesen hinsichtlich des zu erwartenden Bilanzierungsverhaltens aufgestellt, die auf den in Kapitel 3.3 hergeleiteten Erklärungsgründen bilanzpolitischen Verhaltens im Umstellungszeitpunkt basieren. Zur Untersuchung der Hypothesen kommt ein Regressionsmodell zur Anwendung, das mögliche Bilanzierungskombinationen der Instrumente als abhängige Variable und Stellvertretervariablen für die Hypothesen als erklärende Variablen verwendet. Die Regressionsanalyse wird anhand der multinominalen Probit-Analyse durchgeführt, wobei die Untersuchungsergebnisse verschiedenen Robustheitstests unterzogen werden. Zuvor werden einerseits die in den Überleitungsrechnungen ausgewiesene betragsmäßige Wirkung der Umstellung auf das Eigenkapital, den Verschuldungsgrad und das Periodenergebnis deskriptiv analysiert, um erste Anhaltspunkte über das Bilanzierungsverhalten abzuleiten. Andererseits werden die abhängige und die unabhängigen Variablen des Untersuchungsmodells eingehender betrachtet. Das Kapitel schließt mit der Darlegung der Kernergebnisse und den Interpretationsgrenzen.

5.2 Hypothesenbildung

5.2.1 Vertragsorientierte Anreize

5.2.1.1 Ergebnisorientierte Vergütungspläne

Wie in Kapitel 3.3.2.2 dargelegt, enthält die Vergütung des Managements regelmäßig neben einem fixen Grundgehalt variable Bestandteile, deren Höhe sich an der Veränderung bestimmter Rechnungslegungsgrößen, wie bspw. des Periodenergebnisses, ausrichtet. Wird ein einkommenmaximierendes Verhalten des Managements unterstellt, kann hieraus bei der Rechnungslegungsumstellung ein Anreiz zur Durchführung bilanzpolitischer Maßnahmen zur Beeinflussung der relevanten Ergebnisgröße entstehen. Eine Überprüfung dieser Hypothese setzt im Idealfall voraus, dass detaillierte Informationen über die Vergütungspläne des Managements vorliegen. Eine derartige Angabe wird in deutschen Jahresabschlüssen jedoch nicht verlangt. Selbst bei einer Befolgung des DCGK enthalten die veröffentlichten Angaben keine genauen Informationen über die Ausgestaltung des jeweiligen Vergütungsplans. So gibt ein Großteil der Erstanwender in ihren Geschäftsberichten lediglich an, dass sich der variable Teil an „erfolgsbezogenen Komponenten“ ausrichtet[1]. Teilweise wird von einer Ausrichtung am „Unternehmenserfolg“ oder am „Unternehmensergebnis“ gesprochen, ohne eine weitere Konkretisierung vorzunehmen[2]. Aus diesem Grund müssen vereinfachte Annahmen über die Existenz eines ergebnisorientierten Vergütungsplans bei den einbezogenen Unternehmen getroffen werden.

Frühere US-amerikanische Studien kommen zu dem Ergebnis, dass sich die Vergütung von Managern stark wachsender Unternehmen zu einem großen Teil an Vergütungskomponenten mit langfristigen Anreizwirkungen, wie bspw. Aktienoptionen, orientiert[3]. Dagegen enthält die Managervergütung weniger stark wachsender Gesellschaften als variablen Teil überwiegend eine ergebnisorientierte Komponente. Ergebnisorientierte Vergütungspläne sind daher vermutlich häufiger in gering bzw. kaum wachsenden Unternehmen anzutreffen. Stark wachsende Unternehmen zeichnen sich gegenüber Gesellschaften mit geringem Wachstum dadurch aus, dass sie über einen größeren Umfang an Investitionsmöglichkeiten und einen geringeren Anteil an materiellen Vermögenswerten, wie bspw. Grundstücken, Maschinen oder anderen Sachanlagen, verfügen[4]. Zur Unterscheidung von stark und gering wachsenden Unternehmen wird in Untersuchungen daher häufig die Kennzahl assets-in-place verwendet, die das Verhältnis zwischen dem Buchwert des Sachanlagevermögens und dem Gesamtunternehmenswert wiedergibt[5]. Wachstumsunternehmen kennzeichnen sich durch einen geringeren Wert der Kennzahl aus, während Unternehmen mit geringem Wachstum über einen größeren Kennzahlenwert verfügen. Mangels nicht vorhandener Informationen über das tatsächliche Vorhandensein eines ergebnisorientierten Vergütungsplans bei den betrachteten Unternehmen wird im Folgenden angenommen, dass eine positive Korrelation zwischen dem Bestehen eines ergebnisorientierten Vergütungsplans und der Höhe der assets-in-place bei einem Erstanwender existiert[6]. Ein hoher Kennzahlenwert weist auf ein gering wachsendes Unternehmen hin, das mit einer hohen Wahrscheinlichkeit über einen ergebnisorientierten Vergütungsplan verfügt.

Aufgrund fehlender detaillierter Angaben über die Ausgestaltung des Vergütungsplans sind ferner Annahmen über die zu erreichende Zielgröße zu treffen. Im Folgenden wird davon ausgegangen, dass das Periodenergebnis die Zielgröße im variablen Teil des Vergütungsplans darstellt. Des Weiteren wird unterstellt,

1 Vgl. bspw. Berentzen AG (2005), S. 42.

2 Vgl. Grammer AG (2005), S. 132; Porsche AG (2004), S. 150.

3 Vgl. Smith/Watts (1992); Skinner (1993); Gaver/Gaver (1995); Linn/Park (2005).

4 Vgl. Watts/Zimmerman (1986), S. 360.

5 Vgl. Skinner (1993), S 419; Gaver/Gaver (1995), S. 20; Dhaliwal/Heninger/Hughes (1999), S. 151ff.; Sellhorn (2004), S. 210. Alternativ werden auch market-to-book und price-earnings ratios angewandt; vgl. Fama/French (1995); Penman (1996).

6 Vgl. Astami/Tower (2006), S. 6.

dass die bei der Umstellung durchgeführten bilanzpolitischen Maßnahmen nicht bei der Berechnung des ergebnisorientierten Vergütungsteils von den Prinzipalen revidiert werden. Da im Umstellungszeitpunkt auch verpflichtende Bilanzierungsänderungen vorzunehmen sind, die nur bedingt von bilanzpolitischen Maßnahmen separiert werden können, erscheint eine vollständige Rücknahme kaum durchführbar. Zudem kann sie mit erheblichen Kosten verbunden sein, die den Nutzen für die Prinzipale übersteigen. Schließlich ist anzunehmen, dass die Umstellung keinen Einfluss auf die bisherige Vertragsgestaltung des ergebnisorientierten Vergütungsplans nimmt. Vergütungspläne werden demnach nicht angepasst, so dass das Management bereits während der Umstellung die zu erreichende Zielgröße für eine zusätzliche Vergütung kennt[1].

Unter Berücksichtigung der getroffenen Annahmen leitet sich folgende Hypothese H_1 ab[2]:

H_1: *Je größer die Wahrscheinlichkeit des Bestehens eines ergebnisorientierten Vergütungsplans, desto wahrscheinlicher ist die Durchführung bilanzpolitischer Maßnahmen im Übergangszeitpunkt, die zukünftige Periodenergebnisse erhöhen*[3].

5.2.1.2 Kreditklauseln

Kapitel 3.3.2.3 zeigte auf, dass Gläubiger Kreditklauseln in Darlehensverträgen vereinbaren, deren Über- bzw. Unterschreitung mit Sanktionen gegenüber dem Darlehensnehmer verbunden sind. Um eine Verletzung von Kreditklauseln und die damit verbundenen Sanktionskosten zu vermeiden, besteht für Manager ein Anreiz zur Durchführung bilanzpolitischer Maßnahmen. Eine Untersuchung dieser Hypothese verlangt Informationen darüber, ob die abgeschlossenen Darlehensverträge rechnungslegungsdatenbasierte Kreditklauseln enthalten und auf welche Rechnungslegungsdaten diese bezogen sind. Derartige Angaben liegen für die betrachteten Erstanwender nicht vor. Aufgrund dessen muss im Folgenden angenommen werden, dass Kreditklauseln in den Darlehensverträgen der Erstanwender vereinbart wurden.

---

1 Vgl. Kapitel 3.3.2.2.

2 Da der Verschuldungsgrad keine zu erreichende Zielgröße bei rechnungslegungsdatenbasierten Vergütungsplänen darstellt, bezieht sich die Hypothese allein auf bilanzpolitische Maßnahmen, die zukünftige Periodenergebnisse beeinflussen.

3 Da das in Kapitel 5.4.2 angewandte Regressionsverfahren nur den Zusammenhang zwischen erklärenden Variablen und der Eintrittswahrscheinlichkeit eines Ereignisses untersuchen kann, sind die Hypothesen als Wahrscheinlichkeitshypothesen zu formulieren; vgl. Backhaus/Erichson/Plinke/Weiber (2006), S. 430.

Zusätzlich sind Annahmen über die Ausgestaltung der Kreditklausel zu treffen. In Kapitel 3.3.2.3 wurde der Verschuldungsgrad als die am häufigsten vereinbarte Kennzahl zur Prüfung einer Verletzung von Kreditklauseln charakterisiert. Auch ohne Existenz vertraglich vereinbarter Kreditklauseln dient die Kennzahl als Indikator für die finanzielle Stabilität eines Unternehmens[1]. Je höher der Verschuldungsgrad eines Unternehmens, desto größer ist das Risiko eines Investments in die Gesellschaft. Daher wird das Ausmaß der Kennzahl auch bei externen Ratingagenturen wie Standard & Poor's als bedeutende quantitative Maßzahl zur Beurteilung der finanziellen Situation eines Unternehmens verwendet[2].

Ferner ist anzunehmen, dass Kreditgeber die Prüfung einer Verletzung von Kreditklauseln im Konzernabschluss anhand derjenigen Bilanzierungsvorschriften vornehmen, die bis zum Abschlussstichtag angewandt wurden. Kreditgeber prüfen eine Verletzung somit auf Basis der Angaben des ersten IFRS-Konzernabschlusses und nehmen keine umstellungsinduzierten Anpassungen vor[3]. Die Umstellung wirkt sich demzufolge unmittelbar auf die Berechnungsgrundlage der Kreditklauseln aus.

Steht der Anreiz zur Beeinflussung von Kreditklauseln im Mittelpunkt bilanzpolitischer Überlegungen, wird ein Erstanwender bereits bei der Erstellung der IFRS-Eröffnungsbilanz Maßnahmen zur Erhöhung des Eigenkapitals durchführen[4]. Hieraus folgen über die Totalperiode betrachtet negative Wirkungen auf zukünftige Periodenergebnisse. Insofern ist anzunehmen, dass der Nutzen aus einer Verminderung des Verschuldungsgrads im IFRS-Übergangszeitpunkt höher bewertet wird als die über die Totalperiode folgende Verringerung zukünftiger Periodenergebnisse.

Aus den getroffenen Annahmen leitet sich folgende Hypothese H_2 ab:

H_2: *Je höher die Wahrscheinlichkeit einer Verletzung von Kreditklauseln, desto wahrscheinlicher ist die Durchführung bilanzpolitischer Maßnahmen im Übergangszeitpunkt, die den Verschuldungsgrad verringern bzw. zukünftige Periodenergebnisse senken.*

Ein Großteil der empirischen Studien verwendet den bisherigen Verschuldungsgrad als Stellvertretervariable für die Wahrscheinlichkeit einer Verletzung von

---

1 Vgl. Baetge/Kirsch/Thiele (2004), S. 229ff.

2 Vgl. S&P (2006), S. 25.

3 Vgl. hierzu auch Ormrod/Taylor (2004), S. 76f.

4 Zusätzlich oder alternativ kann der Verschuldungsgrad durch eine Verringerung des Fremdkapitals gesenkt werden. Die Beeinflussung des Fremdkapitals im Umstellungszeitpunkt wird in dieser Arbeit jedoch nicht betrachtet.

Kreditklauseln. Jedoch eignet sich die Kennzahl für die vorliegende Datenbasis nicht. Grund dafür ist, dass einige Erstanwender ein negatives Eigenkapital im IFRS-Übergangszeitpunkt ausweisen[1]. Daher wird in dieser Arbeit die bisherige Fremdkapitalquote verwendet, die als Verhältnis von Fremdkapital zur Bilanzsumme definiert ist. Die Fremdkapitalquote ist in enger Verbindung zum Verschuldungsgrad zu sehen[2]. Insofern ist hieraus kein verzerrender Effekt zu erwarten.

5.2.1.3 Politische Kosten

Wie in Kapitel 3.3.2.4 dargestellt, haben Unternehmen, die einer regulierten Branche angehören oder die aufgrund von hohen Gewinnausweisen einer erhöhten Wahrscheinlichkeit unterliegen, von Regulierungssubjekten beobachtet zu werden, einen Anreiz zur Durchführung ergebnismindernder Maßnahmen, um einer möglichen Regulierung zu entgehen. Von der Bundesnetzagentur regulierte Märkte umfassen den Strom-, Gas-, Telekommunikations- und Postmarkt. Somit ist anzunehmen, dass Unternehmen, die in diesen Märkten operieren, einen Anreiz zur Durchführung ergebnismindernder Maßnahmen bei der Umstellung besitzen. Die Überprüfung der Hypothese scheitert jedoch an der geringen Anzahl von Unternehmen, die als regulierte Gesellschaften angesehen werden können. So können insgesamt nur vier Versorgungsunternehmen in der Grundgesamtheit identifiziert werden, die unter Beobachtung der Bundesnetzagentur stehen[3].

Regelmäßig wird in empirischen Untersuchungen angenommen, dass die Wahrscheinlichkeit eines regulierenden Eingriffs mit der Größe eines Unternehmens ansteigt[4]. Obwohl die Unternehmensgröße auch stellvertretend für andere Faktoren stehen kann, wird sie mangels besserer Indikatoren in dieser Arbeit zur Untersuchung regulierungsbedingter bilanzpolitischer Maßnahmen verwendet. Daher ist, wiederum unter der Annahme, dass keine umstellungsinduzierten Anpassungen auf Seiten der Regulierungssubjekte vorgenommen werden, folgende Hypothese H_3 zu prüfen:

H_3: *Je größer ein umstellendes Unternehmen, desto wahrscheinlicher ist die Durchführung bilanzpolitischer Maßnahmen im Übergangszeitpunkt, die zukünftige Periodenergebnisse senken.*

---

1 Insgesamt weisen zehn Erstanwender ein negatives Eigenkapital im HGB-Geschäftsbericht zum IFRS-Übergangszeitpunkt aus.

2 Vgl. etwa Baetge/Kirsch/Thiele (2004), S. 231.

3 Darunter fallen die Deutsche Telekom AG, die Lechwerke AG, die Gelsenwasser AG und die Mainova AG.

4 Vgl. Kapitel 3.3.2.4.

Als Stellvertretervariable für die Unternehmensgröße dienen in empirischen Untersuchungen regelmäßig die logarithmierte Bilanzsumme oder die logarithmierten Umsatzerlöse[1]. Da letztere gegenüber der logarithmierten Bilanzsumme den Vorteil haben, dass sie von den betrachteten bilanzpolitischen Instrumenten nicht beeinflusst werden, sind sie nachfolgend als Stellvertretervariable für die Unternehmensgröße zu verwenden[2].

5.2.1.4 Führungsstruktur

Kapitel 3.3.2.5 betrachtete den Einfluss unterschiedlicher Führungsstrukturen auf bilanzpolitische Anreize. Dabei wurde herausgestellt, dass managerkontrollierte Unternehmen einen höheren Anreiz zur Durchführung ergebnissteigernder Maßnahmen besitzen als eigentümerkontrollierte Gesellschaften. Hieraus leitet sich folgende Hypothese H_4 ab:

H_4: *Je größer die Wahrscheinlichkeit für das Vorliegen eines managerkontrollierten Unternehmens, desto wahrscheinlicher ist die Durchführung bilanzpolitischer Maßnahmen im Übergangszeitpunkt, die zukünftige Periodenergebnisse erhöhen.*

Die Abgrenzung von manager- und eigentümerkontrollierten Unternehmen wird in empirischen Untersuchungen regelmäßig anhand des prozentualen Anteils der Hauptaktionäre an den insgesamt ausgegebenen Aktien vorgenommen[3]. Coenenberg/Schmidt/Werhand (1983) bezeichnen ein Unternehmen als managerkontrolliert, sofern sich mindestens 75% des Grundkapitals im Streubesitz befinden[4]. Dagegen werden Unternehmen als eigentümerkontrolliert angesehen, wenn wenigstens ein Hauptaktionär oder eine bestimmte Personengruppe über 25% des Grundkapitals verfügt. Eine derartige Abgrenzung soll in dieser Arbeit jedoch nicht vorgenommen werden. Vielmehr wird davon ausgegangen, dass der Anteil im Streubesitz gehaltener Aktien positiv mit der Wahrscheinlichkeit des Bestehens eines managerkontrollierten Unternehmens korreliert ist. Je mehr Anteile sich im Streubesitz befinden, desto eher liegt ein managerkontrolliertes Unternehmen vor.

---

1 Vgl. Bujadi/Richardson (1997), S. 1ff.

2 Siehe auch Missonier-Piera (2004), S. 125. Bei den Robustheitstests in Kapitel 5.4.2.3.2 kommen alternative Stellvertretervariablen für die Unternehmensgröße zur Anwendung.

3 Vgl. Carlson/Chenchuramaiah (1997), S. 185; Missonier-Piera (2004), S. 132. Astami/Tower (2006), S. 7, verwenden die Summe aller Hauptaktionäre mit einem prozentualen Anteil von 10% oder mehr an den insgesamt ausgegebenen Aktien.

4 Vgl. Coenenberg/Schmidt/Werhand (1983), S. 330.

5.2.2 Kapitalmarktorientierte Anreize

5.2.2.1 Erreichung von Schwellenwerten

Bei der Diskussion kapitalmarkttheoretischer Anreize in Kapitel 3.3.3 wurde aufgezeigt, dass das Erreichen von Schwellenwerten ein bilanzpolitisches Ziel im Umstellungszeitpunkt darstellen kann. Ein derartiges Bilanzierungsverhalten setzt voraus, dass die Kapitalmarktteilnehmer den Umstellungseffekt und die darin enthaltenen Wirkungen durch bilanzpolitische Maßnahmen aus den betrachteten Schwellenwerten nicht bereinigen. Als Schwellenwerte kommen insbesondere das Eigenkapital und das Periodenergebnis in Betracht. Beim Erstgenannten wurden der Ausweis eines positiven Eigenkapitals und die Vermeidung von Umstellungseffekten als Schwellenwerte identifiziert. Demgegenüber kommen beim Periodenergebnis der Ausweis eines Gewinns, die Vermeidung von Umstellungseffekten sowie die Einhaltung bzw. das leichte Übertreffen von vorab getätigten Managementprognosen und Analystenschätzungen als Schwellenwerte in Frage.

Die Untersuchung schwellenwertorientierter Anreize scheitert jedoch an der unzureichenden Informationsbasis. So benötigt eine Überprüfung schwellenwertorientierter Bilanzpolitik Informationen über die Höhe des Eigenkapitals bzw. des Periodenergebnisses nach IFRS *vor* der Durchführung bilanzpolitischer Instrumente[1]. Sofern die relevanten Schwellenwerte bereits durch Umstellungseffekte erreicht werden, die durch rein verpflichtend vorzunehmende Bilanzierungsänderungen entstehen, sind zusätzliche bilanzpolitische Maßnahmen nicht notwendig. Lediglich wenn die relevanten Schwellenwerte durch die verpflichtenden Änderungen nicht erreicht werden, besteht ein Anreiz zur Durchführung von Bilanzpolitik. Für eine Überprüfung schwellenwertorientierter Bilanzpolitik muss es somit möglich sein, Umstellungseffekte, die allein aus der verpflichtenden IFRS-Anwendung entstehen und keinen bilanzpolitischen Gestaltungsspielraum enthalten, von Umstellungseffekten zu separieren, die allein aus der Vornahme bilanzpolitischer Maßnahmen resultieren. Dies ist auf Basis der vorliegenden Informationen nicht möglich. Hinzu kommt, dass für lediglich 28 Erstanwender Analystenschätzungen der EPS vorlagen[2]. Auch verfügen nur zehn Unternehmen über ein negatives HGB-Eigenkapital im Übergangszeitpunkt und zwei Gesellschaften über ein negatives HGB-Periodenergebnis im Vergleichszeitpunkt. Hier sei erwähnt, dass von den zehn Unternehmen mit negativem HGB-Eigenkapital drei Gesellschaften nach der Umstellung ein positives Eigenkapital nach IFRS ausweisen[3]. Bei beiden Gesellschaften mit negativem HGB-

[1] Vgl. Abarbanell/Lehavy (2003), S. 4f.; Sellhorn (2004), S. 216ff.

[2] Hierzu wurde die Datenbank I/B/E/S von Thomson Financial verwendet.

[3] Vgl. Anlage 8 im Anhang.

Periodenergebnis führt die Umstellung zu einem positiven Periodenergebnis nach IFRS im Vergleichszeitpunkt[1].

5.2.2.2 Aktienbasierte Vergütung

Kapitel 3.3.3.6 zeigte auf, dass Manager mit langfristigen Vergütungskomponenten, wie der Gewährung echter oder virtueller Eigenkapitaltitel, über einen Anreiz zur Durchführung bilanzpolitischer Maßnahmen verfügen. Dabei ist unter Berücksichtigung des Bilanzzusammenhangs folgendes Bilanzierungsverhalten zu erwarten: Manager, die vor der Gewährung von Eigenkapitaltiteln stehen oder bereits über ein aktienbasiertes Vergütungsprogramm verfügen, werden bei der Umstellung zukünftige Aufwendungen vorwegnehmen, um so in nachfolgenden Perioden positive Ergebniseffekte zu erzielen. Besteht ein Zusammenhang zwischen dem Periodenergebnis und dem Aktienkurs, steigt mit einem höheren Ergebnis in den Folgeperioden die Wahrscheinlichkeit eines höheren Aktienkurses im Ausübungszeitpunkt der Eigenkapitaltitel. Infolgedessen besteht ein Anreiz zur Durchführung ergebniserhöhender Maßnahmen. Ein derartig zu erwartendes Bilanzierungsverhalten setzt neben der Annahme eines Zusammenhangs zwischen dem Periodenergebnis und dem Aktienkurs voraus, dass sich die Kapitalmarktteilnehmer durch den Einsatz bilanzpolitischer Maßnahmen beeinflussen lassen. Hieraus lässt sich folgende Hypothese H_5 ableiten:

H_5: *Besteht bei Erstanwendern ein aktienbasiertes Vergütungsprogramm, ist es wahrscheinlich, dass im Übergangszeitpunkt bilanzpolitische Maßnahmen durchgeführt werden, die zukünftige Periodenergebnisse erhöhen.*

5.2.2.3 Rating

Als weiterer Anreiz zur Durchführung von Bilanzpolitik wurde für Erstanwender in Kapitel 3.3.3.7 die Beeinflussung des von externen Ratingagenturen oder intern von Finanzinstituten vorgenommenen Ratings charakterisiert. Analog zur Prüfung einer Verletzung von Kreditklauseln nimmt der Verschuldungsgrad eine bedeutende Rolle bei der Ratinganalyse ein. Daher ist anzunehmen, dass Erstanwender, bei denen ein Rating vorliegt, verschuldungsgradverringernde Maßnahmen bei der Umstellung durchführen.

Da Informationen über ein von Finanzinstituten durchgeführtes Rating i.d.R. nicht vorliegen, ist die Untersuchung der Hypothese an die Existenz eines von externen Agenturen vollzogenen Ratings geknüpft. Dazu wird in empirische Studien weitgehend auf das Credit Rating als erklärende Variable abgestellt[2]. Bei der Datenerhebung für die vorliegende Untersuchung wurde jedoch fest-

---

1 Vgl. Anlage 9 im Anhang.

2 Vgl. etwa Elliott/Hanna (1996), S. 152; Sellhorn (2004), S. 221; Kim/Wee/Jeon (2006).

gestellt, dass lediglich fünf Unternehmen der Untersuchungsgesamtheit externe Ratingagenturen mit einem Credit Rating beauftragten[1]. Eine Begründung für die geringe Anzahl beobachtbarer Unternehmen kann in der Struktur der Untersuchungsgesamtheit liegen, in der sich überwiegend General Standard Unternehmen befinden[2]. Die niedrige Anzahl beobachtbarer Unternehmen führt dazu, dass die Hypothese nicht untersucht werden kann.

5.2.3 Kontrollvariablen

Die bisher aufgestellten Hypothesen nehmen implizit an, dass das beobachtbare Bilanzierungsverhalten von deutschen Unternehmen bei der Rechnungslegungsumstellung allein durch bilanzpolitische Anreize zu erklären ist. Bilanzpolitik stellt jedoch nicht den einzigen Grund für ein zu beobachtendes Bilanzierungsverhalten dar. So kann etwa eine einfache Erklärung für die Durchführung einer Wertminderung des GoF oder von anderen Vermögenswerten darin liegen, dass sich die wirtschaftlichen Bedingungen im IFRS-Übergangszeitpunkt tatsächlich geändert haben und somit der nach IFRS vorzunehmende Wertminderungstest auch ohne bilanzpolitische Absichten zu einem niedrigeren erzielbaren Betrag führt. In dem Fall ist das Bilanzierungsverhalten allein durch die ökonomischen Gegebenheiten zu erklären und nicht aufgrund bilanzpolitischer Zielsetzungen. Das Bilanzierungsverhalten eindeutig entweder bilanzpolitischen Gründen oder wirtschaftlichen Gegebenheiten zuzuordnen, ist nicht möglich. Allenfalls können Kontrollvariablen in das Untersuchungsmodell eingeführt werden, um Verzerrungen der Untersuchungsergebnisse möglichst zu vermeiden und damit den Erklärungsgehalt des Modells zu erhöhen.

Problematisch erscheint, dass die Veränderung der wirtschaftlichen Lage nicht bei jedem der in die Untersuchung einbezogenen bilanzpolitischen Instrumenten eine Rolle spielt. So ist zwar ein Einfluss auf die Entscheidung zum Ansatz bzw. Nichtansatz von aktiven latenten Steuern auf Verlustvorträge zu erwarten[3]. Indes hat die Veränderung keine Wirkung auf die Entscheidung zur Anwendung der Erleichterungsvorschriften von IFRS 1 auf den bestehenden GoF, zum Ansatz bzw. Nichtansatz von Entwicklungskosten und zur alternativen Bewertung von Sachanlagen und Finanzimmobilien zum beizulegenden Zeitwert. Da die abge-

---

[1] Untersucht wurden die auf den Internetseiten von S&P (www.standardandpoors.com), Moody's (www.moodys.com), Fitch (www.fitchratings.com) und Creditreform (www.creditreform.de) öffentlich zugänglichen Credit Rating-Listen für deutsche Unternehmen. Bei den Unternehmen mit einem Credit Rating handelt es sich um die BASF AG (Fitch, S&P, Moody's), Deutsche Telekom AG (Fitch, S&P, Moody's), Gelsenwasser AG (S&P), Klöckner-Werke AG (Moody's) und Varta AG (Moody's).

[2] Siehe Kapitel 4.3.

[3] Küting/Zwirner (2005), S. 1557, sehen bspw. in der Aktivierung latenter Steuern auf Verlustvorträge einen „zwingenden Reflex der Ergebnissituation“.

grenzten bilanzpolitischen Instrumente jedoch in ihrer Gesamtheit betrachtet werden, ist eine alleinige Kontrolle der Entscheidung zum Ansatz bzw. Nichtansatz aktiver latenter Steuern auf Verlustvorträge nicht möglich. Zudem kann eine negative Veränderung der wirtschaftlichen Lage zwischen dem IFRS-Übergangszeitpunkt und dem IFRS-Vergleichszeitpunkt Erstanwender dazu veranlassen, bilanzpolitische Maßnahmen zur verbesserten Darstellung der wirtschaftlichen Gegebenheiten durchzuführen. Somit können mit der Veränderung der wirtschaftlichen Lage auch Anreize zur Durchführung von Bilanzpolitik verbunden sein.

Die Veränderung der wirtschaftlichen Lage eines Unternehmens kann sowohl anhand von kapitalmarktbasierten Performance-Kennzahlen als auch mittels rechnungslegungsdatenbasierter Kennzahlen abgebildet werden. Als marktbasierte Performance-Kennzahl bietet sich die Veränderung des Aktienkurses an[1]. Eine auf Rechnungslegungsdaten basierende Kennzahl ist die Gesamtkapitalrendite. Im Gegensatz zu den kapitalmarktbasierten Kennzahlen kann nicht ausgeschlossen werden, dass die Gesamtkapitalrendite durch bilanzpolitische Maßnahmen auf Basis der bisher angewandten handelsrechtlichen Regeln beeinflusst wurde. Dennoch sollen beide Kennzahlen als Kontrollvariablen in die Untersuchung einbezogen werden.

Ferner wird die Branchenzugehörigkeit eines Unternehmens als Kontrollvariable eingesetzt. Insgesamt ist zu erwarten, dass das Bilanzierungsverhalten zwischen den Branchen differiert. So zeigen etwa empirische Studien, dass die Entscheidung zur Aktivierung bzw. Nichtaktivierung von Entwicklungsausgaben sowie deren aktivierte Höhe erheblich von der jeweiligen Branche abhängig sind[2]. Auch können sich bilanzpolitische Anreize zwischen den Branchen unterscheiden. Daher wird die in Kapitel 4.3 vorgenommene Klassifizierung der einbezogenen Unternehmen in die fünf relevanten Branchen als Kontrollvariable aufgenommen.

---

1 Alternativ kann die Veränderung der Kennzahl market-to-book benutzt werden, die den Marktwert des Eigenkapitals ins Verhältnis zum Buchwert des Eigenkapitals setzt. Zehn Unternehmen verfügen im IFRS-Übergangszeitpunkt und sechs Gesellschaften im IFRS-Vergleichszeitpunkt über einen negativen Buchwert des Eigenkapitals, so dass die Kennzahl hier nicht verwendet wird; vgl. Anlage 8 im Anhang.

2 Vgl. hierzu Leibfried/Pfanzelt (2004), S. 494ff. Zur Untersuchung von Unternehmen des DAX, MDAX und TecDAX vgl. von Keitz (2005), S. 40f.

5.3 Untersuchungsmodell

Zur Untersuchung der aufgestellten Hypothesen hinsichtlich des Bilanzierungsverhaltens von Erstanwendern wird folgendes Regressionsmodell aufgestellt:

$$STRATEGIE_i = \alpha + \beta_1 AIP_i + \beta_2 FKQ_i + \beta_3 SIZE_i + \beta_4 STREU_i + \beta_5 ANTVERG_i + \beta_6 RET_i + \beta_7 \Delta GKR_i + \sum_{j=1}^{J} \beta_{j8} BRANCHE_{ji} + \varepsilon_i$$

Die abhängige Variable $STRATEGIE_i$ stellt eine ordinale Variable dar, die sich aus folgenden Überlegungen ableitet: Bei der Umstellung steht Erstanwendern eine Fülle von möglichen bilanzpolitischen Instrumenten zur Verfügung. Hierbei ist anzunehmen, dass Manager zur Zielerreichung nicht nur ein einzelnes bilanzpolitisches Instrument nutzen, sondern ein Bündel von Maßnahmen[1]. In Kapitel 4.4 wurden insgesamt vier bilanzpolitische Instrumente abgegrenzt und ihre tendenzielle Wirkungsrichtung bei Inanspruchnahme bzw. Nichtinanspruchnahme auf den Verschuldungsgrad und zukünftige Periodenergebnisse hergeleitet. Im Folgenden wird angenommen, dass diese vier bilanzpolitischen Maßnahmen von Erstanwendern, sofern sie verfügbar sind, zur Zielerreichung genutzt werden. Verfügt ein Erstanwender über alle der betrachteten Maßnahmen, entsteht der größte Effekt auf den Verschuldungsgrad bzw. auf zukünftige Periodenergebnisse, wenn sämtliche Instrumente erhöhend bzw. vermindernd ausgeübt werden. Insgesamt lassen sich aus den vier bilanzpolitischen Maßnahmen bei vollständiger Verfügbarkeit 16 mögliche Bilanzierungskombinationen zur Beeinflussung des Verschuldungsgrads bzw. zukünftiger Periodenergebnisse herleiten[2]. Sofern die tatsächliche Wirkungshöhe eines Instruments aus den Geschäftsberichten entnommen werden kann, können den Bilanzierungskombinationen unmittelbare Wirkungsrichtungen zugeordnet werden. Allerdings sind Informationen darüber nur vereinzelt in den Geschäftsberichten vorhanden[3]. Daher sind geeignete Annahmen über die Wirkungshöhe der bilanzpolitischen Instrumente zu treffen. Im Schrifttum wird dazu entweder die Annahme getroffen, dass sich die Wirkungshöhe aller betrachteten bilanzpolitischen Maßnahmen nicht unterscheidet, oder es werden eigene subjektive Schätzungen vorgenom-

[1] Vgl. Zmijewski/Hagerman (1981), S. 133; Watts/Zimmerman (1990), S. 138; Fields/Lys/Vincent (2001), S. 288.

[2] Vgl. Zmijewski/Hagerman (1981), S. 133.

[3] Vgl. Kapitel 5.4.1.2.

men[1]. Beide Annahmen führen zwangsläufig zu Verzerrungen, die aber aufgrund des Informationsmangels nicht zu vermeiden sind. Zudem zeigen Zmijewski/Hagerman (1981), dass bei einer subjektiven Schätzung der Wirkungshöhe keine besseren Resultate als bei der Annahme einer gleich großen Wirkungshöhe zu erwarten sind. Daher wird im Folgenden angenommen, dass sich die Wirkung auf den Verschuldungsgrad bzw. auf zukünftige Periodenergebnisse nicht unterscheidet[2].

Unter dieser Annahme ergibt sich die abhängige Variable $STRATEGIE_i$ folgendermaßen: Für sämtliche Erstanwender i wird die aus den IFRS-Geschäftsberichten entnommene Inanspruchnahme der bilanzpolitischen Instrumente erhoben und in Abhängigkeit von ihrer jeweiligen Ausübung mit einer ordinalen Nummer verbunden. Wird das Instrument zur Verringerung des Verschuldungsgrads bzw. der Periodenergebnisse eingesetzt, bekommt es den Wert 0 zugewiesen, während der Einsatz zur Erhöhung des Verschuldungsgrads bzw. der Periodenergebnisse den Wert 1 erhält. Keine Zuweisung erfolgt, sofern ein Erstanwender nicht über das bilanzpolitische Instrument verfügt. Im Fall der Verfügbarkeit sämtlicher bilanzpolitischer Instrumente und einer ausschließlichen Ausübung zugunsten einer Erhöhung des Verschuldungsgrads bzw. der Periodenergebnisse weist ein Erstanwender folglich einen Punktwert von 4 auf, im entgegengesetzten Extremfall einen Wert von 0. Um eine Vergleichbarkeit zwischen Erstanwendern herzustellen, die über sämtliche betrachteten Maßnahmen verfügen, und denjenigen Unternehmen, die nur einen Teil der Instrumente anwenden können, erfolgt die Berechnung eines Verhältniswerts SCORE. Dieser setzt den Punktwert in das Verhältnis zu den insgesamt verfügbaren bilanzpolitischen Mitteln eines Erstanwenders[3]:

$$SCORE_i = \frac{\sum GoF_i, E_i, SAV\_FI_i, ALST_i}{n}$$

mit

i = Untersuchter Erstanwender

$SCORE_i$ = Verhältniswert für die Inanspruchnahme bilanzpolitischer Maßnahmen eines Erstanwenders i, die den Verschuldungsgrad bzw. zukünftige Periodenergebnisse vermindern bzw. erhöhen

---

[1] Vgl. nur Press/Weintrop (1990); Skinner (1993); Bowen/DuCharme/Shores (1995); Inoue/ Thomas (1996); Missonier-Piera (2004); Astami/Tower (2006). Die Studien betrachten überwiegend die Wirkung auf das Periodenergebnis. Arbeiten, die zusätzlich oder allein die Wirkung auf das Eigenkapital untersuchen, verbinden diese regelmäßig mit einer Bilanzierungsmethode, wie bspw. der Neubewertung von Sachanlagen, die eine direkte Wirkung auf das Eigenkapital hat; vgl. Whittred/Chan (1992); Cotter (1999).

[2] Im Rahmen der Robustheitstests in Kapitel 5.4.2.3 wird diese Annahme aufgehoben.

[3] Vgl. Skinner (1993); Bowen/DuCharme/Shores (1995); Astami/Tower (2006).

GoF_i = Punktwert für den rückwirkenden Ansatz eines Geschäfts- oder Firmenwerts bzw. der Anwendung der Erleichterungsvorschriften von IFRS 1
E_i = Punktwert für den Ansatz bzw. Nichtansatz von Entwicklungsausgaben
SAV_FI_i = Punktwert für die rückwirkende Bewertung von Sachanlagen zu fortgeführten Anschaffungs- oder Herstellungskosten bzw. der Bewertung zum beizulegenden Zeitwert
$ALST_i$ = Punktwert für den Ansatz bzw. Nichtansatz von aktiven latenten Steuern auf Verlustvorträge
n = Anzahl der verfügbaren bilanzpolitischen Instrumente

Der Verhältniswert SCORE umfasst für jeden Erstanwender einen Wertebereich zwischen 0 und 1, wobei ein Wert von 0 mit der ausschließlichen Verwendung von Maßnahmen zur Senkung des Verschuldungsgrads bzw. der Periodenergebnisse und ein Wert von 1 mit einer alleinigen Inanspruchnahme von Instrumenten zur Erhöhung des Verschuldungsgrads bzw. der Periodenergebnisse verbunden ist.

Die abhängige Variable STRATEGIE ergibt sich anschließend aus dem Verhältniswert SCORE, indem dieser in eine ordinale Reihenfolge gebracht wird. Die höchste Punktzahl, also der Wert 1, stellt die Bilanzierungskombination 1 dar. Der nächst tiefere Wert wird als Bilanzierungskombination 2 aufgefasst, etc. Insgesamt lassen sich unter der Annahme gleich großer Wirkungshöhen sieben Bilanzierungskombinationen ableiten, wobei die Bilanzierungskombination 1 ausschließlich mit Maßnahmen zur Erhöhung des Verschuldungsgrads bzw. der Periodenergebnisse verbunden ist und Bilanzierungskombination 7 ausnahmslos Instrumente umfasst, die den Verschuldungsgrad bzw. die Periodenergebnisse verringern. Innerhalb der Bilanzierungskombination 4 kommen erhöhende und senkende Maßnahmen in gleicher Anzahl zur Anwendung, womit keine Wirkungsrichtung überwiegt. Die abhängige Variable STRATEGIE nimmt somit die Werte 1 bis 7 an (vgl. Tab. 10).

STRATEGIE	**Bilanzierungskombination**
Nur verschuldungsgrad- bzw. ergebniserhöhend	1
	2
	3
Ausgeglichen	4
	5
	6
Nur verschuldungsgrad- bzw. ergebnissenkend	7

Tab. 10: Ableitung der abhängigen Variablen

Anlage 7 im Anhang enthält für jedes der betrachteten Unternehmen die festgestellte Verfügbarkeit und Ausübung der bilanzpolitischen Instrumente sowie den daraus resultierenden Verhältniswert SCORE und die abhängige Variable STRATEGIE.

Die erklärenden Variablen AIP, FKQ, SIZE, RET und ΔGKR werden anhand von Durchschnittswerten auf Basis des IFRS-Übergangszeitpunkts und des IFRS-Vergleichszeitpunkts gebildet. Die Bildung von Durchschnittswerten basiert auf der Annahme, dass ein Erstanwender seine Bilanzierungsentscheidungen bei der Erstellung des erstmaligen IFRS-Abschlusses auf Grundlage der bisher ausgewiesenen Informationen in den beiden vorherigen HGB-Geschäftsberichten trifft. Grundlage für die Datenerhebung bilden somit die letzten beiden HGB-Geschäftsberichte und der erstmalige IFRS-Abschluss. Ausgenommen hiervon sind der Aktienkurs, die Marktkapitalisierung eines Erstanwenders und die um Dividendenausschüttungen bereinigte Aktienrendite (Return Index), die der Datenbank WORLDSCOPE entnommen wurden. Neben den Geschäftsberichten wurde zur Erhebung des Bestehens bzw. Nichtbestehens aktienbasierter Vergütungspläne auch auf die Entsprechenserklärungen zum DCGK zurückgegriffen, die auf den Internetseiten der Unternehmen erhältlich sind.

Die Variable AIP_i steht als Stellvertreter für das Bestehen ergebnisorientierter Vergütungspläne (Hypothese H_1) und berechnet sich aus dem Verhältnis des Buchwerts des Sachanlagevermögens nach HGB zum Gesamtunternehmenswert eines Erstanwenders i. FKQ_i berechnet sich als Verhältnis des Buchwerts des Fremdkapitals zur Bilanzsumme nach HGB und steht als Stellvertreter für die wahrscheinliche Verletzung von Kreditklauseln (H_2). Als Stellvertreter für die Vermeidung politischer Kosten (H_3) wird die Variable $SIZE_i$ verwendet, die sich aus den logarithmierten Umsatzerlösen ergibt. Der Einfluss managerkontrollierter Unternehmen (H_4) wird durch die Variable $STREU_i$ abgebildet, die den prozentualen Streubesitzanteil widerspiegelt. Schließlich stellt die Variable $ANTVERG_i$ eine dichotome Variable dar, die den Wert 1 annimmt, sofern ein Erstanwender über einen aktienbasierten Vergütungsplan verfügt. Andernfalls besitzt sie den Wert 0 (H_5). Mit der Kontrollvariable RET_i wird die Veränderung der Aktienrendite abgebildet, die sich aus der Veränderung des Return Index im betrachteten Zeitraum ermittelt. ΔGKR_i misst die Veränderung der Gesamtkapitalrendite und wird als Verhältnis von Periodenergebnis vor Steuern und vor Zinsaufwand zur Bilanzsumme nach HGB berechnet. Der Term $\sum_{j=1}^{J} \beta_{j8} BRANCHE_{ji}$ repräsentiert als letzte Kontrollvariable die über fünf verschiedene Variablen (j=1,…,5) abgebildete Bracheneinteilung eines Erstanwenders, wobei diese jeweils den Wert 1 oder 0 annehmen kann.

Hypothese	Variable	Beschreibung	Berechnung
Abhängige Variablen			
	$STRATEGIE_i$	Ordinale Variable, die die Werte 1, 2, 3, 4, 5, 6 oder 7 annehmen kann. Der Wert 1 besagt, dass ein Erstanwender sämtliche untersuchten bilanzpolitischen Maßnahmen zur Erhöhung des Verschuldungsgrads bzw. der Periodenergebnissse eingesetzt hat, während der Wert 7 den ausschließlich vermindernden Einsatz kennzeichnet.	
Unabhängige Variablen			
H_1 (+)	AIP_i	Durchschnittlicher Wert der Kennzahl assets-in-place, die sich aus dem Buchwert des Sachanlagevermögens nach HGB eines Erstanwenders i im Verhältnis zum Gesamtunternehmenswert zu den Abschlussstichtagen der beiden vor dem Zeitpunkt der Veröffentlichung des erstmaligen IFRS-Abschlusses liegenden Geschäftsjahre berechnet.	$AIP = \frac{1}{2}\,(AIP\_1 + AIP\_2)$ $AIP\_1 = \frac{SAV_{BW,HGB} \text{ zum IFRS-Übergangszeitpunkt}}{EK_{MW} + FK_{BW,HGB} \text{ zum IFRS-Übergangszeitpunkt}}$ $AIP\_2 = \frac{SAV_{BW,HGB} \text{ zum IFRS-Vergleichszeitpunkt}}{EK_{MW} + FK_{BW,HGB} \text{ zum IFRS-Vergleichszeitpunkt}}$
H_2 (-)	FKQ_i	Durchschnittlicher Wert der Fremdkapitalquote, die sich aus dem Verhältnis vom Buchwert des Fremdkapitals zur Bilanzsumme nach HGB eines Erstanwenders i zu den Abschlussstichtagen der beiden vor dem Zeitpunkt der Veröffentlichung des erstmaligen IFRS-Abschlusses liegenden Geschäftsjahre berechnet.	$FKQ = \frac{1}{2}\,(FKQ\_1 + FKQ\_2)$ $FKQ\_1 = \frac{FK_{BW,HGB} \text{ zum IFRS-Übergangszeitpunkt}}{BS_{HGB} \text{ zum IFRS-Übergangszeitpunkt}}$ $FKQ\_2 = \frac{FK_{BW,HGB} \text{ zum IFRS-Vergleichszeitpunkt}}{BS_{HGB} \text{ zum IFRS-Vergleichszeitpunkt}}$
H_3 (-)	$SIZE_i$	Unternehmensgröße eines Erstanwenders i, die sich als Durchschnitt der logarithmierten HGB-Umsatzerlöse zu den Abschlussstichtagen der beiden vor dem Zeitpunkt der Veröffentlichung des erstmaligen IFRS-Abschlusses liegenden Geschäftsjahre berechnet.	$SIZE = \frac{1}{2}\,((\log UE_{HGB} \text{ zum IFRS-Übergangszeitpunkt}) + (\log UE_{HGB} \text{ zum IFRS-Vergleichszeitpunkt}))$

Hypothese	Variable	Beschreibung	Berechnung
H_4 (+)	$STREU_i$	Verhältnis der sich im Streubesitz befindlichen Anteile eines Erstanwenders i zu den insgesamt ausgegebenen Anteilen im IFRS-Berichtszeitpunkt.	$STREU = \frac{\text{Summe der Anteile im Streubesitz zum IFRS-Berichtszeitpunkt}}{\text{Summe der ausgegebenen Anteile zum IFRS-Berichtszeitpunkt}}$
H_5 (+)	$ANTVERG_i$	Dichotome Variable, die den Wert 1 annimmt, sofern ein Erstanwender i zum IFRS-Berichtszeitpunkt über einen aktienbasierten Vergütungsplan verfügt, und andernfalls den Wert 0.	
Kontrollvariablen			
(?)	RET_i	Veränderung des Return Index eines Erstanwenders i zwischen den beiden vor dem Zeitpunkt der Veröffentlichung des erstmaligen IFRS-Abschlusses liegenden Geschäftsjahren.	$RET = \frac{\text{Return Index zum IFRS-Vergleichszeitpunkt}}{\text{Return Index zum IFRS-Übergangszeitpunkt}}$
(?)	ΔGKR_i	Veränderung der Gesamtkapitalrendite eines Erstanwenders i zwischen den beiden vor dem Zeitpunkt der Veröffentlichung des erstmaligen IFRS-Abschlusses liegenden Geschäftsjahren.	$\Delta GKR = GKR\_1 - GKR\_2$ $GKR\_1 = \frac{PEvSt_{HGB} + ZA_{HGB} \text{ zum IFRS-Vergleichszeitpunkt}}{BS_{HGB} \text{ zum IFRS-Vergleichszeitpunkt}}$ $GKR\_1 = \frac{PEvSt_{HGB} + ZA_{HGB} \text{ zum IFRS-Übergangszeitpunkt}}{BS_{HGB} \text{ zum IFRS-Übergangszeitpunkt}}$
(?)	$BRANCHE_{ji}$	Dichotome Variable, die den Wert 1 annimmt, sofern ein Erstanwender i der Branche j zugehört, und andernfalls den Wert 0.	

Tab. 11: Definition und Beschreibung der abhängigen und unabhängigen Variablen

Als Branchen werden die in Kapitel 4.3 abgegrenzte herstellende und verarbeitende Industrie ($Branche_1$), Groß- und Einzelhandel ($Branche_2$), Elektrotechnik und Elektronik ($Branche_3$), Chemie, Pharma und artverwandte Produkte ($Branche_4$) sowie Sonstige ($Branche_5$) verwendet. Tab. 11 fasst die Berechnungsgrundlagen der Variablen zusammen.

5.4 Ergebnisse der empirischen Untersuchung

5.4.1 Deskriptive Analyse

5.4.1.1 Analyse der betragsmäßigen Wirkung der Umstellung auf bisheriges Eigenkapital, Verschuldungsgrad und Periodenergebnis

Erste Anhaltspunkte zur Erklärung des Bilanzierungsverhaltens der Erstanwender können aus der Untersuchung betragsmäßiger Wirkungen der Umstellung auf das bisher ausgewiesene Eigenkapital nach HGB im IFRS-Übergangszeitpunkt, auf die Höhe des bisherigen Verschuldungsgrads sowie auf das Periodenergebnis im IFRS-Vergleichszeitpunkt abgeleitet werden[1]. Anlage 8 im Anhang enthält die aus den Geschäftsberichten der Grundgesamtheit entnommenen Buchwerte sowie ihre betragsmäßige und prozentuale Veränderung durch die Umstellung auf IFRS.

Von den 100 einbezogenen Unternehmen weisen insgesamt 72 Gesellschaften eine positive Differenz zwischen ihrem bisherigen HGB-Eigenkapital und dem Eigenkapital nach IFRS in der Eigenkapital-Überleitungsrechnung aus (vgl. Tab. 12). Bei 26 Unternehmen verringert sich das Eigenkapital, während die Umstellung bei zwei Erstanwendern keinen Eigenkapitaleffekt verursacht[2]. Die Rechnungslegungsumstellung erhöht somit bei fast drei Vierteln der Erstanwender das bisherige Eigenkapital. Dieser Effekt stimmt mit den Ergebnissen anderer Untersuchungen überein[3].

---

[1] Zu quantitativen Eigenkapitalwirkungen einer Umstellung von US-GAAP auf IFRS bei 14 Unternehmen des Prime Standards siehe Küting/Zwirner (2007b), S. 144f.

[2] Hierbei handelt es sich um die im General Standard geführten Advanced Medien AG und die Foris AG. Beide weisen explizit in ihren Geschäftsberichten darauf hin, dass die Umstellung zu keiner betragsmäßigen Wirkung geführt hat.

[3] Küting/Dürr/Zwirner (2002) betrachten die IFRS/US-GAAP-Überleitungsrechnungen von 21 Unternehmen des Neuen Marktes und finden bei 18 Unternehmen (85,71%) einen eigenkapitalerhöhenden Effekt. Burger/Fröhlich/Ulrich (2004) untersuchen 82 bisher nach HGB bilanzierende IFRS-Erstanwender im Zeitraum von 1998 bis 2003 und stellen fest, dass ca. 75% eine Eigenkapitalerhöhung ausweisen. In einer Folgestudie finden Burger/Schäfer/Ulbrich/Zeimes (2005) bei sechs untersuchten IFRS-Erstanwendern des Geschäftsjahrs 2003/04, die IFRS 1 zur Umstellung anwenden, eine Steigerung des Eigenkapitals. Küting/Zwirner (2007b) untersuchen 15 Erstanwender des Prime Standards, die ihre Rechnungslegung im Geschäftsjahr 2005 von HGB auf IFRS umstellen, und finden bei zwölf Unternehmen eine Eigenkapitalerhöhung.

	Absolut	%-Anteil
Veränderung des Eigenkapitals (EK) im IFRS-Übergangszeitpunkt		
Unternehmen mit +Δ EK	72	72%
Unternehmen mit -Δ EK	26	26%
Unternehmen ohne EK-Effekt	2	2%
davon		
> 100%	10	10%
> 50% bis 100%	8	8%
> 25% bis 50%	10	10%
> 0% bis 25%	44	44%
0%	2	2%
< 0% bis -25%	19	19%
< -25% bis -50%	6	6%
< -50%	1	1%

Tab. 12: Veränderung des Eigenkapitals im IFRS-Übergangszeitpunkt

Auffällig erscheint, dass 18 Unternehmen ihr Eigenkapital um mehr als die Hälfte steigern können. Zehn Unternehmen weisen sogar mehr als eine Verdopplung des bisherigen Buchwerts aus. Der überwiegende Teil der Grundgesamtheit liegt dagegen im Bereich zwischen 0% und 25%. Die bei gut einem Viertel der Erstanwender vorzufindenden Eigenkapitalverringerungen befinden sich hauptsächlich im Bereich zwischen 0% und -25%. Nur bei einem Unternehmen verringert sich das Eigenkapital um mehr als die Hälfte[1].

Durchschnittlich verändert sich das Eigenkapital der Untersuchungsgesamtheit im IFRS-Übergangszeitpunkt um 302,83%[2]. Dieser Wert ergibt sich durch eine Reihe von Unternehmen, die besonders hohe Eigenkapitalveränderungen ausweisen[3]. Der Mittelwert unterliegt somit dem Einfluss von Extremwerten, was die hohe Standardabweichung von 2.698,09% und die Spannweite zwischen minimalem und maximalem Wert von 27.058,44% ebenfalls zeigen. Aussagekräftiger sind daher der Median sowie die unteren und oberen Quartile, die weniger

1 Dabei handelt es sich um die Cinemaxx AG (-62,02%).

2 Eine positive (negative) absolute Veränderung eines bisher negativen Eigenkapitals wird als positive (negative) prozentuale Veränderung aufgefasst. Eine Einzelauflistung der Eigenkapitalveränderungen aller Unternehmen enthält Anlage 8 im Anhang. Im direkten Vergleich ermittelten Burger/Fröhlich/Ulrich (2004), S. 360, für ihre Grundgesamtheit von 82 Unternehmen einen Mittelwert von 20,25% und einen Median von 13,46%.

3 Insbesondere sei hier die Eigenkapitalsteigerung der Solon AG von 26.996,42%, der Agor AG von 717,50% und der Genescan AG von 523,01% erwähnt. Werden diese drei Unternehmen als Ausreißer behandelt und von der deskriptiven Analyse ausgeschlossen, ergibt sich ein Mittelwert von 21,09%. Indes liegt die Spannweite zwischen minimalem und maximalem Wert immer noch bei 300,87%.

empfindlich gegenüber Ausreißern sind[1]. Mindestens 50% der Untersuchungsgesamtheit weist danach eine eigenkapitalerhöhende Wirkung von über 8,89% aus. Um Größeneffekte bereinigt[2] zeigt sich, dass die Eigenkapitalveränderung im Mittel für das gesamte Untersuchungssample stark signifikant von Null verschieden ist[3].

Im Branchenvergleich liegt das arithmetische Mittel und der Median ausnahmslos im positiven Wertebereich[4]. Unternehmen der Branche Chemie, Pharma und artverwandte Produkte weisen mit 18% im Median die höchste prozentuale Eigenkapitalsteigerung aus. So verursacht die Umstellung bei 75% der Unternehmen dieser Branche eine Eigenkapitalsteigerung. Demgegenüber wirkt sich die Umstellung bei Erstanwendern der herstellenden und verarbeitenden Industrie mit einem Mittelwert von 6,63% und einem Median von 4% im Branchenvergleich am geringsten aus. Allein in dieser Branche zeigt sich entsprechend auch kein signifikant von Null verschiedener Mittelwert.

Mit dem Eigenkapital verändert sich auch die Höhe des bisher ausgewiesenen Verschuldungsgrads. Um dessen Veränderung zu analysieren, werden Informationen über die Höhe des Fremdkapitals nach IFRS im IFRS-Übergangszeitpunkt benötigt. Diese Informationen können aus der IFRS-Eröffnungsbilanz entnommen werden. Allerdings ist die Angabe der Eröffnungsbilanz im ersten IFRS-Abschluss nicht vorgeschrieben, sondern wird lediglich empfohlen[5]. Freiwillig veröffentlichen 23 Unternehmen ihre IFRS-Eröffnungsbilanz im erstmaligen IFRS-Abschluss. Für diese soll nachfolgend die Veränderung des Verschuldungsgrads[6] analysiert werden[7].

Mehrheitlich sinkt der Verschuldungsgrad bei den Erstanwendern durch die Umstellung (vgl. Tab. 13). Im Median zeigt sich eine Verringerung von 1,5 Pro-

1 Vgl. Hartung/Elpelt/Klösener (1999), S. 33.

2 Dazu wurde die absolute Eigenkapitalveränderung ins Verhältnis zur HGB-Bilanzsumme im IFRS-Übergangszeitpunkt gesetzt; vgl. Anlage 11 im Anhang.

3 Zum Test der Nullhypothese H_0: $\mu = \mu_0$ wurde der t-Test angewandt; vgl. Bamberg/Baur (2002), S. 187f. Der Signifikanztest beschränkt sich auf die größenbereinigten Werte, da die prozentuale Eigenkapitalveränderung aufgrund der Größeneffekte verzerrt ist. Als stark signifikant wird ein Signifikanzniveau von 1% angesehen und als schwach signifikant ein Niveau von 10%.

4 Vgl. Anlage 11 im Anhang.

5 Vgl. Kapitel 2.2.6.

6 Der Verschuldungsgrad wird als Verhältnis zwischen Buchwert des Fremdkapitals und Buchwert des Eigenkapitals berechnet.

7 Da in der vorliegenden Arbeit der Umstellungseffekt analysiert werden soll, wird die Veränderung des Verschuldungsgrads in der IFRS-Vergleichsperiode nicht betrachtet. Zu einer Einzeldarstellung der Veränderung des Verschuldungsgrads bei den betrachteten Unternehmen siehe Anlage 8 im Anhang.

zentpunkten. Wiederum sind Extremwerte mit einer Spannweite von -1.125,53 Prozentpunkten bis 10.421,91 Prozentpunkten vorhanden. Bei sieben Erstanwendern der 13 Unternehmen, die ihren Verschuldungsgrad verringern, beträgt die Änderung mehr als 50 Prozentpunkte. Demgegenüber erhöhen zehn Erstanwender ihren Verschuldungsgrad. Darunter befinden sich jedoch zwei Unternehmen, bei denen sich der Verschuldungsgrad von einem negativen in einen positiven Wert wandelt. Interessanterweise sinkt der Verschuldungsgrad bei zwei Unternehmen, obwohl sich das zugehörige Eigenkapital durch die Umstellung verringert[1]. Im umgekehrten Fall erhöht sich der Verschuldungsgrad bei fünf Unternehmen, obwohl die Umstellung bei ihnen eigenkapitalerhöhend wirkt[2]. Es kommt daher bei diesen Unternehmen durch umstellungsbedingten Anpassungen, die sich direkt auf das Fremdkapital auswirken und keine Eigenkapitalveränderung hervorrufen, zu einem überkompensierenden Effekt. Im Branchenvergleich weisen allein die Branche Elektrotechnik und Elektronik sowie Groß- und Einzelhandelsunternehmen im Mittel und Median eine Verringerung des Verschuldungsgrads aus. Allerdings können Brancheneffekte nur eingeschränkt beurteilt werden, da sich die 23 Unternehmen uneinheitlich über die Branchen verteilen[3].

	Absolut	%-Anteil
Unternehmen, die ihre IFRS-Eröffnungsbilanz ausgewiesen haben	**23**	**100%**
Veränderung des Verschuldungsgrads (VG) im IFRS-Übergangszeitpunkt		
Unternehmen mit +Δ VG	10	43,48%
Unternehmen mit -Δ VG	13	56,52%
davon		
> 50 Prozentpunkte	4	17,39%
> 0 bis 50 Prozentpunkte	6	26,09%
< 0 bis -50 Prozentpunkte	6	26,09%
< -50 Prozentpunkte	7	30,04%

Tab. 13: Veränderung des Verschuldungsgrads im IFRS-Übergangszeitpunkt

Die Analyse der Veränderung des Periodenergebnisses erfolgt anhand der im ersten IFRS-Abschluss zu veröffentlichenden Überleitungsrechnung vom HGB-Periodenergebnis des Vorjahres auf das IFRS-Periodenergebnis im Vergleichszeitpunkt[4]. Mangels Informationen über das Periodenergebnis nach HGB kann

[1] Dazu zählen die Eech AG und die Tiscon AG.

[2] Hierunter zählen die Kaessbohrer AG, Leica AG, Schoen & Cie AG, Simona AG sowie die Wasgau AG.

[3] Fünf Unternehmen fallen in die Branche der herstellenden und verarbeitenden Industrie, sieben in Groß- und Einzelhandel, drei in Elektrotechnik und Elektronik, zwei in Chemie, Pharma und artverwandte Produkte sowie sechs in Sonstige.

[4] Verglichen wurde hier das Periodenergebnis nach Steuern und nach Abzug der Ergebnisanteile von Minderheiten.

die Veränderung des aktuellen Periodenergebnisses im erstmaligen IFRS-Berichtszeitpunkt nicht untersucht werden.

Insgesamt steigern 65 Unternehmen ihr Periodenergebnis im IFRS-Vergleichszeitpunkt, wobei sechs Erstanwender das Ergebnis um mehr als 50% und sieben um mehr als das Doppelte erhöhen (vgl. Tab. 14)[1]. Mehr als die Hälfte der 65 Unternehmen weist eine Ergebnissteigerung von über 0% bis zu 25% aus. Bei 34 Erstanwendern verringert sich das Periodenergebnis, wobei die Senkung hauptsächlich im Bereich von kleiner als 0% bis -25% vorzufinden ist. Bei einer geringen Anzahl von Unternehmen (6%) vermindert sich das Periodenergebnis durch die Umstellung um mehr als die Hälfte, wobei zwei Unternehmen eine Verringerung von mehr als 100% ausweisen[2].

Durchschnittlich verändert sich das Periodenergebnis im Vergleichszeitpunkt um 134,48%[3], wobei erneut ein Einfluss von Extremwerten vorliegt[4]. Im Median erhöht sich das Periodenergebnis bei über 50% der Untersuchungsgesamtheit um mehr als 5,73%. Allerdings bestehen größenbereinigt in der Gesamtheit keine signifikant von Null unterschiedlichen Veränderungen[5].

Obwohl die Rechnungslegungsumstellung bei der überwiegenden Anzahl der Erstanwender zu einer Erhöhung des Eigenkapitals führt, weist die Mehrheit auch eine positive Veränderung des darauf folgenden Periodenergebnisses aus. So veröffentlichen 47 der 72 Unternehmen (65%), deren bisheriges Eigenkapital durch die Umstellung gestiegen ist, eine Ergebnissteigerung. Ferner weisen neun der 26 Erstanwender (35%), bei denen sich das Eigenkapital verringert hat, auch eine Senkung des Ergebnisses aus. Die zu erwartenden Folgeeffekte aus der Änderung der Bilanzierungsmethoden im IFRS-Übergangszeitpunkt wirken sich demzufolge nicht unmittelbar auf das darauf folgende Periodenergebnis aus, sondern werden teilweise von anderen Effekten überkompensiert.

---

1 Eine positive (negative) absolute Veränderung eines bisher negativen Periodenergebnisses wird als positive (negative) prozentuale Veränderung aufgefasst. Anlage 9 im Anhang enthält eine Einzelbetrachtung aller einbezogenen Unternehmen.

2 Hierbei handelt es sich um die MCS AG (-123,54%) und die CPU AG (-509,26).

3 Im direkten Vergleich ermittelten Burger/Fröhlich/Ulrich (2004), S. 360, für ihre Grundgesamtheit einen Mittelwert für das Konzernergebnis von 59,15% und einen Median von -2,05%.

4 Insbesondere befinden sich mit der Gelsenwasser AG (10.366,67%), der Dr. Scheller Cosmetics AG (1.703,38%) und der Business Media China AG (875%) drei Unternehmen in der Grundgesamtheit, die eine außergewöhnlich hohe Ergebnissteigerung ausweisen. Ferner weist die CPU AG eine Verminderung des Periodenergebnisses um -509,26% aus. Werden diese vier Unternehmen als Ausreißer behandelt, verändert sich das Periodenergebnis im Durchschnitt um 10,53%.

5 Vgl. Anlage 11 im Anhang.

	Absolut	%-Anteil
Veränderung des Periodenergebnisses (PE) im IFRS-Vergleichszeitpunkt		
Unternehmen mit +Δ PE	65	65%
Unternehmen mit -Δ PE	34	34%
Unternehmen ohne PE-Effekt	1	1%
davon		
> 100%	7	7%
> 50% bis 100%	6	6%
> 25% bis 50%	13	13%
> 0% bis 25%	39	39%
0%	1	1%
< 0% bis -25%	21	21%
< -25% bis -50%	7	7%
< -50%	6	6%

Tab. 14: Veränderung des Periodenergebnisses im IFRS-Vergleichszeitpunkt

Im Branchenvergleich verfügen Unternehmen der Branche Chemie, Pharma und artverwandte Produkte als einzige Branche über einen negativen Median von -5,09%. Hierbei scheint die im Median hohe Eigenkapitalsteigerung im IFRS-Übergangszeitpunkt ergebnismindernde Wirkungen auf das folgende IFRS-Periodenergebnis auszuüben. Obwohl auch das Eigenkapital der anderen Branchen im Median gestiegen ist, können bei ihnen keine ergebnismindernden Folgeeffekte beobachtet werden. Die Branche Sonstige weist dabei mit 12,66% im Median und 461,25% im Mittel die höchste Ergebnissteigerung aus, wobei der Mittelwert größenbereinigt nur in dieser Branche schwach signifikant von Null verschieden ist.

5.4.1.2 Analyse der abhängigen Variablen

Die Auswertung der HGB- und IFRS-Geschäftsberichte hinsichtlich der Verfügbarkeit und der Inanspruchnahme bzw. Nichtinanspruchnahme der betrachteten bilanzpolitischen Instrumente kommt zu folgenden, in Tab. 15 zusammengefassten, Ergebnissen[1]: Insgesamt verfügt die Mehrheit der untersuchten Erstanwender über die bilanzpolitischen Instrumente. Den geringsten Anteil stellt die Existenz von Entwicklungskosten dar, die bei 75 Erstanwendern vorliegt. Bis auf zwei Unternehmen verfügen sämtliche Erstanwender über steuerliche Verlustvorträge, während 13 Gesellschaften keinen GoF ausweisen. Sachanlagen bzw. Finanzimmobilien liegen bei allen betrachteten Unternehmen vor.

[1] Zu einer umfassenden Darstellung vgl. Anlage 5 im Anhang.

Bilanzpolitische Instrumente	n (%)	Verschuldungsgrad bzw. Periodenergebnis erhöhend	vermindernd
GoF	87 (87%)	84 (97%)	3 (3%)
E	75 (75%)	54 (72%)	21 (28%)
SAV_FI	100 (100%)	82 (82%)	18 (18%)
ALST	98 (98%)	26 (27%)	72 (73%)

GoF = Geschäfts- oder Firmenwert, E = Entwicklungsausgaben, SAV_FI = Sachanlagen und Finanzimmobilien, ALST = Aktive latente Steuer auf Verlustvorträge, n = Anzahl Unternehmen mit verfügbaren Sachverhalt

Tab. 15: Inanspruchnahme der bilanzpolitischen Instrumente bei den Erstanwendern

Nur drei Erstanwender erhöhen ihren GoF durch die rückwirkende Anwendung von IFRS 3, IAS 36 und IAS 38, womit verschuldungsgradvermindernde und ergebnissenkende Wirkungen verbunden sind. Davon sind zwei der herstellenden und verarbeitenden Industrie und einer der Branche Chemie, Pharma und artverwandte Produkte zuzuordnen[1]. Zwei Unternehmen wenden die Standards rückwirkend ab dem 01.01.1989 bzw. 01.01.2000 auf vergangene Unternehmenszusammenschlüsse an, während das dritte Unternehmen keine Angaben darüber veröffentlicht. Die restlichen Erstanwender übernehmen den GoF unverändert in die IFRS-Eröffnungsbilanz oder weisen eine Wertminderung des GoF aus[2].

28% der Erstanwender, die Entwicklungskosten ausweisen, aktivieren diese im IFRS-Übergangszeitpunkt. Demgegenüber sieht die Mehrzahl der Erstanwender die Aktivierungskriterien im IFRS-Übergangszeitpunkt als nicht erfüllt an. 50% der Branche Sonstige setzen Entwicklungskosten in der Bilanz an, während vier der fünf Unternehmen der Branche Chemie, Pharma und artverwandte Produkte keine Aktivierung vornehmen[3]. Auch zeigt sich in den anderen Branchen, dass lediglich zwischen 18,75% und 26,09% der Unternehmen Entwicklungskosten in der Eröffnungsbilanz ausweisen.

18 Erstanwender bewerten Sachanlagen bzw. Finanzimmobilien im IFRS-Übergangszeitpunkt zum beizulegenden Zeitwert. Dabei wird das Wahlrecht bei Sachanlagen von 15 Erstanwendern genutzt und bei Finanzimmobilien von einer Gesellschaft. Jeweils ein Unternehmen bewertet Sachanlagen anhand des Neu-

[1] Vgl. Anlage 12 im Anhang.

[2] Eine Wertminderung nehmen insgesamt neun Erstanwender zum IFRS-Übergangszeitpunkt vor; vgl. Anlage 5 im Anhang.

[3] Leibfried/Pfanzelt (2004), S. 492ff., zeigen bereits, dass Unternehmen der Chemie-, Pharma- und Gesundheitsbranche weitgehend auf eine Aktivierung von Entwicklungsausgaben verzichten.

bewertungsmodells bzw. Finanzimmobilien anhand des Modells des beizulegenden Zeitwerts. Auffällig ist hierbei, dass kein Unternehmen der Branchen Elektrotechnik und Elektronik sowie Chemie, Pharma und artverwandte Produkte den beizulegenden Zeitwert für diese Vermögenswerte ansetzt. Demgegenüber nehmen das Wahlrecht 30,43% der sonstigen Unternehmen in Anspruch.

Fast drei Viertel der Erstanwender, die über steuerliche Verlustvorträge verfügen, aktivieren hierauf latente Steuern. Dabei nehmen sämtliche Unternehmen der Branche Chemie, Pharma und artverwandte Produkte eine Aktivierung vor, während ein Großteil der sonstigen Gesellschaften (47,62%) und der Groß- und Einzelhandelsunternehmen (33,33%) einen Ansatz unterlassen.

Ein Teil der Erstanwender veröffentlicht die mit der Inanspruchnahme einer bilanzpolitischen Maßnahme verbundene Wirkung auf das Eigenkapital im IFRS-Übergangszeitpunkt explizit in der Eigenkapitalüberleitungsrechnung bzw. im Anhang. Hieraus kann die prozentuale Veränderung des Eigenkapitals nach HGB ermittelt werden (vgl. Tab. 16). Insgesamt zeigt sich, dass die betragsmäßige Wirkung eines Ansatzes von aktiven latenten Steuern auf Verlustvorträge von dem größten Teil der Erstanwender nicht veröffentlicht wird. Zwei Erstanwender geben die betragsmäßige Wirkung der Bewertung von Sachanlagen und Finanzimmobilien zum beizulegenden Zeitwert nicht an.

Instrumente	**n**	**Betragsangabe**	**AM**	**StAbw**	**Min**	**25%-Quartil**	**Median**	**75%-Quartil**	**Max**
Prozentuale Veränderung des bisherigen Eigenkapitals									
GoF	3	2	1,0349	0,6824	0,5523	0,5523	1,0349	1,5174	1,5174
E	21	20	0,0610	0,0782	0,0005	0,0069	0,0250	0,1137	0,2362
SAV_FI	18	16	0,3890	0,5347	0,0072	0,0770	0,1491	0,4899	2,0261
ALST	72	24	11,8404	57,2398	0,0012	0,0431	0,0849	0,2338	280,571
Größenbereinigte Auswirkungen									
GoF	3	2	0,2801	0,2173	0,1265	0,1265	0,2801	0,4337	0,4337
E	21	20	0,0120	0,0133	0,0002	0,0022	0,0051	0,0181	0,0441
SAV_FI	18	16	0,1112	0,1901	0,0019	0,0172	0,0448	0,0988	0,7170
ALST	72	24	0,0473	0,0748	0,0008	0,0107	0,0227	0,0438	0,3205

GoF = Geschäfts- oder Firmenwert, E = Entwicklungsausgaben, SAV_FI = Sachanlagen und Finanzimmobilien, ALST = Aktive latente Steuer auf Verlustvorträge

Tab. 16: Prozentuale und größenbereinigte Auswirkungen durch die Inanspruchnahme bilanzpolitischer Instrumente im IFRS-Übergangszeitpunkt

Bei allen betrachteten Instrumenten sind sowohl extrem niedrige als auch extrem hohe Veränderungen des Eigenkapitals zu beobachten[1]. So liegt die Eigenkapitalveränderung durch den rückwirkenden Ansatz eines GoF im Maximum bei 151,74%, bei der Bewertung von Sachanlagen und Finanzimmobilien zum beizulegenden Zeitwert bei 202,61% und bei der Aktivierung latenter Steuern auf Verlustvorträge bei 28.057,10%. Größenbereinigt[2] zeigt sich jedoch, dass die Bewertung zum beizulegenden Zeitwert im Maximum die größten Auswirkungen hat. Im Median entfaltet der rückwirkende Ansatz des GoF die höchste und der Ansatz von Entwicklungsausgaben die geringste Wirkung. Allerdings wird die betragsmäßige Auswirkung beim Erstgenannten nur von zwei Unternehmen veröffentlicht.

Über die Ermittlung des Verhältniswerts SCORE und die Zuweisung zu einer ordinalen Rangfolge angewandter Bilanzierungskombinationen ergibt sich die abhängige Variable STRATEGIE, die insgesamt unter der Annahme gleicher Wirkungshöhen die Werte 1 bis 7 annimmt (vgl. Tab. 17).

STRATEGIE		**n**
Nur verschuldungsgrad- bzw. ergebniserhöhend	1	21
	2	35
	3	13
Ausgeglichen	4	19
	5	6
	6	5
Nur verschuldungsgrad- bzw. ergebnissenkend	7	1

Tab. 17: Angewandte Bilanzierungskombination

Unternehmen, die ausschließlich Maßnahmen zur Erhöhung des Verschuldungsgrads bzw. der Periodenergebnisse angewandt haben, werden unter die Bilanzierungsstrategie mit dem Rang 1 gefasst, während die ausnahmslose Nutzung vermindernder Instrumente unter die Bilanzierungskombination 7 fällt. Eine ausgeglichene Anzahl erhöhender und vermindernder Maßnahmen besteht in der Bilanzierungskombination 4. Insgesamt überwiegt bei den betrachteten Erstanwendern die Inanspruchnahme von Maßnahmen, die den Verschuldungsgrad bzw. die Periodenergebnisse erhöhen. Nur zwölf Unternehmen setzen die bilanzpolitischen Maßnahmen vermindernd ein, wobei nur ein Unternehmen sämt-

1 Auch hier wird eine positive absolute Veränderung eines bisher negativen Eigenkapitals als positive prozentuale Veränderung aufgefasst.

2 Dazu wurde die absolute Eigenkapitalveränderung ins Verhältnis zur HGB-Bilanzsumme im IFRS-Übergangszeitpunkt gesetzt.

liche Instrumente verschuldungsgrad- bzw. ergebnissenkend in Anspruch nimmt. Insofern scheint der Anreiz zur Senkung des Verschuldungsgrads zumindest unter Verwendung der in dieser Arbeit einbezogenen bilanzpolitischen Instrumente nur bei einzelnen Unternehmen zu bestehen.

Im Branchenvergleich zeigt sich, dass kein Unternehmen der Branche Elektrotechnik und Elektronik die betrachteten Instrumente verschuldungsgrad- bzw. ergebnisvermindernd eingesetzt hat[1]. Zugleich weisen die hierunter fallenden Unternehmen im Vergleich zu den anderen Branchen mit 83% im Median auch den geringsten Verschuldungsgrad nach HGB im IFRS-Übergangszeitpunkt auf[2]. Allerdings ist zu erkennen, dass lediglich ein Unternehmen der Branche Chemie, Pharma und artverwandte Produkte, die im Median mit 248% über den höchsten Verschuldungsgrad verfügt, überwiegend verschuldungsgradsenkende Maßnahmen einsetzt. Neun der 23 Unternehmen der Branche Sonstige (39,13%) und 25,93% der Groß- und Einzelhandelsgesellschaften verwenden die untersuchten Instrumente ausnahmslos verschuldungsgrad- bzw. ergebniserhöhend. Insgesamt zeigt sich somit im Branchenvergleich, dass die Senkung des Verschuldungsgrads allenfalls bei einzelnen Unternehmen eine bedeutende Rolle einnimmt.

5.4.1.3 Analyse der unabhängigen Variablen

Die Anlagen 14, 15 und 16 im Anhang führen die Verteilungsparameter der unabhängigen Variablen in ihrer Gesamtheit, für die sieben betrachteten Bilanzierungskombinationen und für die einzelnen Branchen auf. Zur Überprüfung der Verteilungsparameter auf Mittelwert- und Mediangleichheit kommt der Kruskal-Wallis-Test[3] und der Mediantest von Brown-Mood[4] zur Anwendung. Zudem folgt ein paarweiser Vergleich der Mittelwerte und Mediane der einzelnen Bilanzierungskombinationen anhand des zweiseitigen Wilcoxon-Rangsummentests bzw. des angepassten χ^2-Median-Tests[5].

Die für das wahrscheinliche Bestehen eines ergebnisorientierten Vergütungsplans verwendete Kennzahl AIP umfasst für die Grundgesamtheit im Minimum 0,2% und im Maximum 521,58%. Hieraus folgt, dass sich im Untersuchungssample sowohl stark als auch gering wachsende Unternehmen befinden. Dabei ist der Mittelwert der Variablen zwischen den Branchen signifikant voneinander

---

1 Vgl. Anlage 13 im Anhang.

2 Vgl. Anlage 10 im Anhang.

3 Vgl. Hartung (1999), S. 613ff.

4 Vgl. Conover (1999), S. 218ff.

5 Vgl. etwa Hartung (1999), S. 513ff. Sämtliche Ergebnisse der Testverfahren sind in den Anlagen 14, 15 und 16 im Anhang aufgeführt. Für die dichotomen Variablen ANTVERG und $BRANCHE_j$ werden die Testverfahren nicht angewandt.

verschieden. Es kann jedoch von einer Verzerrung durch Extremwerte ausgegangen werden, was der Mediantest durch fehlende signifikante Unterschiede zwischen den Medianen bestätigt. Erwartungsgemäß weist die insbesondere aus Software-Unternehmen bestehende Branche Elektrotechnik und Elektronik für die Variable den geringsten Median mit 12,90% auf. Allerdings ist in dieser Branche auch der maximale Wert zu finden. Aus der Betrachtung der einzelnen Bilanzierungskombinationen kann entnommen werden, dass Bilanzierungskombination 1 für die Variable AIP mit 14,05% einen wesentlich geringeren Median aufweist als die Bilanzierungskombinationen 5 (20,29%), 6 (30,60%) und 7 (32,30%), die überwiegend ergebnismindernde Maßnahmen enthalten[1]. Im Vergleich der Bilanzierungskombinationen scheinen Unternehmen mit geringerem Wachstum, die annahmegemäß eher über ergebnisorientierte Vergütungspläne für das Management verfügen, entgegen der aufgestellten Hypothese H_1 mehr ergebnismindernde Instrumente einzusetzen. Allerdings sind die Unterschiede nicht signifikant, so dass hieraus noch keine Aussage über die Verwerfung der Hypothese getätigt werden kann.

Die durchschnittliche Fremdkapitalquote (FKQ) beträgt bei den Erstanwendern 67,20% (Median = 67,71%). Dabei bewegt sich die Spannweite zwischen den einzelnen Branchen zwischen 57,17 Prozentpunkten (Elektrotechnik und Elektronik) und 76,73 Prozentpunkten (Sonstige)[2]. Die höchsten Werte befinden sich bei denjenigen Erstanwendern, die die betrachteten Instrumente überwiegend verschuldungsgradvermindernd eingesetzt haben. Dies spräche für eine Bestätigung der Hypothese H_2. Auch zeigt sich, dass die Mediane und Mittelwerte der Bilanzierungskombinationen 4 und 6 signifikant (Median) bzw. schwach signifikant (Mittelwert) sowie der Median der Bilanzierungskombinationen 4 und 5 schwach signifikant voneinander verschieden sind. Allerdings ist festzustellen, dass Erstanwender mit einer Fremdkapitalquote von mehr als 100% und damit mit einem negativen Eigenkapital ausschließlich verschuldungsgraderhöhende bzw. -neutrale Instrumente in Anspruch nehmen. Obwohl gerade bei diesen Unternehmen ein Anreiz zur verschuldungsgradverringernden Bilanzpolitik zu erwarten wäre, kann ein derartiges Verhalten mittels der betrachteten Instrumente nicht bestätigt werden.

Neben der Variablen SIZE, die als logarithmierte Umsatzerlöse definiert ist, werden zusätzlich die durchschnittlichen HGB-Umsatzerlöse (SALES), die durchschnittliche HGB-Bilanzsumme (TA) und der durchschnittliche Marktwert des Eigenkapitals (MV) der Erstanwender zwischen dem IFRS-Übergangszeitpunkt und dem IFRS-Vergleichszeitpunkt zur Interpretation der Unter-

---

1 Bilanzierungskombination 7 ist nur eingeschränkt interpretierbar, da sie lediglich ein Untersuchungsobjekt enthält.

2 Die Unterschiede im Mittelwert und Median sind dabei schwach signifikant (10%-Niveau).

nehmensgröße herangezogen. Letztere Größenkriterien werden insbesondere durch die beiden in die Untersuchung einbezogenen DAX-30 Unternehmen beeinflusst[1], womit das arithmetische Mittel an Aussagegehalt verliert. Im Median liegen die Umsatzerlöse sämtlicher einbezogener Unternehmen bei ca. 140 Mio. €, die Bilanzsumme bei ca. 108 Mio. € und der Marktwert des Eigenkapitals bei ca. 32 Mio. €. Dabei weist die Branche Elektrotechnik und Elektronik die weitaus geringsten Werte auf, während die Branchen Chemie, Pharma und artverwandte Produkte sowie Sonstige die größten Unternehmen umfassen[2]. Auffällig erscheint, dass Unternehmen, die die betrachteten Instrumente überwiegend ergebniserhöhend einsetzen (Bilanzierungskombination 1 und 2), im Median über wesentlich geringere Umsatzerlöse, Bilanzsummen und Marktwerte des Eigenkapitals verfügen. Dabei zeigt auch der Vergleich von überwiegend ergebniserhöhenden mit überwiegend ergebnismindernden Bilanzierungskombinationen schwach bis stark signifikante Unterschiede im Median und im Mittelwert bei den betrachteten Werten. Dies kann als ein Hinweis gedeutet werden, dass große Unternehmen die bilanzpolitischen Instrumente überwiegend ergebnismindernd einsetzen, was auf eine Bestätigung der Hypothese H_3 schließen lässt.

Die Hälfte der Erstanwender verfügt über einen Streubesitzanteil von weniger als 31%. Bei der überwiegenden Anzahl liegen langfristige Beteiligungen institutioneller bzw. privater Anleger vor. Im Mittel besitzen Unternehmen der Branche Chemie, Pharma und artverwandte Produkte mit 48,12% den größten Streubesitzanteil, während Groß- und Einzelhandelsunternehmen lediglich einen durchschnittlichen Wert von 27,45% aufweisen[3]. Drei Erstanwender der herstellenden und verarbeitenden Industrie, des Groß- und Einzelhandels und der sonstigen Unternehmen werden vollständig in Fremdbesitz gehalten, während sich die Anteile bei vier Unternehmen zu 100% im Streubesitz befinden. Den höchsten Streubesitzanteil im Mittel und Median mit 50,36% bzw. 46,42% besitzen diejenigen Erstanwender, die die bilanzpolitischen Instrumente ergebnisneutral einsetzen (Bilanzierungskombination 4). Im Vergleich zu den Mittelwerten und Medianen der Bilanzierungskombinationen 1 und 2 bestehen zudem signifikante Unterschiede. Insofern ergeben sich entgegen der aufgestellten Hypothese H_4 keine Hinweise, dass managerkontrollierte Unternehmen die betrachteten bilanzpolitischen Instrumente ergebniserhöhend einsetzen.

Über aktienbasierte Vergütungspläne verfügen 22 Erstanwender, während 78 Unternehmen im Geschäftsbericht bzw. in der Entsprechungserklärung zur

---

1 Hierbei handelt es sich um die Deutsche Telekom AG und die BASF AG.

2 Die Unterschiede sind mit Ausnahme des Mediantests beim Marktwert signifikant auf 1%- bzw. 5%-Niveau.

3 Indes kann die Hypothese gleicher Mittelwerte und Mediane nicht verworfen werden.

Einhaltung des DCGK ihre Existenz verneinen. Überwiegend geben Unternehmen der Branche Chemie, Pharma und artverwandte Produkte mit 37,5% (drei Pläne) einen aktienbasierten Vergütungsplan aus. In der Branche Elektrotechnik und Elektronik verfügen sechs Unternehmen (35,29%) über ein derartiges Vergütungsprogramm und bei der Branche Sonstige sieben Gesellschaften (30,43%). Demgegenüber bieten nur jeweils drei Unternehmen der herstellenden und verarbeitenden Industrie (12%) und des Groß- und Einzelhandels (11%) dem Management eine variable aktienbasierte Vergütung. Im Vergleich der Bilanzierungskombinationen zeigt sich folgendes Bild: Überwiegend enthalten die Bilanzierungskombinationen 1 bis 3 aktienbasierte Vergütungspläne, wobei Bilanzierungskombination 1 mit neun Unternehmen (40,91%) über den größten Anteil verfügt. Demgegenüber gewährt kein Erstanwender der Bilanzierungskombinationen 5 und 7 derartige Eigenkapitaltitel. Übereinstimmend mit Hypothese H_5 zeigen sich somit Hinweise, dass Erstanwender, die über ein aktienbasiertes Vergütungsprogramm verfügen, überwiegend ergebniserhöhende Instrumente verwenden.

Durchschnittlich weisen die einbezogenen Unternehmen eine bereinigte Aktienkurssteigerung von 33,82% im Zeitraum zwischen IFRS-Übergangszeitpunkt und IFRS-Vergleichszeitpunkt auf. Getrieben wird dieser hohe Wert u.a. von neun Unternehmen, die in diesem Zeitraum eine Erhöhung von über 100% erreichen. Insgesamt zeigt sich bei mehr als der Hälfte der Unternehmen eine Aktienkurserhöhung. Allein Unternehmen der Branche Elektrotechnik und Elektronik weisen einen negativen Median von -2,18% auf. Insgesamt verringert sich der Aktienkurs bei 25% der Erstanwender um mehr als 5%. Die größten Aktienkurssteigerungen sind bei Unternehmen mit ergebniserhöhendem bzw. neutralem Einsatz der Instrumente zu beobachten. Indes bestehen keine signifikanten Unterschiede bei den Mittelwerten und Medianen der Bilanzierungskombinationen. Ein Zusammenhang zwischen der Aktienkursveränderung und dem Einsatz der untersuchten bilanzpolitischen Instrumente scheint daher nicht wahrscheinlich.

Die Gesamtkapitalrendite verändert sich im betrachteten Zeitraum im Mittel um 5,05 Prozentpunkte und im Median um 2,01 Prozentpunkte. Mehr als die Hälfte der Unternehmen weisen eine positive Veränderung der Kennzahl auf, während 25% der Erstanwender eine negative Veränderung von mehr als 2,26 Prozentpunkte erfahren. Dabei zeigen Unternehmen der Branche Chemie, Pharma und artverwandte Produkte ausschließlich eine positive Veränderung der Gesamtkapitalrendite. Auffällig erscheint bei der Betrachtung der Bilanzierungskombinationen, dass im Mittel allein die Bilanzierungskombinationen 5 und 7 über eine negative Veränderung der Gesamtkapitalrendite verfügen. Unter Berücksichtigung der maximalen Werte zeigt sich zudem, dass die Bilanzierungskombinationen 5 und 6 mit einer positiven Veränderung von 4,38 Prozentpunkten und 5,63 Prozentpunkten einen deutlich geringeren Maximalwert als die Bilanzierungskombinationen 1 bis 4 aufweisen. Es bestehen jedoch keine signifikanten Unterschiede in den Mittelwerten und Medianen, so dass hieraus keine tendenzielle Aussage über einen möglichen Zusammenhang getätigt werden kann.

Zur Aufdeckung möglicher Korrelationen zwischen den unabhängigen Variablen enthält Anlage 17 im Anhang die Korrelationsmatrix der unabhängigen Variablen nach Bravais-Pearson und nach Spearman[1]. Hohe Korrelationskoeffizienten können dazu führen, dass perfekte Multikollinearität vorliegt. In dem Fall sind die Ergebnisse von Signifikanztests verzerrt[2]. Allerdings ist ein bestimmtes Maß an Korrelation zwischen den unabhängigen Variablen in der Praxis stets gegeben und führt zu keinen wesentlichen Verzerrungen innerhalb des Untersuchungsmodells[3]. Festzuhalten ist, dass teilweise signifikant positive und negative Korrelationen zwischen den erklärenden Variablen bestehen, die in ihrer Höhe indes als gering einzuschätzen sind. Die höchste signifikant negative Korrelation weisen die Variable SIZE und die Branche Elektrotechnik und Elektronik auf. Diese Korrelation besteht ebenso wie die positive Korrelation zwischen SIZE und der Branche Chemie, Pharma und artverwandte Produkte aufgrund der darin enthaltenen Unternehmen mit den im Mittel und Median niedrigsten bzw. höchsten Umsatzerlösen. Ferner sind die Variablen ΔGKR und SIZE signifikant negativ korreliert. Mit steigender Unternehmensgröße verringert sich die prozentuale Veränderung der Gesamtkapitalrendite. Im Rahmen der Robustheitstests für die Regressionsanalyse in Kapitel 5.4.2.3 kommen alternative Stellvertretervariablen für die Unternehmensgröße zur Anwendung, um einen möglichen Einfluss dieser Korrelation auszuschließen. Die signifikant negative Korrelation zwischen den Variablen ANTVERG und AIP zeigt wie erwartet, dass aktienbasierte Vergütungspläne häufiger bei Unternehmen mit stärkerem Wachstum vorkommen. Eine positive Korrelationen besteht zudem zwischen den Variablen STREU und ANTVERG. Mit zunehmender Höhe des Streubesitzes gewähren Erstanwender vermehrt aktienbasierte Vergütungspläne. Auch sind ΔGKR und FKQ positiv korreliert, was darauf hindeutet, dass Unternehmen mit einer hohen Fremdkapitalquote eine größere prozentuale Veränderung der Gesamtkapitalrendite aufweisen. Schließlich bestehen teilweise signifikante Korrelationen zwischen den einzelnen Branchen.

---

1 Der Korrelationskoeffizient nach Bravais-Pearson ist auf kardinale Daten anzuwenden, während der Rangkorrelationskoeffizient nach Spearman immer dann heranzuziehen ist, wenn eine der beiden Variablen ordinalen Charakter hat; vgl. Bamberg/Baur (2002), S. 36ff.

2 Vgl. Kennedy (2003), S. 205ff.; von Auer (2006), S. 473ff.

3 Vgl. Gujarati (2003), S. 343.

5.4.2 Regressionsanalyse

5.4.2.1 Untersuchungsmethode

In Kapitel 5.3 wurde folgendes Regressionsmodell zur Erklärung des Bilanzierungsverhaltens deutscher Unternehmen im Zeitpunkt der Rechnungslegungsumstellung aufgestellt:

$$STRATEGIE_i = \alpha + \beta_1 AIP_i + \beta_2 FKQ_i + \beta_3 SIZE_i + \beta_4 STREU_i + \beta_5 ANTVERG_i + \beta_6 RET_i + \beta_7 \Delta GKR_i + \sum_{j=1}^{J} \beta_{j8} BRANCHE_{ji} + \varepsilon_i$$

Zur Überprüfung, ob zwischen einer abhängigen und mehreren unabhängigen Variablen ein Zusammenhang besteht, dient i.d.R. die lineare Regressionsanalyse mittels der Methode der kleinsten Quadrate[1]. Sie ermöglicht nicht nur das Erkennen von Korrelationen, sondern gibt auch Auskunft über Stärke und Richtung des Zusammenhangs. Indes setzt die Anwendung der linearen Regressionsanalyse ein metrisches Skalenniveau der abhängigen Variablen voraus[2]. Dieses liegt im betrachteten Regressionsmodell nicht vor. Die abhängige Variable STRATEGIE bezeichnet die jeweilige Bilanzierungsstrategie eines Erstanwenders und kann unter der Annahme gleicher Wirkungshöhen Werte von 1 bis 7 annehmen. Insofern ist die Variable ordinal skaliert, womit die lineare Regression mittels der Methode der kleinsten Quadrate nicht geeignet ist[3].

Als Regressionsverfahren kommen daher nur Methoden in Betracht, die ordinal skalierte abhängige Variablen sowie metrische bzw. nominal skalierte unabhängige Variablen erlauben. Darunter fallen die Diskriminanzanalyse, die multinominale Probit-Analyse und die multinominale Logit-Analyse[4]. Letztere Methoden sind im Unterschied zur Diskriminanzanalyse als wesentlich robuster anzusehen, da sie an weniger strengen Prämissen geknüpft sind[5]. Somit kommen sie für das in dieser Arbeit betrachtete Regressionsmodell in Frage.

---

1 Vgl. hierzu Kennedy (2003), S. 47ff.

2 Vgl. Backhaus/Erichson/Plinke/Weiber (2006), S. 430.

3 Vgl. Gerpott/Mahmudova (2006), S. 495.

4 Weist die abhängige Variable nur eine binäre Kodierung auf, wie bspw. die Ausprägungen 0 und 1, wäre eine sog. binäre Logit- bzw. Probit-Analyse durchzuführen; vgl. Krafft (1997), S. 425ff.; Backhaus/Erichson/Plinke/Weiber (2006), S. 428.

5 Vgl. Rese/Bierend (1999), S. 235. So setzt die Diskriminanzanalyse im Gegensatz zum Logit- und Probit-Modell multinormalverteilte unabhängige Variablen sowie gleiche Varianz-Kovarianzmatrizen in den beobachteten Gruppen voraus; vgl. Backhaus/Erichson/Plinke/Weiber (2006), S. 426.

Die Probit- und Logit-Analyse versuchen über einen Regressionsansatz zu ermitteln, mit welcher Wahrscheinlichkeit ein bestimmtes Ereignis in Abhängigkeit von verschiedenen Einflussgrößen zu erwarten ist[1]. Im Gegensatz zur linearen Regression nehmen sie keine Schätzungen für Beobachtungen vor, sondern versuchen die Eintrittswahrscheinlichkeiten der Beobachtungswerte abzuleiten. Somit können lediglich Hypothesen über den Zusammenhang zwischen unabhängigen Variablen und der Eintrittswahrscheinlichkeit eines Ereignisses überprüft werden. Die Schätzung der Modellparameter erfolgt über die Maximum Likelihood-Methode. Mit dieser werden die Parameter des zugrunde liegenden Modells so geschätzt, dass die Wahrscheinlichkeit für das Auftreten der Beobachtungswerte maximal ist[2].

Probit- und Logit-Analyse unterscheiden sich lediglich in der Verteilungsannahme für den Störterm der Regressionsgleichung. Während bei der Analyse mittels des Probit-Modells die Standardnormalverteilung herangezogen wird, dient für die Logit-Analyse die logistische Verteilung als Grundlage[3]. Beide Methoden führen überwiegend nur in den Randbereichen zu Abweichungen bei der Parameterschätzung[4]. In empirischen Studien zur Erklärung des Bilanzierungsverhaltens findet überwiegend die multinominale Probit-Analyse Anwendung[5]. Um die Ergebnisse vergleichbar zu gestalten, wird in dieser Arbeit die Annahme normalverteilter Störterme der Annahme einer logistischen Verteilung vorgezogen[6].

5.4.2.2 Ergebnisse der Regressionsanalyse

Die Ergebnisse der Regressionsanalyse enthält Tab. 18. Darin aufgeführt sind neben den einzelnen Schätzungen der Parameterkoeffizienten die zugehörigen Standardfehler, Wald Chi-Quadrat-Statistiken und die p-Werte. Die Wald Chi-Quadrat-Statistik dient als Testgröße für die Signifikanz der einzelnen Variablen[7]. Der p-Wert gibt die Irrtumswahrscheinlichkeit an, mit der sich aufgrund eines ermittelten Testwerts für die Hypothese H_1 entschieden wird, obwohl H_0

---

1 Zur Beschreibung der Methodik vgl. Gerpott/Mahmudova (2006), S. 495ff. Zur Herleitung beider Modelle vgl. Tutz (2000), S. 209ff.

2 Vgl. Tutz (2000), S. 375. Eine umfassende Darstellung des Maximum-Likelihood-Schätzverfahrens bietet Greene (2003), S. 468ff.

3 Vgl. Kennedy (2003), S. 278.

4 Vgl. Hartung/Elpelt (1999), S. 133; Maddala (2002), S. 323.

5 Vgl. Zmijewski/Hagerman (1981); Press/Weintrop (1990); Inoue/Thomas (1996); siehe auch Noreen (1988) m.w.N. Zu einem Überblick über Studien, in denen die Logit- bzw. Probit-Analyse angewandt wurde, vgl. Barniv/McDonald (1999), S. 41ff.

6 Auf die Ergebnisse der Logit-Analyse wird an späterer Stelle hingewiesen.

7 Die Berechnung erfolgt anhand des quadrierten Quotienten aus geschätztem Koeffizient und Standardfehler; vgl. Agresti (1996), S. 109f.

korrekt gewesen wäre. Ist der p-Wert größer als die gewählte Irrtumswahrscheinlichkeit, wird H_0 beibehalten[1]. Als stark signifikant wird eine Irrtumswahrscheinlichkeit von 1% angesehen, während eine Irrtumswahrscheinlichkeit von 5% als signifikant und von 10% als schwach signifikant gilt. Mit Hilfe der Likelihood ratio wird die Nullhypothese getestet, ob alle in das Modell einbezogenen Variablen gemeinsam nicht zur Erklärung der abhängigen Variable STRATEGIE beitragen[2]. Sie gibt somit an, wie hoch der Erklärungswert der unabhängigen Variablen ist[3]. Als Gütemaß dient das von McFadden (1974) vorgeschlagene R^2, das analog zur linearen Regression Werte zwischen 0 und 1 annehmen kann[4]. Schließlich zeigt der prozentuale Wert richtig klassifizierter Unternehmen, inwieweit die auf Grundlage der Probit-Analyse prognostizierte Zuordnung zu einer Bilanzierungskombination mit der vorgenommenen Klassifizierung übereinstimmt.

Insgesamt liegt die Erklärungsgüte des Modells bei einem R^2 von 0,09[5]. Auf Grundlage der getroffenen Annahmen wurden 44% der Erstanwender der richtigen Klasse von Bilanzierungskombinationen zugeordnet. Um Aussagen über die Güte dieses Wertes zu treffen, kann ein Vergleich mit einem naiven Modell unter der vereinfachten Annahme vorgenommen werden, dass stets die am häufigsten vorkommende Bilanzierungskombination gewählt wird[6]. Dies betrifft Bilanzierungskombination 2 mit 35 Zuordnungen (35%). Im direkten Vergleich kommt das vorliegende Modell somit zu einer höheren Klassifizierungsgüte als das naive Modell[7].

---

1 Vgl. Fahrmeir/Hamerle/Tutz (1996), S. 110; von Auer (2006), S. 113ff.

2 Die Likelihood ratio ergibt sich als Differenz aus den maximierten und mit minus 2 multiplizierten Log-Likelihood Funktionswerten (log L) eines eingeschränkten und uneingeschränkten Modells. Der Unterschied beider Modelle liegt darin, dass beim eingeschränkten Modell nur eine Konstante (Intercept) auf die erklärende Variable regressiert wird, während bei Letzterem zusätzlich alle Kovariablen in die Analyse einbezogen werden; vgl. Agresti (1996), S. 109f.; Tutz (2000), S. 94ff.

3 Vgl. Rese/Bierend (1999), S. 236f.

4 Vgl. McFadden (1974), S. 105ff.

5 Ohne die vollständigen Ergebnisse zu präsentieren, sei hier erwähnt, dass die Durchführung einer multinominalen Logit-Analyse zu keinen wesentlich anderen Ergebnissen geführt hat.

6 Vgl. Zmijewski/Hagerman (1981), S. 140; Inoue/Thomas (1996), S. 13.

7 Vergleichbare Studien kommen zu ähnlichen Ergebnissen. So klassifizieren Zmijewski/ Hagerman (1981) 40% der untersuchten Unternehmen richtig und Inoue/Thomas (1996) 47,5%. Zu höheren Ergebnissen kommen etwa Press/Weintrop (1990) mit 60% und Missonier-Piera (2004) mit 78,3%.

$$STRATEGIE_i = \alpha + \beta_1 AIP_i + \beta_2 FKQ_i + \beta_3 SIZE_i + \beta_4 STREU_i + \beta_5 ANTVERG_i + \beta_6 RET_i + \beta_7 \Delta GKR_i + \sum_{j=1}^{J} \beta_{j8} BRANCHE_{ji} + \varepsilon_i$$

Variablen	Hypothese (erw. Vorzeichen)	Koeffizient	Standard-fehler	Wald Chi-Quadrat	p-Wert
Intercept 1	(?)	1,7387	0,9388	3,4306	0,0640
Intercept 2	(?)	2,8885	0,9560	9,1292	0,0025
Intercept 3	(?)	3,2856	0,9624	11,6558	0,0006
Intercept 4	(?)	4,0365	0,9785	17,0169	<0,0001
Intercept 5	(?)	4,4334	0,9908	20,0211	<0,0001
Intercept 6	(?)	5,2406	1,0492	24,9495	<0,0001
AIP	H_1 (+)	0,1030	0,2434	0,1792	0,6721
FKQ	H_2 (-)	-0,4543	0,5216	0,7584	0,3838
SIZE	H_3 (-)	-0,1996	0,0672	8,8307	0,0030***
STREU	H_4 (+)	-0,6768	0,4299	2,4779	0,1155
ANTVERG	H_5 (+)	0,7676	0,3025	6,4385	0,0112**
RET	(?)	-0,1594	0,1280	1,5508	0,2130
ΔGKR	(?)	1,5379	0,7382	4,3403	0,0372**
$BRANCHE_1$	(?)	-0,0501	0,3154	0,0252	0,8738
$BRANCHE_2$	(?)	0,3322	0,3240	1,0516	0,3051
$BRANCHE_3$	(?)	-0,2814	0,3804	0,5475	0,4593
$BRANCHE_4$	(?)	-0,0938	0,4479	0,0438	0,8342
$BRANCHE_5$	(?)	-	-	-	-

Likelihood ratio (p-Wert) = 28,9016 (0,0024)

McFadden $R^2 = 0,09$

Richtig klassifiziert = 44%

*** Signifikanzniveau 1%, ** Signifikanzniveau 5% , * Signifikanzniveau 10%

$BRANCHE_1$ = Herstellende und verarbeitende Industrie

$BRANCHE_2$ = Groß- und Einzelhandel

$BRANCHE_3$ = Elektrotechnik und Elektronik

$BRANCHE_4$ = Chemie, Pharma und artverwandte Produkte

$BRANCHE_5$ = Sonstige

Tab. 18: Regressionsergebnisse der multinominalen Probit-Analyse

Hinsichtlich der einbezogenen Variablen ist Folgendes festzustellen[1]: Die Variable SIZE, die als Stellvertretervariable für den bilanzpolitischen Anreiz einer

[1] Auf die Schätzergebnisse der Konstanten (Intercept) wird nicht eingegangen, da sie vor dem Hintergrund der analysierten bilanzpolitischen Anreize keine Bedeutung haben. Hier sei lediglich angemerkt, dass für n mögliche Ausprägungen der abhängigen Variablen n-1 Konstanten geschätzt werden müssen.

Vermeidung politischer Kosten fungiert, ist stark signifikant mit einem negativen Vorzeichen für den geschätzten Koeffizienten. Insofern zeigt sich, dass Erstanwender die bilanzpolitischen Instrumente mit steigender Unternehmensgröße vermehrt ergebnismindernd einsetzen. Dies lässt auf eine Bestätigung der Hypothese H_3 schließen. Wie jedoch bereits Kapitel 3.3.2.4 gezeigt hat, ist die Unternehmensgröße als Stellvertretervariable für die Vermeidung politischer Kosten nur eingeschränkt interpretierbar.

Neben der Unternehmensgröße besteht ebenfalls ein signifikanter Zusammenhang zwischen der Variablen ANTVERG und der ergebniserhöhenden Inanspruchnahme der betrachteten Instrumente. Damit bestätigt sich der bereits aus der deskriptiven Analyse zu erkennende Hinweis für die Annahme von Hypothese H_5. Erstanwender, deren Management über einen aktienbasierten Vergütungsplan verfügt, nehmen bei der Umstellung vermehrt ergebniserhöhende Maßnahmen in Anspruch.

Darüber hinaus besteht ein signifikanter Zusammenhang zwischen der Veränderung der Gesamtkapitalrendite ΔGKR und der Durchführung bilanzpolitischer Maßnahmen, die erhöhend auf den Verschuldungsgrad bzw. den Periodenergebnissen wirken. Die Begründung für den Zusammenhang ist dabei nicht unmittelbar ersichtlich, weshalb die Variable auch als Kontrollvariable fungiert. Denkbar ist, dass Erstanwender eine positive Veränderung der HGB-Gesamtkapitalrendite im Umstellungszeitraum mit ergebnissteigernden Maßnahmen beibehalten bzw. übertreffen wollen.

Keine signifikanten Ergebnisse zeigen sich für die restlichen Variablen. Obwohl das erwartete Vorzeichen bei der Parameterschätzung vorliegt, finden sich insbesondere keine signifikanten Hinweise dafür, dass Erstanwender die Umstellung zur Senkung des Verschuldungsgrads nutzen. Diese Erkenntnis schließt zwar nicht aus, dass dieses Ziel für einzelne Erstanwender durchaus einen dominanten bilanzpolitischen Anreiz darstellen kann. Indes lässt sich für das Untersuchungssample in dieser Untersuchung keine Bestätigung dafür finden.

Interessanterweise zeigt das negative Vorzeichen bei der Koeffizientenschätzung für die Variable STREU, dass Unternehmen mit hohem Streubesitz, entgegen der Erwartung, vermehrt ergebnismindernde Maßnahmen einsetzen. Auch scheinen nur Erstanwender des Groß- und Einzelhandels die Instrumente weitgehend zur Erhöhung des Verschuldungsgrads bzw. der Periodenergebnisse zu verwenden[1]. Allerdings können keine signifikanten Zusammenhänge festgestellt werden.

Im Folgenden werden die Regressionsergebnisse mehreren Robustheitstests unterzogen. Dies folgt einerseits aus der Problematik vorhandener Extremwerte, die zu einer Verzerrung der Ergebnisse führen können. Andererseits zeigt die Analyse der Korrelationsmatrix signifikante Korrelationen zwischen einigen unabhängigen Variablen. Schließlich soll die Annahme gleich hoher Wirkungsrichtungen der bilanzpolitischen Instrumente aufgehoben und durch eine alternative Annahme ersetzt werden.

5.4.2.3 Robustheitstests

5.4.2.3.1 Bereinigung um Ausreißer

Die deskriptive Auswertung zeigt, dass Extremwerte insbesondere innerhalb der Variablen AIP, FKQ, ΔGKR und RET vorhanden sind. Bei den restlichen Variablen sind aufgrund ihrer Eigenschaft als dichotome Variable (ANTVERG, $BRANCHE_j$), aufgrund logarithmierter Werte (SIZE) und in Folge eines ordinalen bzw. nominalen Wertebereichs (STRATEGIE, STREU) keine Extremwerte zu vermuten. Zu deren Eliminierung wird auf die Methode des „winsorizing" zurückgegriffen[2]. Danach sind die 5%- und 95%-Quartile der unabhängigen Variablen zu ermitteln. Darauf folgend sind alle Werte, die über dem jeweils zugehörigen 95%- bzw. unter dem 5%-Quartil liegen, auf den über- bzw- unterschrittenen Quartilswert zu setzen. Die anschließende Regression erfolgt erneut anhand der multinominalen Probit-Analyse.

Die Regressionsergebnisse führt Anlage 18 im Anhang auf. Insgesamt verringert sich die Likelihood ratio durch die Bereinigung geringfügig auf 27,6807 (p-Wert=0,0036) bei einem R^2 von 0,08. Die richtig klassifizierten Unternehmen einer Bilanzierungskombination verbessern sich auf 45%, was im Vergleich zu dem naiven Modell weiterhin eine höhere Klassifikationsgenauigkeit bedeutet. Festzuhalten ist, dass die Variable ΔGKR durch die Bereinigung ihre Signifikanz verliert. Demgegenüber bleiben die Variablen SIZE und ANTVERG weiterhin signifikant auf 1%- bzw. 5%-Niveau. Zudem zeigt sich, dass sich das Vorzeichen der Variablen AIP umkehrt und einen negativen Wert aufweist. AIP scheint mithin als Stellvertreter für ergebnisorientierte Vergütungspläne nur bedingt interpretierbar zu sein. Darüber hinaus fällt auf, dass sich die Variable STREU mit einem p-Wert von nunmehr 0,1018 der Grenze zu einem schwach

---

1 Für die $Branche_5$ (Sonstige) setzte das verwendete Statistikprogramm SAS die Parameterschätzung für den Koeffizienten auf Null, da sich die Variable aus der linearen Kombination der Summe der Konstanten abzüglich der Summe der anderen Branchen ergibt.

2 Vgl. etwa Sellhorn (2004), S. 254.

signifikanten Zusammenhang zwischen einem ansteigenden Anteil des Streubesitzes und der Durchführung ergebnismindernder bilanzpolitischer Instrumente nähert.

5.4.2.3.2 Alternative Wahl unabhängiger Variablen

Neben Extremwerten zeigte die Korrelationsmatrix, dass insbesondere Korrelationen ausgehend von der Variable SIZE bestehen. Um diese zu mindern, wird nachfolgend als alternative Stellvertretervariable für die Unternehmensgröße zunächst die logarithmierte Bilanzsumme und anschließend der logarithmierte Marktwert des Eigenkapitals verwendet[1].

Unter Verwendung der logarithmierten Bilanzsumme zeigen sich keine wesentlichen Ergebnisveränderungen, so dass auf eine ausführliche Angabe der Ergebnisse verzichtet wird. Sowohl die logarithmierte Bilanzsumme als auch ANTVERG und ΔGKR bleiben auf 5%-Niveau signifikant. Indes weist ΔGKR unter Bereinigung von Extremwerten nur noch eine schwache Signifikanz aus.

Auch unter Verwendung des logarithmierten Marktwerts des Eigenkapitals bleiben die Variablen ANTVERG und ΔGKR weiterhin signifikant. Indes zeigt sich für den logarithmierten Marktwert des Eigenkapitals als Stellvertreter für die Unternehmensgröße nur eine schwache Signifikanz. Unter Bereinigung von Extremwerten erreicht der logarithmierte Marktwert des Eigenkapitals jedoch ein signifikant negatives Vorzeichen auf 5%-Niveau, während ΔGKR wiederum den Signifikanzbereich verlässt.

Insgesamt zeigt sich somit, dass die Variable ΔGKR unter Bereinigung von Extremwerten stets ihre Signifikanz verliert, während ANTVERG und die Stellvertreter für die Unternehmensgröße signifikant bleiben.

5.4.2.3.3 Annahme ungleicher Wirkungshöhen

Die Ableitung der abhängigen Variablen STRATEGIE erfolgte bislang unter der Annahme, dass die Inanspruchnahme bzw. Nichtinanspruchnahme eines bilanzpolitischen Instruments die gleiche Wirkungshöhe entfaltet. Kapitel 5.4.1.2 zeigte jedoch, dass die tatsächliche Wirkungshöhe der bilanzpolitischen Instrumente, sofern sie von den einbezogenen Erstanwendern angegeben wurde, untereinander differiert. Dabei wurde deutlich, dass nicht nur extreme Spannweiten zwischen den bilanzpolitischen Instrumenten, sondern auch innerhalb einer Klasse bestehen.

---

[1] Vgl. Bujadi/Richardson (1997).

Um die Verzerrungen der Ergebnisse zu lindern, die aus der Annahme gleicher Wirkungshöhen ggf. resultieren, wird nachfolgend eine ordinale Reihenfolge der tatsächlich zu beobachtenden Wirkungshöhen erstellt und dem jeweiligen bilanzpolitischen Instrument zugeordnet. Dazu wird auf die prozentuale Veränderung des Eigenkapitals durch die Inanspruchnahme der Instrumente im Vergleich der Mediane abgestellt. Tab. 16 in Kapitel 5.4.1.2 zeigt, dass die rückwirkende Bilanzierung des GoF anhand von IFRS 3, IAS 36 und IAS 38 im Median eine prozentuale Eigenkapitalveränderung von 103,49% verursacht, die Bewertung von Sachanlagen und Finanzimmobilien zum beizulegenden Zeitwert 14,91%, der Ansatz aktiver latenter Steuern auf Verlustvorträge 8,49% und der Ansatz von Entwicklungsausgaben 2,50%. Das erstgenannte Instrument erzielt somit die höchste Wirkung im Median, während die Aktivierung von Entwicklungsausgaben die geringste Wirkung entfaltet. Um die Instrumente in eine ordinale Reihenfolge zu bringen, wird dem bilanzpolitischen Instrument mit der höchsten Wirkung ein Punktwert von 4 bei Ausübung und von -4 bei Nichtausübung zugeordnet. Ferner wird der Inanspruchnahme bzw. Nichtinanspruchnahme des zweiten Instruments ein Punktwert von 3 (-3) zugewiesen, dem Ansatz bzw. Nichtansatz aktiver latenter Steuern auf Verlustvorträge ein Punktwert von 2 (-2) und der Aktivierung bzw. Nichtaktivierung von Entwicklungsausgaben ein Wert von 1 (-1). Liegt das bilanzpolitische Instrument auf Seiten des Unternehmens nicht vor, erhält es den Wert 0. Hieraus folgt, dass das bilanzpolitische Instrument hinsichtlich des GoF als eine Maßnahme mit viermal höherer Wirkung als das Instrument hinsichtlich der Behandlung von Entwicklungsausgaben angesehen wird. Da die Instrumente somit nicht mehr mit der gleichen Wirkungshöhe verbunden sind, erfolgt die Berechnung des Punktwerts SCORE ohne zusätzliche Berücksichtigung der verfügbaren Instrumente. Demzufolge kann SCORE Werte zwischen 10 (vollständig verschuldungsgrad- bzw. ergebniserhöhende Inanspruchnahme) und -10 (vollständig verschuldungsgrad- bzw. ergebnismindernde Ausübung) annehmen. Bei den einbezogenen Unternehmen resultieren hieraus für die abhängige Variable STRATEGIE insgesamt 14 Bilanzierungskombinationen, deren Verteilung in Tab. 19 aufgeführt ist.

Erneut zeigt sich, dass die Anwendung verschuldungsgrad- bzw. ergebniserhöhender Instrumente überwiegt. Die Regressionsergebnisse der multinominalen Probit-Analyse enthält Anlage 19 im Anhang. Insgesamt verringert sich die Likelihood ratio auf 21,1517 (p-Wert=0,0318) und das R^2 auf 0,05. Die abnehmende Güte des Modells zeigt sich insbesondere daran, dass lediglich 32% der Erstanwender der richtigen Klasse von Bilanzierungskombinationen zugeordnet wurde. Das Modell hält somit einen Vergleich zu einem naiven Modell der zumeist angewandten Kombination (Bilanzierungskombination 4 mit einer Anzahl von 34 (34%)) nicht stand.

STRATEGIE		SCORE	n
Nur verschuldungsgrad- bzw. ergebniserhöhend	1	10	8
	2	9	6
	3	8	1
	4	6	34
	5	5	12
	6	4	19
	7	2	2
	8	1	2
Ausgeglichen	9	0	4
	10	-1	4
	11	-2	5
	12	-3	1
	13	-6	1
Nur verschuldungsgrad- bzw. ergebnissenkend	14	-8	1

Tab. 19: Angewandte Bilanzierungskombination unter Annahme ungleicher Wirkungshöhen

Festzustellen ist wiederum, dass ein signifikanter Zusammenhang zwischen der Variablen ANTVERG und der ergebniserhöhenden Inanspruchnahme der bilanzpolitischen Instrumente besteht. Das gleiche gilt für die Variable ΔGKR. Schwach signifikant sind ebenfalls die Variablen STREU und die Branche der Groß- und Einzelhandelsunternehmen. Bei Letzteren findet sich ein schwacher Hinweis zur vermehrten Anwendung verschuldungsgrad- bzw. ergebniserhöhender Instrumente. Demgegenüber kann kein signifikanter Zusammenhang für die Unternehmensgröße mehr identifiziert werden. Unter Extremwertbereinigung zeigt sich wiederholt, dass ΔGKR ihre Signifikanz verliert. Aufgrund der teilweise nur geringen Anzahl von Erstanwendern in den einzelnen Klassen von Bilanzierungskombinationen kann jedoch eine Verzerrung der Schätzergebnisse nicht ausgeschlossen werden.

5.4.3 Darstellung der Kernergebnisse

Insgesamt kommt die empirische Untersuchung des Bilanzierungsverhaltens bei der Umstellung der Rechnungslegung von HGB auf IFRS zu folgenden Ergebnissen:

Bei 72% der 100 untersuchten Unternehmen erhöht sich das bisherige Eigenkapital im Übergangszeitpunkt auf IFRS durch die Rechnungslegungsumstellung. Dabei weist der überwiegende Teil der Erstanwender eine prozentuale Eigenkapitalsteigerung von größer 0% bis 25% aus. Eine Eigenkapitalverringerung veröffentlichen 26 Unternehmen, die sich ebenfalls überwiegend in der Bandbreite von kleiner 0% bis -25% bewegt. Dessen ungeachtet erreichen einige Unternehmen extreme Eigenkapitalsteigerungen bzw. -verringerungen. So erzielen zehn Erstanwender mehr als eine Verdopplung des bisherigen Buchwerts des Eigenkapitals, während die höchste Verringerung bei ca. -62% liegt. Die Eigenkapitalveränderungen sind signifikant von Null verschieden. Im Branchenvergleich weisen alle Branchen im Median eine Eigenkapitalsteigerung auf, während die Unternehmen der Branche Chemie, Pharma und artverwandte Produkte mit 18% im Median über die höchste Eigenkapitalsteigerung verfügen.

Die mehrheitliche Steigerung des Eigenkapitals führt beim Großteil der Erstanwender, die ihre Eröffnungsbilanz veröffentlicht haben, zu einer Senkung des Verschuldungsgrads. Gleichfalls sind erneut Extremwerte zu beobachten. Allerdings zeigen die Ergebnisse, dass aus einer Erhöhung bzw. Senkung des Eigenkapitals nicht unmittelbar auf eine entgegen gerichtete Wirkung auf den Verschuldungsgrad geschlossen werden kann. So können etwa Umstellungseffekte, die allein die Höhe des bisherigen Buchwerts des Fremdkapitals betreffen, der zu erwartenden Wirkung aus einer Senkung bzw. Erhöhung des Eigenkapitals entgegenstehen.

65% der einbezogenen Erstanwender steigern ihr bisheriges Periodenergebnis im IFRS-Vergleichszeitpunkt. Somit resultieren aus der Veränderung des Eigenkapitals im Übergangszeitpunkt ebenfalls nicht unmittelbar entgegen gerichtete Folgewirkungen auf das Periodenergebnis. Die Mehrzahl der Unternehmen verbessert ihr Periodenergebnis um bis zu 25%. Erneut sind Extremwerte mit einer Steigerung bzw. Verringerung von über 100% zu beobachten. Erstanwender der Branche Chemie, Pharma und artverwandte Produkte, die zuvor im Median die höchste Eigenkapitalsteigerung erfahren haben, weisen den geringsten Median mit -5,09% auf, während die Branche Sonstige mit 12,66% den höchsten Median vorweist.

Die vier einbezogenen bilanzpolitischen Instrumente werden innerhalb der Unternehmen und zwischen den Branchen unterschiedlich eingesetzt. Überwiegend dominiert die Inanspruchnahme verschuldungsgrad- bzw. ergebniserhöhender Maßnahmen. Die betragsmäßige Wirkung der Instrumente wird nicht von allen Erstanwendern im Geschäftsbericht veröffentlicht. Insgesamt zeigt sich jedoch, dass mit dem bilanzpolitischen Instrumentarium hinsichtlich des GoF im Median die höchste Wirkung auf das Eigenkapital verbunden ist, gefolgt von der Bewertung von Sachanlagen und Finanzimmobilien zum beizulegenden Zeitwert, der Aktivierung latenter Steuern auf Verlustvorträge sowie schließlich vom Ansatz von Entwicklungsausgaben.

Bei der Ableitung der abhängigen Variablen STRATEGIE ergeben sich insgesamt sieben mögliche Bilanzierungskombinationen, wobei die einbezogenen Unternehmen größtenteils den ersten drei Bilanzierungskombinationen mit ausschließlicher bzw. überwiegender verschuldungsgrad- bzw. ergebniserhöhender Wirkung zuzuordnen sind. Auffällig ist hierbei, dass 21 Erstanwender die bilanzpolitischen Instrumente ausschließlich erhöhend anwenden, während nur ein Unternehmen eine rein vermindernde Wirkung bevorzugt.

Bei der deskriptiven Auswertung der unabhängigen Variablen zeigen sich erste Anhaltspunkte zur Bestätigung der aufgestellten Hypothesen. So weisen Unternehmen innerhalb der einzelnen Bilanzierungskombinationen zum Teil signifikante Unterschiede in den Mittelwerten und Medianen der erklärenden Variablen auf. Insbesondere bestehen signifikante Unterschiede zwischen den Bilanzierungskombinationen bei der als Stellvertretervariable für die Unternehmensgröße stehenden Variablen SIZE und der für das Bestehen aktienbasierter Vergütungskomponenten verwendeten dichotomen Variablen ANTVERG. Auch deutet ein Vergleich der Mittelwerte und Mediane für die als Stellvertreter für ergebnisorientierte Vergütungspläne stehende Variablen AIP und die als Proxy für die Verletzung von Kreditklauseln verwendete Fremdkapitalquote FKQ, obwohl nur teilweise signifikant, auf einen Einfluss bei der Umstellung hin.

Die bei der deskriptiven Analyse gewonnenen Erkenntnisse bestätigen sich nach Durchführung der Regressionsanalyse, die mittels der multinominalen Probit-Analyse vorgenommen wurde, lediglich zum Teil. So zeigt sich ein signifikanter Zusammenhang zwischen der Inanspruchnahme ergebniserhöhender Instrumente und dem Bestehen eines aktienbasierten Vergütungsplans bei den Erstanwendern, der auch den vorgenommenen Robustheitstests standhält. Erstanwender, deren Management über ein aktienbasiertes Vergütungsprogramm verfügt, verwenden bei der Umstellung vermehrt ergebniserhöhende Instrumente.

Ferner zeigt sich ein signifikanter Zusammenhang zwischen der Unternehmensgröße und der Inanspruchnahme ergebnisverringernder Maßnahmen. Entsprechend der aufgestellten Hypothese haben große Unternehmen ergebnismindernde Instrumente bei der Umstellung in Anspruch genommen, um die Entstehung politischer Kosten zu vermeiden. Allerdings können die Ergebnisse hierzu nur bedingt interpretiert werden. So kann die Unternehmensgröße zusätzlich für andere Größen, wie bspw. Leverage, Wettbewerbsvorteile oder Unternehmensrisiko, stehen. Zudem lässt sich keine Signifikanz für die Unternehmensgröße finden, sofern die Annahme gleicher Wirkungshöhen aufgegeben wird.

Darüber hinaus zeigt sich ein signifikanter Zusammenhang zwischen der Veränderung der Gesamtkapitalrendite und der Inanspruchnahme verschuldungsgrad- bzw. ergebniserhöhender Maßnahmen. Gleichfalls ist das Ergebnis nur bedingt interpretierbar. Zudem verliert die Variable ihre Signifikanz, sofern Extremwerte bereinigt werden.

Keine Bestätigung findet sich dagegen für die restlichen Hypothesen. So können keine Hinweise dafür gefunden werden, dass die beobachteten Erstanwender die Umstellung zur Senkung ihres Verschuldungsgrads nutzen. Auch zeigt sich kein Zusammenhang zwischen dem wahrscheinlichen Bestehen eines ergebnisorientierten Vergütungsplans und der Durchführung ergebnissteigernder Instrumente sowie der vermehrt ergebniserhöhenden Inanspruchnahme der Maßnahmen von managerkontrollierten Unternehmen. Schließlich kann auch in den Branchen kein signifikanter Zusammenhang zu einem bestimmten Bilanzierungsverhalten erkannt werden.

5.4.4 Interpretationsgrenzen

In Folge der nur begrenzt vorliegenden Informationen und den getroffenen Annahmen hinsichtlich der abhängigen und unabhängigen Variablen kann nicht ausgeschlossen werden, dass die Ergebnisse der empirischen Untersuchung Verzerrungen unterliegen.

Eine Verzerrung der abhängigen Variablen kann zum einen aus dem Einbezug von letztendlich „nur" vier bilanzpolitischen Instrumenten in die Untersuchung entstehen. Die alleinige Betrachtung dieser Instrumente folgte sowohl aus der Notwendigkeit, eine Abgrenzung aus der Fülle möglicher Maßnahmen bei der Rechnungslegungsumstellung vorzunehmen, als auch aus Mangel an Informationen über die Inanspruchnahme bzw. Nichtinanspruchnahme anderer Instrumente. Tatsächlich kann jedoch nicht ausgeschlossen werden, dass andere oder weitere, nicht in die Untersuchung einbezogene Maßnahmen, wie bspw. nicht erkennbare Sachverhaltsgestaltung, zur Erreichung der bilanzpolitischen Ziele genutzt werden. Gleichfalls musste die Annahme getroffen werden, dass die Ausübung bzw. Nichtausübung eines Instruments mit keinen nutzenübersteigenden Kosten verbunden ist. Daraus kann ein verzerrender Effekt entstehen, sofern die Bilanzierungsentscheidung nicht auf Grundlage bilanzpolitischer Überlegungen, sondern in Folge zu hoher Kosten oder bspw. aufgrund von Informationsmangel über den damaligen Entstehungszeitpunkt des Sachverhalts erfolgte. So erscheint die rückwirkende Anwendung von IFRS 3, IAS 36 und IAS 38 aufgrund des dazu benötigten Informationsbedarfs nur bei vergangenen Unternehmenszusammenschlüssen denkbar, die erst eine kurze Zeit zurückliegen[1]. Jedoch zeigte die deskriptive Analyse, dass eine rückwirkende Anwendung auch

---

[1] Vgl. Kümpel (2004a), S. 151. Zu einem Fallbeispiel, das die mit der rückwirkenden Anwendung von IFRS 3 verbundenen Datenbeschaffungsprobleme darstellt, siehe Kirsch (2003c), S. 196.

bei bereits länger zurückliegenden Unternehmenszusammenschlüssen möglich ist und auch vorgenommen wurde. Schließlich können verzerrende Ergebnisse aus Annahmen hinsichtlich der tatsächlichen Wirkungshöhe der Instrumente entstehen[1]. Im Rahmen der Robustheitstests wurde durch Variation der anzunehmenden Wirkungshöhe versucht, mögliche Verzerrungen daraus zu lindern.

Ferner können verzerrende Einflüsse auf die Schätzergebnisse durch die verwendeten unabhängigen Variablen resultieren. So musste die Untersuchung der Hypothesen anhand von möglicherweise ungenauen Stellvertretervariablen vorgenommen werden. Zu genaueren Ergebnissen würde etwa die Verwendung von Daten führen, die die tatsächliche Existenz und Ausgestaltung von Vergütungs- oder Kreditverträgen abbilden. Derartige Informationen liegen für deutsche Unternehmen jedoch nicht vor[2]. Zudem können alternative Erklärungsansätze für das Bilanzierungsverhalten bestehen. So kann der Einsatz bilanzpolitischer Instrumente bspw. nicht in der opportunistischen Verhaltensweise des Managements begründet sein, sondern in dem Willen, Informationen im Sinn einer Signalfunktion an die Abschlussadressaten weiterzugeben. Auch können verzerrende Effekte auftreten, sofern Manager nicht von einer Beeinflussung der Kapitalmarktteilnehmer durch Rechnungslegungsdaten ausgehen.

Des Weiteren konnten nicht alle der zu vermutenden bilanzpolitischen Anreize bei der Umstellung untersucht werden. Somit kann nicht ausgeschlossen werden, dass tatsächlich ein Anreiz bei der Umstellung dominiert, der in der Untersuchung nicht berücksichtigt wurde. Ferner konnte aufgrund fehlender bzw. nicht ausreichender Daten nicht untersucht werden, ob bilanzpolitische Maßnahmen zur Erreichung von Schwellenwerten und der Beeinflussung des Ratings zum Einsatz kommen.

Darüber hinaus können die Schätzergebnisse durch die zum Teil nur geringe Anzahl von Unternehmen, die einer Bilanzierungskombination zugeordnet werden konnten, an Aussagekraft verlieren. Ferner kann das Bestehen von Multikollinearität[3] und von Autokorrelation eine Verzerrung der Ergebnisse hervorru-

---

1 Vgl. Zmiejewski/Hagerman (1981), S. 136; Watts/Zimmerman (1990), S. 144.

2 Demgegenüber liegen für US-amerikanische Unternehmen zum Teil entsprechende Daten vor; vgl. etwa für tatsächlich verwendete Kreditklauseln in Darlehensvereinbarungen Dichev/Skinner (2002), S. 1101.

3 Multikollinearität besteht, wenn sich ein Regressor als lineare Funktion der anderen Regressoren darstellen lässt. Dabei weisen empirische Daten fast immer einen gewissen Grad an Multikollinearität vor, der erst bei einem hohen Grad zu verzerrenden Schätzungen der Regressionsparameter führt; vgl. Backhaus/Erichson/Plinke/Weiber (2006), S. 90.

fen[1]. Letzteres kann in der Untersuchung aufgrund der Verwendung von Querschnittsdaten weitgehend ausgeschlossen werden[2].

Schließlich ist eine Verallgemeinerung der Ergebnisse nur beschränkt möglich. Die Untersuchung umfasst bewusst nur Erstanwender, die ihren erstmaligen IFRS-Abschluss für Geschäftsjahre nach dem 31.03.2005 aufstellten, damit diese über die gleichen sachverhaltsdarstellenden bilanzpolitischen Instrumente verfügen. Die IFRS befinden sich indes in einem dynamischen Weiterentwicklungsprozess. Insbesondere wird das andauernde Konvergenz-Projekt mit dem FASB zukünftig zu weiteren Änderungen der Standards führen. Hierdurch können einerseits derzeit bestehende Instrumente entfernt[3], aber auch neue Gestaltungsspielräume geschaffen werden[4]. Das bilanzpolitische Instrumentarium ändert sich somit für diejenigen Unternehmen, die zukünftig ihre Rechnungslegung (freiwillig) von HGB auf IFRS umstellen. Ferner ist eine Verallgemeinerung der Ergebnisse auf nicht-kapitalmarktorientierte oder allein an Regionalbörsen notierte Unternehmen sowie auf Gesellschaften, die ihre Rechnungslegung von US-GAAP auf IFRS umstellen oder nur Fremdkapitaltitel ausgegeben haben, aufgrund differenzierter bilanzpolitischer Anreize bzw. unterschiedlicher bilanzpolitischer Instrumente ebenso nur begrenzt sinnvoll, wie die Übertragung der Ergebnisse auf Erstanwender in anderen wirtschaftlichen Umgebungen.

---

1 Vgl. Backhaus/Erichson/Plinke/Weiber (2006), S. 480.

2 Autokorrelation bedeutet, dass die Residuen in der Grundgesamtheit miteinander korreliert sind. Sie tritt vor allem bei Zeitreihenanalysen auf; vgl. Greene (2003), S. 250; von Auer (2005), S. 383.

3 So wurde bspw. im März 2007 das bisher in IAS 23.10 kodifizierte Wahlrecht zur Aktivierung von Fremdkapitalkosten bei Vorliegen eines qualifizierten Vermögenswerts in eine Ansatzpflicht umgewandelt; vgl. Vater (2006), S. 1337ff. Auch sieht das IASB vor, das in IAS 31.30 bestehende Wahlrecht zur Anwendung der Quotenkonsolidierung bei Gemeinschaftsunternehmen abzuschaffen. Stattdessen soll allein die Equity-Methode zur Anwendung kommen; vgl. Schmidt/Labrenz (2006), S. 467ff.

4 Neue Gestaltungsspielräume können bspw. aus der geplanten Einführung der Full Goodwill-Methode in IFRS 3 zur bilanziellen Abbildung von Unternehmenszusammenschlüssen resultieren; vgl. Pellens/Sellhorn/Amshoff (2005), S. 1749ff.

Kapitel 6: Zusammenfassung und Ausblick

Deutsche kapitalmarktorientierte Unternehmen sind seit der Verabschiedung der IAS-VO und ihrer Übernahme in deutsches Recht dazu verpflichtet, ihren Konzernabschluss nach den Vorschriften der IFRS zu erstellen. Zur bilanziellen Abbildung der Umstellung veröffentlichte das IASB im Juni 2003 den Rechnungslegungsstandard IFRS 1, der für umstellende Unternehmen seit dem 01.01.2004 verpflichtend anzuwenden ist. Die darin kodifizierte Vorgehensweise bietet IFRS-Erstanwendern eine Vielzahl bilanzpolitischer Möglichkeiten, die zur zielgerichteten Gestaltung des Abschlusses eingesetzt werden können. Vor diesem Hintergrund war es Ziel der Arbeit, mögliche Erklärungsgründe bilanzpolitischen Verhaltens bei der Rechnungslegungsumstellung herzuleiten und empirisch zu untersuchen. Im Folgenden werden die wesentlichen Untersuchungsergebnisse thesenartig zusammengefasst:

- Gemäß den Vorschriften von IFRS 1 müssen im ersten IFRS-Abschluss verpflichtend Vergleichszahlen der Vorperiode angegeben werden. Zu deren Ermittlung ist eine IFRS-Eröffnungsbilanz zum Übergangszeitpunkt aufzustellen. Dieser befindet sich mindestens zwei Jahre vor dem ersten IFRS-Abschlussstichtag.
- Zur Ermittlung der Wertansätze der Vermögenswerte und Schulden in der Eröffnungsbilanz sind grundsätzlich die aktuell gültigen und von der EU anerkannten IFRS retrospektiv auf sämtliche Unternehmensgeschäftsvorfälle anzuwenden. Demzufolge sind Sachverhalte so abzubilden, als ob schon immer nach den IFRS bilanziert worden wäre. Hieraus resultierende Anpassungen der Vermögenswerte und Schulden sind unmittelbar in die Gewinnrücklagen oder einen ggf. besser geeigneten Eigenkapitalposten einzustellen. Allerdings erlaubt der Standard, in genau definierten Bereichen vom Grundsatz der retrospektiven IFRS-Anwendung abzuweichen und stattdessen eine andere Vorgehensweise zu wählen. Darüber hinaus ist die rückwirkende Anwendung bei bestimmten Sachverhalten untersagt.
- Die Befreiungswahlrechte von der retrospektiven Anwendung können einzeln bzw. kombinierbar und ohne Begründung ausgewählt werden. Zudem zeigt sich, dass bei ihrer Inanspruchnahme größtenteils keine Bindungswirkung auf ähnliche Sachverhalte besteht. Auch existieren Wahlrechte zur früheren Anwendung des jeweiligen IFRS-Standards in Bereichen, in denen IFRS 1 eigentlich ein Verbot zur retrospektiven Vorgehensweise vorsieht.
- Sowohl die retrospektive IFRS-Anwendung, als auch die expliziten Wahlrechte von IFRS 1 bieten Erstanwendern eine Fülle bilanzpolitischer Gestaltungsmöglichkeiten im Umstellungszeitpunkt. Bilanzpolitik ist dabei als zielgerichtete Beeinflussung des erstmaligen IFRS-Abschlusses mittels des rechtlich zulässigen Instrumentariums zu verstehen. Rechtliche Grenzen ihrer

Durchführbarkeit bestehen im Stetigkeitsprinzip, in den Verboten zur rückwirkenden IFRS-Anwendung gemäß IFRS 1 und in ihrer Erkennbarkeit im Abschluss. Ferner können Kosten-Nutzen-Aspekte und ethische Gebote ihre Verwendung einschränken.

- Erklärungsgründe bilanzpolitischen Verhaltens wurden insbesondere im US-amerikanischen Schrifttum hergeleitet und empirisch untersucht. Zu unterscheiden sind hierbei Anreize, die aus vertragstheoretischen Überlegungen resultieren, und Anreize aus kapitalmarkttheoretischer Sicht. Anreize aus vertragstheoretischer Sicht entstehen aus Vertragsbeziehungen zwischen Managern und anderen Unternehmensbeteiligten und sind Grundlage der „positive accounting theory“. Diese bezeichnet eine Forschungsrichtung, die das Entscheidungsverhalten von Abschlusserstellern hinsichtlich der Nutzung von Wahlrechten und Spielräumen innerhalb der Rechnungslegung auf Unternehmensebene zu begründen versucht. Im Mittelpunkt stehen dabei vertraglich vereinbarte Anreizinstrumente, die die Interessen der Manager und Kapitalgeber zur Übereinstimmung führen sollen und auf Rechnungslegungsdaten basieren. Darunter fallen ergebnisorientierte Vergütungspläne des Managements und die Vereinbarung von rechnungslegungsdatenbasierten Kreditklauseln in Darlehensverträgen. Ferner resultieren Anreize aus dem Willen, politische Kosten, die durch den Ausweis eines hohen Ergebnisses entstehen können, zu vermeiden. Schließlich lässt die Eigentümerstruktur ein unterschiedliches bilanzpolitisches Verhalten erwarten.
- Demgegenüber folgen kapitalmarktorientierte Anreize aus dem anzunehmenden Bestreben des Managements, die Erwartungen des Kapitalmarkts und damit das Verhalten der Kapitalmarktteilnehmer zu beeinflussen. Hierbei kann sowohl ein ergebnismaximierendes Verhalten als auch Ergebnisglättung oder ein extremes „big bath“-Verhalten im Mittelpunkt stehen. Ferner kann das bilanzpolitische Verhalten durch das Bestreben, eine Verletzung von Schwellenwerten zu vermeiden, geprägt sein. Schwellenwerte stellen im Umstellungszeitpunkt insbesondere eine bestimmte Höhe des Eigenkapitals oder des Periodenergebnisses dar. Des Weiteren zeigt sich, dass die Erreichung von Analystenschätzungen oder von eigenen Managementprognosen als Schwellenwert fungieren kann. Schließlich ist aus der Gewährung aktienbasierter Vergütungspläne und aus dem Willen, eine Verbesserung des internen bzw. externen Ratings zu erreichen, ein bestimmtes bilanzpolitisches Verhalten zu erwarten.
- Aus den theoretischen Ansätzen lassen sich die Beeinflussung des Verschuldungsgrads und von zukünftigen Periodenergebnissen in den Mittelpunkt bilanzpolitischer Überlegungen bei der Umstellung stellen. Zur Untersuchung, ob sich das beobachtbare Bilanzierungsverhalten deutscher Unternehmen durch die hergeleiteten Anreize erklären lässt, können jedoch nicht sämtliche

bilanzpolitischen Instrumente in die Untersuchung einbezogen werden. Daher ist ein Kriterienkatalog zu erstellen, den die einzubeziehenden Instrumente vollständig erfüllen müssen. Die Abgrenzungskriterien stellen sicher, dass nur sachverhaltsdarstellende Maßnahmen mit einer materiellen Wirkungsintensität einbezogen werden, die zumindest tendenziell im Abschluss erkennbar sind sowie von den untersuchten Unternehmen angewandt werden können und deren Wirkungsrichtung hinsichtlich der Ausübung bzw. Nichtausübung auf den Verschuldungsgrad und auf zukünftige Periodenergebnisse zumindest tendenziell ableitbar, voneinander verschieden sowie wesentlich ist.

- Die Abgrenzung der bilanzpolitischen Instrumente ist anhand der Auswertung der Angaben im erstmaligen IFRS-Abschluss vorzunehmen. Dabei ist zwischen der Inanspruchnahme von IFRS 1-Wahlrechten und Gestaltungsspielräumen, die aus der retrospektiven Anwendung der IFRS resultieren, zu unterscheiden. Die Untersuchungsgesamtheit umfasst 100 Unternehmen des CDAX, die ihre Umstellung von HGB auf IFRS ab oder nach dem 01.04.2005 vollzogen haben. Bei der Analyse der Wahlrechtsausübung von IFRS 1 zeigt sich, dass insbesondere die Erleichterungsvorschriften von IFRS 1 bei vergangenen Unternehmenszusammenschlüssen in Anspruch genommen werden. Bedeutende Wahlrechte stellen ferner die Befreiungen hinsichtlich der Behandlung von Fremdwährungsdifferenzen, von versicherungsmathematischen Gewinnen und Verlusten sowie die Bewertung von Sachanlagen zum beizulegenden Zeitwert dar. Die restlichen Wahlrechte kommen dagegen nur in Einzelfällen zur Anwendung. Als Hauptursache für eine Veränderung des Eigenkapitals im IFRS-Übergangszeitpunkt werden Anpassungen bei latenten Steuern und Pensionsrückstellungen genannt. Demgegenüber werden Umstellungseffekte aus der Bewertung von Finanzinstrumenten zum beizulegenden Zeitwert im Vergleich eher seltener aufgeführt.
- Nach der Anwendung der Abgrenzungskriterien verbleiben vier bilanzpolitische Instrumente, die in die Untersuchung einbezogen werden können. Darunter fallen (1) die rückwirkende Bilanzierung des Geschäfts- oder Firmenwerts nach IFRS 3, IAS 36 und IAS 38 bzw. die Inanspruchnahme der Erleichterungsvorschriften von IFRS 1, (2) der Ansatz bzw. Nichtansatz von Entwicklungsausgaben, (3) die rückwirkende Bewertung von Sachanlagen und Finanzimmobilien zu fortgeführten Anschaffungs- oder Herstellungskosten bzw. ihre Bewertung zum beizulegenden Zeitwert sowie (4) der Ansatz bzw. Nichtansatz von aktiven latenten Steuern auf Verlustvorträge.

Die empirische Untersuchung des Bilanzierungsverhaltens bei der Umstellung von HGB auf IFRS erfolgt anhand der vier bilanzpolitischen Instrumente und mittels der hergeleiteten Erklärungsgründe bilanzpolitischen Verhaltens. Dazu kommt die multinominale Probit-Analyse zur Anwendung, die im Rahmen einer Regressionsanalyse mögliche Bilanzierungskombinationen der Instrumente als abhängige Variable und Stellvertretervariablen für bilanzpolitische Anreize als erklärende Variablen verwendet. Um erste Erkenntnisse über das Bilanzierungsverhalten zu gewinnen, wurden zuvor die aus den IFRS-Abschlüssen zu entnehmende betragsmäßige Wirkung der Umstellung auf das bisher ausgewiesene Eigenkapital, den Verschuldungsgrad und das Periodenergebnis analysiert, sowie anschließend die abhängigen und unabhängigen Variablen deskriptiv ausgewertet. Unter Berücksichtigung der restriktiven Prämissen des Untersuchungsmodells, der Interpretationsgrenzen und der nur eingeschränkten Verallgemeinerbarkeit für alle IFRS-Erstanwender lassen sich folgende Aussagen ableiten:

- Die Mehrzahl der 100 untersuchten Erstanwender (72%) erhöht ihr bisheriges Eigenkapital durch die Umstellung. Der Großteil weist dabei eine Eigenkapitalsteigerung von bis zu 25% auf. Bei 26% wirkt sich die Umstellung dagegen negativ auf das Eigenkapital aus, wobei mehrheitlich eine Verringerung von bis zu -25% zu beobachten ist. Die Eigenkapitalveränderung ist signifikant von Null verschieden, wobei einige Erstanwender extreme Eigenkapitalsteigerungen und -verringerungen veröffentlichen. Sämtliche Branchen erhöhen das Eigenkapital im Median. Dabei weisen Unternehmen der Branche Chemie, Pharma und artverwandte Produkte den höchsten Medianwert auf.
- Die Zunahme des Eigenkapitals führt bei denjenigen Unternehmen, die ihre IFRS-Eröffnungsbilanz veröffentlicht haben, mehrheitlich zu einer Abnahme des Verschuldungsgrads. Allerdings zeigt sich, dass einige Erstanwender trotz einer positiven Eigenkapitalveränderung auch eine Erhöhung des Verschuldungsgrads aufweisen. Hier führen Umstellungseffekte, die allein die Höhe des bisherigen Buchwerts des Fremdkapitals betreffen, zu einer überkompensierenden Wirkung.
- Bei 65% der einbezogenen Erstanwender erhöht sich das IFRS-Periodenergebnis in der Folgeperiode nach dem Übergangszeitpunkt im Vergleich zum Periodenergebnis nach HGB. Die Steigerung beträgt beim Großteil der Unternehmen bis zu 25%. Demgegenüber verringert sich das Periodenergebnis bei 34 Erstanwendern, wobei die Mehrheit eine Senkung von bis zu -25% ausweist. Wiederum sind sowohl extreme Ergebnissteigerungen als auch -verringerungen zu beobachten. Insgesamt zeigt sich, dass aus der Veränderung des Eigenkapitals nicht unmittelbar entgegen gerichtete Folgewirkungen auf das Periodenergebnis resultieren.
- Die vier betrachteten bilanzpolitischen Instrumente werden innerhalb der Unternehmen und zwischen den Branchen unterschiedlich eingesetzt. Während der Großteil latente Steuern auf Verlustvorträge aktiviert (73%), setzt nur ein

geringer Teil Entwicklungsausgaben an (28%) oder bewertet Sachanlagen bzw. Finanzimmobilien zum beizulegenden Zeitwert (18%). Dabei kommt dem rückwirkenden Ansatz eines Geschäfts- oder Firmenwerts die geringste Bedeutung zu (3%). Insgesamt dominiert die Inanspruchnahme von Maßnahmen, die den Verschuldungsgrad bzw. die zukünftigen Periodenergebnisse erhöhen. Obwohl die Wirkung der Inanspruchnahme eines Instruments auf das Eigenkapital nicht immer veröffentlicht wird, zeigt sich, dass mit dem rückwirkenden Ansatz des Geschäfts- oder Firmenwerts die höchste und mit der Aktivierung von Entwicklungsausgaben die geringste Wirkung auf das Eigenkapital verbunden ist.

- Bei der Regressionsanalyse anhand der multinominalen Probit-Analyse kann ein signifikanter Zusammenhang zwischen der Inanspruchnahme ergebniserhöhender Instrumente und dem Bestehen eines aktienbasierten Vergütungsplans aufgezeigt werden, der mehreren Robustheitstests standhält. Unternehmen, deren Management über ein aktienbasiertes Vergütungsprogramm verfügt, nehmen bei der Umstellung vermehrt ergebniserhöhende Instrumente in Anspruch. Das bilanzpolitische Verhalten lässt sich unter den getroffenen Annahmen dadurch begründen, dass mit einem höheren zukünftigen Periodenergebnis auch die Wahrscheinlichkeit eines höheren Anteilskurses bei Ausübung der Aktienoptionen steigt.

- Ferner zeigt sich ein signifikanter Zusammenhang zwischen der Unternehmensgröße und der Inanspruchnahme ergebnisverringernder Maßnahmen bei der Umstellung. Der Einsatz ergebnismindernder Instrumente verringert die Wahrscheinlichkeit, dass politische Kosten durch einen hohen Gewinnausweis für die Unternehmen entstehen. Allerdings können die Ergebnisse hierzu nur bedingt interpretiert werden. So kann die Unternehmensgröße auch für andere Größen, wie bspw. Leverage, Wettbewerbsvorteile oder Unternehmensrisiko, stehen. Zudem verliert die Unternehmensgröße ihre Signifikanz unter Durchführung von Robustheitstests.

- Keine Bestätigung lässt sich für den vermuteten Anreiz finden, dass Erstanwender die Umstellung zur Senkung ihres Verschuldungsgrads nutzen. Auch zeigt sich kein Zusammenhang zwischen dem wahrscheinlichen Bestehen eines ergebnisorientierten Vergütungsplans und der Inanspruchnahme von bilanzpolitischen Instrumenten, die zukünftige Periodenergebnisse erhöhen. Schließlich können keine Hinweise gefunden werden, dass ein unterschiedliches Bilanzierungsverhalten zwischen managerkontrollierten und eigentümerkontrollierten Erstanwendern sowie zwischen den Branchen besteht.

Zusammenfassend zeigt sich somit, dass die Befreiungswahlrechte von IFRS 1 im Umstellungszeitpunkt in unterschiedlicher Weise in Anspruch genommen werden. Zudem weist das voneinander abweichende Bilanzierungsverhalten bei der Aktivierung bzw. Nichtaktivierung von Entwicklungsausgaben und von latenten Steuern auf Verlustvorträge darauf hin, dass Wahlrechte und Ermessensspielräume der IFRS ebenfalls unterschiedlich ausgeübt werden. Allerdings ergibt sich lediglich bei Erstanwendern, deren Management über einen aktienbasierten Vergütungsplan verfügt, ein signifikanter und robuster Hinweis, dass bilanzpolitische Instrumente im Umstellungszeitpunkt ergebniserhöhend eingesetzt werden. Insbesondere findet sich keine Bestätigung zu der im Schrifttum geäußerten Vermutung, dass die Umstellung zur Verringerung des Verschuldungsgrads genutzt wird. Die Ergebnisse sind vor dem Hintergrund der erforderlichen Prämissen des Untersuchungsmodells und der nur bedingt verfügbaren Daten für die untersuchten Unternehmen zu interpretieren. Daher kann nicht ausgeschlossen werden, dass die betrachteten Anreize durchaus für einzelne Gesellschaften im Mittelpunkt bilanzpolitischer Zielsetzung stehen.

Aus dem zu beobachtenden Bilanzierungsverhalten folgt, dass IFRS-Abschlüsse deutscher Unternehmen auf lange Sicht lediglich eingeschränkt miteinander vergleichbar sind. Dabei ist derzeit weder eine Vergleichbarkeit zwischen Unternehmen gegeben, die zu unterschiedlichen Zeitpunkten auf die Rechnungslegung nach IFRS umgestellt haben, noch zwischen Erstanwendern, deren Übergangszeitpunkt identisch ist. Darüber hinaus ist vor dem Hintergrund verschiedener institutioneller Rahmenbedingungen davon auszugehen, dass sich das Bilanzierungsverhalten europäischer Unternehmen bei der Umstellung unterscheidet[1]. Insofern mangelt es auch an einer internationalen Vergleichbarkeit. Finanzanalysten, Fremdkapitalgeber und andere Abschlussadressaten sind daher angehalten, hohe Anforderungen an die Abschlussanalyse zu stellen. Ohne eine Bereinigung der Ergebnisse um Einmaleffekte aus der Umstellung und um ausgeübte Wahlrechte und Ermessensspielräume in den Perioden nach dem Übergang auf IFRS besteht andernfalls die Gefahr, dass eine anhaltende Steigerung von Ergebnisgrößen oder Abschlusskennzahlen als alleinige Verbesserung der operativen Geschäfstätigkeit gedeutet wird.

Während die Umstellung auf IFRS von kapitalmarktorientierten Konzernunternehmen mit Ende des Geschäftsjahres 2007 abgeschlossen ist, bleibt fraglich, wie die große Anzahl nicht-kapitalmarktorientierter Unternehmen in Deutschland ihre Rechnungslegung zukünftig ausrichten wird. Bisher schreckten insbesondere die hohen Anforderungen, die mit einer Einhaltung der vollen IFRS verbunden sind, kleine und mittelgroße Unternehmen (small and medium-sized entities (SME)) von einer Umstellung ab[2]. Derzeitige Überlegungen des IASB sehen vor, dass für diesen Unternehmenskreis ein eigenständiges Regelwerk erschaffen werden soll. Dieses soll zwar auf den aktuell bestehenden IFRS aufbauen, jedoch die vorhandene Komplexität der Standards reduzieren[3]. In einem

---

1 Vgl. Nobes (2006), S. 242.

2 Vgl. Lüdenbach/Hoffmann (2007), S. 545.

3 Vgl. Haller/Beiersdorf/Eierle (2007), S. 540ff.

ersten Entwurf sehen die modifizierten IFRS bestimmte Anwendungserleichterung vor, aus denen Wahlrechte und Ermessensspielräume speziell für SME resultieren[1]. So sieht der Entwurf bspw. die sofortige Behandlung von Entwicklungskosten als Aufwand und die alternative planmäßige Abschreibung des Geschäfts- oder Firmenwerts vor[2]. Sollte der Entwurf in seiner jetzigen Form verabschiedet werden, bleibt mit Spannung abzuwarten, ob die modifizierten IFRS eine Alternative für nicht-kapitalmarktorientierte deutsche Unternehmen darstellen und wie die neuen Gestaltungsspielräume bei der Rechnungslegungsumstellung in Anspruch genommen werden.

1 Der Entwurf wurde am 15.02.2007 veröffentlicht; vgl. ED-IFRS for Small and Medium sized Entities (2007).

2 Vgl. Kirsch (2007), S. 45ff.

Anhang

Anlage 1: Wesentliche Wahlrechte und Ermessensspielräume bei einer rückwirkenden IFRS-Anwendung 207

Anlage 2: Untersuchungssample 208

Anlage 3: Brancheneinteilung 209

Anlage 4: Anwendung der Abgrenzungskriterien auf die in Anspruch genommenen Wahlrechte von IFRS 1 210

Anlage 5: Aufgeführte Sachverhalte mit Anpassungseffekten in den Eigenkapitalüberleitungsrechnungen von HGB auf IFRS zum IFRS-Übergangszeitpunkt 211

Anlage 6: Anwendung der Abgrenzungskriterien auf die Überleitungspositionen 213

Anlage 7: Herleitung der abhängigen Variablen 214

Anlage 8: Wirkung der Rechnungslegungsumstellung auf das bisherige Eigenkapital und den Verschuldungsgrad 218

Anlage 9: Wirkung der Rechnungslegungsumstellung auf das bisherige Periodenergebnis 222

Anlage 10: Vergleich von Eigenkapital, Verschuldungsgrad und Periodenergebnis nach HGB und IFRS zwischen den Branchen 226

Anlage 11: Veränderung des Eigenkapitals, Verschuldungsgrads und Periodenergebnisses in der Gesamtheit und in den Branchen 227

Anlage 12: Inanspruchnahme bzw. Nichtinanspruchnahme der bilanzpolitischen Instrumente zwischen den Branchen 229

Anlage 13: Verteilung der Bilanzierungskombinationen in den Branchen 229

Anlage 14: Verteilungsparameter der unabhängigen Variablen in den Bilanzierungskombinationen 230

Anlage 15: Verteilungsparameter der unabhängigen Variablen in den Branchen 234

Anlage 16: p-Werte des zweiseitigen Wilcoxon-Rang-summentests und des angepassten χ^2-Median-Tests für den Vergleich der einzelnen Bilanzierungskombinationen auf Gleichheit der Mittelwerte und Mediane 237

Anlage 17: Korrelationsmatrix nach Bravais-Pearson und Spearman für die unabhängigen Variablen 239

Anlage 18: Regressionsergebnisse der multinominalen Probit-Analyse nach Bereinigung um Extremwerte 240

Anlage 19: Regressionsergebnisse der multinominalen Probit-Analyse unter der Annahme ungleicher Wirkungshöhen 241

Anlage 1: Wesentliche Wahlrechte und Ermessensspielräume bei einer rückwirkenden IFRS-Anwendung

Wahlrechte
- Aktivierung von Fremdkapitalzinsen (IAS 23.10-11) - Folgebewertung von immateriellen Vermögenswerten (IAS 38.74-75), Sachanlagen (IAS 16.30-31) und als Finanzinvestition gehaltene Immobilien (IAS 40.30) zum beizulegenden Zeitwert - Folgebewertung von Beteiligungen an Tochterunternehmen, Joint Ventures und assoziierten Unternehmen im Einzelabschluss zum beizulegenden Zeitwert (IAS 27.37) - Anzuwendendes Verbrauchsfolgeverfahren bei Vorräten (IAS 2.25) - Bewertung von bestimmten Finanzinstrumenten zum beizulegenden Zeitwert (IAS 39.9) - Behandlung versicherungsmathematischer Gewinne und Verluste bei Pensionsrückstellungen (IAS 19.92-93A) - Einstufung der Absicherung des Währungsrisikos einer festen Verpflichtung (firm commitments, IAS 39.87)
Ermessensspielräume
- Ansatzvoraussetzungen für selbsterstellte immaterielle Vermögenswerte (IAS 38.57) - Anzuwendende Abschreibungsmethode und Nutzungsdauer bei immateriellen Vermögenswerten (IAS 38.89-103) und Sachanlagen (IAS 16.50-62) - Wertminderung von Vermögenswerten einschließlich des Geschäfts- oder Firmenwerts unter IAS 36 (IAS 36.18-57 u. IAS 36.74-103). - Abgrenzung zahlungsmittelgenerierender Einheiten (IAS 36.65-73) - Klassifikation von Leasingverträgen (IAS 17.7-57) - Anzuwendendes Verfahren zur Bilanzierung von Fertigungsaufträgen (IAS 11.22) - Klassifikation von Finanzinstrumenten (IAS 39.9) - Voraussetzungen für die Klassifikation als Sicherungsgeschäft (IAS 39.AG105-AG113) - Ermittlung beizulegender Zeitwerte - Ansatzvoraussetzungen für aktive latente Steuern auf Verlustvorträge (IAS 12.34-36) - Ansatzvoraussetzungen von Rückstellungen (IAS 37.14-26) - Determinanten der Rückstellungs- (IAS 37.36-47) und Pensionsrückstellungsbewertung (IAS 19.72-91)
Konzernspezifische Wahlrechte und Ermessensspielräume
- Anzuwendende Methode bei der Konsolidierung von Gemeinschaftsunternehmen (IAS 31.30 u. IAS 31.38) - Abgrenzung des Konsolidierungskreises (IAS 27.12-21) - Klassifizierung von Tochterunternehmen im Rahmen der funktionalen Währungsumrechnung (IAS 21.9-14)

Anlage 2: Untersuchungssample

A. Moksel AG	I-D Media AG
Abacho AG	IFA Hotels&Touristik AG
Actris AG	Indus AG
Adcapital AG	Interseroh AG
Adler Real Estate AG	IPC Archtec AG
Advanced Medien AG	K+S AG
Agor AG	Kässbohrer AG
Alno AG	KAP AG
Andreae-Noris Zahn AG	Klöckner-Werke AG
AWD AG	Köhler&Krenzer AG
BASF AG	Krones AG
BBS Kraftfahrzeugtechnik AG	Kulmbacher Brauerei AG
Beate Uhse AG	KWS Saat AG
Berentzen-Gruppe AG	Lechwerke AG
BHS Tabletop AG	Leica Camera AG
Bien-Zenker AG	M.A.X AG
Bijou Brigitte AG	Mainova AG
Borussia Dortmund GmbH&Co. KGaA	Marbert AG
Brilliant AG	Maschinenfabrik AG
Buch.de AG	Maternus-Kliniken AG
Business Media China AG	MCS AG
Caatoosee AG	Mediclin AG
CCR Logistics Systems AG	Mineralbrunnen AG
Cinemaxx AG	Möbel Walther AG
CPU Softwarehouse AG	M-Tech AG
Curanum AG	Neschen AG
Curtis 1000 Europe AG	P-D Interglas AG
Deutsche Steinzeug AG	Procon Multi Media AG
Deutsche Telekom AG	R. Stahl AG
Deutz AG	Röder AG
Dierig AG	Saltus Technology AG
Douglas AG	Schaltbau AG
Dr. Ing. H.C.F. Porsche AG	SNP AG
Dr. Scheller Cosmetics AG	Schön&Cie AG
Deutsche Immobilien AG	Schwälbchen MolkereiAG
Dürkopp Adler AG	Simona AG
Easy Software AG	Solon AG
Eech Group AG	Sto AG
Ehlebracht AG	Stöhr&Co AG
Elephant Seven AG	Tiscon AG
Elexis AG	Turbon AG
Elringklinger AG	UBAG AG
Essanelle Hair Group AG	Uzin Utz AG
Fielmann AG	Varta AG
Foris AG	VBH AG
Gelsenwasser AG	Wanderer-Werke AG
Genescan Europe AG	Wasgau AG
Grammer AG	Webac AG
Herlitz AG	Weru AG
HIT International Trading AG	WMF AG

Anlage 3: Brancheneinteilung

Branche	**Worldscope Industry Code**	**Worldscope Industry Group**
Herstellende und verarbeitende Industrie	2800-2893 4900-4992 5500-5570	Bau (Construction), Maschinen & Ausrüstung (Machinery & Equipment), Metallverarbeitung (Metal Product Manufactorers)
Groß- und Einzelhandel	1600-1640 2200-2230 4600-4690 6100-6140 7000-7091 7300-7340	Bekleidung (Apparel), Spirituosen (Beverages), Lebensmittel (Food), Papier (Paper), Einzelhandel (Retailer), Textilien (Textiles)
Chemie, Pharma und artverwandte Produkte	2500-2580 3400-3440	Chemie (Chemicals), Medikamente, Kosmetik, Gesundheit (Drugs, Cosmetics & Healthcare)
Elektrotechnik und Elektronik	3700-3750 4000-4090	Elektrotechnik (Electrical), Elektronik (Electronics),
Sonstige	1900-1940 3100-3110 6700-6780 8200-8280 8500-8592	Automobile (Automotive), Diversifiziert (Diversified), Erholung (Recreation), Versorger (Utilities), Diverse (Miscellaneous)

Anlage 4: Anwendung der Abgrenzungskriterien auf die in Anspruch genommenen Wahlrechte von IFRS 1

	Wahlrechte von IFRS 1	Erkenn-barkeit	Verfüg-barkeit	Herleit-barkeit
1.	Anwendung der Erleichterungsvorschriften von IFRS 1 bei vergangenen Unternehmenszusammenschlüssen	+	+	+/-*
2.	Sofortige Vereinnahmung bisher im Eigenkapital erfasster Fremdwährungsdifferenzen in den Gewinnrücklagen	+	+	-
3.	Sofortige Erfassung versicherungsmathematischer Gewinne und Verluste bei Leistungen an Arbeitnehmer	+	+	-
4.	Ansatz des beizulegenden Zeitwerts von Sachanlagen als Ersatz für die rückwirkende Ermittlung der AHK	+	+	+
5.	Verzicht auf die rückwirkende Anwendung von IFRS 2 bei aktienbasierten Vergütungsplänen	+	-	-
6.	Verzicht auf die rückwirkende Anwendung von IFRIC 4 bei Leasingverhältnissen	+	+	-
7.	Verzicht auf die rückwirkende Anwendung von IFRIC 1 bei Entsorgungsverpflichtungen	+	-	-
8.	Ansatz des beizulegenden Zeitwerts von Finanzimmobilien als Ersatz für die rückwirkende Ermittlung der AHK	+	+	+
9.	Ansatz des beizulegenden Zeitwerts von immateriellen Vermögenswerten als Ersatz für die rückwirkende Ermittlung der AHK	+	+	+
10.	Verzicht auf die rückwirkende Aufteilung hybrider Finanzinstrumente	+	-	-
* + (GoF), - (sonstige Vermögenswerte, Schulden und Eventualschulden)				

Anlage 5: Aufgeführte Sachverhalte mit Anpassungseffekten in den Eigenkapitalüberleitungsrechnungen von HGB auf IFRS zum IFRS-Übergangszeitpunkt

Sachverhalt	n	BA	+ Δ EK	- Δ EK	AM	Stabw	Min	25%-Quartil	Median	75%-Quartil	Max
Änderung des Konsolidierungskreises	**26**	**22**	**10**	**12**	**0,3067**	**1,6305**	**-0,4705**	**-0,1402**	**-0,0041**	**0,0268**	**7,5685**
Änderung von Konsolidierungsmethoden	**5**	**4**	**1**	**3**	**0,0621**	**0,1523**	**-0,0283**	**-0,0200**	**-0,0066**	**0,1442**	**0,2900**
Bewertungsanpassungen von at-Equity-Gesellschaften	**5**	**5**	**5**	**-**	**0,3081**	**0,6625**	**0,0034**	**0,0069**	**0,0125**	**0,0246**	**1,4931**
Rücknahme der Aktivierung von Aufwendungen für die Ingangsetzung und Erweiterung des Geschäftsbetriebs	**5**	**5**	**-**	**5**	**-0,0953**	**0,0817**	**-0,2069**	**-0,1567**	**-0,0561**	**-0,0322**	**-0,0247**
Anpassungen des Geschäfts- oder Firmenwerts	**15**	**14**	**4**	**10**	**0,0603**	**0,4760**	**-0,5440**	**-0,1038**	**-0,0347**	**0,0019**	**1,5174**
- davon aufgrund außerplanmäßiger Wertminderungen	9	9	-	9	-0,1324	0,1688	-0,5440	-0,1354	-0,0555	-0,0330	-0,0249
- davon aufgrund rückwirkender Anwendung von IFRS 3	3	2	2	-	1,0349	0,6824	0,5523	0,5523	1,0349	1,5174	1,5174
Anpassungen von immateriellen Vermögenswerten	**42**	**35**	**25**	**10**	**0,0365**	**0,0999**	**-0,1365**	**-0,0003**	**0,0058**	**0,0330**	**0,4064**
- davon aufgrund Aktivierung von Entwicklungskosten	21	20	20	-	0,0610	0,0782	0,0005	0,0069	0,0250	0,1137	0,2362
- davon aufgrund geänderter Nutzungsdauern und Abschreibungsmethoden	15	7	6	1	0,0578	0,1459	-0,0061	0,0013	0,0045	0,0074	0,3885
- davon aufgrund Ausbuchung	3	1	-	1	-0,0302	-	-	-	-	-	-
- davon aufgrund Bewertung zum beizulegenden Zeitwert gem. IFRS 1	1	0	-	-	-	-	-	-	-	-	-
Anpassungen von Sachanlagen	**61**	**50**	**45**	**5**	**-0,2046**	**3,9093**	**-26,9643**	**0,0203**	**0,1297**	**0,4272**	**3,5422**
- davon aufgrund geänderter Nutzungsdauern und Abschreibungsmethoden	43	21	20	1	-1,0912	5,9343	-26,9643	0,0323	0,0601	0,1805	1,0504
- davon aufgrund Bewertung zum beizulegenden Zeitwert gem. IFRS 1	15	13	13	-	0,3000	0,3404	0,0072	0,0483	0,1290	0,4462	1,1896
- davon aufgrund außerplanmäßiger Wertminderungen	5	4	-	4	-0,3179	0,4063	-0,8937	-0,6035	-0,1803	-0,0322	-0,0172
- davon aufgrund Aktivierung von Entsorgungsverpflichtungen	2	0	-	-	-	-	-	-	-	-	-
- davon aufgrund Aktivierung von Fremdkapitalzinsen	1	1	1	-	2,0304	-	-	-	-	-	-
- davon aufgrund Bewertung zum beizulegenden Zeitwert in Folge der Anwendung des Neubewertungsmodells	1	1	1	-	0,1442	-	-	-	-	-	-
- davon aufgrund Anwendung des Komponentenansatzes	1	1	-	1	-0,0207	-	-	-	-	-	-
Anpassung von Finanzimmobilien	**5**	**5**	**3**	**2**	**0,4350**	**0,8927**	**-0,0436**	**-0,0142**	**0,0527**	**0,1541**	**2,0261**
- davon aufgrund Bewertung zum beizulegenden Zeitwert gemäß IFRS 1	1	1	1	-	0,1541	-	-	-	-	-	-
- davon aufgrund Bewertung zum beizulegenden Zeitwert in Folge der Anwendung des Modells des beizulegenden Zeitwerts	1	1	1	-	2,0261	-	-	-	-	-	-
Ansatz von Leasingverhältnissen	**48**	**30**	**11**	**19**	**-0,0485**	**0,2376**	**-0,9657**	**-0,0267**	**-0,0026**	**0,0044**	**0,4627**
Bewertung von biologischen VW zum beizulegenden Zeitwert	**1**	**0**	**-**	**-**	**-**	**-**	**-**	**-**	**-**	**-**	**-**

Bewertung von Finanzinstrumenten zum beizulegenden Zeitwert	**41**	**32**	**21**	**11**	**0,0431**	**0,1569**	**-0,0941**	**-0,0044**	**0,0060**	**0,0155**	**0,7561**
Anpassungen von Vorräten	**36**	**35**	**26**	**9**	**0,3359**	**1,9124**	**-0,1937**	**-0,0004**	**0,0068**	**0,0255**	**11,3214**
- davon aufgrund Anpassungen der Herstellungskostenermittlung	14	10	6	4	1,1454	3,5759	-0,0851	-0,0038	0,0163	0,0495	11,3214
- davon aufgrund Wechsel des Bewertungsvereinfachungsverfahrens	5	2	2	-	0,0180	0,0046	0,0134	0,0134	0,0018	0,0225	0,0225
Anpassungen aufgrund der Anwendung der PoC-Methode bei Fertigungsaufträgen	**17**	**12**	**11**	**1**	**0,0489**	**0,1334**	**-0,0207**	**0,0055**	**0,0112**	**0,0198**	**0,4703**
Anpassungen von Forderungen und sonstigen Vermögenswerten	**34**	**32**	**25**	**7**	**0,0388**	**0,2610**	**-0,5371**	**0,0008**	**0,0059**	**0,0149**	**1,3571**
- davon aufgrund Rücknahme von Pauschalwertberichtigungen	21	16	16	-	0,0927	0,3372	0,0011	0,0040	0,0077	0,0100	1,3571
Anpassungen aufgrund von Währungseffekten	**27**	**12**	**6**	**6**	**-0,0115**	**0,0857**	**-0,2434**	**-0,0099**	**0,0000**	**-0,0034**	**0,1431**
- davon bei Fremdwährungsforderungen und -verbindlichkeiten	25	11	6	5	-0,0124	0,0899	-0,2434	-0,0169	0,0001	0,0052	0,1431
Rücknahme aktivierter eigener Anteile	**22**	**22**	**-**	**22**	**-0,0770**	**0,1664**	**-0,7509**	**-0,0582**	**-0,0125**	**-0,0010**	**-0,0001**
Anpassungen aufgrund der Abgrenzung bisher unmittelbar ergebniswirksam verrechneter Sachverhalte	**23**	**16**	**3**	**13**	**-0,2701**	**0,7472**	**-3,0357**	**-0,1813**	**-0,0501**	**-0,0093**	**0,0381**
- davon aufgrund von sale-and-leaseback-Transaktionen	7	3	-	3	-0,2546	0,1315	-0,4013	-0,4013	-0,2152	-0,1473	-0,1473
- davon aufgrund von öffentlichen Zuwendungen	4	3	-	3	-1,0426	1,7262	-3,0357	-3,0357	-0,0688	-0,0234	-0,0234
- davon aufgrund von Disagien	3	3	2	1	0,0190	0,0191	-0,0001	-0,0001	0,0189	0,0381	0,0381
Umgliederungen von Eigen- in Fremdkapital oder Fremd- in Eigenkapital	**8**	**8**	**3**	**5**	**-0,1215**	**0,2092**	**-0,4365**	**-0,2961**	**-0,0835**	**0,0295**	**0,1648**
Anpassungen von Minderheiten	**7**	**7**	**4**	**3**	**-0,0077**	**0,0216**	**-0,0562**	**-0,0038**	**0,0004**	**0,0033**	**0,0045**
Rücknahme passivierter Sonderposten mit Rücklageanteil	**5**	**5**	**5**	**-**	**0,3298**	**0,7145**	**0,0006**	**0,0027**	**0,0113**	**0,0268**	**1,6079**
Rücknahme außerhalb des Eigenkapitals ausgewiesener negativer Unterschiedsbeträge aus der Kapitalkonsolidierung	**2**	**2**	**2**	**-**	**0,0515**	**0,0022**	**0,0500**	**0,0500**	**0,0515**	**0,0531**	**0,0531**
Anpassungen aufgrund ausgegebener Aktienoptionen	**1**	**1**	**1**	**-**	**0,0009**	**-**	**-**	**-**	**-**	**-**	**-**
Anpassungen von Pensionsrückstellungen	**70**	**67**	**3**	**64**	**-0,1343**	**0,2499**	**-1,1958**	**-0,1254**	**-0,0449**	**-0,0125**	**0,1056**
Anpassungen von Rückstellungen	**62**	**57**	**50**	**7**	**0,0312**	**0,3895**	**-2,5357**	**0,0031**	**0,0101**	**0,0730**	**1,1204**
- davon aufgrund Rücknahme von Aufwands- und Instandhaltungs-rückstellungen	43	19	19	-	0,0522	0,1325	0,0001	0,0017	0,0068	0,0421	0,5783
- davon aufgrund Nichterfüllung des Wahrscheinlichkeitskriteriums	18	4	4	-	0,0783	0,0935	0,0204	0,0246	0,0376	0,1320	0,2177
- davon aufgrund Abzinsung langfristiger Rückstellungen	18	7	7	-	0,1736	0,3238	0,0082	0,0165	0,0601	0,1247	0,9027
- davon aufgrund Bewertungsanpassungen	5	1	1	-	0,0019	-	-	-	-	-	-
- davon aufgrund Rücknahme von Restrukturierungsrückstellungen	4	2	2	-	0,0404	0,0257	0,0223	0,0223	0,0404	0,0586	0,0586
Anpassungen von Finanzschulden und Verbindlichkeiten	**21**	**18**	**5**	**13**	**-0,0479**	**0,0932**	**-0,3405**	**-0,0921**	**-0,0101**	**0,0000**	**0,0621**
Anpassungen von latenten Steuern	**88**	**79**	**48**	**27**	**3,9707**	**33,4963**	**-0,2810**	**-0,0254**	**0,0262**	**0,1267**	**290,1786**
- davon bei aktiven latenten Steuern	85	40	38	2	0,3347	0,9224	-0,0059	0,0110	0,0721	0,1975	5,4566
- davon bei passiven latenten Steuern	85	34	2	32	-0,1618	0,3131	-1,7522	-0,1697	-0,0853	-0,0160	0,0079
- davon bei aktiven latenten Steuern auf Verlustvorträgen	72	24	24	-	11,8404	57,2398	0,0012	0,0043	0,0849	0,2338-	280,5702

Anlage 6: Anwendung der Abgrenzungskriterien auf die Überleitungspositionen

Sachverhalt	Erkenn-barkeit	Verfüg-barkeit	Herleit-barkeit
Änderung des Konsolidierungskreises	-	-	-
Änderung von Konsolidierungsmethoden	-	-	-
Bewertungsanpassungen von at-Equity-Gesellschaften	-	-	-
Anpassungen des Geschäfts- oder Firmenwerts			
- davon aufgrund außerplanmäßiger Wertminderungen	+	+	+
Anpassungen von immateriellen Vermögenswerten			
- davon aufgrund Aktivierung von Entwicklungskosten	+	+	+
- davon aufgrund geänderter Nutzungsdauern und Abschreibungsmethoden	-	-	-
- davon aufgrund Ausbuchung	-	-	+
Anpassungen von Sachanlagen			
- davon aufgrund geänderter Nutzungsdauern und Abschreibungsmethoden	-	-	-
- davon aufgrund außerplanmäßiger Wertminderungen	+	+	+
- davon aufgrund Aktivierung von Entsorgungsverpflichtungen	-	-	-
- davon aufgrund Aktivierung von Fremdkapitalzinsen	+	-	+
- davon aufgrund Bewertung zum beizulegenden Zeitwert in Folge der Anwendung des Neubewertungsmodells	+	+	+
- davon aufgrund Anwendung des Komponentenansatzes	-	-	-
Anpassung von Finanzimmobilien			
- davon aufgrund Bewertung zum beizulegenden Zeitwert in Folge der Anwendung des Modells des beizulegenden Zeitwerts	+	+	+
Ansatz von Leasingverhältnissen	+	+	-
Bewertung von biologischen Vermögenswerten zum beizulegenden Zeitwert	-	-	-
Bewertung von Finanzinstrumenten zum beizulegenden Zeitwert	-	-	-
Anpassungen von Vorräten			
- davon aufgrund Anpassungen der Herstellungskostenermittlung	-	-	+
- davon aufgrund Wechsel des Bewertungsvereinfachungsverfahrens	+	-	+
Anpassungen aufgrund der Anwendung der PoC-Methode bei Fertigungsaufträgen	+	-	+
Anpassungen von Forderungen und sonstigen Vermögenswerten			
- davon aufgrund Rücknahme von Pauschalwertberichtigungen	-	-	+
Anpassungen aufgrund von Währungseffekten			
- davon bei Fremdwährungsforderungen und -verbindlichkeiten	-	-	-
Anpassungen aufgrund der Abgrenzung bisher unmittelbar ergebniswirksam verrechneter Sachverhalte			
- davon aufgrund von sale-and-leaseback-Transaktionen	-	-	+
- davon aufgrund von öffentlichen Zuwendungen	-	-	+
- davon aufgrund von Disagien	-	+	+
Umgliederungen von Eigen- in Fremdkapital oder Fremd- in Eigenkapital	-	-	+
Anpassungen von Minderheiten	-	-	-
Anpassungen aufgrund ausgegebener Aktienoptionen	-	-	-
Anpassungen von Pensionsrückstellungen	-	+	-
Anpassungen von Rückstellungen			
- davon aufgrund Nichterfüllung des Wahrscheinlichkeitskriteriums	+	-	+
- davon aufgrund Abzinsung langfristiger Rückstellungen	+	-	+
- davon aufgrund Bewertungsanpassungen	+	-	-
- davon aufgrund Rücknahme von Restrukturierungsrückstellungen	+	-	+
Anpassungen von Finanzschulden und Verbindlichkeiten	-	-	-
Anpassungen von latenten Steuern			
- davon bei aktiven latenten Steuern	+	-	+
- davon bei passiven latenten Steuern	-	-	-
- davon bei aktiven latenten Steuern auf Verlustvorträgen	+	+	+

Anlage 7: Herleitung der abhängigen Variablen

Unternehmen	Verfügbare bilanzpolitische Instrumente	GoF	E	SAV_FI	ALST	SCORE	STRATE-GIE
UBAG AG	3	1		1	1	1,00	1
Adler Real Restate AG	3	1		1	1	1,00	1
HIT International Trading AG	3	1		1	1	1,00	1
Business Media China AG	2			1	1	1,00	1
Procon Multi Media AG	4	1	1	1	1	1,00	1
Weru AG	4	1	1	1	1	1,00	1
KWS Saat AG	4	1	1	1	1	1,00	1
Mainova AG	4	1	1	1	1	1,00	1
Foris AG	2			1	1	1,00	1
AWD AG	3	1		1	1	1,00	1
Lechwerke AG	2			1	1	1,00	1
Fielmann AG	3	1		1	1	1,00	1
Marbert AG	4	1	1	1	1	1,00	1
Advanced Medien AG	3		1	1	1	1,00	1
Genescan Europe AG	3		1	1	1	1,00	1
CPU Softwarehouse AG	4	1	1	1	1	1,00	1
Tiscon AG	4	1	1	1	1	1,00	1
Caatoosee AG	3		1	1	1	1,00	1
Köhler&Krenzer AG	4	1	1	1	1	1,00	1
Gelsenwasser AG	3	1	1	1		1,00	1
Mineralbrunnen AG	3	1		1	1	1,00	1
Deutsche Immobilien AG	4	1	1	0	1	0,75	2
Schön&Cie AG	4	1	1	1	0	0,75	2
Webac AG	4	1	1	0	1	0,75	2
Saltus AG	4	1	1	1	0	0,75	2
Schaltbau AG	4	1	1	0	1	0,75	2

Unternehmen	Verfügbare bilanzpolitische Instrumente	GoF	E	SAV_FI	ALST	SCORE	STRATE-GIE
SNP AG	4	1	1	1	0	0,75	2
Elephant Seven AG	4	1	1	1	0	0,75	2
Dr. Scheller Cosmetics AG	4	1	1	1	0	0,75	2
Elexis AG	4	1	1	1	0	0,75	2
M-Tech AG	4	1	1	1	0	0,75	2
BHS Tabletop AG	4	1	1	1	0	0,75	2
M.A.X AG	4	1	1	1	0	0,75	2
Wasgau AG	4	1	1	1	0	0,75	2
Varta AG	4	1	1	1	0	0,75	2
Beate Uhse AG	4	1	1	1	0	0,75	2
Mediclin AG	4	1	1	1	0	0,75	2
KAP AG	4	1	1	1	0	0,75	2
K+S AG	4	1	1	1	0	0,75	2
Cinemaxx AG	4	1	1	0	1	0,75	2
P-D Interglas AG	4	1	1	1	0	0,75	2
Agor AG	4	1	1	1	0	0,75	2
MCS AG	4	1	1	1	0	0,75	2
Eech Group AG	4	1	1	1	0	0,75	2
Brilliant AG	4	1	1	1	0	0,75	2
Röder AG	4	1	1	1	0	0,75	2
Deutsche Steinzeug AG	4	1	1	1	0	0,75	2
Turbon AG	4	1	1	1	0	0,75	2
Curtis 1000 Europe AG	4	1	1	1	0	0,75	2
Herlitz AG	4	1	1	1	0	0,75	2
Stöhr&Co AG	4	1	1	1	0	0,75	2
Interseroh AG	4	1	1	1	0	0,75	2
Maschinenfabrik AG	4	1	1	1	0	0,75	2
Berentzen-Gruppe AG	4	1	1	0	1	0,75	2

Unternehmen	Verfügbare bilanzpolitische Instrumente	GoF	E	SAV_FI	ALST	SCORE	STRATE-GIE
Sto AG	4	1	1	1	0	0,75	2
Klöckner-Werke AG	4	1	1	1	0	0,75	2
Essanelle Hair Group AG	3	1		1	0	0,67	3
Möbel Walther AG	3	1		1	0	0,67	3
Buch.de AG	3		0	1	1	0,67	3
I-D Media AG	3		1	1	0	0,67	3
Simona AG	3		1	1	0	0,67	3
Abacho AG	3	1		1	0	0,67	3
Dierig AG	3	1		1	0	0,67	3
Andreae-Noris Zahn AG	3	1		1	0	0,67	3
Douglas AG	3	1		1	0	0,67	3
Kässbohrer AG	3	1	0	1		0,67	3
VBH AG	3	1		1	0	0,67	3
Maternus-Kliniken AG	3	1		1	0	0,67	3
A. Moksel AG	3	1		1	0	0,67	3
Leica Camera AG	4	1	0	1	0	0,50	4
IPC Archtec AG	2			1	0	0,50	4
CCR Logistics Systems AG	4	1	0	1	0	0,50	4
Elringklinger AG	4	1	0	1	0	0,50	4
Indus AG	4	1	0	1	0	0,50	4
Grammer AG	4	1	0	1	0	0,50	4
WMF AG	4	1	0	1	0	0,50	4
Dr. Ing. H.C.F. Porsche AG	4	1	0	1	0	0,50	4
BASF AG	4	1	0	1	0	0,50	4
Easy Software AG	4	1	0	1	0	0,50	4
Solon AG	4	1	0	1	0	0,50	4
Adcapital AG	4	1	0	1	0	0,50	4
Deutz AG	4	1	0	1	0	0,50	4

Unternehmen	Verfügbare bilanzpolitische Instrumente	GoF	E	SAV_FI	ALST	SCORE	STRATE-GIE
Krones AG	4	1	0	1	0	0,50	4
Ehlebracht AG	4	0	1	1	0	0,50	4
Uzin Utz AG	4	1	1	0	0	0,50	4
Wanderer-Werke AG	4	1	1	0	0	0,50	4
Bien-Zenker AG	4	1	1	0	0	0,50	4
Schwälbchen Molkerei AG	2			1	0	0,50	4
Borussia Dortmund GmbH&Co. KGaA	3	1		0	0	0,33	5
IFA Hotels&Touristik AG	3	1		0	0	0,33	5
Bijou Brigitte AG	3		0	1	0	0,33	5
Curanum AG	3	0		1	0	0,33	5
Actris AG	3	1		0	0	0,33	5
Kulmbacher Brauerei AG	3	1		0	0	0,33	5
Alno AG	4	1	0	0	0	0,25	6
R. Stahl AG	4	1	0	0	0	0,25	6
Neschen AG	4	0	1	0	0	0,25	6
Dürkopp Adler AG	4	1	0	0	0	0,25	6
Deutsche Telekom AG	4	1	0	0	0	0,25	6
BBS Kraftfahrzeugtechnik AG	3		0	0	0	0,00	7

Anlage 8: Wirkung der Rechnungslegungsumstellung auf das bisherige Eigenkapital und den Verschuldungsgrad

	Wirkung auf bisheriges EK nach HGB im IFRS-Übergangszeitpunkt					Wirkung auf bisherigen VG nach HGB im IFRS-Übergangszeitpunkt		
Unternehmen	EK_{HGB}	EK_{IFRS}	Δ EK	Δ EK/ EK_{HGB}	Δ EK / BS_{HGB}	VG_{HGB}	VG_{IFRS}	Δ VG
A. Moksel AG	62.519	75.713	13.194	0,211040	0,032004	5,59	4,64	-0,95
Abacho AG	3.053	3.257	204	0,066820	0,030312			
Actris AG	28.198	95.548	67.350	2,388467	0,845235			
Adcapital AG	157.777	159.017	1.240	0,007859	0,004727			
Adler Real Estate AG	3.368	3.788	420	0,124703	0,008154			
Advanced Medien AG	-3.605	-3.605	0	0,000000	0,000000			
Agor AG	-3.457	21.347	24.804	7,175007	0,078917	-91,92	12,30	104,22
Alno AG	19.082	27.953	8.871	0,464888	0,034748			
Andreae-Noris Zahn AG	257.727	285.288	27.560	0,106935	0,043279			
AWD AG	91.800	98.700	6.900	0,075163	0,020017			
BASF AG	15.878.400	16.460.300	581.900	0,036647	0,017318			
BBS Kraftfahrzeugtechnik AG	30.922	36.629	5.707	0,184561	0,042015			
Beate Uhse AG	67.784	57.847	-9.937	-0,146598	-0,054825			
Berentzen-Gruppe AG	86.502	94.206	7.704	0,089062	0,042065			
BHS Tabletop AG	26.173	31.375	5.202	0,198754	0,073742			
Bien-Zenker AG	40.708	43.825	3.117	0,076570	0,032375			
Bijou Brigitte AG	72.325	75.097	2.772	0,038327	0,028159			
Borussia Dortmund GmbH&Co. KGaA	80.759	59.745	-21.014	-0,260206	-0,090493			
Brilliant AG	10.585	11.862	1.277	0,120642	0,036811			
Buch.de AG	17.823	18.010	187	0,010492	0,008073			
Business Media China AG	26.571	26.584	13	0,000489	0,000333	0,47	0,47	0,00
Caatoosee AG	9.732	10.484	752	0,077271	0,058499	0,32	0,31	-0,02

	Wirkung auf bisheriges EK nach HGB im IFRS-Übergangszeitpunkt					Wirkung auf bisherigen VG nach HGB im IFRS-Übergangszeitpunkt		
Unternehmen	EK_{HGB}	EK_{IFRS}	Δ EK	Δ EK/ EK_{HGB}	Δ EK / BS_{HGB}	VG_{HGB}	VG_{IFRS}	Δ VG
CCR Logistics Systems AG	5.648	5.992	344	0,060907	0,030062			
Cinemaxx AG	-23.986	-38.862	-14.876	-0,620195	-0,149488			
CPU Softwarehouse AG	2.075	2.059	-16	-0,007711	-0,001937			
Curanum AG	23.275	30.757	7.482	0,321461	0,073606			
Curtis 1000 Europe AG	36.248	35.514	-734	-0,020249	-0,008452			
Deutsche Steinzeug AG	22.532	13.960	-8.572	-0,380437	-0,041192			
Deutsche Telekom AG	33.811.000	43.738.000	9.927.000	0,293603	0,085519	2,43	2,11	-0,32
Deutz AG	169.751	173.800	4.100	0,024153	0,003981			
Dierig AG	20.472	16.899	-3.572	-0,174482	-0,042779			
Douglas AG	564.500	511.300	-53.200	-0,094243	-0,043257			
Dr. Ing. H.C.F. Porsche AG	1.754.530	2.304.273	-549.743	-0,313328	0,087053			
Dr. Scheller Cosmetics AG	12.289	13.860	1.571	0,127838	0,033630	2,80	2,72	-0,08
Deutsche Immobilien AG	2.901	3.210	309	0,106515	0,016142			
Dürkopp Adler AG	20.934	23.508	2.574	0,122958	0,020454			
Easy Software AG	-1.777	-689	1.088	0,612268	0,114683			
Eech Group AG	9.424	5.878	-3.546	-0,376273	-0,041296	8,11	7,54	-0,57
Ehlebracht AG	-11.633	6.852	18.485	1,589014	0,454210			
Elephant Seven AG	4.695	4.881	186	0,039617	0,021605			
Elexis AG	14.913	22.709	7.796	0,522765	0,090092	4,80	3,86	-0,94
Elringklinger AG	113.186	141.811	28.625	0,252902	0,083418			
Essanelle Hair Group AG	10.798	16.545	5.748	0,532321	0,103628	4,14	2,72	-1,42
Fielmann AG	326.214	322.120	-4.094	-0,012550	-0,007618			
Foris AG	7.911	7.911	0	0,000000	0,000000			
Gelsenwasser AG	335.400	534.900	199.500	0,594812	0,259360			
Genescan Europe AG	-565	2.390	2.955	5,230088	0,218678	-24,92	5,80	30,72
Grammer AG	130.229	138.920	8.691	0,066736	0,024356			

	Wirkung auf bisheriges EK nach HGB im IFRS-Übergangszeitpunkt					Wirkung auf bisherigen VG nach HGB im IFRS-Übergangszeitpunkt		
Unternehmen	**EK_{HGB}**	**EK_{IFRS}**	**Δ EK**	**Δ EK/ EK_{HGB}**	**Δ EK / BS_{HGB}**	**VG_{HGB}**	**VG_{IFRS}**	**Δ VG**
Herlitz AG	42.576	42.852	276	0,006483	0,001780	2,64	2,63	-0,02
HIT International Trading AG	4.673	4.399	-274	-0,058635	-0,012191			
I-D Media AG	10.078	12.215	2.137	0,212046	0,171605			
IFA Hotels&Touristik AG	84.737	95.425	10.689	0,126143	0,040270	2,13	2,03	-0,10
Indus AG	124.545	187.964	63.419	0,509206	0,087379			
Interseroh AG	78.700	85.690	6.990	0,088818	0,027532	2,23	2,13	-0,10
IPC Archtec AG	24.690	21.433	-3.257	-0,131916	-0,115866			
K+S AG	555.403	835.334	279.931	0,504014	0,159555			
Kässbohrer AG	41.772	43.741	1.969	0,047137	0,019274	1,45	1,54	0,09
KAP AG	255.031	252.760	-2.271	-0,008905	-0,004160			
Klöckner-Werke AG	641.500	663.300	21.800	0,033983	0,022497			
Köhler&Krenzer AG	17.934	18.380	446	0,024869	0,008862			
Krones AG	435.133	477.800	42.700	0,098131	0,049018			
Kulmbacher Brauerei AG	40.010	53.885	13.875	0,346788	0,093027			
KWS Saat AG	226.103	274.239	48.136	0,212894	0,111674			
Lechwerke AG	209.861	486.925	277.064	1,320226	0,265654			
Leica Camera AG	21.866	24.043	2.177	0,099561	0,022938	3,34	3,47	0,13
M.A.X AG	42.734	30.687	-12.047	-0,281907	-0,124710			
Mainova AG	356.679	783.496	426.817	1,196642	0,358777			
Marbert AG	-7.906	-6.482	1.420	0,179610	0,011416			
Maschinenfabrik AG	79.307	82.479	3.172	0,039996	0,028617			
Maternus-Kliniken AG	4.073	7.761	3.688	0,905475	0,023102			
MCS AG	6.413	8.568	2.155	0,336036	0,175018			
Mediclin AG	98.799	94.259	-4.540	-0,045952	-0,011978			
Mineralbrunnen AG	105.735	101.966	-3.769	-0,035646	-0,015468			
Möbel Walther AG	43.413	102.385	58.972	1,358395	0,145851	8,31	3,74	-4,57

	Wirkung auf bisheriges EK nach HGB im IFRS-Übergangszeitpunkt					Wirkung auf bisherigen VG nach HGB im IFRS-Übergangszeitpunkt		
Unternehmen	**EK_{HGB}**	**EK_{IFRS}**	**Δ EK**	**Δ EK/ EK_{HGB}**	**Δ EK / BS_{HGB}**	**VG_{HGB}**	**VG_{IFRS}**	**Δ VG**
M-Tech AG	21.230	20.823	-407	-0,019171	-0,005438			
Neschen AG	14.574	13.100	-1.474	-0,101139	-0,013054	6,75	7,63	0,88
P-D Interglas AG	-4.856	-3.973	883	0,181837	0,016738			
Procon Multi Media AG	3.567	9.844	6.277	1,759742	0,089490	18,66	7,41	-11,26
R. Stahl AG	36.085	28.853	-7.232	-0,200416	-0,053798			
Röder AG	13.075	19.315	6.240	0,477247	0,195110			
Saltus Technology AG	15.419	19.513	4.094	0,265517	0,100088			
Schaltbau AG	-30.522	-32.052	-1.530	-0,050128	-0,010210			
SNP AG	3.349	4.243	894	0,266945	0,167667			
Schön&Cie AG	4.095	4.978	884	0,215873	0,039227	4,50	5,24	0,75
Schwälbchen MolkereiAG	17.505	17.696	191	0,010911	0,003907			
Simona AG	96.708	119.165	22.457	0,232215	0,154059	0,51	0,59	0,09
Solon AG	28	7.587	7.559	269,964286	0,308417			
Sto AG	134.272	147.661	13.389	0,099716	0,032652			
Stöhr&Co AG	62.318	62.298	-20	-0,000321	-0,000202			
Tiscon AG	9.362	9.337	-25	-0,002670	-0,002086	0,28	0,27	-0,01
Turbon AG	30.794	27.821	-2.973	-0,096545	-0,041062			
UBAG AG	529	912	383	0,724008	0,168648			
Uzin Utz AG	32.258	37.642	5.384	0,166904	0,093181			
Varta AG	53.180	157.642	104.462	1,964310	0,299490			
VBH AG	-38.981	-50.772	-11.792	-0,302506	-0,037918			
Wanderer-Werke AG	39.574	55.743	16.169	0,408576	0,034011			
Wasgau AG	47.553	50.419	2.866	0,060270	0,016436	2,67	2,80	0,13
Webac AG	6.921	7.956	1.035	0,149545	0,087652			
Weru AG	42.129	40.850	-1.279	-0,030359	-0,012005	1,53	1,80	0,27
WMF AG	227.391	239.804	12.413	0,054589	0,033375			

Anlage 9: Wirkung der Rechnungslegungsumstellung auf das bisherige Periodenergebnis

	Wirkung auf bisheriges PE nach HGB im IFRS-Vergleichszeitpunkt						
Unternehmen	PE_{HGB}	PE_{IFRS}	Δ PE	Δ PE/ PE_{HGB}	PE_{HGB} / BS_{HGB}	PE_{IFRS} / BS_{HGB}	Δ PE / BS_{HGB}
A. Moksel AG	3.163	4.153	990	0,312994	0,007672	0,009418	0,002245
Abacho AG	-394	-403	-9	-0,022843	-0,058544	-0,065084	-0,001453
Actris AG	4.341	14.039	9.698	2,234047	0,054479	0,095793	0,066173
Adcapital AG	10.768	11.199	431	0,040026	0,041045	0,045508	0,001751
Adler Real Estate AG	-1.601	-1.589	12	0,007495	-0,031083	-0,046381	0,000350
Advanced Medien AG	4.205	4.982	777	0,184780	0,384369	0,278854	0,043490
Agor AG	7.441	5.972	-1.469	-0,197420	0,023675	0,022734	-0,005592
Alno AG	2.572	4.078	1.506	0,585537	0,010075	0,017349	0,006407
Andreae-Noris Zahn AG	22.968	21.955	-1.013	-0,044105	0,036066	0,033731	-0,001556
AWD AG	50.100	50.500	400	0,007984	0,145344	0,118656	0,000940
BASF AG	1.883.000	2.004.300	121.300	0,064418	0,056039	0,059097	0,003577
BBS Kraftfahrzeugtechnik AG	1.012	2.210	1.198	1,183794	0,007450	0,014753	0,007998
Beate Uhse AG	10.147	7.079	-3.068	-0,302355	0,055983	0,037667	-0,016325
Berentzen-Gruppe AG	-13.830	-15.624	-1.794	-0,129718	-0,075514	-0,096823	-0,011118
BHS Tabletop AG	3.073	1.558	-1.515	-0,493004	0,043562	0,022309	-0,021694
Bien-Zenker AG	-3.555	-2.569	986	0,277356	-0,036925	-0,024252	0,009308
Bijou Brigitte AG	47.360	47.703	343	0,007242	0,481105	0,345661	0,002485
Borussia Dortmund GmbH&Co. KGaA	-79.594	-54.521	25.073	0,315011	-0,342757	-0,364845	0,167784
Brilliant AG	-4.325	-4.116	209	0,048324	-0,124672	-0,117298	0,005956
Buch.de AG	202	233	31	0,153465	0,008720	0,010139	0,001349
Business Media China AG	-4	31	35	8,750000	-0,000102	0,001561	0,001763
Caatoosee AG	2.629	1.981	-648	-0,246482	0,204512	0,113713	-0,037196
CCR Logistics Systems AG	381	682	301	0,790026	0,033295	0,055236	0,024378
Cinemaxx AG	13.172	15.656	2.484	0,188582	0,132365	0,210456	0,033391
CPU Softwarehouse AG	-54	-329	-275	-5,092593	-0,006538	-0,075080	-0,062757

	Wirkung auf bisheriges PE nach HGB im IFRS-Vergleichszeitpunkt						
Unternehmen	PE_{HGB}	PE_{IFRS}	Δ PE	Δ PE/ PE_{HGB}	PE_{HGB} / BS_{HGB}	PE_{IFRS} / BS_{HGB}	Δ PE / BS_{HGB}
Curanum AG	5.194	4.894	-300	-0,057759	0,051097	0,053168	-0,003259
Curtis 1000 Europe AG	-6.026	-5.801	225	0,037338	-0,069387	-0,086124	0,003340
Deutsche Steinzeug AG	-8.301	-9.763	-1.462	-0,176123	-0,039889	-0,055271	-0,008277
Deutsche Telekom AG	4634000	1.593.000	-3.041.000	-0,656237	0,039921	0,014775	-0,028205
Deutz AG	-18.600	-18.500	100	0,005376	-0,018289	-0,019267	0,000104
Dierig AG	452	1.252	800	1,769912	0,005412	0,014481	0,009253
Douglas AG	66.500	56.900	-9.600	-0,144361	0,054071	0,040885	-0,006898
Dr. Ing. H.C.F. Porsche AG	616.116	694.116	78.000	0,126600	0,097564	0,085501	0,009608
Dr. Scheller Cosmetics AG	26	469	443	17,038462	0,000557	0,010232	0,009664
Deutsche Immobilien AG	694	845	151	0,217579	0,036253	0,027950	0,004995
Dürkopp Adler AG	-5.249	-4.175	1.074	0,204610	-0,041711	-0,038382	0,009874
Easy Software AG	2.044	2.051	7	0,003425	0,215453	0,268035	0,000915
Eech Group AG	-3.767	-3.080	687	0,182373	-0,043870	-0,066986	0,014941
Ehlebracht AG	2.865	3.108	243	0,084817	0,070398	0,084811	0,006631
Elephant Seven AG	-829	-587	242	0,291918	-0,096295	-0,085469	0,035236
Elexis AG	6.127	7.167	1.040	0,169740	0,070805	0,079217	0,011495
Elringklinger AG	38.270	36.009	-2.261	-0,059080	0,111525	0,101893	-0,006398
Essanelle Hair Group AG	1.514	2.013	499	0,329590	0,027300	0,043385	0,010755
Fielmann AG	43.642	46.388	2.746	0,062921	0,081207	0,103855	0,006148
Foris AG	451	451	0	0,000000	0,035865	0,034942	0,000000
Gelsenwasser AG	-1.500	154.000	155.500	103,666667	-0,001950	0,197082	0,199002
Genescan Europe AG	-999	-1.120	-121	-0,121121	-0,073929	-0,078984	-0,008533
Grammer AG	20.501	21.246	745	0,036340	0,057452	0,056912	0,001996
Herlitz AG	3.561	3.942	381	0,106992	0,022962	0,027252	0,002634
HIT International Trading AG	-667	-511	156	0,233883	-0,029676	-0,060588	0,018497
I-D Media AG	807	1.474	667	0,826518	0,064804	0,107474	0,048633
IFA Hotels&Touristik AG	1.796	2.078	282	0,157016	0,006767	0,007667	0,001040
Indus AG	19.504	27.682	8.178	0,419299	0,026873	0,039137	0,011562

	Wirkung auf bisheriges PE nach HGB im IFRS-Vergleichszeitpunkt						
Unternehmen	**PE_{HGB}**	**PE_{IFRS}**	**Δ PE**	**Δ PE/ PE_{HGB}**	**PE_{HGB} / BS_{HGB}**	**PE_{IFRS} / BS_{HGB}**	**Δ PE / BS_{HGB}**
Interseroh AG	28.540	29.388	848	0,029713	0,112413	0,100170	0,002890
IPC Archtec AG	-11.440	-9.347	2.093	0,182955	-0,406973	-0,441604	0,098885
K+S AG	140.541	86.801	-53.740	-0,382380	0,080105	0,045858	-0,028392
Kässbohrer AG	10.594	12.437	1.843	0,173966	0,103704	0,107680	0,015957
KAP AG	19.193	20.327	1.134	0,059084	0,035159	0,038624	0,002155
Klöckner-Werke AG	48.559	33.696	-14.863	-0,306081	0,050111	0,032267	-0,014232
Köhler&Krenzer AG	2.287	3.126	839	0,366856	0,045440	0,063145	0,016948
Krones AG	61.219	61.679	460	0,007514	0,070332	0,062054	0,000463
Kulmbacher Brauerei AG	4.329	4.696	367	0,084777	0,029024	0,033129	0,002589
KWS Saat AG	27.125	28.189	1.064	0,039226	0,062929	0,060114	0,002269
Lechwerke AG	53.153	65.775	12.622	0,237465	0,050964	0,060963	0,011699
Leica Camera AG	-19.768	-17.803	1.965	0,099403	-0,208284	-0,220165	0,024301
M.A.X AG	2.251	3.574	1.323	0,587739	0,023302	0,030561	0,011313
Mainova AG	47.244	59.113	11.869	0,251228	0,039713	0,045951	0,009226
Marbert AG	17.494	20.599	3.105	0,177489	0,140249	0,260952	0,039335
Maschinenfabrik AG	13.553	12.255	-1.298	-0,095772	0,122273	0,097653	-0,010343
Maternus-Kliniken AG	-7.006	-13.757	-6.751	-0,963603	-0,043887	-0,088938	-0,043645
MCS AG	1.368	-322	-1.690	-1,235380	0,111102	-0,026090	-0,136931
Mediclin AG	-13.581	-15.841	-2.260	-0,166409	-0,035832	-0,043829	-0,006253
Mineralbrunnen AG	-711	-1.115	-404	-0,568214	-0,002918	-0,005212	-0,001888
Möbel Walther AG	34.400	30.644	-3.756	-0,109186	0,085079	0,081313	-0,009966
M-Tech AG	-10.379	-10.343	36	0,003469	-0,138673	-0,152094	0,000529
Neschen AG	-15.444	-15.169	275	0,017806	-0,136779	-0,152422	0,002763
P-D Interglas AG	-1.457	-932	525	0,360329	-0,027618	-0,020060	0,011300
Procon Multi Media AG	-5.984	-4.395	1.589	0,265541	-0,085313	-0,073397	0,026536
R. Stahl AG	4.481	3.626	-855	-0,190806	0,033334	0,025054	-0,005908
Röder AG	3.688	2.817	-871	-0,236171	0,115315	0,092796	-0,028692
Saltus Technology AG	2.276	2.891	615	0,270211	0,055642	0,069787	0,014846

	Wirkung auf bisheriges PE nach HGB im IFRS-Vergleichszeitpunkt						
Unternehmen	**PE_{HGB}**	**PE_{IFRS}**	**Δ PE**	**Δ PE/ PE_{HGB}**	**PE_{HGB} / BS_{HGB}**	**PE_{IFRS} / BS_{HGB}**	**Δ PE / BS_{HGB}**
Schaltbau AG	1.491	1.955	464	0,311201	0,009950	0,015860	0,003764
SNP AG	416	188	-228	-0,548077	0,078020	0,032131	-0,038968
Schön&Cie AG	-4.940	-6.409	-1.469	-0,297368	-0,219458	-0,316901	-0,072636
Schwälbchen MolkereiAG	681	941	260	0,381791	0,013929	0,018702	0,005167
Simona AG	9.344	10.203	859	0,091931	0,064101	0,066366	0,005587
Solon AG	3.383	2.412	-971	-0,287023	0,138031	0,046519	-0,018727
Sto AG	10.018	16.059	6.041	0,603015	0,024431	0,041682	0,015680
Stöhr&Co AG	-330	-128	202	0,612121	-0,003329	-0,001306	0,002061
Tiscon AG	-1.341	-1.345	-4	-0,002983	-0,111871	-0,131335	-0,000391
Turbon AG	2.280	2.249	-31	-0,013596	0,031491	0,031197	-0,000430
UBAG AG	-224	-240	-16	-0,071429	-0,098635	-0,116788	-0,007786
Uzin Utz AG	3.928	4.729	801	0,203921	0,067982	0,067190	0,011381
Varta AG	18.168	14.412	-3.756	-0,206737	0,052087	0,039579	-0,010315
VBH AG	44.951	51.331	6.380	0,141932	0,144557	0,196325	0,024402
Wanderer-Werke AG	5.287	2.897	-2.390	-0,452052	0,011121	0,006400	-0,005280
Wasgau AG	2.662	2.409	-253	-0,095041	0,015266	0,014598	-0,001533
Webac AG	90	266	176	1,955556	0,007622	0,022721	0,015034
Weru AG	-12.361	-11.674	687	0,055578	-0,116022	-0,139429	0,008205
WMF AG	4.250	3.198	-1.052	-0,247529	0,011427	0,008245	-0,002712

Anlage 10: Vergleich von Eigenkapital, Verschuldungsgrad und Periodenergebnis nach HGB und IFRS zwischen den Branchen

	EK_{HGB}		EK_{IFRS}		VG_{HGB}		VG_{IFRS}		PE_{HGB}		PE_{IFRS}	
Branche	**AM**	**Median**	**AM**	**Median**	**AM**	**Median**	**AM**	**Median**	**AM**	**Median**	**AM**	**Median**
Herstellende und verarbeitende Industrie	85.310	32.258	91.420	28.853	1,80	1,53	4,87	5.24	7.095	2.276	7.433	2.891
Groß- und Einzelhandel	82.671	40.010	89.047	50.419	2,34	1,67	3,49	2,80	10.056	3.073	10.224	3.126
Elektrotechnik und Elektronik	19.090	9.362	26.556	9.337	51,73	0,83	1,48	0,31	911	416	774	-322
Chemie, Pharma und artverw. Produkte	2.115.834	97.754	2.230.841	106.712	6,56	2,48	1,66	1,66	255.061	7.269	262.378	7.549
Sonstige	1.612.655	39.574	2.110.671	43.741	-2,56	2,13	4,10	2,79	234.814	4.205	115.074	4.982

Anlage 11: Veränderung des Eigenkapitals, Verschuldungsgrads und Periodenergebnisses in der Gesamtheit und in den Branchen

Δ EK/EK_{HGB}	AM	StAbw	Min	25%-Quartil	Median	75%-Quartil	Max
Gesamt	**3,0283**	**26,9809**	**-0,6202**	**-0,0015**	**0,0889**	**0,2803**	**269,9642**
Herstellende und verarbeitende Industrie	0,0663**	0,3775	-0,3804	-0,0965	0,0400	0,1230	1,5890
Groß- und Einzelhandel	0,2918	0,6024	-0,1745	-0,0089	0,0383	0,3468	2,3885
Elektrotechnik und Elektronik	16,1301	65,4133	-0,1319	-0,0079	0,1264	0,3360	269,9642
Chemie, Pharma und artverwandte Produkte	0,2736**	0,3079	-0,0460	0,0718	0,1800	0,4127	0,9055
Sonstige	0,7345*	1,8021	-0,6202	0,0471	0,1247	0,5948	7,1750
Δ EK/BS_{HGB}	**AM**	**StAbw**	**Min**	**25%-Quartil**	**Median**	**75%-Quartil**	**Max**
Gesamt	**0,0588***	**0,1249**	**-0,1495**	**-0,0001**	**0,0284**	**0,0875**	**0,8452**
Herstellende und verarbeitende Industrie	0,0290	0,1030	-0,1247	-0,0131	0,0225	0,0392	0,4542
Groß- und Einzelhandel	0,0618*	0,1674	-0,0548	-0,0042	0,0114	0,0895	0,8452
Elektrotechnik und Elektronik	0,0806***	0,1128	-0,1159	0,0047	0,0368	0,1677	0,3084
Chemie, Pharma und artverwandte Produkte	0,0616**	0,0635	-0,0120	0,0202	0,0385	0,1138	0,1596
Sonstige	0,0706***	0,1157	-0,1495	0,0161	0,0340	0,0871	0,3588
Δ VG	**AM**	**StAbw**	**Min**	**25%-Quartil**	**Median**	**75%-Quartil**	**Max**
Gesamt	**5,0839**	**22,7278**	**-11,2553**	**-0,5671**	**-0,0150**	**0,1350**	**104,2191**
Herstellende und verarbeitende Industrie	0,2459	0,5980	-0,5671	-0,1002	0,2739	0,7453	0,8778
Groß- und Einzelhandel	-2,5827	4,1596	-11,2553	-4,5706	-0,9509	-0,0039	0,1350
Elektrotechnik und Elektronik	-0,3233	0,5381	-0,9447	-0,9447	-0,0158	-0,0095	-0,0095
Chemie, Pharma und artverwandte Produkte	0,0047	0,1173	-0,0783	-0,0783	0,0047	0,0877	0,0877
Sonstige	22,4565	41,9039	-0,3224	-0,0986	0,1106	30,7197	104,2191

Δ PE/PE_{HGB}	**AM**	**StAbw**	**Min**	**25%-Quartil**	**Median**	**75%-Quartil**	**Max**
Gesamt	**1,3448**	**10,5332**	**-5,0926**	**-0,1025**	**0,0573**	**0,2584**	**103,6667**
Herstellende und verarbeitende Industrie	0,1706	0,4450	-0,3061	-0,0136	0,0848	0,2702	1,9556
Groß- und Einzelhandel	0,5281	1,7463	-0,5682	-0,1092	0,0848	0,3669	8,7500
Elektrotechnik und Elektronik	-0,3362	1,2988	-5,0926	-0,2465	0,0034	0,1697	0,8265
Chemie, Pharma und artverwandte Produkte	1,9476	6,1072	-0,9636	-0,0274	-0,0509	0,0782	17,0385
Sonstige	4,6125	21,5961	-0,6562	-0,0591	0,1266	0,2375	103,6667
Δ PE/BS_{HGB}	**AM**	**StAbw**	**Min**	**25%-Quartil**	**Median**	**75%-Quartil**	**Max**
Gesamt	**0,0052**	**0,0364**	**-0,1369**	**-0,0054**	**0,0024**	**0,0113**	**0,1990**
Herstellende und verarbeitende Industrie	0,0027	0,0184	-0,0726	-0,0004	0,0066	0,0116	0,0244
Groß- und Einzelhandel	0,0041	0,0182	-0,0287	-0,0019	0,0023	0,0064	0,0662
Elektrotechnik und Elektronik	-0,0054	0,0495	-0,1369	-0,0187	0,0005	0,0113	0,0989
Chemie, Pharma und artverwandte Produkte	-0,0080	0,0185	-0,0436	-0,0173	-0,0024	0,0046	0,0097
Sonstige	0,0215*	0,0535	-0,0282	-0,0053	0,0050	0,0243	0,1990

*** Signifikanzniveau von 1% , ** Signifikanzniveau von 5%, * Signifikanzniveau von 10%

Anlage 12: Inanspruchnahme bzw. Nichtinanspruchnahme der bilanzpolitischen Instrumente zwischen den Branchen

	GoF		E		SAV_FI		ALST		Gesamt	
	VG/PE		VG/PE		VG/PE		VG/PE		VG/PE	
Branche	**Erhö-hend**	**Vermin-dernd**	**Erhö-hend**	**Vermin-dernd**	**Erhö-hend**	**Vermin-dernd**	**Erhö-hend**	**Vermin-dernd**	**Erhö-hend**	**Vermin-dernd**
Herstellende und verarbeitende Industrie	23	2	17	6	18	7	4	21	62	36
Groß- und Einzelhandel	23	0	13	3	23	4	9	18	68	25
Elektrotechnik und Elektronik	14	0	12	3	17	0	3	14	46	17
Chemie, Pharma und artverw. Produkte	6	1	4	1	8	0	0	8	18	10
Sonstige	18	0	8	8	16	7	10	11	52	26

Anlage 13: Verteilung der Bilanzierungskombinationen in den Branchen

	Bilanzierungskombination						
Branche	**1**	**2**	**3**	**4**	**5**	**6**	**7**
Herstellende und verarbeitende Industrie	2	12	1	7	0	3	0
Groß- und Einzelhandel	7	9	6	1	3	1	0
Elektrotechnik und Elektronik	3	8	2	4	0	0	0
Chemie, Pharma und artverwandte Produkte	0	3	3	1	1	0	0
Sonstige	9	3	1	6	2	1	1
Gesamt	**21**	**35**	**13**	**19**	**6**	**5**	**1**

Anlage 14: Verteilungsparameter der unabhängigen Variablen in den Bilanzierungskombinationen

Variable	BK	n	AM	StAbw	Min	25%-Quartil	Median	75%-Quartil	Max	p-Wert (KW)	p-Wert (BM)
AIP	1	21	0,4073	1,1140	0,0020	0,0257	0,1405	0,2686	5,2158		
	2	35	0,3055	0,2101	0,0405	0,1483	0,2514	0,4297	0,9784		
	3	13	0,2544	0,1990	0,0053	0,0696	0,2749	0,3355	0,6941		
	4	19	0,2124	0,1305	0,0064	0,1217	0,2029	0,2864	0,5837	0,1741	0,4857
	5	6	0,3866	0,3479	0,0524	0,1563	0,3060	0,4795	1,0194		
	6	5	0,2910	0,0750	0,1671	0,2778	0,3230	0,3292	0,3579		
	7	1	0,3975	-	-	-	0,3975	-	-		
	Gesamt	**100**	**0,3076**	**0,5336**	**0,0020**	**0,1248**	**0,2259**	**0,3595**	**5,2158**		
FKQ	1	21	0,6539	0,2488	0,2178	0,4575	0,6587	0,8091	1,0741		
	2	35	0,6803	0,2250	0,2915	0,5197	0,6758	0,7967	1,1932		
	3	13	0,6298	0,2632	0,1986	0,5542	0,5841	0,7837	1,0005		
	4	19	0,6720	0,2486	0,2486	0,5073	0,6399	0,8355	1,2616	0,7408	0,1084
	5	6	0,6428	0,1929	0,2518	0,6803	0,7202	0,7406	0,7438		
	6	5	0,8121	0,1031	0,6784	0,7310	0,8447	0,8904	0,9163		
	7	1	0,7836	-	-	-	0,7836	-	-		
	Gesamt	**100**	**0,6720**	**0,2310**	**0,1986**	**0,5348**	**0,6771**	**0,8096**	**1,2616**		

Variable	BK	n	AM	StAbw	Min	25%-Quartil	Median	75%-Quartil	Max	p-Wert (KW)	p-Wert (BM)
SIZE	1	21	10,5881	2,5283	5,0334	9,1065	11,1055	12,9019	13,9497		
	2	35	11,6737	1,4185	8,7174	10,8260	11,7606	12,6160	14,7035		
	3	13	12,0760	2,0712	8,0032	11,2503	11,9793	13,3508	15,0037		
	4	19	12,5436	1,9845	9,5757	11,0431	12,2739	13,5990	17,3965	0,1763	0,2510
	5	6	11,9174	0,3590	11,3612	11,5954	12,0503	12,1649	12,2825		
	6	5	13,4269	2,5360	11,8443	11,8538	12,3912	13,1890	17,8559		
	7	1	12,1508	-	-	-	12,1508	-	-		
	Gesamt	**100**	**11,7704**	**2,0132**	**5,0334**	**10,9288**	**11,8507**	**12,9815**	**17,8559**		
SALES in Mio. €	1	21	224,9386	319,5435	0,3885	10,1995	66,5840	401,1000	1.143,5835		
	2	35	275,2490	440,9090	6,1110	50,4105	128,2180	310,8265	2.434,6635		
	3	13	715,7761	1.071,6646	3,0010	76,9905	159,4985	628,5090	3.282,1755		
	4	19	2.554,9227	8.202,3241	15,4860	70,642	214,2450	805,5645	35.968,7500	0,1833	0,2510
	5	6	157,9774	50,1638	86,6715	108,6040	171,2715	194,1525	215,8935		
	6	5	1.1584,9212	2.5309,5227	139,4270	140,6250	240,9570	544,5990	56.859,0000		
	7	1	189,2455	-	-	-	189,2455	-	-		
	Gesamt	**100**	**1.312,6776**	**6.688,6491**	**0,3885**	**56,2828**	**140,4262**	**434,5670**	**56.859,0000**		
TA in Mio €	1	21	243,1284	366,9756	2,1630	14,4030	49,9175	385,1500	1.238,0385		
	2	35	205,7321	342,2222	5,5915	41,1650	88,5035	192,3705	1.823,6260		
	3	13	280,9493	364,3030	6,4610	50,9285	149,7540	390,5985	1.310,7855		
	4	19	2.413,0886	7.760,8435	8,5695	38,6715	254,2175	716,5550	33.758,6000	0,4990	0,1644
	5	6	155,4482	64,3132	96,8485	113,1190	131,8365	190,8265	268,2220		
	6	5	22.511,1553	49.996,4669	106,2160	117,3090	139,5780	245,1740	111.947,5000		
	7	1	142,8140	-	-	-	142,8140	-	-		
	Gesamt	**100**	**1.754,3862**	**11.647,8431**	**2,1630**	**39,9183**	**107,8000**	**352,3720**	**111.948,0000**		

Variable	BK	n	AM	StAbw	Min	25%-Quartil	Median	75%-Quartil	Max	p-Wert (KW)	p-Wert (BM)
MV in Mio. €	1	21	349,5049	577,3628	2,0797	7,5208	14,7810	363,0000	1.842,8800		
	2	35	100,0996	237,3956	1,5744	9,2400	26,7696	56,0065	1.293,0517		
	3	13	148,3577	290,1336	6,1489	17,4375	51,8700	105,9912	1.077,8905		
	4	19	1.962,7519	6.261,7211	5,7342	17,0450	59,9081	382,0500	26.754,9295	0,2199	0,0277**
	5	6	150,0791	201,9369	48,5100	56,2815	67,7587	99,4432	560,7225		
	6	5	13.107,4140	29.233,8314	25,6288	26,9780	27,8636	54,1225	65.402,4771		
	7	1	29,4900	-	-	-	29,4900	-	-		
	Gesamt	**100**	**1.165,3106**	**7.059,4801**	**1,5743**	**11,3826**	**32,1260**	**139,4742**	**65.402,4771**		
STREU	1	21	0,3066	0,2723	0,0045	0,1120	0,2274	0,3647	1		
	2	35	0,3509	0,2563	0	0,1280	0,3351	0,6019	0,8480		
	3	13	0,3915	0,2992	0,0730	0,1406	0,2987	0,5800	1		
	4	19	0,5036	0,2805	0	0,2982	0,4642	0,7000	1	0,3072	0,3818
	5	6	0,3327	0,3315	0,0122	0,1089	0,2382	0,5000	0,8987		
	6	5	0,2810	0,2410	0,0502	0,0765	0,2410	0,4120	0,6251		
	7	1	0,2161	-	-	-	0,2161	-	-		
	Gesamt	**100**	**0,3700**	**0,2753**	**0**	**0,1343**	**0,3139**	**0,5800**	**1**		
RET	1	21	0,2416	0,9045	-0,7629	-0,1864	0,1238	0,2706	3,0447		
	2	35	0,3155	0,7836	-0,4882	-0,0641	0,0647	0,4790	3,9939		
	3	13	0,3399	0,6806	-0,2439	0,0322	0,1088	0,3662	2,3246		
	4	19	0,5282	1,4481	-0,5227	-0,0867	0,1236	0,4902	6,2141	0,9638	0,8119
	5	6	0,2823	0,5849	-0,1435	-0,0400	0,0979	0,2458	1,4356		
	6	5	0,3023	0,4721	-0,3334	0,1445	0,1934	0,6064	0,9006		
	7	1	0,0445	-	-	-	0,0445	-	-		
	Gesamt	**100**	**0,3382**	**0,9220**	**-0,7630**	**-0,0538**	**0,1237**	**0,3893**	**6,141**		

Variable	BK	n	AM	StAbw	Min	25%-Quartil	Median	75%-Quartil	Max	p-Wert (KW)	p-Wert (BM)
ΔGKR	1	21	0,1536	0,3441	-0,3209	-0,0197	0,0138	0,1528	1,1928		
	2	35	0,0247	0,1374	-0,3550	-0,0214	0,0288	0,0743	0,3415		
	3	13	0,0283	0,1536	-0,3551	-0,0078	0,0182	0,1058	0,3446		
	4	19	0,0412	0,1338	-0,2114	-0,0270	0,0190	0,0419	0,3601	0,8287	0,5839
	5	6	-0,0355	0,0997	-0,2206	-0,0717	0,0001	0,0350	0,0438		
	6	5	0,0104	0,0700	-0,1133	0,0254	0,0399	0,0435	0,0563		
	7	1	-0,0287	-	-	-	-0,0287	-	-		
	Gesamt	**100**	**0,0505**	**0,2010**	**-0,3551**	**-0,0226**	**0,0201**	**0,0658**	**1,1928**		

*** Signifikanzniveau von 1% , ** Signifikanzniveau von 5%, * Signifikanzniveau von 10%

Anlage 15: Verteilungsparameter der unabhängigen Variablen in den Branchen

Variable	Branche	n	AM	StAbw	Min	25%-Quartil	Median	75%-Quartil	Max	p-Wert (KW)	p-Wert (BM)
AIP	Herstellende und verarbeitende Industrie	25	0,2817	0,2210	0,0045	0,1544	0,2029	0,3292	0,9784		
	Groß- und Einzelhandel	27	0,3059	0,1822	0,0020	0,1576	0,3350	0,4519	0,6941		
	Elektrotechnik und Elektronik	17	0,4593	1,2312	0,0257	0,0696	0,1290	0,2514	5,2158	0,049**	0,2009
	Chemie, Pharma und artverwandte Produkte	8	0,3297	0,1610	0,1160	0,2367	0,2806	0,4357	0,6159		
	Sonstige	23	0,2179	0,2260	0,0026	0,0550	0,1563	0,3215	1,0194		
FKQ	Herstellende und verarbeitende Industrie	25	0,7120	0,2440	0,2915	0,5817	0,6587	0,8821	1,2616		
	Groß- und Einzelhandel	27	0,6173	0,1984	0,2230	0,5190	0,6194	0,7562	0,9756		
	Elektrotechnik und Elektronik	17	0,5717	0,2804	0,1986	0,3497	0,5585	0,7835	1,0762	0,0750*	0,0770*
	Chemie, Pharma und artverwandte Produkte	8	0,6705	0,1927	0,3368	0,5577	0,7085	0,7504	0,9943		
	Sonstige	23	0,7673	0,1919	0,3615	0,6399	0,7406	0,9102	1,1932		
SIZE	Herstellende und verarbeitende Industrie	25	12,1111	1,3071	8,8209	11,6113	11,8539	13,3508	14,2069		
	Groß- und Einzelhandel	27	12,0568	1,6093	5,9284	11,3387	12,1649	13,0596	14,6711		
	Elektrotechnik und Elektronik	17	10,1896	1,2617	8,0032	9,2750	9,9850	11,3221	12,0636	0,0005***	0,0105**
	Chemie, Pharma und artverwandte Produkte	8	13,3669	2,1353	11,2659	11,8064	12,4763	14,8536	17,3964		
	Sonstige	23	11,6768	2,7578	5,0334	9,5601	12,0087	13,3433	17,8559		

Variable	Branche	n	AM	StAbw	Min	25%-Quartil	Median	75%-Quartil	Max	p-Wert (KW)	p-Wert (BM)
SALES in Mio. €	Herstellende und verarbeitende Industrie	25	357,4099	3.99,1979	6,8225	110,8355	140,6245	628,5090	1.479,7545		
	Groß- und Einzelhandel	27	380,9233	538,4288	0,3885	84,0090	194,1525	469,5835	2.353,5685		
	Elektrotechnik und Elektronik	17	53,2829	55,4573	3,0010	10,7800	30,0925	82,6310	174,1725	0,0005***	0,0105**
	Chemie, Pharma und artverwandte Produkte	8	5.324,0931	12.443,5662	78,1230	139,1290	275,3870	2.858,4200	35.968,7500		
	Sonstige	23	2.980,3926	11.808,7773	0,4075	21,6510	164,1855	626,9000	56.859,0000		
TA in Mio. €	Herstellende und verarbeitende Industrie	25	257,0118	312,4852	11,7575	65,9235	117,3085	286,2080	1.006,6625		
	Groß- und Einzelhandel	27	217,2279	265,9055	23,0730	65,0110	118,2225	245,1740	1.310,7855		
	Elektrotechnik und Elektronik	17	59,0749	97,4577	5,5915	8,5695	15,1380	49,6075	356,4680	0,0003***	0,0100***
	Chemie, Pharma und artverwandte Produkte	8	4.630,7926	11.783,9178	46,2760	123,3010	263,6900	1.233,7410	33.758,6000		
	Sonstige	23	5.439,0245	23.265,3013	2,1630	24,6880	190,8270	464,0260	111.947,5000		
MV in Mio. €	Herstellende und verarbeitende Industrie	25	116,2537	177,6499	1,5744	11,1840	26,9796	140,1216	756,6524		
	Groß- und Einzelhandel	27	166,1231	284,8560	9,2400	21,1200	37,4904	138,8269	1.077,8905		
	Elektrotechnik und Elektronik	17	30,5381	46,9412	1,9688	6,8270	10,0875	24,4567	180,0708	0,0130**	0,1138
	Chemie, Pharma und artverwandte Produkte	8	3.577,1435	9.375,0630	6,1489	41,4307	90,5865	796,0178	26.754,9295		
	Sonstige	23	3.478,3956	13.600,9533	2,3965	11,5812	48,5100	1.103,6727	65.402,4771		

Variable	Branche	n	AM	StAbw	Min	25%-Quartil	Median	75%-Quartil	Max	p-Wert (KW)	p-Wert (BM)
STREU	Herstellende und verarbeitende Industrie	25	0,4162	0,2635	0	0,2199	0,4017	0,6330	0,8935		
	Groß- und Einzelhandel	27	0,2745	0,1965	0	0,1268	0,2640	0,3401	0,7735		
	Elektrotechnik und Elektronik	17	0,4120	0,2760	0,0254	0,2040	0,4309	0,5800	1	0,3028	0,2434
	Chemie, Pharma und artverwandte Produkte	8	0,4812	0,3781	0,0769	0,1635	0,3496	0,8734	1		
	Sonstige	23	0,3620	0,3150	0	0,0828	0,2982	0,6019	1		
RET	Herstellende und verarbeitende Industrie	25	0,3072	0,6308	-0,5697	-0,0514	0,1167	0,3761	2,3246		
	Groß- und Einzelhandel	27	0,4505	0,9780	-0,6398	0,0105	0,2142	0,4790	3,9939		
	Elektrotechnik und Elektronik	17	0,3898	1,5779	-0,5227	-0,2425	-0,0218	0,1012	6,2141	0,2836	0,0474**
	Chemie, Pharma und artverwandte Produkte	8	0,1562	0,3090	-0,0726	-0,0305	0,0735	0,1778	0,8807		
	Sonstige	23	0,2652	0,6195	-0,7630	-0,0400	0,1678	0,4902	2,4583		
ΔGKR	Herstellende und verarbeitende Industrie	25	0,0387	0,1318	-0,1894	-0,0274	0,0254	0,0563	0,4561		
	Groß- und Einzelhandel	27	-0,0135	0,1487	-0,3551	-0,0475	0,0035	0,0399	0,3813		
	Elektrotechnik und Elektronik	17	0,0798	0,1765	-0,3209	-0,0432	0,1080	0,1826	0,3601	0,3346	0,2828
	Chemie, Pharma und artverwandte Produkte	8	0,0440	0,0462	0,0028	0,0197	0,0287	0,0517	0,1490		
	Sonstige	23	0,1190	0,3202	-0,2206	-0,0122	0,0176	0,0610	1,1928		

*** Signifikanzniveau von 1% , ** Signifikanzniveau von 5%, * Signifikanzniveau von 10%

Anlage 16: p-Werte des zweiseitigen Wilcoxon-Rangsummentests und des angepassten χ^2-Median-Tests für den Vergleich der einzelnen Bilanzierungskombinationen auf Gleichheit der Mittelwerte und Mediane[1]

AIP	BK	1	2	3	4	5	6	7
	1		0,0555*	0,2969	0,3483	0,3124	0,1432	0,3173
	2	0,0244**		0,7479	0,3970	0,9491	0,1567	0,3173
	3	0,2282	0,4578		0,7231	0,8793	0,6091	0,3173
	4	0,2553	0,1473	0,7012		0,9122	0,1399	0,3173
	5	0,1705	0,7260	0,5686	0,2938		0,7518	0,3173
	6	0,0907*	0,7747	0,4902	0,1021	0,9273		0,3173
	7	0,3443	0,4412	0,3211	0,1653	1	0,2416	
FKQ	**BK**	**1**	**2**	**3**	**4**	**5**	**6**	**7**
	1		0,7844	0,7281	0,7546	0,3124	0,1432	0,3173
	2	0,8259		0,7479	0,3970	0,3487	0,1567	0,3173
	3	0,8594	0,6261		0,7231	0,8793	0,6091	0,3173
	4	1	0,8705	0,8179		0,0515*	0,0139**	0,3173
	5	0,8383	0,9853	0,8953	0,6792		0,3991	0,3173
	6	0,1932	0,1202	0,2000	0,0756*	0,1709		0,3173
	7	0,6363	0,5004	0,6198	0,6029	0,2113	1	
SIZE	**BK**	**1**	**2**	**3**	**4**	**5**	**6**	**7**
	1		0,4118	0,2969	0,1180	0,3124	0,0147**	0,3173
	2	0,1704		0,7479	0,1581	0,3487	0,0183**	0,3173
	3	0,1108	0,5011		0,7231	0,8793	0,6091	0,3173
	4	0,0185**	0,1327	0,6730		0,4190	0,6227	0,3173
	5	0,2319	0,6985	1	0,5455		0,3991	0,3173
	6	0,0790*	0,0936*	0,3750	0,6188	0,2353		0,3173
	7	0,5284	0,7002	1	1	0,8026	1	
SALES in Mio. €	**BK**	**1**	**2**	**3**	**4**	**5**	**6**	**7**
	1		0,4118	0,2969	0,1180	0,3124	0,0147**	0,3173
	2	0,2167		0,7479	0,1581	0,3487	0,0183**	0,3173
	3	0,1275	0,5160		0,7231	0,8793	0,6091	0,3173
	4	0,0172**	0,1193	0,6730		0,4190	0,6227	0,3173
	5	0,2319	0,6985	1	0,5041		0,3991	0,3173
	6	0,0790*	0,0936*	0,3750	0,6188	0,2353		0,3173
	7	0,5284	0,7002	1	1	0,8026	1	

[1] Die p-Werte des zweiseitigen Wilcoxon-Rangsummentests für die Nullhypothese der Gleichheit der Mittelwerte befinden sich unterhalb der markierten Diagonalen. Oberhalb sind die p-Werte des angepassten χ^2-Median-Tests auf Gleichheit der Mediane aufgeführt.

TA in Mio. €	BK	1	2	3	4	5	6	7
	1		0,4118	0,2969	0,3483	0,0549*	0,0147**	0,3173
	2	0,4264		0,3349	0,3970	0,0703*	0,1567	0,3173
	3	0,3211	0,4578		0,7231	0,4178	0,6091	0,3173
	4	0,1590	0,2181	0,6452		0,4190	0,6227	0,3173
	5	0,2319	0,2931	1	0,8736		0,7518	0,3173
	6	0,1038	0,1523	0,6221	0,6188	0,7842		0,3173
	7	0,6363	0,7002	1	1	1	1	
MV in Mio. €	**BK**	**1**	**2**	**3**	**4**	**5**	**6**	**7**
	1		0,4118	0,2969	0,1180	0,0549*	0,1432	0,3173
	2	0,9460		0,1081	0,1581	0,0073***	0,1567	0,3173
	3	0,6706	0,1939		0,7231	0,8793	0,6091	0,3173
	4	0,1512	0,0284**	0,4429		0,9122	0,1399	0,3173
	5	0,3074	0,0233**	0,4047	0,8238		0,1400	0,3173
	6	0,2687	0,2199	1	1	0,1709		0,3173
	7	0,8748	0,7002	0,6198	0,7287	0,2113	1	
STREU	**BK**	**1**	**2**	**3**	**4**	**5**	**6**	**7**
	1		0,4118	0,2969	0,0286**	0,9195	0,6256	0,3173
	2	0,4668		0,7479	0,0481**	0,9491	0,6369	0,3173
	3	0,4150	0,7807		0,2879	0,8793	0,6091	0,3173
	4	0,0142**	0,0646*	0,2657		0,4190	0,1399	0,3173
	5	0,9303	0,8105	0,5686	0,2146		0,7518	0,3173
	6	1	0,6236	0,4304	0,1020	0,9273		0,3173
	7	0,7526	0,7002	0,8041	0,2979	1	1	
RET	**BK**	**1**	**2**	**3**	**4**	**5**	**6**	**7**
	1		0,7844	0,7281	0,7546	0,9195	0,6256	0,3173
	2	0,5201		0,7479	0,7777	0,9491	0,1567	0,3173
	3	0,6198	0,6933		0,7231	0,8793	0,1250	0,3173
	4	0,3714	0,6770	0,9084		0,9122	0,6227	0,3173
	5	0,8841	0,9559	0,7589	0,7264		0,7518	0,3173
	6	0,3977	0,5950	0,6221	0,6697	0,9273		0,3173
	7	0,8748	0,8473	0,8041	0,7287	1	0,5582	
ΔGKR	**BK**	**1**	**2**	**3**	**4**	**5**	**6**	**7**
	1		0,4118	0,7281	0,3483	0,4190	0,1432	0,3173
	2	0,6846		0,3349	0,7777	0,4184	0,6369	0,3173
	3	0,7231	0,9261		0,7231	0,4178	0,1250	0,3173
	4	0,7046	0,7037	0,8780		0,4190	0,6227	0,3173
	5	0,2806	0,2032	0,3571	0,3903		0,3991	0,3173
	6	1	0,8380	0,7674	0,6697	0,3153		0,3173
	7	0,4306	0,3863	0,3211	0,2981	0,8026	0,5582	

*** Signifikanzniveau von 1% , ** Signifikanzniveau von 5%, * Signifikanzniveau von 10%

Anlage 17: Korrelationsmatrix nach Bravais-Pearson und Spearman für die unabhängigen Variablen[1]

Unabhängige Variablen	AIP	FKQ	SIZE	STREU	ANT-VERG	RET	ΔGKR	BRAN-CHE$_1$	BRAN-CHE$_2$	BRAN-CHE$_3$	BRAN-CHE$_4$	BRAN-CHE$_5$
AIP		-0,03	0,17*	-0,15	-0,21**	-0,10	-0,23**	0,04	0,19*	-0,18*	0,14	-0,17*
FKQ	-0,19*		0,05	-0,06	-0,07	-0,00	0,31***	0,07	-0,15	-0,17*	0,00	0,23**
SIZE	-0,07	0,06		-0,14	-0,14	0,25**	-0,15	0,11	0,12	-0,42***	0,19*	0,01
STREU	-0,08	-0,02	-0,05		0,30***	0,13	0,20**	0,12	-0,18*	0,07	0,09	-0,05
ANTVERG	0,10	-0,08	-0,15	0,30***		-0,00	0,10	-0,14	-0,16	0,15	0,11	0,11
RET	-0,08	0,04	-0,05	0,23**	0,20**		0,10	0,02	0,12	-0,21**	-0,04	0,07
ΔGKR	-0,14	0,32***	-0,31***	0,15	0,19*	0,17*		-0,01	-0,19*	0,12	0,08	0,04
BRANCHE$_1$	-0,03	0,10	0,10	0,10	-0,14	-0,02	-0,03		-0,35***	-0,26***	-0,17*	-0,32***
BRANCHE$_2$	-0,00	-0,14	0,09	-0,21**	-0,16	0,07	-0,19*	-0,35***		-0,28***	-0,18*	-0,33***
BRANCHE$_3$	0,13	-0,20**	-0,36***	0,07	0,15	0,03	0,07	-0,26***	-0,28***		-0,13	-0,25**
BRANCHE$_4$	0,01	-0,00	0,24**	0,12	0,11	-0,06	-0,01	-0,17*	-0,18*	-0,13		-0,16
BRANCHE$_5$	-0,09	0,23**	-0,03	-0,02	0,11	-0,04	0,19*	-0,32***	-0,33***	-0,25**	-0,16	

*** Signifikanzniveau von 1%, ** Signifikanzniveau von 5%, * Signifikanzniveau von 10%

BRANCHE$_1$ = Herstellende und verarbeitende Industrie

BRANCHE$_2$ = Groß- und Einzelhandel

BRANCHE$_3$ = Elektrotechnik und Elektronik

BRANCHE$_4$ = Chemie, Pharma und artverwandte Produkte

BRANCHE$_5$ = Sonstige

[1] Die Korrelationskoeffizienten nach Bravais-Pearson befinden sich oberhalb und die Rangkorrelationskoeffizienten nach Spearman unterhalb der grauen Diagonalen.

Anlage 18: Regressionsergebnisse der multinominalen Probit-Analyse nach Bereinigung um Extremwerte

$$STRATEGIE_i = \alpha + \beta_1 AIP_i + \beta_2 FKQ_i + \beta_3 SIZE_i + \beta_4 STREU_i + \beta_5 ANTVERG_i + \beta_6 RET_i + \beta_7 \Delta GKR_i + \sum_{j=1}^{J} \beta_{j8} BRANCHE_{ji} + \varepsilon_i$$

Variablen	Hypothese (erw. Vorzeichen)	Koeffizient	Standard-fehler	Wald Chi-Quadrat	p-Wert
Intercept 1	(?)	2,1297	0,9460	5,0687	0,0244
Intercept 2	(?)	3,2683	0,9658	11,4510	0,0007
Intercept 3	(?)	3,6600	0,9727	14,1587	0,0002
Intercept 4	(?)	4,4137	0,9898	19,8833	<0,0001
Intercept 5	(?)	4,8178	1,0028	23,0829	<0,0001
Intercept 6	(?)	5,6380	1,0639	28,0844	<0,0001
AIP	H_1 (+)	-0,5760	0,6601	0,7612	0,3829
FKQ	H_2 (-)	-0,4706	0,5543	0,7208	0,3959
SIZE	H_3 (-)	-0,2122	0,0665	10,1749	0,0014***
STREU	H_4 (+)	-0,7109	0,4345	2,6775	0,1018
ANTVERG	H_5 (+)	0,7454	0,2963	6,3288	0,0119**
RET	(?)	-0,2218	0,2342	0,8966	0,3437
ΔGKR	(?)	1,5410	0,9470	2,6480	0,1037
$BRANCHE_1$	(?)	-0,0565	0,3159	0,0320	0,8581
$BRANCHE_2$	(?)	0,3167	0,3266	0,9400	0,3323
$BRANCHE_3$	(?)	-0,4065	0,3809	1,1390	0,2859
$BRANCHE_4$	(?)	-0,0394	0,4554	0,0075	0,9311
$BRANCHE_5$	(?)	--	-	-	-

Likelihood ratio (p-Wert) = 27,6807 (0,0036)

McFadden R^2 = 0,08

Richtig klassifiziert = 45%

*** Signifikanzniveau 1%, ** Signifikanzniveau 5% , * Signifikanzniveau 10%

$BRANCHE_1$ = Herstellende und verarbeitende Industrie

$BRANCHE_2$ = Groß- und Einzelhandel

$BRANCHE_3$ = Elektrotechnik und Elektronik

$BRANCHE_4$ = Chemie, Pharma und artverwandte Produkte

$BRANCHE_5$ = Sonstige

Anlage 19: Regressionsergebnisse der multinominalen Probit-Analyse unter der Annahme ungleicher Wirkungshöhen

$$STRATEGIE_i = \alpha + \beta_1 AIP_i + \beta_2 FKQ_i + \beta_3 SIZE_i + \beta_4 STREU_i + \beta_5 ANTVERG_i + \beta_6 RET_i + \beta_7 \Delta GKR_i + \sum_{j=1}^{J} \beta_{j8} BRANCHE_{ji} + \varepsilon_i$$

Variablen	Hypothese (erw. Vorzeichen)	Koeffizient	Standard-fehler	Wald Chi-Quadrat	p-Wert
Intercept 1	(?)	-1,1097	0,8606	1,6626	0,1972
Intercept 2	(?)	-0,7264	0,8549	0,7221	0,3955
Intercept 3	(?)	-0,6742	0,8544	0,6227	0,4301
Intercept 4	(?)	0,4788	0,8525	0,3154	0,5744
Intercept 5	(?)	0,8241	0,8537	0,9317	0,3344
Intercept 6	(?)	1,4341	0,8583	2,7915	0,0948
Intercept 7	(?)	1,5086	0,8592	3,0831	0,0791
Intercept 8	(?)	1,5904	0,8602	3,4184	0,0645
Intercept 9	(?)	1,7816	0,8630	4,2615	0,0390
Intercept 10	(?)	2,0306	0,8681	5,4712	0,0193
Intercept 11	(?)	2,5663	0,8892	8,3290	0,0039
Intercept 12	(?)	2,7569	0,9031	9,3190	0,0023
Intercept 13	(?)	3,0412	0,9366	10,5428	0,0012
AIP	H_1 (+)	0,2223	0,2303	0,9317	0,3344
FKQ	H_2 (-)	-0,3721	0,5067	0,5393	0,4627
SIZE	H_3 (-)	-0,0370	0,0603	0,3763	0,5396
STREU	H_4 (+)	-0,7485	0,4192	3,1884	0,0742*
ANTVERG	H_5 (+)	0,6349	0,2849	4,9664	0,0258**
RET	(?)	-0,1881	0,1210	2,4171	0,1200
ΔGKR	(?)	1,3440	0,6251	4,6231	0,0315**
$BRANCHE_1$	(?)	0,1567	0,3066	0,2613	0,6092
$BRANCHE_2$	(?)	0,5969	0,3168	3,5496	0,0596*
$BRANCHE_3$	(?)	0,3823	0,3579	1,1410	0,2854
$BRANCHE_4$	(?)	-0,0491	0,4379	0,0125	0,9108
$BRANCHE_5$	(?)	-	-	-	-

Likelihood ratio (p-Wert) = 21,1527 (0,0318)
McFadden R^2 = 0,05
Richtig klassifiziert = 32%

*** Signifikanzniveau 1%, ** Signifikanzniveau 5% , * Signifikanzniveau 10%
$BRANCHE_1$ = Herstellende und verarbeitende Industrie
$BRANCHE_2$ = Groß- und Einzelhandel
$BRANCHE_3$ = Elektrotechnik und Elektronik
$BRANCHE_4$ = Chemie, Pharma und artverwandte Produkte
$BRANCHE_5$ = Sonstige

Literaturverzeichnis

Abarbanell, Jeffery/Lehavy, Reuven (2003), Can stock recommendations predict earnings management and analysts' earnings forecast errors?, in: *Journal of Accounting Research*, Vol. 41, No. 1, S. 1-31.

Abdel-khalik, A. Rashad (1985), The Effect of LIFO-switching and Firm Ownership on Executives' Pay, in: *Journal of Accounting Research*, Vol. 23, No. 2, S. 427-447.

Aboody, David/Kasznik Ron (2000), CEO stock option awards and the timing of corporate voluntary disclosures, in: *Journal of Accounting and Economics*, Vol. 29, No. 1, S. 73-100.

Adler/Düring/Schmaltz (1995), Rechnungslegung und Prüfung der Unternehmen, bearb. von Forster, K. H./Goerdeler, R./Lanfermann, J./Müller, H. P./Müller, W./Siepe, G./Stolberg, K./Weirich, S., 6. Aufl., Stuttgart.

Adler/Düring/Schmaltz (2002), Rechnungslegung nach Internationalen Standards, bearb. von Gelhausen, H.-F./Pape, J./Schruff, W./Stolberg, K., Stuttgart.

Adut, Davit/ Cready, William H./Lopez, Thomas J. (2003), Restructuring charges and CEO cash compensation: A re-examination, in: *Journal of Accounting and Economics*, Vol. 78, No. 1, S. 169-192.

Agresti, Alan (1996), An introduction to categorical data analysis, New York u.a.

Aisbitt, Sally (2006), Assessing the effect of the transition to IFRS on Equity: The case of the FSTE 100, in: *Accounting in Europe*, Vol. 3, S. 117-133.

Albach, Horst/Klein, Günter (1990), Die Entwicklung des europäischen Konzernrechts, in: Harmonisierung der Konzernrechnungslegung in Europa, hrsg. von Albach, H./Klein, G., Zeitschrift für Betriebswirtschaft, Ergänzungsheft 1/90, Wiesbaden, S. 1-10.

Alberth, Markus R. (1997), USA: Vertraglicher Gläubigerschutz und Ausschüttungsbemessung durch Covenants als Vorbild zur Änderung des deutschen Bilanzrechts?, in: *Die Wirtschaftsprüfung*, 50. Jg., Heft 21, S. 744-750.

Albrecht, David W./Richardson, Frederick M. (1990), Income smoothing by economy sector, in: *Journal of Business Finance & Accounting*, Vol. 17, No. 5, S. 713-730.

Amihud, Yakov/Murgia, Maurizio (1997), Dividends, Taxes and Signaling: Evidence from Germany, in: *The Journal of Finance*, Vol. 52, No. 1, S. 397-408.

Amtsblatt der Europäischen Gemeinschaften Nr. L 243/1 vom 11.9.2002 (2002), Verordnung (EG) Nr. 1606/2002 des Europäischen Parlaments und des Rates vom 19. Juli 2002 betreffend die Anwendung internationaler Rechnungslegungsstandards.

Amtsblatt der Europäischen Union Nr. L 111/3 vom 17.4.2004 (2004), Verordnung (EG) Nr.707/2004 der Kommission vom 6. April 2004 zur Änderung der Verordnung (EG) Nr. 1725/2003 betreffend die Übernahme bestimmter internationaler Rechnungslegungsstandards in Übereinstimmung mit der Verordnung (EG) Nr. 1606/2002 des Europäischen Parlaments und des Rates.

Andrejewski, Kai C./Böckem, Hanne (2004), Einzelfragen zur Anwendung der Befreiungswahlrechte nach IFRS 1 (Erstmalige Anwendung der IFRS), in: *Kapitalmarktorientierte Rechnungslegung*, 4. Jg., Heft 9, S. 332-340.

Andrejewski, Kai C./Grube, Frank (2005), IFRS-Erstanwendung i.S.d. IFRS 1 (First-Time Adoption of IFRS) - Grundlagen und Anwendungsfragen, in: *Der Konzern*, 3. Jg., Heft 2, S. 98-103.

Andres, Christian/Theissen, Erik (2005), Eine empirische Untersuchung der individualisierten Veröffentlichung der Vorstandsvergütungen, in: *Die Betriebswirtschaft*, 67. Jg., Heft 2, S. 167-178.

App, Jürgen G. (2003), Latente Steuern nach IAS, US-GAAP und HGB, in: *Kapitalmarktorientierte Rechnungslegung*, 3. Jg., Heft 4, S. 209-214.

Arbeitskreis „Externe und Interne Überwachung der Unternehmung“ der Schmalenbach-Gesellschaft e.V. (2004), Auswirkung des Sarbanes-Oxley Act auf die Interne und Externe Unternehmensüberwachung, in: *Betriebs-Berater*, 59. Jg., Heft 44, S. 2399-2407.

Armstrong, Christopher/Barth, Mary E./Jagolinzer, Alan/Riedl, Edward J. (2006), Market reaction to events surrounding the adoption of IFRS in Europe, Working Paper, April 2006.

Ashbaugh, Hollis/Pincus, Morton (2001), Domestic Accounting Standards, International Accounting Standards, and the predictability of earnings, in: *Journal of Accounting Research*, Vol. 39, No.3, S. 417-434.

Astami, Emita W./Tower, Greg (2006), Accounting-policy choice and firm characteristics in the Asia Pacific region: An international empirical test of costly contracting theory, in: *The International Journal of Accounting*, Vol. 41, No. 1, S. 1-21.

Backhaus, Klaus/Erichson, Bernd/Plinke, Wulff/Weiber, Rolf (2006), Multivariate Analysemethoden, 11. Aufl., Berlin u.a.

Baetge, Jörg/Ballwieser, Wolfgang (1977), Zum bilanzpolitischen Spielraum der Unternehmensleitung, in: *Betriebswirtschaftliche Forschung und Praxis*, 29. Jg., Heft 3, S. 199-215.

Baetge, Jörg/Ballwieser, Wolfgang (1978), Probleme einer rationalen Bilanzpolitik, in: *Betriebswirtschaftliche Forschung und Praxis*, 30. Jg., Heft 6, S. 511-530.

Baetge, Jörg/Bischof, Stefan/Matena, Sonja (2005), IFRS 1 – Erstmalige Anwendung der International Financial Reporting Standards (First-Time Adoption of International Financial Reporting Standards), in: Rechnungslegung nach International Accounting Standards (IAS) - Kommentar auf der Grundlage des deutschen Bilanzrechts, hrsg. von Baetge, J./Dörner, D./Kleekämper, H./Wollmert, P./Kirsch, H.-J., 2. Aufl., Stuttgart, Rdn. 1-261.

Baetge, Jörg/Haenelt, Timo (2006), Pensionsrückstellungen im IFRS-Abschluss - Kritische Würdigung der Regelungen zur Vereinnahmung versicherungsmathematischer Gewinne und Verluste im IFRS-Abschluss unter Berücksichtigung der Neuregelung des FASB, in: *Der Betrieb*, 59. Jg., Heft 45, S. 2413-2419.

Baetge, Jörg/Kirsch, Hans-Jürgen/Thiele, Stefan (2004), Bilanzanalyse, 2. Aufl., Düsseldorf.

Baetge, Jörg/Kirsch, Hans-Jürgen/Wollmert, Peter (2003), Erstmalige Aufstellung eines IAS-Abschlusses, in: Rechnungslegung nach International Accounting Standards (IAS) - Kommentar auf der Grundlage des deutschen Bilanzrechts, hrsg. von Baetge, J./Dörner, D./Kleekämper, H./Wollmert, P./Kirsch, H.-J., 2. Aufl., Teil A: Grundlagen, Stuttgart, Rdn. 1-29.

Baetge, Jörg/Lienau, Achim (2007), Praxis der Bilanzierung latenter Steuern im Konzernabschluss nach IFRS im DAX und MDAX, in: *Die Wirtschaftsprüfung*, 60. Jg., Heft 1, S. 15-22.

Baetge, Jörg/Matena, Sonja (2004), Exkurs: Erstmalige Anwendung der IFRS, in: Bilanzrecht, hrsg. von Baetge, J./Kirsch, H.-J./Thiele, S., Bonn u.a., Rdn. 601-722.

Baetge, Jörg/von Keitz, Isabel (2006), IAS 38 Immaterielle Vermögenswerte (Intangible Assets), in: Rechnungslegung nach International Accounting Standards (IAS) - Kommentar auf der Grundlage des deutschen Bilanzrechts, hrsg. von Baetge, J./Dörner, D./Kleekämper, H./Wollmert, P./Kirsch, H.-J., 2. Aufl., Teil B: Kommentierung der Standards, Stuttgart, Rdn. 1-195.

Baetge, Jörg/Zülch, Henning (2001), Fair Value-Accounting, in: *Betriebswirtschaftliche Forschung und Praxis*, 53. Jg., Heft 6, S. 543-562.

Baker, Terry/Collins, Denton/Reitenga, Austin (2003), Stock option compensation and earnings management incentives, in: *Journal of Accounting, Auditing and Finance*, Vol. 18, No. 4, S. 557-582.

Bald, Ernst-Joachim (2000), Leitfaden für die Vergabe von Unternehmenskrediten - Schuldscheindarlehen (Kreditleitfaden), 3. Aufl., Karlsruhe.

Ball, Ray J. (1972), Changes in accounting techniques and stock prices, in: *Journal of Accounting Research*, Supplement, Vol. 10, S. 1-38.

Ball, Ray/Foster, George (1982), Corporate financial reporting: A methodological review of empirical research, in: *Journal of Accounting Research*, Supplement, Vol. 20, S. 159-178.

Ballwieser, Wolfgang (2006), Ertragsteuern, in: WILEY-Kommentar zur internationalen Rechnungslegung nach IFRS 2006, hrsg. von Ballwieser, W. u.a., Weinheim, Abschn. 15, Rdn. 1-124.

Ballwieser, Wolfgang/Küting, Karheinz/Schildbach, Thomas (2004), Fair Value - erstrebenswerter Wertansatz im Rahmen einer Reform der handelsrechtlichen Rechnungslegung?, in: *Betriebswirtschaftliche Forschung und Praxis*, 56. Jg., Heft 6, S. 529-549.

Balsam, Steven/Chen, Huajing/Sankaraguruswamy, Srinivasan (2003), Earnings management prior to stock option grants, Working Paper.

Bamberg, Günter/Baur, Franz (2002), Statistik, 12. Aufl., München.

Barckow, Andreas (2004), ED Fair Value Option - Der Entwurf des IASB zur Einschränkung der Fair-Value-Option in IAS 39 (rev. 2003), in: *Die Wirtschaftsprüfung*, 57. Jg., Heft 15, S. 793-798.

Barnea, Amir/Ronan, Joshua/Sadan, Simcha (1976), Classificatory smoothing of income with extraordinary items, in: *The Accounting Review*, Vol. 51, No. 1, S. 110-122.

Barniv, Ran/McDonald, James B. (1999), Review of categorical models for classification issues in accounting and finance, in: *Review of Quantitative Finance and Accounting*, Vol. 13, S. 39-62.

Barth, Mary E./Elliott, John A./Finn, Mark W. (1999), Market rewards associated with patterns of increasing earnings, in: *Journal of Accounting Research*, Vol. 37, No. 2, S. 387-413.

Bartov, Eli/Givoly, Dan/Hayn, Carla (2002), The rewards to meeting or beating earnings expectations, in: *Journal of Accounting and Economics*, Vol. 33, No. 2, S. 173-204.

Basler Ausschuss für Bankenaufsicht (2003), Konsultationspapier - Die neue Basler Eigenkapitalvereinbarung.

Bauer, Jörg (1981), Grundlagen einer handels- und steuerrechtlichen Rechnungspolitik der Unternehmung, Wiesbaden.

Baumann/Spanheimer (2003), § 274 HGB Steuerabgrenzung, in: Handbuch der Rechnungslegung - Einzelabschluss, hrsg. von Küting, K./Weber, C.-P., 5. Aufl., Stuttgart, Rdn. 1-74.

Bayer (2005), Geschäftsbericht 2005.

Beaver, William H./McNichols, Maureen F./Nelson, Karen K. (2003), Management of the loss reserve accrual and the distribution of earnings in the property-casualty insurance industry, in: *Journal of Accounting and Economics*, Vol. 35, No. 3, S. 347-376.

Becht, Marco/Röell, Ailsa (1999), Blockholdings in Europe: An international comparison, in: *European Economic Review*, Vol. 43, S. 1049-1056.

Beck, Martin (2004), Wertermittlung bei Immobilien, in: Unternehmensbewertung - Moderne Instrumente und Lösungsansätze, hrsg. von Richter, F./Timmreck, C., Stuttgart, S. 343-364.

Beermann, Thomas (2001), Annäherung von IAS- an HGB-Abschlüsse für die Bilanzanalyse, Stuttgart.

Beine, Frank/Nardmann, Hendrik (2004), Leasingverhältnisse, in: WILEY-Kommentar zur internationalen Rechnungslegung nach IFRS 2006, hrsg. von Ballwieser, W. u.a., Braunschweig, Abschn. 14, Rdn. 1-125.

Beneish, Messod D. (2001), Earnings Management: A Perspective, Bloomington: Indiana University.

Beneish, Messod D./Press, Eric (2006), Costs of technical violation of accounting-based debt covenants, in: *The Accounting Review*, Vol. 68, No. 2, S. 233-257.

Berentzen AG (2005), Geschäftsbericht 2005.

Berger, Axel (2006), Was der DPR aufgefallen ist: Ermessensspielraum und die Bilanzierung von latenten Steuern auf Verlustvorträge, in: *Der Betrieb*, 59. Jg., Heft 46, S. 2473-2475.

Bergstresser, Daniel/Philippon, Thomas (2006), CEO incentives and earnings management, in: *Journal of Financial Economics*, Vol. 80, No. 3, S. 511-529.

Bieg, Hartmut/Hossfeld, Christopher/Kußmaul, Heinz/Waschbusch, Gerd (2006), Bilanzrecht - Pensionsverpflichtungen nach IAS 19, in: *Der Steuerberater*, Heft 8, S. 291-296.

Bieker, Markus (2006), Ökonomische Analyse des Fair Value Accounting, Frankfurt am Main u.a.

Bitz, Michael/Schneeloch, Dieter/Wittstock, Wilfried (2003), Der Jahresabschluß, 4. Aufl., München.

Bode, Joachim/Thurnes, Georg (2005), Betriebliche Altersversorgung im internationalen Jahresabschluss – Voraussichtliche Bewertungsannahmen zum 31.12.2005, in: *Der Betrieb*, 58. Jg., Heft 50, S. 2701-2704.

Böckem, Hanne/Schurbohm, Anne (2002), Die Bilanzierung von Immobilien nach den International Accounting Standards, in: *Kapitalmarktorientierte Rechnungslegung*, 2. Jg., Heft 1, S. 38-51.

Böcking, Hans-Joachim/Busam, Dirk/Dietz, Stephanie (2003), IFRS 1 - First-time Adoption of International Financial Reporting Standards vom 19.6.2003 - Zur Umstellung der Rechnungslegung von HGB auf IFRS und zur Bedeutung des Framework, in: *Der Konzern*, 1. Jg., Heft 7, S. 457-476.

Börner, Dietrich/Krawitz, Norbert (1977), Steuerbilanzpolitik, Herne/Berlin.

Bock, Hellmuth (2004), § 18 Kreditwesengesetz, in: Kreditwesengesetz, hrsg. von Boos, K.-H./Fischer, R./Schulte-Mattler, H., 2. Aufl., München, Rdn. 1-84.

Bonse, Andreas (2004), Informationsgehalt von Konzernabschlüssen nach HGB, IAS und US-GAAP, Frankfurt am Main.

Bonse, Andreas/Linnhoff, Ulrich/Pellens, Bernhard (2002), Jahresabschlussanalyse, in: Betriebswirtschaft für Führungskräfte, hrsg. von Busse von Colbe, W./Coenenberg, A./Kajüter, P./Linnhoff, U., 2. Aufl., Stuttgart, S. 389-412.

Bowen, Robert M./DuCharme, Larry/Shores, D. (1995), Stakeholders' implicit claims and accounting method choice, in: *Journal of Accounting and Economics*, Vol. 20, No. 3, S. 255-295.

Bowen, Robert M./Noreen, Eric W./Lacey, John M. (1981), Determinants of the corporate decision to capitalize interest, in: *Journal of Accounting and Economics*, Vol. 3, No. 2, S. 151-179.

Bradshaw, Mark T./Richardson, Scott S./Sloan, R. G. (2001), Do analysts and auditors use information in accruals?, in: *Journal of Accounting Research*, Vol. 39, No. 1, S. 45-74.

Brecht, Angelika (2002), Die erfolgswirtschaftliche Analyse von US-GAAP-Abschlüssen, Hamburg.

Brockhoff, Klaus (1999), Forschung und Entwicklung: Planung und Kontrolle, 5. Aufl., München u.a.

Brötzmann, Ingo (2004), Bilanzierung von güterwirtschaftlichen Sicherungsbeziehungen nach IAS 39 zum Hedge Accounting, Düsseldorf.

Brown, Lawrence D./Caylor, Markus L. (2005), A temporal analysis of quarterly earnings thresholds: Propensities and valuation consequences, in: *The Accounting Review*, Vol. 80, No. 2, S. 423-440.

Brown, Lawrence D./Higgins, Huong N. (2001), Managing earnings surprises in the US versus 12 other countries, in: *Journal of Accounting and Public Policy*, Vol. 20, No. 4, S. 373-398.

Brown, Philip/Izan, H. Y./Loh, Alfred L. (1992), Fixed asset Revaluations and managerial incentives, in: *Abacus*, Vol. 28, No. 1, S. 36-57.

Bryan, Stephen/Hwang, LeeSeok/Lilien, Steven (2000), CEO stock-based compensation: An empirical analysis of incentive-intensity, relative mix, and economic determinants, in: *Journal of Business*, Vol. 73, No. 4, S. 661-693.

Bujadi, Merridee L./Richardson, Alan J. (1997), A citation trail review of the use of firm size in accounting research, in: *Journal of Accounting Literature*, Vol. 16, No. 1, S. 1-27.

Burger, Anton/Feldrappe, Tobias/Ulbrich, Philipp (2004), Auswirkung der Umstellung von HGB auf IFRS auf zentrale Kennzahlen des Jahresabschlusses, in: *Praxis der internationalen Rechnungslegung*, 2. Jg., Heft 8, S. 134-141.

Burger, Anton/Fröhlich, Jürgen/Ulbrich, Philipp (2004), Die Auswirkung der Umstellung von HGB auf IFRS auf wesentliche Kennzahlen der externen Unternehmensrechnung, in: *Kapitalmarktorientierte Rechnungslegung*, 4. Jg., Heft 9, S. 353-366.

Burger, Anton/Fröhlich, Jürgen/Ulbrich, Philipp (2006), Kapitalmarktorientierung in Deutschland - Aktualisierung der Studien aus den Jahren 2003 und 2004 vor dem Hintergrund der Änderungen der Rechnungslegung von Emittenten, in: *Kapitalmarktorientierte Rechnungslegung*, 6. Jg., Heft 2, S. 113-122.

Burger, Anton/Schäfer, Stefanie/Ulbrich, Philipp/Zeimes, Markus (2005), Die Umstellung der Rechnungslegung nach IFRS 1 – Empirische Analyse und Bewertung der Neuregelungen zur Erstanwendung der IFRS, in: *Die Wirtschaftsprüfung*, 58. Jg., Heft 22, S. 1193-1200.

Burger, Anton/Ulbrich, Philipp (2004), Kapitalmarktorientierung in Deutschland, in: *Kapitalmarktorientierte Rechnungslegung*, 4. Jg., Heft 6, S. 235-246.

Burger, Anton/Ulbrich, Philipp (2005), Kapitalmarktorientierung in Deutschland - Aktualisierung der Studie aus dem Jahr 2003 vor dem Hintergrund der Änderungen der Rechnungslegung, in: *Kapitalmarktorientierte Rechnungslegung*, 5. Jg., Heft 1, S. 39-47.

Burger, Anton/Ulbrich, Philipp/Knoblauch, Jens (2006), Zur Reform der Bilanzierung von Forschungs- und Entwicklungsausgaben nach IAS 38, in: *Kapitalmarktorientierte Rechnungslegung*, 6. Jg., Heft 12, S. 729-737.

Burgstahler, David/Dichev, Ilia (1997), Earnings management to avoid earnings decreases and losses, in: *Journal of Accounting and Economics*, Vol. 24, No. 1, S. 99-126.

Burgstahler, David/Eames, Michael (2006), Management of earnings and analysts' forecasts to achieve zero and small positive earnings surprises, in: *Journal of Business, Finance & Accounting*, Vol. 33, No. 5-6, S. 633-652.

Busse von Colbe, Walther/Ordelheide, Dieter/Gebhardt, Günther/Pellens, Bernhard (2006), Konzernabschlüsse, 8. Aufl., Wiesbaden.

Cahan, Steven F. (1992), The effect of antitrust investigations on discretionary accruals: A refined test of the political-cost hypothesis, in: *The Accounting Review*, Vol. 67, No. 1, S. 77-95.

Carlson, Steven J./Bathala, Chenchuramaiah T. (1997), Ownership differences and firms' income smoothing behavior, in: *Journal of Business Finance & Accounting*, Vol. 24, No. 2, S. 179-196.

Carslaw, Charles A. P. N. (1988), Anomalies in income numbers: Evidence of goal oriented behavior, in: *The Accounting Review*, Vol. 63, No. 2, S. 321-327.

Carstensen, Britta/Leibfried, Peter (2004), Auswirkungen von IAS/IFRS auf mittelständische GmbH und GmbH & Co. KG, in: *GmbH-Rundschau*, 95. Jg., Heft 13, S. 864-869.

Chaney, Paul K./Lewis, Craig M. (1995), Earnings management and firm valuation under asymmetric information, in: *Journal of Corporate Finance*, Vol. 1, No. 3-4, S. 319-345.

Chauvin, Keith W./Shenoy, Catherine (2001), Stock price decreases prior to executive stock option grants, in: *Journal of Corporate Finance*, Vol. 7, No. 1, S. 53-76.

Cheng, Qiang/Warfield, Terry D. (2005), Equity incentives and earnings management, in: *The Accounting Review*, Vol. 80, No. 2, S. 441-476.

Cheng, Shijun (2004), R&D expenditures and CEO compensation, in: *Journal of Accounting and Economics*, Vol. 79, No. 2, S. 305-328.

Christenson, Charles (1983), The Methodology of Positive Accounting, in: *The Accounting Review*, Vol. 58, No. 1, S. 1-22.

Christie, Andrew A./Zimmerman, Jerold L. (1994), Efficient and opportunistic choices of accounting procedures: Corporate control contests, in: *The Accounting Review*, Vol. 69, No. 4, S. 539-566.

Citigate Dewe Rogerson (2005), The adoption of International Financial Reporting Standards - Who should lead the way?.

Clemm, Hermann (1998a), Bilanzpolitik, in: Lexikon des Rechnungswesens, hrsg. von Busse von Colbe, W./Pellens, B., 4. Aufl., Oldenburg, S. 117-120.

Clemm, Hermann (1998b), Rechnungslegungspolitik und ihre Begrenzung durch Recht und (Wirtschafts-)Ethik – Vereinbarkeit mit rechtlichen und ethischen Grundgeboten wie Fairneß, Ehrlichkeit, Verantwortungsbewußtsein, getreue Rechnungslegung, in: Rechnungslegungspolitik – Eine Bestandsaufnahme aus handels- und steuerrechtlicher Sicht, hrsg. von Freidank, C.-Chr., Berlin u.a., S. 1199-1242.

Coenenberg, Adolf G. (1985), Instrumente der Gewinnregulierungspolitik deutscher Aktiengesellschaften – eine empirische Untersuchung, in: Der Wirtschaftsprüfer im Schnittpunkt nationaler und internationaler Interessen, hrsg. von Gross, G., Düsseldorf, S. 111-128.

Coenenberg, Adolf G. (2005), Jahresabschluss und Jahresabschlussanalyse, 20. Aufl., Stuttgart.

Coenenberg, Adolf G./Haller, Axel (1993), Externe Rechnungslegung, in: Ergebnisse empirischer betriebswirtschaftlicher Forschung, hrsg. von Hauschildt, J. u.a., Stuttgart, S. 558-599.

Coenenberg, Adolf G./Meyer, Martin A. (2003), Kapitalflussrechnung als Objekt der Bilanzpolitik, in: Wirtschaftsprüfung und Unternehmensüberwachung, hrsg. von Wollmert, P./Schönbrunn, N./Jung, U./Siebert, H./Henke, M., Düsseldorf, S. 335-383.

Coenenberg, Adolf G./Schmidt, F./Werhand, M. (1983), Bilanzpolitische Entscheidungen und Entscheidungswirkungen in manager- und eigentümerkontrollierten Unternehmen, in: *Betriebswirtschaftliche Forschung und Praxis*, 35. Jg., Heft 4, S. 321-343.

Collingwood, Harris (2001), The earnings game, in: *Harvard Business Review*, Vol. 79, No. 6, S. 65-72.

Comprix, Joseph/Muller, Karl A. (2006), Asymmetric treatment of reported pension expense and income amounts in CEO cash compensation calculations, in: *Journal of Accounting and Economics*, Vol. 42, No. 3, S. 385-416.

Conover, W. J. (1999), Practical nonparametric statistics, 3. Aufl., New York u.a.

Core, John E./Holthausen, Robert W./Larcker, David F. (1999), Corporate governance, chief executive officer compensation, and firm performance, in: *Journal of Financial Economics*, Vol. 51, No. 3, S. 371-406.

Cotter, Julie (1999), Asset revaluation and debt contracting, in: *Abacus*, Vol. 35, No. 3, S. 268-285.

Crouhy, Michel/Galai, Dan/Mark, Robert (2001), Prototype risk rating system, in: *Journal of Banking and Finance*, Vol. 25, No. 1, S. 47-95.

Cuijpers, Rick/Buijink, Willem (2005), Voluntary adoption of non-local GAAP in the European Union: A study of determinants and consequences, in: *European Accounting Review*, Vol. 14, No. 3, S. 487-524.

d'Arcy, Anne/Leuz, Christian (2000), Rechnungslegung am Neuen Markt - Eine Bestandsaufnahme, in: *Der Betrieb*, 53. Jg., Heft 8, S. 385-391.

Daley, Lane A./Vigeland, Robert L. (1983), The effects of debt covenants and political costs on the choice of accounting methods: The case of accounting for R&D costs, in: *Journal of Accounting and Economics*, Vol. 5, S. 195-211.

Daske, Holger (2005), Adopting International Financial Reporting Standards in the European Union – Empirical Essays on Causes, Effects and Economic Consequences, Frankfurt am Main.

Daske, Holger/Gebhardt, Günther/McLeay, Stuart (2006), The distribution of earnings relative to targets in the European Union, in: *Accounting and Business Research*, Vol. 36, No. 3, S. 137-167.

DeAngelo, Harry/DeAngelo, Linda Elizabeth/Skinner, Douglas J. (1996), Reversal of fortune: Dividend signalling and the disappearance of sustained earnings growth, in: *Journal of Financial Economics*, Vol. 40, No. 3, S. 341-371.

Dechow, Patricia M. (1994), Accounting earnings and cash flows as measures of firm performance: The role of accounting accruals, in: *Journal of Accounting and Economics*, Vol. 18, No. 1, S. 3-42.

Dechow, Patricia M./Huson, Marc R./Sloan, Richard G. (1994), The effect of restructuring charges on executives' cash compensation, in: *The Accounting Review*, Vol. 69, No. 1, S. 138-156.

Dechow, Patricia M./Richardson, Scott A./Tuna, Irem (2003), Why are earnings kinky? An examination of the earnings management explanation, in: *Review of Accounting Studies*, Vol. 8, No. 2-3, S. 355-384.

Dechow, Patricia M./Skinner, Douglas J. (2000), Earnings Management: Reconciling the Views of Accounting Academics, Practitioners, and Regulators, in: *Accounting Horizons*, Vol. 14, No. 2, S. 235-250.

Dechow, Patricia M./Sloan, Richard G. (1991), Executive incentives and the horizon problem: An empirical investigation, in: *Journal of Accounting and Economics*, Vol. 14, No. 1, S. 51-89.

DeFond, Mark L./Park, Chul W. (1997), Smoothing income in anticipation of future earnings, in: *Journal of Accounting and Economics*, Vol. 23, No. 2, S. 115-139.

DeFusco, Richard A./Johnson, Robert R. (1990), The effect of executive stock option plans on stockholders and bondholders, in: *The Journal of Finance*, Vol. 45, No. 2, S. 617-627.

Degenhart, Heinrich/Szkola, Doreen (2002), Financial Covenants in der Praxis - Ergebnisse einer Befragung deutscher Kreditinstitute, in: *Kredit & Rating Praxis*, 28. Jg., Heft 6, S. 15-18.

Degeorge, François/Patel, Jayendu/Zeckhauser, Richard (1999), Earnings management to exceed thresholds, in: *Journal of Business*, Vol. 72, No. 1, S. 1-33.

Deloitte (2004), Abkehr vom HGB - Erfahrungen aus der Umstellung der Rechnungslegung von HGB auf IAS/IFRS oder US-GAAP, München.

Deloitte (2005), IFRS 1 - Praxisratgeber „Erstmalige Anwendung der International Financial Reporting Standards“, Frankfurt am Main.

Denis, David J./Hanouna, Paul/Sarin, Atulya (2006), Is there a dark side to incentive compensation?, in: *Journal of Corporate Finance*, Vol. 12, No. 3, S. 467-488.

Detert, Karsten/Sellhorn, Thorsten (2007), Bilanzpolitik, in: *Die Betriebswirtschaft*, 67. Jg., Heft 2, S. 243-248.

Deutsche Telekom AG (2002), Geschäftsbericht 2002.

Dhaliwal, Dan S./Heninger, William G./Hughes, K. E. II (1999), The investment opportunity set and capitalization versus expensing methods of accounting choice, in: *Accounting & Finance*, Vol. 39, No. 2, S. 151-175.

Dhaliwal, Dan S./Salamon, Gerald L./Smith E. Dan (1982), The effect of owner versus management control on the choice of accounting methods, in: *Journal of Accounting and Economics*, Vol. 4, No. 1, S. 41-53.

Dichev, Ilia D./Skinner, Douglas J. (2002), Large-sample evidence on the debt covenance hypothesis, in: *Journal of Accounting Research*, Vol. 40, No. 4, S. 1091-1123.

Dräger, Thomas (2004), Die Umstellung auf die Rechnungslegung nach IFRS - Ein Praxisleitfaden, in: Rechnungslegung nach IFRS - Ein Handbuch für mittelständische Unternehmen, hrsg. von Winkeljohann, N., Herne/Berlin, S. 393-434.

Drukarczyk, Jochen (2003), Unternehmensbewertung, 4. Aufl., München.

Dücker, Reinhard (2003), Internationale Rechnungslegung: Herausforderungen und Chancen für den Mittelstand, in: *Steuern und Bilanzen*, 5. Jg., Heft 14, S. 448-452.

Duke, Joanne C./Hunt, Herbert G. (1990), An empirical examination of debt covenants restrictions and accounting-related debt proxies, in: *Journal of Accounting and Economics*, Vol. 12, No. 1-3, S. 45-63.

Dye, Ronald A./Verrecchia, Robert E. (1995), Discretion vs. Uniformity: Choices among GAAP, in: *The Accounting Review*, Vol. 70, No. 3, S. 389-415.

Ebbers, Gabi (2004), IFRS 4: Insurance Contracts, in: *Die Wirtschaftsprüfung*, 57. Jg., Heft 23, S. 1377-1385.

Eckel, Norm (1981), The income smoothing hypothesis revisited, in: *Abacus*, Vol. 17, No. 1, S. 28-40.

Egger, Anton (1998), Rentabilität, in: Lexikon des Rechnungswesens, hrsg. von Busse von Colbe, W./Pellens, B., 4. Aufl., Oldenburg, S. 603-606.

Elliott, John A./Hanna, Douglas J. (1996), Repeated accounting write-offs and the information content of earnings, in: *Journal of Accounting Research*, Supplement, Vol. 34, S. 135-155.

Ellrott, Helmut/Brendt, Peter (2006), § 255 HGB, in: Beck'scher Bilanzkommentar, hrsg. von Ellrott, H./Förschle, G./Hoyos, M./Winkeljohann, N., 6. Aufl., München, Rdn. 1-550.

El-Gazzar, Samir M. (1993), Stock market effects of the closeness to debt covenant restrictions resulting from capitalization of leases, in: *The Accounting Review*, Vol. 68, No. 2, S. 258-272.

Engel-Ciric, Dejan (2002), Einschränkung der Aussagekraft des Jahresabschlusses nach IAS durch bilanzpolitische Spielräume, in: *Deutsches Steuerrecht*, 40. Jg., Heft 18, S. 780-784.

Epstein, Barry J./Mirza, Abbas Ali (2006), WILEY IAS 2006: Interpretation and Application of International Accounting and Financial Reporting Standards, New York u.a.

Erickson, Merle/Hanlon, Michelle/Maydew, Edward L. (2006), Is there a link between executive equity incentive and accounting fraud?, in: *Journal of Accounting Research*, Vol. 44, No. 1, S. 113-143.

Erickson, Merle/Wang, Shiing-wu (1999), Earnings management by acquiring firms in stock for stock mergers, in: *Journal of Accounting and Economics*, Vol. 27, No. 2, S. 149-176.

Ernst&Young (2004), International GAAP 2005, London.

Esser, Maik (2005), Leasingverhältnisse in der IFRS-Rechnungslegung - Darstellung der Leasingbilanzierung gem. IAS 17 und IFRIC 4, in: *Steuern und Bilanzen*, 7. Jg., Heft 10, S. 429-436.

Esser, Maik/Hackenberger, Jens (2004), Bilanzierung immaterieller Vermögenswerte des Anlagevermögens nach IFRS und US-GAAP, in: *Kapitalmarktorientierte Rechnungslegung*, 4. Jg., Heft 10, S. 402-414.

Evans, John H./Sridhar, Sri S. (1996), Multiple Control Systems, Accrual Accounting, and Earnings Management, in: *Journal of Accounting Research*, Vol. 34, No. 1, S. 45-65.

Ewert, Ralf (1993), Rechnungslegung, Wirtschaftsprüfung, rationale Akteure und Märkte - Ein Grundmodell zur Analyse der Qualität von Unternehmenspublikationen, in: *Zeitschrift für betriebswirtschaftliche Forschung*, 45. Jg., Heft 9, S. 715-747.

Ewert, Ralf/Stefani, Ulrike (2001), Wirtschaftsprüfung, in: Die Prinzipal-Agenten-Theorie in der Betriebswirtschaftslehre, hrsg. von Jost, P.-J., Stuttgart, S. 147-182.

Faccio, Mara/Lang, Larry H. P. (2002), The ultimate ownership of western European corporations, in: *Journal of Financial Economics*, Vol. 65, No. 3, S. 365-395.

Fahrmeir, Ludwig/Hamerle, Alfred/Tutz, Gerhard (1996), Multivariate statistische Verfahren, 2. Aufl., Berlin/New York.

Fama, Eugene F. (1970), Efficient Capital Markets: A Review of Theory and Empirical Work, in: *The Journal of Finance*, Vol. 25, No. 2, S. 383-417.

Fama, Eugene F./French, Kenneth R. (1995), Size and book-to-market factors in earnings and returns, in: *The Journal of Finance*, Vol. 50, No. 1, S. 131-155.

Fama, Eugene F./Jensen, Michael C. (1983), Separation of ownership and control, in: *Journal of Law and Economics*, Vol. 26, S. 301-325.

Feroz, Ehsam H. (1987), Corporate demands and changes in GPLA, in: *Journal of Business Finance & Accounting*, Vol. 14, No. 3, S. 409-423.

Fields, Thomas D./Lys, Thomas Z./Vincent, Linda (2001), Empirical research on accounting choice, in: *Journal of Accounting and Economics*, Vol. 31, No. 1-3, S. 255-307.

FIRICON (2006), Bilanzierung von Aktienoptionsplänen und ähnlichen Entgeltformen nach IFRS 2 „Share-based Payment“.

Fischer, Andrea/Haller, Axel (1993), Bilanzpolitik zum Zwecke der Gewinnglättung, in: *Zeitschrift für Betriebswirtschaft*, 63. Jg., Heft 1, S. 35-59.

Focken, Elke/Schaefer, Wiebke (2004), Umstellung der Bilanzierung des Sachanlagevermögens auf IAS/IFRS - ein Praxisbeispiel, in: *Betriebs-Berater*, 59. Jg., Heft 43, S. 2343-2349.

Förschle, Gerhart/Helmschrott, Harald (1997), Der Neue Markt an der Frankfurter Wertpapierbörse, in: *Wirtschaftsprüferkammer-Mitteilungen*, 36. Jg., Heft 3, S. 188-194.

Förschle, Gerhart (2006), § 248 HGB, in: Beck'scher Bilanzkommentar, hrsg. von Ellrott, H./Förschle, G./Hoyos, M./Winkeljohann, N., 6. Aufl., München, Rdn. 1-28.

Förschle, Gerhart/Hoffmann, Karl (2006), § 272 HGB, in: Beck'scher Bilanzkommentar, hrsg. von Ellrott, H./Förschle, G./Hoyos, M./Winkeljohann, N., 6. Aufl., München, Rdn. 1-182.

Förschle, Gerhart/Kroner, Matthias (2006b), § 264 HGB, in: Beck'scher Bilanzkommentar, hrsg. von Ellrott, H./Förschle, G./Hoyos, M./Winkeljohann, N., 6. Aufl., München, Rdn. 1-150.

Francis, Jennifer/Hanna, Douglas J./Vincent, Linda (1996), Causes and effects of discretionary asset write-offs, in: *Journal of Accounting Research*, Supplement, Vol. 34, S. 117-134.

Francis, Jennifer/LaFond, Ryan/Olsson, Per M./Schipper, Katherine (2004), Cost of equity and earnings attributes, in: *The Accounting Review*, Vol. 79, No. 4, S. 967-1010.

Francis, Jere R./Reiter, Sara Ann (1987), Determinants of corporate pension funding strategy, in: *Journal of Accounting and Economics*, Vol. 9, No. 1, S. 35-59.

Freidank, Carl-Christian/Velte, Patrick (2007), Rechnungslegung und Rechnungslegungspolitik, Stuttgart.

Fuchs, Markus (1997), Jahresabschlußpolitik und International Accounting Standards, Wiesbaden.

Fudenberg, Drew/Tirole, Jean (1995), A theory of income and dividend smoothing based on incumbency rents, in: *Journal of Political Economy*, Vol. 103, No. 1, S. 75-93.

Fülbier, Rolf Uwe (1998), Regulierung der Ad-hoc-Publizität, Wiesbaden.

Fülbier, Rolf Uwe (1999), Regulierung – Ökonomische Betrachtung eines allgegenwärtigen Phänomens, in: *Wirtschaftswissenschaftliches Studium*, 28. Jg., Heft 9, S. 468-473.

Fülbier, Rolf Uwe/Honold, Dirk/Klar, Alexander (2000), Bilanzierung immaterieller Vermögenswerte – Möglichkeiten und Grenzen der Bilanzierung nach US-GAAP und IAS bei Biotechnologieunternehmen, in: *Recht der Internationalen Wirtschaft*, 46. Jg., Heft 11, S. 833-844.

Gaber, Christian (2005), Der Erfolgsausweis im Wettstreit zwischen Prognosefähigkeit und Kongruenz, in: *Betriebswirtschaftliche Forschung und Praxis*, 57. Jg., Heft 3, S. 279-295.

Gagnon, Jean-Marie (1967), Purchase versus pooling of interest: the search for a predictor, in: *Journal of Accounting Research*, Supplement, Vol. 5, No. 3, S. 187-204.

Gallowsky, Dirk/Hasbargen, Ulrike/Schmitt, Britta (2007), IFRS 2 und Aktienoptionspläne im Konzern - IFRIC 11 bringt Klarheit, in: *Betriebs-Berater*, 62. Jg., Heft 4, S. 203-205.

Gao, Pengjie/Shrieves, Ronald E. (2002), Earnings management and executive compensation: A case of overdose of option and underdose of salary?, Working Paper.

Gassen, Joachim/Sellhorn, Thorsten (2006), Applying IFRS in Germany - Determinants and Consequences, in: *Betriebswirtschaftliche Forschung und Praxis*, 58. Jg., Heft 4, S. 365-386.

Gaver, Jennifer J./Gaver, Kenneth M. (1993), Additional Evidence on the association between the investment opportunity set and corporate financing, dividend, and compensation policies, in: *Journal of Accounting and Economics*, Vol. 16, No. 1-3, S. 125-160.

Gaver, Jennifer J./Gaver, Kenneth M. (1995), Compensation policy and the investment opportunity set, in: *Financial Management*, Vol. 24, No. 1, S. 19-32.

Gaver, Jennifer J./Gaver, Kenneth M./Austin, Jeffrey R. (1995), Additional evidence on bonus plans and income management, in: *Journal of Accounting and Economics*, Vol. 19, No. 1, S. 3-28.

Gebhardt, Cord (2003), Prime und General Standard: Die Neusegmentierung des Aktienmarkts an der Frankfurter Wertpapierbörse, in: *Wertpapier-Mitteilungen Teil IV - Zeitschrift für Wirtschafts- und Bankrecht*, S. 3-24.

Gebhardt, Günther (2000), The evolution of global standards in accounting, in: Brookings-Wharton Papers on Financial Services 2000, hrsg. von Litan, R. E./Santomero, A. M., S. 341-376.

Gebhardt, Günther/Heilmann, Aaron A. (2004), DRS 4 in der Bilanzierungspraxis - ein Beispiel für die Missachtung Deutscher Rechnungslegungsstandards, in: *Der Konzern*, 2. Jg., Heft 2, S. 109-118.

Gerke, Wolfgang/Mager, Ferdinand (2005), Die Macht der Ratingagenturen? Der Fall der ThyssenKrupp AG, in: *Betriebswirtschaftliche Forschung und Praxis*, 57. Jg., Heft 3, S. 203-214.

Gerke, Wolfgang/Mager, Ferdinand/Röhrs, Alexander (2005), Pension funding, insolvency risk and the rating of corporations, in: *Schmalenbach Business Review*, Special Issue, Vol. 57, S. 35-64.

Gerpott, Thorsten/Mahmudova, Ilaha (2006), Ordinale Regression, in: *Wirtschaftswissenschaftliches Studium*, 35. Jg., Heft 9, S. 495-498.

Ghicas, Dimitrios C./Hevas, Dimosthenis L./Papadaki, Aphroditi J. (1996), Fixed assets revaluations and their association with stock returns, in: *The European Review*, Vol. 5, No. 4, S. 651-670.

Gierl, Heribert/Helm, Roland/Stumpp, Stefan (2001), Wertfunktion der Prospect-Theorie, Produktpräferenzen und Folgerungen für das Marketing, in: *Zeitschrift für betriebswirtschaftliche Forschung*, 53. Jg., Nr. 6, S. 559-588.

Godfrey, Jane M./Mather, Paul R./Ramsay, Alan (2003), Earnings and impression management in financial reports: The case of CEO changes, in: *Abacus*, Vol. 39, No. 1, S. 95-123.

Goebel, Andrea/Fuchs, Markus (1995), Die Anwendung der International Accounting Standards in den Konzernabschlüssen deutscher Kapitalgesellschaften - Ergebnisse einer empirischen Untersuchung, in: *Der Betrieb*, 48. Jg., Heft 31, S. 1521-1527.

Götz, Jan/Spannheimer, Jürgen (2005), Nutzungsrechte im Anwendungsbereich von IAS 17 - Inhalt und Auswirkungen von IFRIC 4 zur Identifizierung von Leasingverhältnissen, in: *Betriebs-Berater*, 60. Jg., Heft 5, S. 259-265.

Goncharov, Igor (2005), Earnings Management and Its Determinants: Closing Gaps in Empirical Accounting Research, Frankfurt am Main u.a.

Gordon, Myron J. (1964), Postulates, principles and research in accounting, in: *The Accounting Review*, Vol. 39, No. 2, S. 251-263.

Grammer AG (2005), Geschäftsbericht 2005.

Graumann, Mathias (2004), Bilanzierung der Sachanlagen nach IAS - Ansatz und Zugangsbewertung, in: *Steuern und Bilanzen*, 6. Jg., Heft 16, S. 709-717.

Greene, William H. (2003), Econometric Analysis, 5th ed., New York.

Greth, Michael (1996), Konzernbilanzpolitik, Wiesbaden.

Gruber, Thomas/Kühnberger, Manfred (2001), Umstellung der Rechnungslegung von HGB auf US-GAAP: Bilanzrechtliche und bilanzpolitische Aspekte eines Systemwechsels, in: *Der Betrieb*, 54. Jg., Heft 33, S. 1733-1741.

Guay, Wayne R./Kothari, S. P./Watts, Ross L. (1996), A Market-Based Evaluation of Discretionary Accrual Models, in: *Journal of Accounting Research*, Supplement, Vol. 34, S. 83-105.

Günkel, Manfred (1996), Die Prüfung der steuerlichen Verrechnungspreise durch den Abschlussprüfer, in: *Die Wirtschaftsprüfung*, 49. Jg., Heft 23/24, S. 839-857.

Guidry, Flora/Leone, Andrew J./Rock, Steve (1999), Earnings-based bonus plans and earnings management by business-unit managers, in: *Journal of Accounting and Economics*, Vol. 26, No. 1-3, S. 113-142.

Gujarati, Damodar N. (2003), Basic econometrics, 4th ed., Boston u.a.

Hager, Simon/Hitz, Jörg-Markus (2007), Immaterielle Vermögenswerte in der Bilanzierung und Berichterstattung - eine empirische Bestandsaufnahme für die Geschäftsberichte deutscher IFRS-Bilanzierer 2005, in: *Kapitalmarktorientierte Rechnungslegung*, 7. Jg., Heft 4, S. 205-218.

Hagerman, Robert L./Zmijewski, Mark E. (1979), Some economic determinants of accounting policy choice, in: *Journal of Accounting and Economics*, Vol. 1, No. 2, S. 141-161.

Hahn, Klaus (2003), Die neuen Stellschrauben der Bilanzpolitik - Bilanzpolitische Weichenstellungen in der IAS/IFRS-Eröffnungsbilanz, in: *Bilanzbuchhalter und Controller*, 4. Jg., Heft 11, S. 245-249.

Hahn, Steffen/Ortner, Johannes (2006), Financial Covenants – risikoadäquate Kreditbepreisung im Spannungsfeld von Bankaufsichts- und Zivilrecht, in: *Zeitschrift für das gesamte Kreditwesen*, 59. Jg., Heft 7, S. 356-360.

Halbinger, Josef (1980), Erfolgsausweispolitik - Eine empirische Untersuchung zum bilanzpolitischen Verhalten deutscher Aktienunternehmen, Berlin.

Haller, Axel (1994), Positive Accounting Theory, in: *Die Betriebswirtschaft*, 54. Jg., Heft 5, S. 597-612.

Haller, Axel (2003), IFRS für alle Unternehmen - ein realisierbares Szenario in der Europäischen Union?, in: *Kapitalmarktorientierte Rechnungslegung*, 3. Jg., Heft 10, S. 413-424.

Haller, Axel/Beiersdorf, Kati/Eierle, Brigitte (2007), ED-IFRS for SMEs - Entwurf eines internationalen Rechnungslegungsstandards für kleine und mittelgroße Unternehmen, in: *Betriebs-Berater*, 62. Jg., Heft 10, S. 540-551.

Haller, Axel/Park, Peter (1995), Darlehensvereinbarungen als Ursache für bilanzpolitisches Verhalten - Empirische Erkenntnisse aus den USA, in: *Zeitschrift für Betriebswirtschaft*, 65. Jg., Heft 1, S. 89-111.

Hamel, Winfried (1984), Ansatzpunkte strategischer Bilanzierung, in: *Zeitschrift für betriebswirtschaftliche Forschung*, 36. Jg., Heft 11, S. 903-912.

Han, Jerry C.Y./Wang, Shiing-wu (1998), Political Costs and earnings management of oil companies during the 1990 Persion Gulf crisis, in: *The Accounting Review*, Vol. 73, No. 1, S. 103-117.

Hand, John R. M. (1990), A test of the extended functional fixation hypothesis, in: *The Accounting Review*, Vol. 65, No. 4, S. 740-763.

Hand, John R. M. (1993), Resolving LIFO uncertainty: A theoretical and empirical examination of 1974-1975 adoptions and non-adoptions, in: *Journal of Accounting Review*, Vol. 31, No. 1, S. 21-49.

Harder, Ulrich (1962), Bilanzpolitik, Wiesbaden.

Hardes, Heinz-Dieter/Wickert, Heiko (2000), Erfolgsabhängige Beteiligungsentgelte in vergleichender europäischer Perspektive: Empirische Befunde und Erklärungsansätze, in: *Zeitschrift für Personalforschung*, 14. Jg., Heft 1, S. 52-77.

Hartung, Joachim/Elpelt, Bärbel (1999), Multivariate Statistik, 6. Aufl., Oldenbourg.

Hartung, Sven (2005), Erstanwendung von IFRS, in: Rechnungslegung für Banken nach IFRS - Praxisorientierte Einzeldarstellungen, hrsg. von Löw, E., Wiesbaden, S. 15-48.

Hayn, Carla (1995), The information content of losses, in: *Journal of Accounting and Economics*, Vol. 20, No. 2, S. 125-153.

Hayn, Sven (2006), Erstmalige Anwendung der International Financial Reporting Standards, in: WILEY-Kommentar zur internationalen Rechnungslegung nach IFRS 2006, hrsg. von Ballwieser, W. u.a., Weinheim, Abschn. 27, Rdn. 1-58.

Hayn, Sven/Bösser, Jörg/Pilhofer, Jochen (2003), Erstmalige Anwendung von International Financial Reporting Standards (IFRS 1), in: *Bertriebs-Berater*, 58. Jg., Heft 31, S. 1607-1613.

Hayn, Sven/Graf Waldersee, Georg (2006), IFRS/US-GAAP/HGB im Vergleich, 6. Aufl., Stuttgart.

Hayn, Sven/Grüne, Michael (2006), Konzernabschluss nach IFRS, München.

Hayn, Sven/Hold-Paetsch, Christiane (2005), Bilanzpolitische Gestaltungsmöglichkeiten und ihre Grenzen bei der Abschlusserstellung nach IAS/IFRS, in: Bilanzreform und Bilanzdelikte, hrsg. von Freidank, C.-C., Wiesbaden, S. 41-65.

Hayn, Sven/Stürz, Gerd (2003), Ein Meilenstein der Buchführung, in: Frankfurter Allgemeine Zeitung, 08.07.2003, S. U5.

Healy, Paul M. (1985), The effect of bonus schemes on accounting decisions, in: *Journal of Accounting and Economics*, Vol. 7, S. 85-107.

Healy, Paul M. (1999), Discussion of earnings-based bonus plans and earnings management by business managers, in: *Journal of Accounting and Economics*, Vol. 26, No. 1-3, S. 143-147.

Healy, Paul M./Kang, Sok-Hyon/Palepu, Krishna G. (1987), The effect of accounting procedure changes on CEOs' cash salary and bonus compensation, in: *Journal of Accounting and Economics*, Vol. 9, No. 1, S. 7-34.

Healy, Paul M./Palepu, Krishna G. (1993), The effect of firms' financial disclosure strategies on stock prices, in: *Accounting Horizons*, Vol. 7, No. 1, S. 1-11.

Healy, Paul M./Palepu, Krishna G. (2001), Information asymmetry, corporate disclosure, and the capital markets: A review of the empirical disclosure literature, in: *Journal of Accounting and Economics*, Vol. 31, No. 1-3, S. 405-440.

Healy, Paul M./Wahlen, James M. (1999), A Review of the Earnings Management Literature and Its Implications for Standard Setting, in: *Accounting Horizons*, Vol. 13, No. 4, S. 365-383.

Heinhold, Michael (1993), Bilanzpolitik, in: Handwörterbuch der Betriebswirtschaft, hrsg. von Wittmann, W. u.a., Band 1, 5. Aufl., Stuttgart, Rdn. 525-543.

Heintges, Sebastian (2003), Best Practice bei der Umstellung auf internationale Rechnungslegung, in: *Der Betrieb*, 56. Jg., Heft 12, S. 621-627.

Heintges, Sebastian (2005), Bilanzkultur und Bilanzpolitik in den USA und in Deutschland, 3. Aufl., Sternenfels.

Hepers, Lars (2005), Entscheidungsnützlichkeit der Bilanzierung von intangible Assets in den IFRS, Hannover.

Heurung, Rainer/Kurtz, Michael (2000), Latente Steuern nach dem Temporary Differences-Konzept: Ausgewählte Problembereiche, in: *Betriebs-Berater*, 55. Jg., Heft 35, S. 1775-1780.

Heuser, Paul J./Theile, Carsten (2007), IFRS Handbuch - Einzel- und Konzernabschluss, 3. Aufl., Köln.

Hilke, Wolfgang (2002), Bilanzpolitik, 6. Aufl., Wiesbaden.

Hinz, Michael (1994), Sachverhaltsgestaltungen im Rahmen der Jahresabschlußpolitik, Düsseldorf.

Höfer, Reinhold/Früh, Hans-Georg (2005), Zinswahl für Versorgungsverpflichtungen im Konzernabschluss 2004/2005, in: *Der Betrieb*, 58. Jg., Heft 22, S. 1177-1178.

Höppner, Martin/Krempel, Lothar (2003), The politics of the german company network, Working Paper 03/9.

Hoffmann, Wolf-Dieter (2006), § 13 Immaterielle Vermögenswerte des Anlagevermögens, in: Haufe IFRS-Kommentar, hrsg. von Lüdenbach, N./Hoffmann, W.-D., 4. Aufl., Freiburg im Breisgau, Rdn. 1-74.

Hoffmann, Wolf-Dieter/Lüdenbach, Norbert (2005), Betriebs-Berater-Forum: Übergang zu den IFRS mit Rückfahrkarte? - HGB-Bilanzierung nach vorübergehender IFRS-Anwendung, in: *Betriebs-Berater*, 60. Jg., Heft 2, S. 96-99.

Hoffmann, Wolf-Dieter/Zeimes, Markus (2006), § 6 Erstmalige Anwendung, in: Haufe IFRS-Kommentar, hrsg. von Lüdenbach, N./Hoffmann, W.-D., 4. Aufl., Freiburg im Breisgau, Rdn. 1-104.

Hofmann, Rainer (1997), Internationaler Vergleich der materiellen bilanzpolitischen Möglichkeiten großer Kapitalgesellschaften im Einzel- und Konzernabschluß, Wien u.a.

Holthausen, Robert W. (1981), Evidence on the effect of bond convenants and management compensations contracts on the choice of accounting techniques: A case of the depreciation switch-back, in: *Journal of Accounting and Economics*, Vol. 3, S. 77-117.

Holthausen, Robert W. (1990), Accounting method choice: Opportunistic behaviour, efficient contracting, and information perspectives, in: *Journal of Accounting and Economics*, Vol. 12, No. 3, S. 207-218.

Holthausen, Robert W./Larcker, David F./Sloan, Richard G. (1995), Annual bonus schemes and the manipulation of earnings, in: *Journal of Accounting and Economics*, Vol. 19, No. 1, S. 29-74.

Holthausen, Robert W./Leftwich, Richard W. (1983), The economic consequences of accounting choice: Implications of costly contracting and monitoring, in: *Journal of Accounting and Economics*, Vol. 5, S. 77-117.

Hommel, Michael/Wüstemann, Jens (2006), Synopse der Rechnungslegung nach HGB und IFRS, München.

Hopf, Gerhard/Raml, Elisabeth (2004), Umstieg auf IAS/IFRS - Gestaltungsoptionen Teil 2, in: *Österreichische Zeitschrift für Recht und Rechnungswesen*, 14. Jg., Heft 9, S. 283-284.

Hoyos, Martin/Schramm, Marianne/Ring, Maximilian (2006), § 253 HGB, in: Beck'scher Bilanzkommentar, hrsg. von Ellrott, H./Förschle, G./Hoyos, M./Winkeljohann, N., 6. Aufl., München, Rdn. 201-400.

Hüffer, Uwe (2002), Aktiengesetz, 5. Aufl., München.

Hütten, Christoph/Lorson, Peter (2000), Internationale Rechnungslegung in Deutschland - Teil 1: Begriff und Phasen der Internationalisierung, in: *Betrieb und Wirtschaft*, 54. Jg., Heft 13, S. 521-527.

Hunt, Herbert G. (1985), Potential Determinants of corporate inventory accounting decisions, in: *Journal of Accounting Research*, Vol. 23, No. 2, S. 448-467.

IDW (1999), IDW Stellungnahme zur Rechnungslegung: Einzelfragen zur Anwendung von IAS (IDW RS HFA 2), in: *Die Wirtschaftsprüfung*, 52. Jg., Heft 15, S. 591-601.

IDW (2000), IDW Rechnungslegungshinweis: Ende des Wertaufhellungszeitraums bei der Aufstellung und Prüfung eines erstmaligen IAS-Abschlusses (IDW RH HFA 1.001), Düsseldorf.

IDW (2001), IDW Stellungnahme: E-DRS 12 „Latente Steuern im Konzernabschluss", in: *Die Wirtschaftsprüfung*, 54. Jg., Heft 19, S. 1087-1093.

IDW (2005), IDW Prüfungsstandard: Grundsätze für die ordnungsgemäße Erteilung von Bestätigungsvermerken bei Abschlussprüfungen (IDW PS 400), in: *Die Wirtschaftsprüfung*, 58. Jg., Heft 24, S. 1382-1402.

IDW (2006), IDW Stellungnahme zur Rechnungslegung: Einzelfragen zur erstmaligen Anwendung der International Financial Reporting Standards nach IFRS 1 (IDW ERS HFA 19), in: *Die Wirtschaftsprüfung*, 59. Jg., Heft 21, S. 1376-1380.

Imhof, Eugene A. (1977), Income smoothing - a case for doubt, in: *Accounting Journal*, Spring, S. 85-100.

Inoue, Tatsuo/Thomas, Wayne B. (1996), The choice of accounting policy in Japan, in: *Journal of International Financial Management and Accounting*, Vol. 7, No. 1, S. 1-23.

Jasper, Thomas/Delvai, Karen (2005), Betriebliche Altersversorgung im Fokus des Kapitalmarkts - Pensionsverpflichtungen in den Jahresabschlüssen der DAX 30-Unternehmen - Update 2005, in: *Finanz Betrieb*, 7. Jg., Heft 7-8, S. 506-512.

Jebens, Thomas (2003), Was bringen die IFRS oder IAS dem Mittelstand?, in: *Der Betrieb*, 56. Jg., Heft 44, S. 2345-2350.

Jensen, Michael C./Meckling, William H. (1976), Theory of the firm: managerial behaviour, agency cost, and ownership structure, in: *Journal of Financial Economics*, Vol. 3, No. 4, S. 305-360.

Jermakowicz, Eva K. (2004), Effects of adoption of international financial reporting standards in Belgium: The evidence from BEL-20 companies, in: *Accounting in Europe*, Vol. 1, S. 51-70.

Johnson, W. Bruce/Dhaliwal, Dan S. (1988), LIFO Abandonment, in: *Journal of Accounting Research*, Vol. 26, No. 2, S. 236-272.

Jones, Jennifer J. (1991), Earnings management during import relief investigations, in: *Journal of Accounting Research*, Vol. 29, No. 2, S. 193-228.

Joos, Peter (2000), Discussion of the economic consequences of increased disclosure, in: *Journal of Accounting Research*, Supplement, Vol. 38, No. 3, S. 125-136.

Jost, Peter-J. (2001), Die Prinzipal-Agenten-Theorie im Unternehmenskontext, in: Die Prinzipal-Agenten-Theorie in der Betriebswirtschaftslehre, hrsg. von Jost, P.-J., Stuttgart, S. 11-43.

Kahnemann, Daniel/Tversky, Amos (1979), Prospect theory: An analysis of decision under risk, in: *Econometrica*, Vol. 47, No. 2, S. 263-291.

Kamin, Jacob Y./Ronen, Joshua (1978), The smoothing of income numbers: Some empirical evidence on systematic differences among management-controlled and owner-controlled firms, in: *Accounting Organizations and Society*, Vol. 3, No. 2, S. 141-157.

Kasznik, Ron (1999), On the association between voluntary disclosure and earnings management, in: *Journal of Accounting Research*, Vol. 37, No. 1, S. 57-81.

Kasznik, Ron/Lev, Baruch (1995), To warn or not to warn: Management disclosure in the face of an earnings surprise, in: *The Accounting Review*, Vol. 70, No. 1, S. 113-134.

Kasznik, Ron/McNichols, Maureen F. (2002), Does meeting expectations matter? Evidence from analyst forecast revisions and share prices, in: *Journal of Accounting Research*, Vol. 40, No. 3, S. 727-759.

Kellner, Sandra/Ortner, Johannes (2002), Financial Covenants: Instrument der Risikofrüherkennung, in: *Bankinformation und Genossenschaftsforum*, 29. Jg., Heft 8, S. 72-75.

Kelly, Lauren (1985), Corporate management lobbying on FAS No. 8: Some further evidence, in: *Journal of Accounting Research*, Vol. 23, No. 2, S. 619-632.

Kengelbach, Jens/Roos, Alexander (2006), Entflechtung der Deutschland AG - Empirische Untersuchung der Reduktion von Kapital- und Personenverflechtungen zwischen deutschen börsennotierten Gesellschaften, in: *M&A Review*, 16. Jg., Heft 1, S. 1-21.

Kennedy, Peter (2003), A Guide to Econometrics, 5th ed., Cambridge.

Kim, Moon-Tae/Wee, June-Bok/Jeon, Seong-Il (2006), Controlling effects of corporate bonds grading system on earnings management, in: *Asia-Pacific Journal of Financial Studies*, Vol. 35, No. 5, S. 45-74.

Kirsch, Hanno (2003a), Erstmalige Aufstellung des IFRS-Konzernabschlusses, in: *Steuern und Bilanzen*, 5. Jg., Heft 20, S. 913-920.

Kirsch, Hanno (2003b) B 235 Latente Steuern, in: Beck'sches Handbuch der Rechnungslegung, hrsg. von Castan, E./Böcking, H.-J./Heymann, G./Pfitzer, N./Scheffler, E., München, Rdn. 1-145.

Kirsch, Hanno (2003c), Praktische Konsequenzen bei der Umstellung des Jahresabschlusses auf IAS/IFRS - Erleichterungen nach dem neuen Standard IFRS 1, in: *Bilanzbuchhalter und Controller*, 27. Jg., Heft 9, S. 193-197.

Kirsch, Hanno (2006), Beurteilung des bilanzpolitischen Instrumentariums der IFRS-Rechnungslegung, in: *Betrieb-Berater*, 61. Jg., Heft 23, S. 1266-1271.

Kirsch, Hanno (2007), Bilanzpolitik in IFRS-SME Abschlüssen nach den Vorstellungen des Staff Drafts, in: *Zeitschrift für internationale Rechnungslegung*, 4. Jg., Heft 1, S. 45-51.

Kirsch, Hans-Jürgen/Dohrn, Matthias/Wirth, Jörn (2002), Rechnungslegungs- und Prüfungspraxis der DAX-100-Unternehmen - Bestandsaufnahme und Auswirkungen der EU-Verordnung zur Anwendung internationaler Rechnungslegungsstandards, in: *Die Wirtschaftsprüfung*, 55. Jg., Heft 22, S. 1217-1231.

Kleekämper, Heinz/Knorr, Liesel/Somes, Karen/Bischof, Stefan/Doleczik, Günter (2003), IAS 1 – Darstellung des Abschlusses (Presentation of Financial Statements), in: Rechnungslegung nach International Accounting Standards (IAS) - Kommentar auf der Grundlage des deutschen Bilanzrechts, hrsg. von Baetge, J./Dörner, D./Kleekämper, H./Wollmert, P./Kirsch, H.-J., 2. Aufl., Teil B: Kommentierung der IASB-Standards, Stuttgart, Rdn. 1-252.

Klein, Hans-Dieter (1989), Konzernbilanzpolitik, Heidelberg.

Klein, Oliver (2001), Die Bilanzierung latenter Steuern nach HGB, IAS und US-GAAP im Vergleich, in: *Deutsches Steuerrecht*, 40. Jg., Heft 34, S. 1450-1456.

Kleindiek, Detlef (2002), § 249 HGB, in: HGB-Bilanzrecht – 1. Teilband: §§ 238-289 HGB, hrsg. von Ulmer, P., Berlin u.a., Rdn. 1-85.

Klöpfer, Elisabeth (2006), Bilanzpolitisches Gestaltungspotenzial bei der Umstellung der Rechnungslegung von HGB auf IFRS, Hamburg.

Knorr, Liesel/Wendlandt, Klaus (2002), Standardentwurf zur erstmaligen Anwendung von International Financial Reporting Standards (IFRS), in: *Kapitalmarktorientierte Rechnungslegung*, 2 Jg., Heft 5, S. 201-206.

Köhler, Annette G./ Marten, Kai-Uwe/Schlereth, Dieter/Crampton, Adrian (2003), Praxisbefragung: Erfahrungen von Unternehmen bei der Umstellung von HGB auf IAS/IFRS oder US-GAAP, in: *Betriebs-Berater*, 58. Jg., Heft 49, S. 2615-2621.

Kothari, S. P. (2001), Capital market research in accounting, in: *Journal of Accounting and Economics*, Vol. 31, No. 1-3, S. 105-231.

KPMG (2004), Introduction of IFRS – Analyst Research Survey.

Krafft, Manfred (1997), Der Ansatz der logistischen Regression und seine Interpretation, in: *Zeitschrift für Betriebswirtschaft*, 67. Jg., Heft 6, S. 625-642.

Krog, Markus (1998), Rechnungslegungspolitik im internationalen Vergleich, Landsberg/Lech.

Krones AG (2003), Geschäftsbericht 2003.

Kühnberger, Manfred/Stachuletz, Rainer (1986), Kritische Anmerkungen zu einigen neueren Entwicklungen in der Bilanzpolitik, in: *Die Betriebswirtschaft*, 46. Jg., Heft 3, S. 356-372.

Kümpel, Thomas (2004a), IFRS 1 als Standard für die erstmalige Anwendung der International Financial Reporting Standards, in: *bilanz & buchhaltung*, 49. Jg., Heft 4, S. 148-157.

Kümpel, Thomas (2004b), Finanzinvestitionen in Immobilien (investment properties), in: *bilanz & buchhaltung*, 49. Jg., S. 17-28.

Küting, Karlheinz (1996), Grundlagen der Bilanzpolitik, in: *Buchführung, Bilanz, Kostenrechnung*, Nr. 42, Fach 19, S. 363-386.

Küting, Karlheinz (2005a), Der Geschäfts- oder Firmenwert als Schlüsselgröße der Analyse von Bilanzen deutscher Konzerne - Eine empirische Analyse zur HGB-, IFRS- und US-GAAP-Bilanzierung, in: *Der Betrieb*, 58. Jg., Heft 51/52, S. 2757-2765.

Küting, Karlheinz (2005b), Die Bedeutung der Fair Value-Bewertung für Bilanzanalyse und Bilanzpolitik, in: Fair Value - Bewertung in Rechnungswesen, Controlling und Finanzwirtschaft, hrsg. von Bieg, H./Heyd, R., München, S. 495-516.

Küting, Karlheinz (2006), Der Stellenwert der Bilanzanalyse und Bilanzpolitik im HGB- und IFRS-Bilanzrecht, in: *Der Betrieb*, 59. Jg., Heft 51/52, S. 2753-2762.

Küting, Karlheinz/Dürr, Ulrike/Zwirner, Christian (2002), Internationalisierung der Rechnungslegung in Deutschland - Ausweitung durch die Unternehmen des SMAX ab 2002, in: *Kapitalmarktorientierte Rechnungslegung*, 2. Jg., Heft 1, S. 1-13.

Küting, Karlheinz/Gattung, Andreas/Wirth, Johannes (2004), Zeitpunkt der erstmaligen Aussetzung der planmäßigen Abschreibung des Geschäfts- oder Firmenwerts nach IFRS 3, in: *Kapitalmarktorientierte Rechnungslegung*, 4. Jg., Heft 6, S. 247-249.

Küting, Karlheinz/Hayn, Sven (1996), Übergang auf die internationalisierte Konzernrechnungslegung - Technik und wesentliche Auswirkungen, in: *Wirtschaftsprüfer-Kammer Mitteilungen*, 35. Jg., Heft 4, S. 250-263.

Küting, Karlheinz/Kaiser, Thomas (1994), Bilanzpolitik in der Unternehmenskrise, in: *Betriebs-Berater*, 49. Jg., Beilage 2 zu Heft 3, S. 1-18.

Küting, Karlheinz/Keßler, Marco (2006), Pensionsrückstellungen nach HGB und IFRS: Die Bilanzierung versicherungsmathematischer Gewinne und Verluste, in: *Kapitalmarktorientierte Rechnungslegung*, 6. Jg., Heft 3, S. 192-206.

Küting, Karlheinz/Ranker, Daniel/Wohlgemuth, Frank (2004), Auswirkungen von Basel II auf die Praxis der Rechnungslegung, in: *Finanz Betrieb*, 6. Jg., Heft 2, S. 93-104.

Küting, Karlheinz/Reuter, Michael (2006), Erhaltene Anzahlungen in der Bilanzanalyse - HGB-, IFRS- und US-GAAP-Normen unter besonderer Berücksichtigung der Bauindustrie und des Anlagenbaus, in: *Kapitalmarktorientierte Rechnungslegung*, 6. Jg., Heft 1, S. 1-13.

Küting, Karlheinz/Weber, Claus-Peter (1994), Internationale Bilanzierung, Herne u.a.

Küting, Karlheinz/Weber, Claus-Peter (2006), Die Bilanzanalyse, 8. Aufl., Stuttgart.

Küting, Karlheinz/Weber, Claus-Peter (2006), Der Konzernabschluss, 10. Aufl., Stuttgart.

Küting, Karlheinz/Wirth, Johannes (2003), Umrechnung von Fremdwährungsabschlüssen vollzukonsolidierender Unternehmen nach IAS/IFRS, in: *Kapitalmarktorientierte Rechnungslegung*, 3. Jg., Heft 9, S. 376-387.

Küting, Karlheinz/Wirth, Johannes (2004), Bilanzierung von Unternehmenszusammenschlüssen nach IFRS 3, in: *Kapitalmarktorientierte Rechnungslegung*, 4. Jg., Heft 5, S. 167-177.

Küting, Karlheinz/Wirth, Johannes (2006), Discontinued Operations und die veräußerungsorientierte Bilanzierung nach IFRS 5: ein Mehrwert für die Berichterstattung?, in: *Kapitalmarktorientierte Rechnungslegung*, 6. Jg., Heft 12, S. 719-728.

Küting, Karlheinz/Zwirner, Christian (2001), Bilanzierung und Bewertung bei Film- und Medienunternehmen des Neuen Marktes - Bestandsaufnahme zwischen Theorie und Empirie, in: *Finanz Betrieb*, 3. Jg., Beilage 3, S. 1-38.

Küting, Karlheinz/Zwirner, Christian (2003), Latente Steuern in der Unternehmenspraxis: Bedeutung für die Bilanzpolitik und Unternehmensanalyse - Grundlagen sowie empirischer Befund in 300 Konzernabschlüssen von in Deutschland börsennotierten Unternehmen, in: *Die Wirtschaftsprüfung*, 56. Jg., Heft 7, S. 301-316.

Küting, Karlheinz/Zwirner, Christian (2005), Zunehmende Bedeutung und Indikationsfunktion latenter Steuern in der Unternehmenspraxis, in: *Betriebs-Berater*, 60. Jg., Heft 28/29, S. 1553-1562.

Küting, Karlheinz/Zwirner, Christian (2007a), Quantitative Auswirkungen der IFRS-Rechnungslegung auf das Bilanzbild in Deutschland, in: *Kapitalmarktorientierte Rechnungslegung*, 7. Jg., Heft 2, S. 92-102.

Küting, Karlheinz/Zwirner, Christian (2007b), Analyse quantitativer Reinvermögenseffekte durch die Anwendung der IFRS, in: *Kapitalmarktorientierte Rechnungslegung*, 7. Jg., Heft 3, S. 142-154.

Küting, Karlheinz/Zwirner, Christian (2007c), Abgrenzung latenter Steuern nach IFRS in der Bilanzierungspraxis in Deutschland: Dominanz der steuerlichen Verlustvorträge, in: *Die Wirtschaftsprüfung*, 60. Jg., Heft 13, S. 555-562.

Kuhn, Steffen/Scharpf, Paul (2004a), Finanzinstrumente: Welche Gestaltungsspielräume enthalten die Regelungen zur erstmaligen Anwendung von IAS 32 und IAS 39 für die Praxis?, in: *Der Betrieb*, 57. Jg., Heft 6, S. 261-264.

Kuhn, Steffen/Scharpf, Paul (2004b), Finanzinstrumente: Neue (Teil-) Exposure Drafts zu IAS 39 und Vorstellung des Exposure Drafts 7, in: *Kapitalmarktorientierte Rechnungslegung*, 4. Jg., Heft 9, S. 381-389.

Kußmaul, Heinz/Lutz, Richard (1993), Instrumente der Bilanzpolitik - Systematisierungsmöglichkeiten und Bewertungskriterien, in: *Wirtschaftswissenschaftliches Studium*, 22. Jg., Heft 8, S. 399-403.

Lachnit, Wolfgang/Müller, Stefan (2004), Bilanzanalytische Behandlung von Pensionsverpflichtungen, in: *Der Betrieb*, 57. Jg., Heft 10, S. 497-506.

Lambert, Richard A. (1984), Income smoothing as rational equilibrium behavior, in: *The Accounting Review*, Vol. 59, No. 4, S. 604-618.

Langenbucher, Günther (2005), Latente Steuern - ein wesentliches Problem bei der Umstellung auf und Anwendung der IFRS, in: *Betriebs-Berater*, 60. Jg., Beilage 3 zu Heft 20, S. 23-26.

Langmann, Christian (2007), Stock market reaction and stock option plans: Evidence from Germany, in: *Schmalenbach Business Review*, Vo. 59, No. 1, S. 85-106.

Leftwich, Richard W. (1980), Market failure fallacies and accounting informations, in: *Journal of Accounting and Economics*, Vol. 2, No. 3, S. 193-211.

Leftwich, Richard W. (1983), Accounting information in private markets: Evidence from private lending agreements, in: *The Accounting Review*, Vol. 58, No. 1, S. 23-42.

Leftwich, Richard W. (1990), Aggregation of test statistics: Statistics vs. economics, in: *Journal of Accounting and Economics*, Vol. 12, No. 1-3, S. 37-44.

Lehner, Gabriele/Kickinger, Martina (2003), Erstmalige Aufstellung eines IFRS-Abschlusses - IFRS 1 im Überblick, in: *Österreichische Zeitschrift für Recht und Rechnungswesen*, 13. Jg., Heft 9, S. 276-282.

Leibfried, Peter/Meixner, Philipp (2006), Konvergenz der Rechnungslegung, in: *Der Schweizer Treuhänder*, 80. Jg., Heft 4, S. 210-215.

Leibfried, Peter/Pfanzelt, Stefan (2004), Praxis der Bilanzierung von Forschungs- und Entwicklungskosten gemäß IAS/IFRS - Eine empirische Untersuchung deutscher Unternehmen, in: *Kapitalmarktorientierte Rechnungslegung*, 6. Jg., Heft 12, S. 491-497.

Leibfried, Peter/Rogowski, Carmen (2005), Mögliche zukünftige Leasingbilanzierung nach IFRS - Empirische Untersuchung der bilanziellen Auswirkungen auf DAX- und MDAX-Unternehmen, in: *Kapitalmarktorientierte Rechnungslegung*, 5. Jg., Heft 12, S. 552-555.

Leuner, Rolf/Lehmeier, Oliver (2007), Renaissance von Stock Option Programmen - Eine vergleichende Analyse der Ausgestaltung von neu aufgelegten Stock Option Programmen der Jahre 2004-2006, in: *Finanz Betrieb*, 9. Jg., Heft 6, S. 364-371.

Leuner, Rolf/Lehmeier, Oliver/Rattler, Thomas (2004), Entwicklungen und Tendenzen bei Stock Option Modellen, in: *Finanz Betrieb*, 6. Jg., Heft 4, S. 258-268.

Leuner, Rolf/Lehmeier, Oliver/Rattler, Thomas (2002), Studie zu Entwicklungen und Tendenzen bei Stock-Option-Modellen anhand von 70 Beteiligungsprogrammen, in: *Finanz Betrieb*, 4. Jg., Heft 1, S. 12-25.

Leuz, Christian/Deller, Domenic/Stubenrath, Michael (1998), An international comparison of accounting-based payout restrictions in the United States, United Kingdom and Germany, in: *Accounting and Business Research*, Vol. 28, No. 2, S. 111-129.

Leuz, Christian/Nanda, Dhananjay/Wysocki, Peter (2003), Earnings management and investor protection: An international comparison, in: *Journal of Financial Economics*, Vol. 69, No. 3, S. 505-527.

Leuz, Christian/Verrecchia, Robert E. (2000), The economic consequences of increased disclosure, in: *Journal of Accounting Research*, Supplement, Vol. 38, S. 91-124.

Leuz, Christian/Wüstemann, Jens (2003), The role of accounting in the German Financial System, CFS Working Paper Series No. 2003/16.

Lev, Baruch/Ohlson, James A. (1982), Market-based empirical research in accounting: A review, interpretation, and extension, in: *Journal of Accounting Research*, Supplement, Vol. 20, S. 249-322.

Levitt, Arthur (1998), The importance of high quality accounting standards, in: *Accounting Horizons*, Vol. 12, No. 2, S. 79-82.

Levitt, Arthur (1998), The „numbers game", http://www.sec.gov/news/speech/speecharchive/1998/spch220.txt.

Lindemann, Jens (2004), Rechnungslegung und Kapitalmarkt, Lohmar.

Lindemann, Jens (2006), Kapitalmarktrelevanz der Rechnungslegung - Konzepte, Methodik und Ergebnisse empirischer Forschung, in: *Zeitschrift für Betriebswirtschaft*, 76. Jg., Heft 10, S. 967-1003.

Linn, Scott C./Park, Daniel (2005), Outside director compensation policy and the investment opportunity set, in: *Journal of Corporate Finance*, Vol. 11, No. 4, S. 680-715.

Löcke, Jürgen (1998), Erstmalige Aufstellung befreiender IAS-Konzernabschlüsse nach Interpretation SIC-8, in: *Der Betrieb*, 51. Jg., Heft 36, S. 1777-1780.

Löcke, Jürgen (1999), Der Materiality-Grundsatz bei Jahres- und Konzernabschlüssen nach International Accounting Standards, in: *Betriebs-Berater*, 54. Jg., Heft 6, S. 307-313.

Loitz, Rüdiger (2003), Latente Steuern und steuerliche Überleitungsrechnung bei der Umstellung auf IAS/IFRS, in: *Kapitalmarktorientierte Rechnungslegung*, 3. Jg., Heft 11, S. 516-529.

Loitz, Rüdiger (2004), Latente Steuern und steuerliche Überleitungsrechnung - Unterschiede zwischen IAS/IFRS und US-GAAP, in: *Die Wirtschaftsprüfung*, 57. Jg., Heft 21, S. 1177-1194.

Loitz, Rüdiger/Rössel, Carsten (2002), Die Diskontierung von latenten Steuern, in: *Der Betrieb*, 55. Jg., Heft 13, S. 645-651.

Lopez, Thomas J./Rees, Lynn (2002), The effect of beating and missing analysts' forecasts on the information content of unexpected earnings, in: *Journal of Accounting, Auditing and Finance*, Vol. 17, No. 2, S. 155-184.

Lücke, Wolfgang (1969), Bilanzstrategie und Bilanztaktik, in: *Der Betrieb*, 22. Jg., Heft 46, S. 2285-2295.

Lüdenbach, Norbert (2005), Mit Rücklagen verrechneter Goodwill bei der Entkonsolidierung, in: *Praxis der internationalen Rechnungslegung*, 1. Jg., Heft 4, S. 63-65.

Lüdenbach, Norbert/Hoffmann, Wolf-Dieter (2002), Der lange Schatten des Übergangs auf die IAS-Rechnungslegung, in: *Deutsches Steuerrecht*, 40. Jg., Heft 6, S. 231-234.

Lüdenbach, Norbert/Hoffmann, Wolf-Dieter (2003), Der Übergang von der Handels- zur IAS-Bilanz gemäß IFRS 1, in: *Deutsches Steuerrecht*, 41. Jg., Heft 35, S. 1498-1505.

Lüdenbach, Norbert/Hoffmann, Wolf-Dieter (2006), § 1 Rahmenkonzept, in: Haufe IFRS-Kommentar, hrsg. von Lüdenbach, N./Hoffmann, W.-D., 4. Aufl., Freiburg im Breisgau, Rdn. 1-124.

Lüdenbach, Norbert/Hoffmann, Wolf-Dieter (2007), Der Standardentwurf des IASB für den Mittelstand, in: *Deutsches Steuerrecht*, 45. Jg., Heft 12, S. 544-549.

Lutz-Ingold, Martin (2005), Immaterielle Güter in der externen Rechnungslegung, Wiesbaden.

Maddala, Gangadharrao S. (2002), Introduction of econometrics, 3th ed., Chichester u.a.

Marten, Kai-Uwe/Weiser, Felix/Köhler, Annette G. (2003), Aktive latente Steuern auf steuerliche Verlustvorträge: zunehmende Tendenz zur Aktivierung, in: *Betriebs-Berater*, 58. Jg., Heft 44, S. 2335-2341.

Marx, Franz Jürgen/Köhlmann, Sarah (2005), Bilanzierung von Entsorgungsverpflichtungen nach HGB und IFRS - vergleichende Analyse der Abbildung von Altlastensanierung, Abfallentsorgung sowie Rekultivierung und Stilllegung von Anlagen, in: *Steuern und Bilanzen*, 7. Jg., Heft 16, S. 693-702.

Mayer-Sommer, Alan P. (1979), Understanding and acceptance of the efficient markets hypothesis and its accounting implications, in: *The Accounting Review*, Vol. 54, No. 1, S. 88-106.

McFadden, Daniel (1974), Conditional logit analysis of qualitative choice behaviour, in: Frontiers of Econometrics, hrsg. von Zarembka, P., New York, S. 105-142.

McNichols, Maureen F. (2000), Research design issues in earnings management studies, in: *Journal of Accounting and Public Policy*, Vol. 19, S. 313-345.

Michelson, Stuart E./Jordan-Wagner, James/Wootton, Charles W. (1995), A market based analysis of income smoothing, in: *Journal of Business Finance & Accounting*, Vol. 22, No. 8, S. 1179-1193.

Missonier-Piera, Franck (2004), Economic determinants of multiple accounting method choices in a swiss context: *Journal of International Financial Management and Accounting*, Vol. 15, No. 2, S. 118-144.

Moehrle, Stephen R. (2002), Do firms use restructuring charge reversals to meet earnings targets?, in: *The Accounting Review*, Vol. 77, No. 2, S. 397-413.

Möller, Hans Peter (1985), Die Informationseffizienz des deutschen Kapitalmarkts, in: *Zeitschrift für betriebswirtschaftliche Forschung*, 37. Jg., Heft 6, S. 500-518.

Mohrman, Mary Beth (1996), The use of fixed GAAP provisions in debt contracts, in: *Accounting Horizons*, Vol. 10, No. 3, S. 78-91.

Monsen, R. Joseph/Downs, Anthony (1965), A theory of large managerial firms, in: *The Journal of Political Economy*, Vol. 73, No. 3, S. 221-236.

Moody's (2004), Ratingsymbole und –definitionen..

Moody's (2004), Special Comment - The Impact of International Financial Reporting Standards ('IFRS', formerly known as IAS) on the Credit Ratings of European Corporates.

Morse, Dale/Richardson, Gordon (1983), The LIFO/FIFO decision, in: *Journal of Accounting Research*, Vol. 21, No. 1, S. 106-127.

Moses, O. Douglas (1987), Income smoothing and incentives: Empirical tests using accounting changes, in: *The Accounting Review*, Vol. 62, No. 2, S. 358-377.

Moxter, Adolf (1962), Der Einfluß von Publizitätsvorschriften auf das unternehmerische Verhalten, Köln u.a.

Müller, Eberhard (1982), Praktische Bilanzierungsprobleme im Vergleich USA/Deutschland, in: *Zeitschrift für betriebswirtschaftliche Forschung*, 34. Jg., S. 249-257.

Müller, Klaus/Stelzer, Brigitte (2005), E Vorstand, in: Deutscher Corporate Governance Kodex, hrsg. von Pfitzer, N./Oser, P./Orth, C., 2. Aufl., Stuttgart, S. 105-143.

Müller, Stefan (2006), § 313 HGB, in: Bilanzrecht, hrsg. von Baetge, J./Kirsch, H.-J../Thiele, S., Bonn/Berlin, Rdn. 1-571.

Müller, Stefan/Wulf, Inge (2005), Abschlusspolitisches Potenzial deutscher Unternehmen im Jahr 2005 unter besonderer Berücksichtigung der IFRS-Erstanwendung, in: *Betriebs-Berater*, 60. Jg., Heft 23, S. 1267-1273.

Müller, Uwe (2006), Rating der National-Bank: Kriterien, Bewertungen und Notenskalen, in: Rating nach Basel II - Herausforderungen für den Mittelstand, hrsg. von Reichmann, T./Pyszny, U., München, S. 55-72.

Mujkanovic, Robin (2002), Fair Value im Financial Statement nach International Accounting Standards, Stuttgart.

Munsch, Michael (2006), Externes Rating – Ratingprozess und Ratingkriterien am Beispiel der Creditreform Rating AG, in: Rating nach Basel II - Herausforderungen für den Mittelstand, hrsg. von Reichmann, T./Pyszny, U., München, S. 233-254.

Murphy, Kevin J. (1999), Executive compensation, in: Handbook of Labor Economics, hrsg. von Ashenfelter, O./Card, D., 3. Aufl., North Holland, S. 1-90.

Murphy, Kevin J./Zimmerman, Jerold L. (1993), Financial performance surrounding CEO turnover, in: *Journal of Accounting and Economics*, Vol. 16, No. 1-3, S. 273-315.

Myers, Linda A./Skinner, Douglas J. (1999), Earnings momentum and earnings management, Working Paper.

Naumann, Klaus-Peter (2005), Die Begleitung der Umstellung des Rechnungswesens mittelständischer Unternehmen durch den Wirtschaftsprüfer, in: IFRS für den Mittelstand?, hrsg. von Marten, K.-U./Quick, R./Ruhnke, K., Düsseldorf, S. 113-151.

Nichols, D. Craig/Wahlen, James M. (2004), How do earnings numbers relate to stock returns? A review of classic accounting research with updated evidence, in: *Accounting Horizons*, Vol. 18, No. 4, S. 263-286.

Niehaus, Gregory R. (1989), Ownership structure and inventory method choice, in: *The Accounting Review*, Vol. 64, No. 2, S. 269-284.

Nitzsch, Rüdiger von (1998), Prospect Theory und Käuferverhalten, in: *Die Betriebswirtschaft*, 58. Jg., Nr. 5, S. 622-634.

Nobach, Kai (2006), Bedeutung der IAS/IFRS für die Bilanzpolitik deutscher Unternehmen, Herne.

Nobes, Christopher (2006), The survival of international differences under IFRS: towards a research agenda, in: *Accounting and Business Research*, Vol. 36, No. 3, S. 233-245.

Nordmeyer, Andreas (1997), B 212 Sachanlagen, in: Beck'sches Handbuch der Rechnungslegung, hrsg. von Castan, E./Böcking, H.-J./Heymann, G./Pfitzer, N./Scheffler, E., München, Rdn. 1-260.

Noreen, Eric (1988), An empirical comparison of probit and OLS regression hypothesis tests, in: *Journal of Accounting Research*, Vol. 26, No. 1, S. 119-133.

o.V. (2007a), „IFRS-Bilanzierung verzerrt Gewinne", in: *Börsen-Zeitung*, 12.01.2007, S. 11.

o.V. (2007b), Neue Bilanzregeln verwirren, in: *Handelsblatt*, 12.01.2007, S. 28.

Obermüller, Manfred (1987), Ersatzsicherheiten im Kreditgeschäft, Wiesbaden.

Oehler, Ralph (2006), Auswirkungen einer IFRS-Umstellung auf das Kreditrating mittelständischer Unternehmen, in: *Der Betrieb*, 58. Jg., Heft 3, S. 113-119.

Ordelheide, Dieter (1995), Aktivische latente Steuern bei Verlustvorträgen im Einzel- und Konzernabschluss, in: Internationale Wirtschaftsprüfung, hrsg. von Lanfermann, J., Düsseldorf, S. 601-623.

Ordelheide, Dieter (1998), Bedeutung und Wahrung des Kongruenzprinzips („clean surplus") im internationalen Rechnungswesen, in: Unternehmensberatung und Wirtschaftprüfung, hrsg. von Matschke, M. J. u.a., S. 515-530.

Ordelheide, Dieter (1998), Wettbewerb der Rechnungslegungssysteme IAS, US-GAAP und HGB - Plädoyer für eine Reform des deutschen Bilanzrechts, in: Controlling und Rechnungswesen im internationalen Wettbewerb, hrsg. von Börsig, C./Coenenberg A. G., Stuttgart, S. 15-53.

Ormrod, Phillip/Taylor, Peter (2004), The impact of the change to International Accounting Standards on debt covenants: A UK perspective, in: *Accounting in Europe*, Vol. 1, S. 71-94.

Ossadnik, Wolfgang (1998), Rechnungslegungspolitik - Die Instrumente, in: Rechnungslegungspolitik - Eine Bestandsaufnahme aus handels- und steuerrechtlicher Sicht, hrsg. von Freidank, C.-Chr., Berlin u.a., S. 155-193.

Packmohr, Arthur (1984), Bilanzpolitik und Bilanzmanagement, Köln.

Paul, Stephan (2006), Basel II und Rating: Herausforderungen für Kreditinstitute und Unternehmen, in: Rating nach Basel II - Herausforderungen für den Mittelstand, hrsg. von Reichmann, T./Pyszny, U., München, S. 295-322.

Payne, Jeff L./Robb, Sean W. G. (2000), Earnings management: The effect of ex ante earnings expectations, in: *Journal of Accounting, Auditing and Finance*, Vol. 15, No. 4, S. 371-392.

Pawelzik, Kai Udo (2006), IFRS-Abschlüsse für den Mittelstand - Warum eigentlich nicht?, in: *Der Betrieb*, 59. Jg., Heft 15, S. 793-797.

Peemöller, Volker H. (2003), Bilanzanalyse und Bilanzpolitik, 3. Aufl., Wiesbaden.

Peemöller, Volker H./Fischer, Jochen M. (2001), Internationalisierung der externen Rechnungslegung, in: *Datenverarbeitung, Steuer, Wirtschaft, Recht*, 30. Jg., Heft 6, S. 142-147.

Peemöller, Volker H./Hofmann, Stefan (2005), Bilanzskandale: Delikte und Gegenmaßnahmen, Berlin.

Pellens, Bernhard (1989), Der Informationswert von Konzernabschlüssen, Wiesbaden.

Pellens, Bernhard/Bonse, Andreas/Gassen, Joachim (1998), Perspektiven der deutschen Konzernrechnungslegung - Auswirkungen des Kapitalaufnahmeerleichterungsgesetzes und des Gesetzes zur Kontrolle und Transparenz im Unternehmensbereich, in: *Der Betrieb*, 51. Jg., Heft 16, S. 785-792.

Pellens, Bernhard/Crasselt, Nils (2005), Funding strategies for defined benefit pension plans and the measurement of leverage risk, in: *Schmalenbach Business Review*, Special Issue, Vol. 57, S. 3-32.

Pellens, Bernhard/Crasselt, Nils (2006), Exkurs: Bilanzierung von Aktienoptionsplänen, in: Bilanzrecht, hrsg. von Baetge, J./Kirsch, H.-J./Thiele, Bonn/Berlin, § 272 HGB, Rdn. 801-921.

Pellens, Bernhard/Crasselt, Nils/Sellhorn, Thorsten (2006), Bilanzierung leistungsorientierter Pensionszusagen nach IFRS: Auswirkungen auf die intertemporale Ergebnisvolatilität, in: *Zeitschrift für Betriebswirtschaft*, Special Issue, 75. Jg., Heft 6, S. 111-138.

Pellens, Bernhard/Detert, Karsten (2003), IFRS 1 „First-time Adoption of International Financial Reporting Standards" - Neue Regelung zur erstmaligen Anwendung der IFRS, in: *Kapitalmarktorientierte Rechnungslegung*, 3. Jg., Heft 9, S. 369-376.

Pellens, Bernhard/Epstein, Rolf/Barth, Daniela/Ruhwedel, Peter/Sellhorn, Thorsten (2003), Goodwill Impairment Test - ein empirischer Vergleich der IFRS- und US-GAAP-Bilanzierer im deutschen Prime Standard, in: *Betriebs-Berater*, 60. Jg., Beilage 10 zu Heft 39, S. 10-18.

Pellens, Bernhard/Fülbier, Rolf Uwe (2000), Ansätze zur Erfassung immaterieller Werte, in: Zur Rechnungslegung nach International Accounting Standards (IAS), hrsg. von Baetge, J., Düsseldorf, S. 35-77.

Pellens, Bernhard/Fülbier, Rolf Uwe/Gassen, Joachim (2006), Internationale Rechnungslegung, 5. Aufl., Stuttgart.

Pellens, Bernhard/Fülbier, Rolf Uwe/Sellhorn, Thorsten (2004), Bilanzierung leistungsorientierter Pensionspläne bei deutschen und US-amerikanischen Unternehmen - Vorschlag und Simulation einer Weiterentwicklung von SFAS 87, in: *Die Betriebswirtschaft*, 64. Jg., Heft 2, S. 133-153.

Pellens, Bernhard/Gassen, Joachim/Richard, Marc (2003), Ausschüttungspolitik börsennotierter Unternehmen in Deutschland, in: *Die Betriebswirtschaft*, 63. Jg., Heft 3, S. 309-332.

Pellens, Bernhard/Sürken, Silke (1998), Rechnungslegungspolitische Spielräume im Rahmen der International Accounting Standards, in: Rechnungslegungspolitik – Eine Bestandsaufnahme aus handels- und steuerrechtlicher Sicht, hrsg. von Freidank, C.-Chr., Berlin u.a., S. 195-228.

Pellens, Bernhard/Sellhorn, Thorsten/Amshoff, Holger (2005), Reform der Konzernbilanzierung – Neufassung von IFRS 3 „Business Combinations", in: *Die Betriebswirtschaft*, 58. Jg., Heft 33, S. 1749-1755.

Pellens, Bernhard/Tomaszewski, Claude (1999), Kapitalmarktreaktionen auf den Rechnungslegungswechsel zu IAS bzw. US-GAAP, in: Rechnungswesen und Kapitalmarkt, hrsg. von Gebhardt, G./Pellens, B., Zeitschrift für betriebswirtschaftliche Forschung, Sonderheft 43, Düsseldorf, S. 199-228.

Pellens, Bernhard/Nölte, Uwe/Berger, Ole (2007), Ergebnisprognosen durch das Management - Sind die Managementprognosen der DAX-Unternehmen zu pessimistisch?, in: *Finanz Betrieb*, 9. Jg., Heft 1, S. 24-29.

Penman, Stephen H. (1996), The articulation of price-earnings ratios and market-to-book ratios and the evaluation of growth, in: *Journal of Accounting Research*, Vol. 34, No. 2, S. 235-259.

Pfleger, Günter (1991), Die neue Praxis der Bilanzpolitik, 4. Aufl., Freiburg im Breisgau.

Pfleger, Günter (2000), Bilanzpolitik, in: Handbuch der Bilanzierung, hrsg. von Federmann, R., Freiburg im Breisgau, Abschn. 27a, Rdn. 1-126.

Pfleger, Günter (2001), Bilanzlifting, in: Handbuch der Bilanzierung, hrsg. von Federmann, R., Freiburg im Breisgau, Abschn. 27b, Rdn. 1-54.

Porsche AG (2004), Geschäftsbericht 2004.

Pourciau, Susan (1993), Earnings management and nonroutine executive changes, in: *Journal of Accounting and Economics*, Vol. 16, No. 1-3, S. 317-336.

Press, Eric G./Weintrop, Joseph B. (1990), Accounting-based constraints in public and private debt agreements, in: *Journal of Accounting and Economics*, Vol. 12, No. 1, S. 65-95.

PwC (2003), Corporate Governance & Executive Compensation, Hamburg.

PwC (2004), IAS/IFRS - Kapitalmarktorientierte Unternehmen in Deutschland - Eine Analyse der deutschen Aktien- und Anleiheemittenten vor dem Hintergrund der Internationalisierung der Rechnungslegung, Frankfurt.

PwC (2005), Trends bei Mid und Long Term Incentive Plänen 2005.

PwC (2006), IFRS: The European investor's view.

Rabeneck, Jasmin/Reichert, Gudrun (2002), Latente Steuern im Einzelabschluss (Teil II), in: *Deutsches Steuerrecht*, 40. Jg., Heft 33, S. 1409-1416.

Regierungskommission Deutscher Corporate Governance Kodex (2005), Deutscher Corporate Governance Kodex (in der Fassung vom 2. Juni 2005).

Reinhart, Alexander (1998), Die Auswirkungen der Rechnungslegung nach International Accounting Standards auf die erfolgswirtschaftliche Abschlußanalyse von deutschen Jahresabschlüssen, Frankfurt am Main u.a.

Rese, Mario/Bierend, Andrea (1999), Logistische Regression - Eine anwendungsorientierte Darstellung, in: *Wirtschaftswissenschaftliches Studium*, 28. Jg., Heft 5, S. 235-240.

Rhiel, Raimund/Stieglitz, Ralph (2005), Praxis der Rechnungslegung für Pensionen nach IAS 19 und FAS 87, in: *Der Betrieb*, 58. Jg., Heft 41, S. 2201-2203.

Richter, Nina (2004), Umstellung der Rechnungslegung auf internationale Standards gem. IFRS 1, in: *Buchführung, Bilanz, Kostenrechnung*, Nr. 18, Fach 20, S. 765-776.

Riedel, Alexander/Rau, Thilo/Tsanaclidis, Ilias (2004), Auswirkungen einer IFRS-Rechnungslegungsumstellung auf die IT-Systeme am Beispiel von SAP® R/3®, in: *Kapitalmarktorientierte Rechnungslegung*, 6. Jg., Heft 12, S. 505-520.

Robinson, John R./Shane, Philip B. (1990), Acquisition accounting method and bid premia for target firms, in: *The Accounting Review*, Vol. 65, No. 1, S. 25-48.

Ronen, Joshua/Sadan, Simcha (1975), Classificatory smoothing: Alternative income models, in: *Journal of Accounting Research*, Supplement, Vol. 13, S. 133-149.

Ronen, Joshua/Sadan, Simcha (1981), Smoothing income numbers: Objectives, means, and implications, Reading, Massachusetts u.a.

Ruhnke, Klaus (2005), Rechnungslegung nach IFRS und HGB, Stuttgart.

Ruhnke, Klaus/Schwind, Jochen (2006), Aufdeckung von fraud im Rahmen der Jahresabschlussprüfung, in: *Steuern und Bilanzen*, 8. Jg., Heft 19, S. 731-738.

Ruhwedel, Franca (2003), Eigentümerstruktur und Unternehmenserfolg, Frankfurt am Main.

Savin, N. E./White, Kenneth, J. (1977), The Durbin-Watson test for serial correlation with extreme sample sizes or many regressors, in: *Econometrica*, Vol. 45, No. 8, S. 1989-1996.

Schackmann, Markus/Behling, Nils (2004), Die Bedeutung von Covenants bei der Akquisitions- und Unternehmensfinanzierung, in: *Finanz Betrieb*, 6. Jg., Heft 12, S. 789-799.

Schäfer, Sven (1999), Entscheidungsmodelle der Konzernrechnungslegungspolitik, Landsberg/Lech.

Schäffeler, Ursula (2006), Ermittlung aktiver latenter Steuern aus steuerlichen Verlustvorträgen, in: *Zeitschrift für internationale Rechnungslegung*, Heft 3, S. 153-160.

Scharpf, Paul (2003), Kapitel 6 - Ausgewählte Bilanzierungsprobleme, in: Handbuch der Rechnungslegung - Einzelabschluss, hrsg. von Küting, K./Weber, C.-P., 5. Aufl., Stuttgart, Rdn. 801-886.

Scheld, Guido A. (1994), Konzernbilanzpolitik, Franfurt am Main.

Scheffler, Eberhard (1992), Strategische Unternehmensführung und Bilanzierung, in: Rechnungslegung - Entwicklungen bei der Bilanzierung und Prüfung von Kapitalgesellschaften, hrsg. von Moxter, A. et. al., Düsseldorf, S. 625-638.

Scheffler, Eberhard/Jünemann, Dieter (1997), B 216 Wertpapiere des Umlaufvermögens, in: Beck'sches Handbuch der Rechnungslegung, hrsg. von Castan, E./Böcking, H.-J./Heymann, G./Pfitzer, N./Scheffler, E., München, Rdn. 1-120.

Scheren, Michael (1993), Konzernabschlußpolitik, Stuttgart.

Scherrer, Gerhard (2007), Konzernrechnungslegung nach HGB und IFRS, 2. Aufl., München.

Schildbach, Thomas (1998), Latente Steuern auf permanente Differenzen und andere Kuriositäten - Ein Blick in das gelobte Land jenseits der Maßgeblichkeit, in: *Die Wirtschaftsprüfung*, 51. Jg., Heft 21, S. 939-947.

Schildbach, Thomas (1999), Externe Rechnungslegung und Kongruenz - Ursache für die Unterlegenheit deutscher verglichen mit angelsächsischer Bilanzierung?, in: *Der Betrieb*, 52. Jg., Heft 36, S. 1813-1820.

Schildbach, Thomas (2000), Der handelsrechtliche Jahresabschluss, 6. Aufl., Herne u.a.

Schildbach, Thomas (2002), US-GAAP - Amerikanische Rechnungslegung und ihre Grundlagen, 2. Aufl., München.

Schildbach, Thomas (2003), Die Zukunft des Jahresabschlusses nach HGB angesichts neuer Trends bei der Regulierung der Rechnungslegung und der IAS-Strategien der EU, in: *Steuern und Bilanzen*, 5. Jg., Heft 23, S. 1071-1078.

Schildbach, Thomas (2005), Was leistet IFRS 5? in: *Die Wirtschaftsprüfung*, 58. Jg., Heft 10, S. 554-561.

Schipper, Katherine (1989), Commentary on earnings management, in: *Accounting Horizons*, Vol. 3, No. 4, S. 91-102.

Schlenker, Annette (2006), EStG §10d Verlustabzug, in: Blümich - EstG, KStG, GewStG, hrsg. von Heuermann, B., München, Rdn. 1-349.

Schmidbauer, Rainer (2001), Der Deutsche Rechnungslegungsstandard Nr. 4 zur Bilanzierung von Unternehmenserwerben im Konzernabschluss - Vergleich mit den bestehenden handelsrechtlichen sowie internationalen Vorschriften und Analyse seiner Bindungswirkung, in: *Deutsches Steuerrecht*, 38. Jg., Heft 9, S. 365-372.

Schmidbauer, Rainer (2004), Die Fremdwährungsumrechnung nach deutschem Recht und nach den Regelungen des IASB - Vergleichende Darstellung unter Berücksichtigung von DRS 14 und den Änderungen von IAS 21, in: *Deutsches Steuerrecht*, 41. Jg., Heft 16, S. 699-704.

Schmidt, Franz (1979), Bilanzpolitik deutscher Aktiengesellschaften, Wiesbaden.

Schmidt, Lars (2006), Bilanzierung von Aktienoptionen nach IFRS 2, Frankfurt am Main.

Schmidt, Matthias/Labrenz, Helfried (2006), Konsequenzen möglicher Änderungen bei der Bilanzierung von Gemeinschaftsunternehmen nach IFRS, in: *Kapitalmarktorientierte Rechnungslegung*, 6. Jg., Heft 7-8, S. 467-476.

Schmitz, Rudolf (1988), Die Bilanzrichtlinie und ihr Beitrag zur Harmonisierung der Rechnungslegung in den EG-Staaten - Ein Überblick, in: Harmonisierung der Rechnungslegung in Europa, hrsg. von Albach, H./Klein, G., Zeitschrift für Betriebswirtschaft, Ergänzungsheft 1/88, Wiesbaden, S. 1-35.

Schorr, Gerhard/Walter, Karl-Friedrich (2006), IFRS für den deutschen Mittelstand und Kreditfinanzierung, in: *Zeitschrift für das gesamte Kreditwesen*, 59. Jg., Heft 20, S. 16-20.

Schulte, Jörn (1996), Rechnungslegung und Aktienkursentwicklung: Erklärung und Prognose von Aktienrenditen durch Einzel- und Konzernabschlussdaten, Wiesbaden.

Schulz-Danso, Martin (2006), § 25 Laufende und latente Ertragsteuern, in: Beck'sches IFRS-Handbuch, hrsg. von Bohl, W./Riese, J./Schlüter, J., München, 2. Aufl., Rdn. 1-180.

Schulze zur Wiesch, Dietrich W. (1981), Bilanzpolitik durch Sachverhaltsgestaltung - Tendenzen und Grenzen, in: 50 Jahre Wirtschaftsprüferberuf - Bericht über die Jubiläumsfachtagung vom 21. bis 23. Oktober 1981 in Berlin, hrsg. vom IDW, Düsseldorf, S. 61-70.

Schwinger, Reiner/Mühlberger, Melanie (2004), Gestaltungsspielräume bei der Erstanwendung der IFRS am Beispiel von Pensionsverpflichtungen, in: *Kapitalmarktorientierte Rechnungslegung*, 4. Jg., Heft 1, S. 29-35.

SEC Release No. 33-8397 (2004), First-Time Application of International Financial Reporting Standards.

SEC Release No. 33-8818 (2007), Acceptence from foreign private issuers of financial statements prepared in accordance with International Financial Reporting Standards without reconciliation to U.S. GAAP.

Sellhorn, Thorsten (2004), Goodwill Impairment - An Empirical Investigation of Write-Offs under SFAS 142, Frankfurt am Main.

Shivakumar, Lakshmanan (2000), Do firms mislead investors by overstating earnings before seasoned equity offerings?, in: *Journal of Accounting and Economics*, Vol. 29, No. 3, S. 339-371.

Sieben, Günter (1998), Rechnungslegungspolitik als Instrument der Unternehmensführung - Ein Überblick über die Grundlagen, Ziele und Instrumente handelsrechtlicher Rechnungslegungspolitik, in: Rechnungslegungspolitik - Eine Bestandsaufnahme aus handels- und steuerrechtlicher Sicht, hrsg. von Freidank, C.-Chr., Berlin u.a., S. 3-35.

Siegel, Theodor (2003), B 169 Wertaufholung und Zuschreibung, in: Beck'sches Handbuch der Rechnungslegung, hrsg. von Castan, E./Böcking, H.-J./Heymann, G./Pfitzer, N./Scheffler, E., München, Rdn. 1-99.

Skinner, Douglas J. (1993), The investment opportunity set and accounting procedure choice – Preliminary evidence, in: *Journal of Accounting and Economics*, Vol. 16, No. 4, S. 407-445.

Skinner, Douglas J./ Sloan, Richard G. (2002), Earnings surprises, growth expectations, and stock returns or don't let an earnings torpedo sink your portfolio, in: *Review of Accounting Studies*, Vol. 7, No. 2-3, S. 289-312.

Sloan, Richard G. (1996), Do stock prices fully reflect information in cash flows and accruals about future earnings?, in: *The Accounting Review*, Vol. 71, No. 3, S. 289-315.

Smith, Clifford W. (1993), A perspective on accounting-based debt covenant violations, in: *The Accounting Review*, Vol. 68, No. 2, S. 289-303.

Smith, Clifford W./Warner, Jerold B. (1979), On financial contracting - An analysis of bond covenant, in: *Journal of Accounting and Economics*, Vol. 1, No. 2, S. 117-161.

Smith, Clifford W./Watts, Ross L. (1992), The investment opportunity set and corporate financing, dividend, and compensation policies, in: *Journal of Financial Economics*, Vol. 32, No. 3, S. 263-292.

Smith, E. Daniel (1976), The effect of the separation of ownership from control on accounting policy decisions, in: *The Accounting Review*, Vol. 51, No. 4, S. 707-723.

Spanheimer, Jürgen/Koch, Christian (2000), Internationale Bilanzierungspraxis in Deutschland - Ergebnisse einer empirischen Untersuchung der Unternehmen des DAX und MDAX sowie des Neuen Marktes, in: *Die Wirtschaftsprüfung*, 53. Jg., Heft 7, S. 301-310.

Stahl, Anne B. (2004), Wechsel von HGB zu IAS/IFRS oder US-GAAP, Wiesbaden.

S&P (2006), Corporate Ratings Criteria, New York.

Stein, Heinz-Gerd (1993), Ziele und Maßnahmen der Konzernbilanzpolitik, in: *Zeitschrift für betriebswirtschaftliche Forschung*, 45. Jg., Heft 11, S. 973-993.

Steiner, Manfred/Bruns, Christoph (2002), Wertpapiermanagement, 8. Aufl. Stuttgart.

Streim, Hannes (1993), Wahlrechte, in: Handwörterbuch des Rechnungswesens, hrsg. von Chmielewicz, K./Schweitzer, M., 3. Aufl., Stuttgart, Sp. 2151-2159.

Streim, Hannes/Bieker, Marcus/Esser, Maik (2003), Vermittlung entscheidungsnützlicher Informationen durch Fair Values - Sackgasse oder Licht am Horizont?, in: *Betriebswirtschaftliche Forschung und Praxis*, 55. Jg., Heft 4, S. 457-479.

Streim, Hannes/Leippe, Britta (2001), Neubewertung nach International Accounting Standards - Darstellung, Anwendungsprobleme und kritische Analyse, in: Jahrbuch für Controlling und Rechnungswesen, hrsg. von Seicht, G., Wien, S. 373-411.

Strong, John S./Meyer, John R. (1987), Asset writedowns: Managerial incentives and security returns, in: *The Journal of Finance*, Vol. 42, No. 3, S. 643-663.

Strotmann, Harald (2005), Determinanten der betrieblichen Einführung von Gewinnbeteiligungsmodellen - eine empirische Analyse mit Paneldaten, in: *Zeitschrift für Betriebswirtschaft*, 75. Jg., Heft 12, S. 1193-1221.

Strunz-Happe, Anne (2005), Ein Ordnungsrahmen für Rating-Agenturen - Bericht über die internationalen und nationalen Bestrebungen, in: *Betriebswirtschaftliche Forschung und Praxis*, 57. Jg., Heft 3, S. 231-243.

Sweeney, Amy Patricia (1994), Debt-covenant violations and managers' accounting responses, in: *Journal of Accounting and Economics*, Vol. 17, No. 3, S. 281-308.

Tanski, Joachim S. (2005), Sachanlagen nach IFRS - Bewertung, Bilanzierung und Berichterstattung, München.

Tanski, Joachim S. (2006), Bilanzpolitik und Bilanzanalyse nach IFRS, München.

Teoh, Siew Hong/Welch, Ivo/Wong, T. J. (1998), Earnings management and the long-run market performance of initial public offerings, in: *The Journal of Finance*, Vol. 53, No. 6, S. 1935-1974.

Theile, Carsten (2002), Erstmalige Anwendung der International Accounting Standards: ED 1 liegt vor, in: *Der Betrieb*, 55. Jg., Heft 35, S. 1790-1792.

Theile, Carsten (2003), Erstmalige Anwendung der IAS/IFRS - Einfach unvergleichlich komplex, in: *Der Betrieb*, 56. Jg., Heft 33, S. 1745-1752.

Theile, Carsten (2007), Systematik der fair value-Ermittlung, in: *Praxis der internationalen Rechnungslegung*, 5. Jg., Heft 1, S. 1-8.

Thiele, Stefan/Breithaupt, Joachim (2002), § 253 HGB, in: Bilanzrecht, hrsg. von Baetge, J./Kirsch, H.-J./Thiele, S., Bonn/Berlin, Rdn. 1-666.

Thießen, Friedrich (1996), Covenants in Kreditverträgen: Alternative oder Ergänzung zum Insolvenzrecht?, in: *Zeitschrift für Bankrecht und Bankwirtschaft*, 8. Jg., Heft 1, S. 19-37.

Thomas, Jacob K. (1989), Unusual patterns in reported earnings, in: *The Accounting Review*, Vol. 64, No. 4, S. 773-787.

Trueman, Brett/Titman, Sheridan (1988), An explanation for accounting income smoothing, in: *Journal of Accounting Research*, Supplement, Vol. 26, S. 127-139.

Tutz, Gerhard (2000), Die Analyse kategorialer Daten, München/Wien.

Užik, Martin/Nelles, Michael (2007), Debt-Rating - Kapitalmarktreaktionen auf die Ankündigung einer Ratingveränderung, in: *Finanz Betrieb*, 9. Jg., Heft 3, S. 172-180.

van Hulle, Karel (1998), Die Zukunft der europäischen Rechnungslegung im Rahmen einer sich ändernden internationalen Rechnungslegung, in: *Die Wirtschaftsprüfung*, 51. Jg., Heft, S. 138-153.

van Hulle, Karel (2003), Von den Bilanzrichtlinien zu International Accounting Standards, in: *Die Wirtschaftsprüfung*, 56. Jg., Heft 18, S. 968-981.

van Tendeloo, Brenda/Vanstraelen, Ann (2005), Earnings management under German GAAP versus IFRS, in: *European Accounting Review*, Vol. 14, No. 1, S. 155-180.

Vater, Hendrik (2006), Überarbeitung von IAS 23 „Fremdkapitalkosten" - Konvergenz um der Konvergenz willen?, in: *Die Wirtschaftsprüfung*, 59. Jg., Heft 21, S. 1337-1345.

Veit, Klaus-Rüdiger (2002), Bilanzpolitik, München.

Vogt, Fritz Johannes (1963), Bilanztaktik, Hamburg.

von Auer, Ludwig (2005), Ökonometrie, 3. Aufl., Berlin u.a.

von Eitzen, Bernd/Helms, Svenia (2002), Aktive latente Steuern auf steuerliche Verlustvorträge nach US-GAAP - Anwendungsbesonderheiten für deutsche Unternehmen, in: *Betriebs-Berater*, 57. Jg., Heft 16, S. 823-828.

von Keitz, Isabel (1997), Immaterielle Güter in der internationalen Rechnungslegung, Düsseldorf.

von Keitz, Isabel (2005), Praxis der IASB-Rechnungslegung, 2. Aufl., Stuttgart.

von Twickel, Degenhard Freiherr (2006), GewStG §10a Gewerbeverlust, in: Blümich - EStG, KStG, GewStG, hrsg. von Heuermann, B., München, Rdn. 1-106.

von Weizsäcker, Carl C. (1982), Staatliche Regulierung - positive und normative Theorie, in: *Schweizerische Zeitschrift für Volkswirtschaft und Statistik*, 118. Jg., S. 325-343.

von Werder, Axel/Talaulicar, Till (2006), Kodex Report 2006: Die Akzeptanz der Empfehlungen und Anregungen des Deutschen Corporate Governance Kodex, in: *Der Betrieb*, 59. Jg., Heft 16, S. 849-855.

Wagenhofer, Alfred (2005), Internationale Rechnungslegungsstandards - IAS/IFRS, Frankfurt u.a.

Wagenhofer, Alfred/Ewert, Ralf (2003), Externe Unternehmensrechnung, Berlin u.a.

Wahlen, James M. (1994), The nature of information in commercial bank loan loss disclosures, in: *The Accounting Review*, Vol. 69, No. 3, S. 455-478.

Watts, Ross L. (1982), Does it pay to manipulate EPS?, in: *Chase Financial Quarterly*, S. 8-17.

Watts, Ross L. (1992), Accounting choice theory and market-based research in accounting, in: *British Accounting Review*, S. 235-267.

Watts, Ross L./Zimmerman, Jerold L. (1978), Towards a positive theory of the determination of accounting standards, in: *The Accounting Review*, Vol. 53, No. 1, S. 112-134.

Watts, Ross L./Zimmerman, Jerold L. (1979), The demand for and supply of accounting theories: The market for excuses, in: *The Accounting Review*, Vol. 54, No. 2, S. 273-305.

Watts, Ross L./Zimmerman, Jerold L. (1986), Positive Accounting Theory, London: Prentice Hall.

Watts, Ross L./Zimmerman, Jerold L. (1990), Positive accounting theory: A ten year perspective, in: *The Accounting Review*, Vol. 65, No. 1, S. 131-156.

Weber, Christoph (2003), Die Behandlung latenter Steuern im Jahresabschluss und ihr Informationsgehalt im Rahmen der Unternehmensanalyse, Frankfurt am Main.

Wells, Peter (2002), Earnings management surrounding CEO change, in: *Accounting and Finance*, Vol. 42, No. 2, S. 169-193.

White, Darron (2003), Internationale Bewertungsverfahren für das Investment in Immobilien: praktische Anwendung internationaler Bewertungsstandards, 3. Aufl., Wiesbaden.

White, Gerald I./Sondhi, Ashwinpaul C./Fried, Dov (2003), The analysis and use of financial statements, 3. Aufl., New York.

Whittred, Greg/Chan, Yoke Kai (1992), Asset revaluation and the mitigation of under-investment, in: *Abacus*, Vol. 28, No. 1, S. 58-74.

Williamson, Oliver E. (1964), The economics of discretionary behavior: Managerial objectives in a theory of the firm, Englewood Cliffs.

Winkeljohann, Norbert (2003), Basel II und Rating: Auswirkungen auf den Jahresabschluss und dessen Prüfung, in: *Die Wirtschaftsprüfung*, 56. Jg., Heft 8, S. 385-396.

Winkeljohann, Norbert/Geißler, Horst (2006), § 252, in: Beck'scher Bilanzkommentar, hrsg. von Ellrott, H./Förschle, G./Hoyos, M./Winkeljohann, N., 6. Aufl., München, Rdn. 1-87.

Winter, Stefan (2003), Erfolgsziele deutscher Aktienoptionsprogramme, in: Marktwertorientierte Unternehmensführung - Anreize und Kommunikationsaspekte, Sonderheft 50/03 der Zeitschrift für betriebswirtschaftliche Forschung, hrsg. von Franck, E., Düsseldorf u.a, S. 129-137.

Wirth, Johannes (2005), Firmenwertbilanzierung nach IFRS, Stuttgart.

Wittig, Arne (1996), Financial Covenants im inländischen Kreditgeschäft, in: *Zeitschrift für Wirtschafts- und Bankrecht*, 50. Jg., Heft 31, S. 1381-1424.

Wöhe, Günter (1997), Bilanzierung und Bilanzpolitik, 9. Aufl., München.

Wojcik, Dariusz (2001), Change in the german model of corporate governance: Evidence from blockholdings 1997-2001, Working paper.

Wollmert, Peter (1995), Übergang auf IAS - Plädoyer für eine rückwirkende Umbewertung mit erfolgsneutraler Verrechnung der Umbewertungseffekte, in: *Der Betrieb*, 48. Jg., Heft 20, S. 990.

Wyatt, Arthur Ramer (1983), Efficient market theory: Its impact on accounting, in: *Journal of Accountancy*, Vol. 155, No. 2, S. 56-65.

Yermack, David (1995), Do corporations award CEO stock options effectively?, in: *Journal of Financial Economics*, Vol. 39, No. 2-3, S. 237-269.

Yermack, David (1997), Good timing: CEO stock option awards and company news announcement, in: *The Journal of Finance*, Vol. 52, No. 2, S. 449-476.

Yeo, Gillian H. H./Tan, Patricia M. S./Ho, Kim Wai/Chen, Sheng-Syan (2002), Corporate ownership structure and the informativeness of earnings, in: *Journal of Business Finance & Accounting*, Vol. 29, No. 7-8, S. 1023-1046.

Zarowin, Paul (2002), Does income smoothing make stock prices more informative?, Working Paper.

Zeimes, Markus (2002), Zur erstmaligen Anwendung von International Financial Reporting Standards - Anmerkungen zum Standardentwurf ED 1 des IASB, in: *Die Wirtschaftsprüfung*, 55 Jg., Heft 19, S. 1001-1009.

Zeimes, Markus (2003), Zur erstmaligen Anwendung der International Financial Reporting Standards gemäß IFRS 1, in: *Die Wirtschaftsprüfung*, 56. Jg., Heft 18, S. 982-991.

Ziesemer, Stefan (2002), Rechnungslegungspolitik in IAS-Abschlüssen und Möglichkeiten ihrer Neutralisierung, Düsseldorf.

Zimmermann, Jochen/Prokop, Jörg (2003), Rechnungswesenorientierte Unternehmensbewertung und Clean Surplus Accounting, in: *Kapitalmarktorientierte Rechnungslegung*, 3. Jg., Heft 3, S. 134-142.

Zmijewski, Mark E./Hagerman, Robert L. (1981), An income strategy approach to the positive theory of accounting standard setting/choice, in: *Journal of Accounting and Economics*, Vol. 3, No. 2, S. 129-149.

Zülch, Henning (2003), Die Bilanzierung von Investment Properties nach IAS 40, Düsseldorf.

Zülch, Henning (2004), Das IASB Improvement Project - Wesentliche Neuerungen und ihre Würdigung, in: *Kapitalmarktorientierte Rechnungslegung*, 4. Jg., Heft 5, S. 153-167.

Zülch, Henning/Gebhardt, Ronny (2007), SFAS 157 und IASB Discussion Paper: aktuelle Entwicklungen auf dem Gebiet der Fair-Value-Bewertung, in: *Betriebs-Berater*, 62. Jg., Heft 3, S. 147-151.

Zülch, Henning/Willms, Jesco (2004), Jahresabschlussänderungen und ihre bilanzielle Behandlung nach IAS 8 (revised 2003), in: *Kapitalmarktorientierte Rechnungslegung*, 4. Jg., Heft 4, S. 128-135.

Zwirner, Christian/Boecker, Corinna/Reuter, Michael (2004), Umstellung der Rechnungslegung von HGB auf IFRS - Theoretischer Überblick und Veranschaulichung in Form eines Fallbeispiels, in: *Kapitalmarktorientierte Rechnungslegung*, 4. Jg., Heft 6, S. 217-234.

Zwirner, Christian/Busch, Julia/Reuter, Michael (2004), Abbildung und Bedeutung von Verlusten im Jahresabschluss - Empirische Ergebnisse zur Wesentlichkeit von Verlustvorträgen in deutschen Konzernabschlüssen, in: *Deutsches Steuerrecht*, 41. Jg., Heft 25, S. 1042-1049.

Bochumer Beiträge zur Unternehmensführung

Herausgegeben vom Direktorium des Instituts für Unternehmensführung der Ruhr-Universität Bochum

Band 1 Busse von Colbe, Walther/Mattessich, Richard (Hrsg.): Der Computer im Dienste der Unternehmungsführung (1968)

Band 2 Busse von Colbe, Walther/Meyer-Dohm, Peter (Hrsg.): Unternehmerische Planung und Entscheidung (1969)

Band 3 Anthony, Robert N.: Harvard-Fälle aus der Praxis des betrieblichen Rechnungswesens. Herausgegeben von Richard V. Mattessich unter Mitarbeit von Klaus Herrnberger und Wolf Lange (1969)

Band 4 Mattessich, Richard: Die wissenschaftlichen Grundlagen des Rechnungswesens (1970)

Band 5 Schweim, Joachim: Integrierte Unternehmungsplanung (1969)

Band 6 Busse von Colbe, Walther (Hrsg.): Das Rechnungswesen als Instrument der Unternehmungsführung (1969)

Band 7 Domsch, Michel: Simultane Personal- und Investitionsplanung im Produktionsbereich (1970)

Band 8 Leunig, Manfred: Die Bilanzierung von Beteiligungen. Eine bilanztheoretische Untersuchung (1970)

Band 9 Franke, Reimund: Betriebsmodelle. Rechensystem für Zwecke der kurzfristigen Planung, Kontrolle und Kalkulation (1972)

Band 10 Wittenbrink, Hartwig: Kurzfristige Erfolgsplanung und Erfolgskontrolle mit Betriebsmodellen (1975)

Band 11 Lutter, Marcus (Hrsg.): Recht und Steuer der internationalen Unternehmensverbindungen (1972)

Band 12 Niebling, Helmut: Kurzfristige Finanzrechnung auf der Grundlage von Kosten- und Erlösmodellen (1973)

Band 13 Perlitz, Manfred: Die Prognose des Unternehmenswachstums aus Jahresabschlüssen deutscher Aktiengesellschaften (1973)

Band 14 Niggemann, Walter: Optimale Informationsprozesse in betriebswirtschaftlichen Entscheidungssituationen (1973)

Band 15 Richardt, Harald: Der aktienrechtliche Abhängigkeitsbericht unter ökonomischen Aspekten (1974)

Band 16 Backhaus, Klaus: Direktvertrieb in der Investitionsgüterindustrie – Eine Marketing-Entscheiung (1974)

Band 17 Plinke, Wulff: Kapitalsteuerung in Filialbanken (1975)

Band 18 Steffen, Rainer: Produktionsplanung bei Fließbandfertigung (1977)

Band 19 Kolb, Jürgen: Industrielle Erlösrechnung – Grundlagen und Anwendungen (1978)

Band 20 Busse von Colbe, Walther/Lutter, Marcus (Hrsg.): Wirtschaftsprüfung heute: Entwicklung oder Reform? (1977)

Band 21 Uphues, Peter: Unternehmerische Anpassung in der Rezession (1979)

Band 22 Gebhardt, Günther: Insolvenzprognosen aus aktienrechtlichen Jahresabschlüssen (1980)

Band 23 Domsch, Michel: Systemgestützte Personalarbeit (1980)

Band 24 Schmied, Volker: Alternativen der Arbeitsgestaltung und ihre Bewertung (1982)

Band 25 Wäscher, Gerhard: Innerbetriebliche Standortplanung bei einfacher und mehrfacher Zielsetzung (1982)

Band 26 Weber, Martin: Entscheidungen bei Mehrfachzielen – Verfahren zur Unterstützung von Individual- und Gruppenentscheidungen (1983)

Band 27 Kroesen, Alfred: Instandhaltungsplanung und Betriebsplankostenrechnung (1983)

Band 28 Plinke, Wulf: Erlösplanung im industriellen Anlagengeschäft (1985)

Band 29 Chamoni, Peter: Simulation störanfälliger Systeme (1986)

Band 30 Arning, Andreas: Die wirtschaftliche Bewertung der Zentrenfertigung – Dargestellt am Beispiel einer Fertigungsinsel (1987)

Band 31 Gebhardt, Günther: Finanzielle Planung und Kontrolle bei internationaler Unternehmenstätigkeit

Band 32 Markiewicz, Michael: Ersatzteildisposition im Maschinenbau – Betriebswirtschaftliche Methoden der Planung und Überwachung (1988)

Band 33 Pellens, Bernd: Der Informationswert von Konzernabschlüssen – Eine empirische Untersuchung deutscher Börsengesellschaften (1989)

Band 34 Mrotzek, Rüdiger: Bewertung direkter Auslandsinvestitionen mit Hilfe betrieblicher Investitionskalküle (1989)

Band 35 Deppe, Joachim: Quality Circle und Lernstatt – Ein integrativer Ansatz (1989, 3. Auflage 1993)

Band 36 Rademacher, Michael: Arbeitszeitverkürzung und -flexibilisierung – Formen und betriebliche Auswirkungen (1990)

Band 37 Kaiser, Klaus: Kosten- und Leistungsrechung bei automatisierter Produktion (1991, 2. Auflage 1993)

Band 38 Müller, Hermann: Industrielle Abfallbewältigung – Entscheidungsprobleme aus betriebswirtschaftlicher Sicht (1991)

Band 39 Schörner, Peter: Gesetzliches Insiderhandelsverbot – Eine ordnungspolitische Analyse (1991)

Band 40 Bentler, Martin: Grundsätze ordnungsmäßiger Bilanzierung für die Equitymethode (1991)

Band 41 Brüggerhoff, Jürgen: Management von Desinvestitionen (1992)

Band 42 Bröker, Erich W.: Erfolgsrechnung im industriellen Anlagengeschäft – Ein dynamischer Ansatz auf Zahlungsbasis – (1993)

Band 43 Frankenberg, Peter: Transnationale Analyse US-amerikanischer und deutscher Jahresabschlüsse – Eine theoretische und empirische Untersuchung (1993)

Band 44 Kleinaltenkamp, Michael: Standardisierung und Marktprozeß – Entwicklungen und Auswirkungen im CIM-Bereich (1993)

Band 45 Pellens, Bernhard: Aktionärsschutz im Konzern – Empirische und theoretische Analyse der Reformvorschläge der Konzernverfassung (1994)

Band 46 Reckenfelderbäumer, Martin: Marketing-Accounting im Dienstleistungsbereich – Konzeption eines prozeßkostengestützten Instrumentariums (1995)

Band 47 Knittel, Friedrich: Technikgestützte Kommunikation und Kooperation im Büro. Entwicklungshindernisse – Einsatzstrategien – Gestaltungskonzepte (1995)

Band 48 Riezler, Stephan: Lebenszyklusrechnung – Instrument des Controlling strategischer Projekte (1996)

Band 49 Schulte, Jörn: Rechnungslegung und Aktienkursentwicklung – Erklärung und Prognose von Aktienrenditen durch Einzel- und Konzernabschlußdaten (1996)

Band 50 Muhr, Martin: Zeitsparmodelle in der Industrie – Grundlagen und betriebswirtschaftliche Bedeutung mehrjähriger Arbeitszeitkonten (1996)

Band 51 Brotte, Jörg: US-amerikanische und deutsche Geschäftsberichte. Notwendigkeit, Regulierung und Praxis jahresabschlußergänzender Informationen (1997)

Band 52 Gersch, Martin: Vernetzte Geschäftsbeziehungen. Die Nutzung von EDI als Instrument des Geschäftsbeziehungsmanagement (1998)

Band 53 Währisch, Michael: Kostenrechnungspraxis in der deutschen Industrie. Eine empirische Studie (1998)

Band 54 Völkner, Peer: Modellbasierte Planung von Geschäftsprozeßabläufen (1998)

Band 55 Fülbier, Rolf Uwe: Regulierung der Ad-hoc-Publizität. Ein Beitrag zur ökonomischen Analyse des Rechts (1998)

Band 1 - 55 erschienen beim Gabler Verlag Wiesbaden

Band 56 Ane-Kristin Reif-Mosel: Computergestützte Kooperation im Büro. Gestaltung unter Berücksichtigung der Elemente *Aufgabe, Struktur, Technik* und *Personal* (2000)

Band 57 Claude Tomaszewski: Bewertung strategischer Flexibilität beim Unternehmenserwerb. Der Wertbeitrag von Realoptionen (2000)

Band 58 Thomas Erler: Business Objects als Gestaltungskonzept strategischer Informationssystemplanung (2000)

Band 59 Joachim Gassen: Datenbankgestützte Rechnungslegungspublizität. Ein Beitrag zur Evolution der Rechnungslegung (2000)

Band 60 Frauke Streubel: Organisatorische Gestaltung und Informationsmanagement in der lernenden Unternehmung. Bausteine eines Managementkonzeptes organisationalen Lernens (2000)

Band 61 Andreas von der Gathen: Marken in Jahresabschluß und Lagebericht (2001)

Band 62 Lars Otterpohl: Koordination in nichtlinearen dynamischen Systemen (2002)

Band 63 Ralf Schremper: Aktienrückkauf und Kapitalmarkt. Eine theoretische und empirische Analyse deutscher Aktienrückkaufprogramme (2002)

Band 64 Peter Ruhwedel: Aufsichtsratsplanungssysteme. Theoretische Grundlagen und praktische Ausgestaltung in Publikumsaktiengesellschaften (2002)

Band 65 Jens Thorn: Taktisches Supply Chain Planning. Planungsunterstützung durch deterministische und stochastische Optimierungsmodelle (2002)

Band 66 Dirk Beier: Informationsmanagement aus Sicht der Betriebswirtschaftslehre. Theoretische Ansätze und das Beispiel Mobile Business. (2002)

Band 67 Nils Crasselt: Wertorientierte Managemententlohnung, Unternehmensrechnung und Investitionssteuerung. Analyse unter Berücksichtigung von Realoptionen. (2003)

Band 68 Franca Ruhwedel: Eigentümerstruktur und Unternehmenserfolg. Eine theoretische und empirische Analyse deutscher börsennotierter Unternehmen. (2003)

Band 69 Andreas Bonse: Informationsgehalt von Konzernabschlüssen nach HGB, IAS und US-GAAP. Eine empirische Analyse aus Sicht der Eigenkapitalgeber. (2004)

Band 70 Thorsten Sellhorn: Goodwill Impairment. An Empirical Investigation of Write-Offs under SFAS 142. (2004)

Band 71 Bernd Slaghuis: Vertragsmanagement für Investitionsprojekte. Quantitative Projektplanung zur Unterstützung des Contract Managements unter Berücksichtigung von Informationsasymmetrie. (2005)

Band 72 Stephanie Freiwald: Supply Chain Design. Robuste Planung mit differenzierter Auswahl der Zulieferer. (2005)

Band 73 Rolf Uwe Fülbier: Konzernbesteuerung nach IFRS. IFRS-Konsolidierungsregeln als Ausgangspunkt einer konsolidierten steuerlichen Gewinnermittlung in der EU? (2006)

Band 74 Marc Richard: Kapitalschutz der Aktiengesellschaft. Eine rechtsvergleichende und ökonomische Analyse deutscher und US-amerikanischer Kapitalschutzsysteme. (2007)

Band 75 Sonja Schade: Kennzahlengestütztes Controlling für mittelständische Unternehmenskooperationen. (2007)

Band 76 Peter Weber: Analyse von Lern-Service-Geschäftsmodellen vor dem Hintergrund eines sich transformierenden Bildungswesens. (2008)

Band 77 Karsten Detert: Bilanzpolitisches Verhalten bei der Umstellung der Rechnungslegung von HGB auf IFRS. Eine empirische Untersuchung deutscher Unternehmen. (2008)

www.peterlang.de